S. FISCHER

Ute Frevert

Die Politik der Demütigung

Schauplätze von Macht und Ohnmacht

S. FISCHER

MIX
Papier aus verantwortungsvollen Quellen
FSC® C014496
FSC
www.fsc.org

Erschienen bei S. FISCHER
2. Auflage Dezember 2017

Satz: Fotosatz Amann, Memmingen
Druck und Bindung: GGP Media GmbH, Pößneck
Printed in Germany
ISBN 978-3-10-397222-1

Inhalt

Worum es geht 7

Die Macht der Scham (9) – Geschichte und ihre Deutungen (11) – Demütigung als Politik (13) – Demütigung in der Politik (16) – Semantische Unterscheidungen (18) – Personen, Räume, Zeiten (20) – Vom Wandel der Gefühle (21)

I **Pranger, Prügel, Publizität: Logik und Kritik staatlicher Strafen** 25

Schand- und Ehrenstrafen in der frühen Neuzeit (26) – Der Pranger am Ende (31) – Menschenwürde als Argument (36) – Körperliche Züchtigung und der Charakter der Nation (38) – Die soziale Pyramide: Schande, wem Schande gebührt (44) – Das Geschlecht von Scham und Ehre (47) – Die Ehre der Staatsbürger (50) – Publizität: Der Stachel der Scham (52) – Das Gericht der Gesellschaft (57) – Der »symbolische Pranger« im Nationalsozialismus (60) – Andere Länder, gleiche Sitten (71) – Scham und Beschämung im deutsch-deutschen Nachkrieg (74) – Zivilität versus Barbarei (76)

II **Soziale Schauplätze öffentlicher Beschämung: Von der Schule bis zum Online-Pranger** 82

Martin, ab in die Ecke und schäm Dich! (82) – Schulen als Laboratorien der Beschämung (84) – Haben Kinder Ehre? (88) – Der Rat der Experten (91) – Die pädagogische Wende (94) – Schulzucht nach 1945: Prügel, Kollektivschelte, Menschenwürde (98) – Die Peergruppe an der Macht (103) – Integration durch Demütigung: Militärische Erziehungspraktiken (111) – Männliche Initiation: Erniedrigung und Ermächtigung (117) – Die Würde der Frauen: Vergewaltigung und Sexismus (121) –

Der Zeitungspranger (126) – Pressefreiheit contra Ehrenschutz (129) – Die verlorene Ehre des Bürgers und der Bürgerin (134) – Entwürdigung im Konsens: TV-Formate (137) – Beschämung online (140)

III Das Parkett der Ehre und die Sprache der Demütigung in der internationalen Politik 144

Lord Macartney und der Kaiser von China (146) – Souveränität, Parität und die Institution des Zeremoniells (152) – Polyvalente Gesten: Der Handkuss (155) – Von kniegebogenen Reverenzen zur Verbeugung (158) – Briten in Indien: Koloniale *humiliation* und die Etikette der *natives* (163) – Europäer in China: Der Kampf gegen den Kotau (165) – Satisfaktion und Abbitte (171) – Die Berliner Kotau-Affäre von 1901: Wer demütigt wen? (176) – Ehre und Schmach: Krieg und Frieden in Europa (187) – Nachkriegs-Schritte (193) – Die Politik der Entschuldigung und Willy Brandts Kniefall (195) – Moralpolitik im *Age of Apology* (200) – Verbindungen (206)

Kein Ende 208

Geschichte im Zeitraffer: Emmendingen, Dresden, Hamburg (208) – Volksjustiz und die Macht der Gemeinschaft (212) – Beschämungsopfer: Schamlose Frauen, mutlose Männer (215) – Kampagnen, Sensibilitäten, Resistenzen (217) – Liberalisierung (221) – Bullies (223) – Gesten der Unterwerfung oder Zeichen des Respekts? (226) – Macht und Würde (230)

Anhang

Anmerkungen 235
Literatur 277
Abbildungsverzeichnis 317
Register 319

Worum es geht

Sidi Bouzid, im Dezember 2010. Vor dem Haus des Gouverneurs in der tunesischen Provinzstadt übergießt sich der sechsundzwanzigjährige Gemüsehändler Mohamed Bouazizi mit Benzin und zündet sich an. Kurz zuvor hat eine Polizistin zum wiederholten Mal seine Ware beschlagnahmt und ihn dabei auch noch geohrfeigt. Mit seiner öffentlichen Selbstverbrennung, heißt es später, habe Bouazizi seinen Willen bekundet, »Entwürdigung und Demütigungen nicht länger hinzunehmen«. Was er nicht ahnen konnte: Sein verzweifeltes Aufbegehren löst einen Flächenbrand aus, eine »Revolte der Würde«, die als Arabellion oder arabischer Frühling in die Geschichtsbücher eingeht.[1] An vielen Orten Nordafrikas und des Nahen Ostens machen Demonstranten gegen autoritäre Regime mobil, besetzen zentrale Plätze und trotzen Polizeiaufgeboten. Auf Plakaten, Graffiti und in Facebook-Einträgen taucht immer wieder das Wort ›Würde‹ auf. Nach ihren Beweggründen und Zielen gefragt, geben Frauen und Männer zu Protokoll, dass sie sich von ihren Regierungen gedemütigt fühlen – woraus der *New York Times*-Kolumnist Thomas Friedman den Schluss zieht, Demütigung sei diejenige politische Kraft, die am meisten unterschätzt werde.[2]

Nicht so sehr um Demütigung als um Beschämung geht es im November 2012 in Cleveland, Ohio. Dort steht Shena Hardin an einer belebten Kreuzung, vor sich ein Schild mit der Aufschrift: »Nur eine Idiotin fährt auf dem Bürgersteig, um einen Schulbus zu überholen.« Genau das hat Hardin mehrfach getan, wofür eine Richterin sie zu einer Geldstrafe und zum zeitweiligen Entzug des Führerscheins verurteilt. Damit nicht genug, verhängt sie das, was Amerikaner *shame sanction* nennen: eine Ehrenstrafe, die Hardin öffentlich als Idiotin brandmarkt. Solche Sanktionen sollen strafen und disziplinieren, aber auch erziehen und bessern. Ob diese Botschaft bei Hardin ankommt, ist zweifelhaft. Am ersten Tag gibt sie mehr als deutlich zu erkennen, dass sie das Ganze kaltlässt;

1 Shena Hardin, Cleveland / Ohio, 2012

das Medieninteresse geht ihr sichtlich auf die Nerven. Am zweiten Tag, nach einer Ermahnung der Richterin, ringt sie sich zu der Aussage durch, sie habe ihre Lektion gelernt, sei aber nicht »gebrochen«.[3]

Das unterscheidet die zweiunddreißigjährige Hardin von der dreizehnjährigen Izabel Laxamana. Das Mädchen springt im Mai 2015 von einer Brücke im US-Bundesstaat Washington, weil es die öffentliche Beschämung durch den Vater nicht erträgt. Erbost über ein an in der Schule zirkulierendes Selfie, das die Tochter in Sport-BH und Leggings zeigt, schneidet er ihr die langen Haare ab und filmt sie dabei. Als das Video die Runde macht und zum Schulgespräch wird, nimmt sich Izabel das Leben.

Die Journalistin, die über den Fall berichtet, fühlt sich ans dunkle Mittelalter erinnert. Rituelle Beschämung, so ihre Bilanz, sei nicht nur im Rechtssystem, sondern auch in Familien an der Tagesordnung, die dafür gern auf die neuen Technologien und sozialen Medien zurückgreifen. Facebook und YouTube eignen sich hervorragend, um individuelles Fehlverhalten öffentlich auszustellen und zu rügen, oft mit tragischen

Konsequenzen für die Gerügten. Teenager ohne stabiles Selbstbewusstsein sind solchen Demütigungen hilflos ausgeliefert und können ihnen nichts entgegensetzen: Sie werden ›gebrochen‹, zerbrechen unter der Last des öffentlichen Blicks und Kommentars.[4]

Woher kommt das Bedürfnis, andere Menschen, und seien es die eigenen Kinder, vorzuführen und öffentlich bloßzustellen? Was bezwecken solche Beschämungen, und welche Wirkungen entfalten sie? Warum sind sie selbst in Gesellschaften verbreitet, die Würde und Respekt großschreiben? Lebt hier tatsächlich das ›finstere Mittelalter‹ fort? Oder mobilisiert die ›helle‹, erleuchtete, aufgeklärte Moderne eigene Beschämungsenergien und erfindet neue Demütigungspraktiken?

Die Macht der Scham

In öffentlichen Beschämungen wird stets Macht demonstriert. Indem sie andere Menschen vor Augenzeugen in die Knie zwingen, bekräftigen soziale Akteure ihren Anspruch auf eine herausgehobene, machtvolle Position. Macht, heißt es bei Max Weber, »bedeutet jede Chance, innerhalb einer sozialen Beziehung den eigenen Willen auch gegen Widerstreben durchzusetzen, gleichviel worauf diese Chance beruht«.[5] In diesem Sinn übte Izabel Laxamanas Vater Macht über seine Tochter aus. Er hatte ihr strikt verboten, Selfies ins Netz zu stellen; als sie es trotzdem tat, bestrafte er sie durch eine demütigende Prozedur, die er für die Öffentlichkeit dokumentierte. Damit betonte er seine Macht und Izabels Ohnmacht, sich dagegen zur Wehr zu setzen. Die Beschämung nötigte ihr Scham auf, zwang sie, die Augen niederzuschlagen und den Kopf zu senken. Sie wollte sich unsichtbar machen und sah dafür keine andere Möglichkeit, als sich ganz und gar auszulöschen.

Scham, das wussten bereits antike Philosophen, ist ein Gefühl von ungeheurer Wucht und Wirkmächtigkeit.[6] Sie kann tödlich sein und prägt sich auch dem Weiterlebenden unauslöschlich ein. Wer sich einmal ›in Grund und Boden‹ geschämt hat, wird diese Erfahrung kaum je vergessen. Dabei ist die Anwesenheit und Zeugenschaft Dritter von größter Bedeutung. Zwar kann man sich auch vor sich selber schämen, weil man etwas getan oder gedacht hat, das dem idealen Selbstbild und den gängigen Moralvorstellungen widerspricht. Zum Beispiel kann ich Scham darüber empfinden, dass ich einem Kollegen den verdienten Aufstieg neide. Das gleiche Gefühl würde mich beschleichen, wenn ich der Chefin vergnügt dabei zuschaute, wie sie eine Mitarbeiterin *coram publico* herunterputzt. Öffentliche Beschämung gilt hier und jetzt zumeist als intolerabler Übergriff oder gar als Verletzung menschlicher Würde; fände ich daran Gefallen, müsste ich mich vor mir selber schämen.

Was aber macht Beschämung so abscheulich? Es ist das leidvolle Wissen um die Macht und Gewalt des öffentlichen Blicks, eines Blicks, der sich nicht abschütteln lässt, der unter die Haut geht und am Körper der Beschämten haftenbleibt. Werden andere Menschen Zeugen individueller Fehlleistungen oder Normverstöße, heizt dies das Schamgefühl an; je mehr Wert man auf ihre Wertschätzung legt, desto größer wird die eigene Scham. Ein Kind, das im Laden einen Kaugummi mitgehen lässt und weiß, dass es das nicht tun darf, mag sich insgeheim dafür schämen. Ertappt man es dabei und informiert die Eltern, bedarf es nicht einmal mehr der Aufforderung ›Schäm dich!‹, um das entsprechende Gefühl hervorzurufen. Vor aller Augen bloßgestellt zu sein treibt ihm brennende Röte ins Gesicht, es hat nur einen Wunsch: sich den beschämenden Blicken zu entziehen.

Aus diesem Grund nennen Psychologen Scham eine soziale oder interpersonale Emotion. Sie stellt sich mehrheitlich in Anwesenheit Dritter ein; nur ein Sechstel der Befragten gibt an, Scham als privates, selbstbezügliches Gefühl zu erleben.[7] Ihre soziale Einbettung lässt Scham mächtig und gefährlich werden. Aus Angst vor Beschämung riskieren Menschen Kopf und Kragen. So springt der kleine Uli in Erich Kästners Kinderbuchklassiker *Das fliegende Klassenzimmer* von einer hohen Leiter, um zu beweisen, dass er kein Feigling ist. Oft haben ihn die Schulkameraden wegen seines Mangels an Mut gehänselt, und er lief dabei »knallrot« an. Sein Sprung befördert ihn zwar mit schweren Verletzungen ins Krankenhaus, bringt aber die Peiniger und Spötter zum Schweigen.[8]

Kästners Uli – das Buch erschien erstmals 1933 – wuchs in einer Jungenwelt auf, in der Feigheit ein schlimmer moralischer Makel war. Jungen mussten mutig sein und diesen Mut unter Beweis stellen. Taten sie das nicht, erlebten sie Verachtung und Zurücksetzung bis zum Ausschluss aus der Gruppe. Uli hatte das akzeptiert und verinnerlicht, er wusste der Hänselei nichts entgegenzusetzen als eine tollkühne Tat. Das war in Izabel Laxamanas Fall anders. Vermutlich schämte sie sich nicht dafür, dass sie das Verbot des Vaters ignoriert und leicht bekleidet im Internet posiert hatte. Seine Vorstellungen von Moral und Anstand waren nicht unbedingt die ihren. Beschämend wirkten hier die väterliche Strafaktion und deren öffentliche Verbreitung. Wäre das Haarschneiden hinter verschlossenen Türen vonstattengegangen (und dort geblieben), hätte Izabel den Kahlschnitt vielleicht noch als selbstbewusste, trendsetzende Stilentscheidung ausgeben können. Das Video aber machte ihre Ohnmacht und Demütigung publik.

Welche Wirkungen öffentliche Demütigungen haben, wird an diesen und vielen anderen Beispielen offensichtlich. Sie illustrieren nicht nur die Macht der Täter, das, was sie als Verstoß gegen eine Norm oder Erwartung betrachten, zu rügen und negativ zu sanktionieren. Sie zeigen darüber hinaus die Macht der Zuschauer, sei sie tatsächlich oder imaginiert. Stets findet das Drama von Macht und Ohnmacht, Scham und Schande, Täter und Opfer auf öffentlichen Schauplätzen statt. Das Publikum kann der Beschämung zustimmen und sie verschärfen. Es kann sich aber auch verweigern. Machtverhältnisse lassen sich umkehren, die Beschämenden werden ihrerseits beschämt. Dafür liefert die moderne Geschichte vielfaches Anschauungsmaterial, von punktueller Distanzierung bis zu breiter Kritik, von individuellem Protest bis zur kollektiven Revolte.

Geschichte und ihre Deutungen

Augenscheinlich gibt es, im kollektiven Gedächtnis verankert und jederzeit abrufbar, ein mehr oder weniger konkretes Wissen um frühere Beschämungspraktiken. Wenn Journalisten angesichts von Izabels Bloßstellung an mittelalterliche Verhältnisse dachten, standen ihnen möglicherweise Bilder von Prangern und Schandsäulen vor Augen. Vielleicht wussten sie sogar, dass geschorene Haare besonders bei Frauen ein geradezu archetypisches Signal sozialer Demütigung und Erniedrigung darstellen.

Um solche Zeichen und Praktiken geht es in diesem Buch. Es verfolgt ihre Entwicklung vom 18. Jahrhundert bis heute, schwerpunktmäßig in Europa, aber auch mit Blick auf andere Weltgegenden. Es fragt nach Kontinuitäten und Diskontinuitäten, analysiert auffällige Konjunkturen und hitzige Kontroversen. Dass Beschämungsrepertoires hier wie dort seit langem bekannt und überliefert sind, heißt nicht, dass sie in gleicher Form und in ähnlichen Zusammenhängen auftauchen. Wer sie wann gegenüber wem und zu welchem Zweck nutzt, folgt einer politischen Opportunität, die an gesellschaftliche Bedingungen und moralische Ökonomien rückgebunden ist. Frauen wird nicht immer und überall das Haar geschoren; Bürger werden nicht immer und überall von ihren Regierungen in ihrer Würde verletzt; Straftäter werden nicht immer und überall öffentlich ausgestellt und gebrandmarkt.

Wie sind Gesellschaften beschaffen, die derartige Praktiken akzeptieren oder sogar einfordern? Welche politischen Regime geben Demütigungen Raum, welche suchen sie zu unterbinden? Lässt sich die Geschichte der Demütigung als westliche Fortschrittserzählung begreifen, mit bürgerlich-liberalen Heldinnen und Helden, die sich die menschliche Würde aufs Panier geschrieben haben? Oder schuf die Moderne neue Schauplätze und Anlässe, neue Begründungen und Bedeutungen?

Oft hört man, die Erfahrung des Zweiten Weltkriegs habe die Entwicklung maßgeblich vorangetrieben und die Karriere von Respekt und Anerkennung beflügelt. In der Tat bekannte sich 1945 die Charta der Vereinten Nationen in ihrer Präambel zum Glauben an »Würde und Wert der menschlichen Persönlichkeit«. 1948 statuierte die Allgemeine Erklärung der Menschenrechte in Artikel 1: »Alle Menschen sind frei und gleich an Würde und Rechten geboren.«[9] Auch das bundesdeutsche Grundgesetz zählte 1949 die Menschenwürde als erstes, unantastbares Grundrecht auf und verpflichtete den Staat, »sie zu achten und zu schützen«.[10] Menschenwürde und die auf ihr beruhenden Rechte Einzelner waren jedoch seit längerem ein Thema. Bereits im 18. Jahrhundert tauchte die menschliche Würde als Argument auf, wenn es darum ging, unwürdige Strafformen zu kritisieren und aus der Rechtsordnung zu verbannen.[11]

Michel Foucault hat dieses Argument in seiner berühmten Studie über die Geburt des Gefängnisses als »Diskurs des Herzens« ironisiert. Das ganze Gerede über die »Menschlichkeit« des Strafvollzugs sei letztlich nur eine Strategie zur »Verfeinerung der Apparate« gewesen, vom Staat zum

Zweck einer immer dichteren und lückenloseren Überwachung des »Gesellschaftskörpers« ersonnen und installiert. Warum aber wählten jene, die angeblich nur maximale Kontrolle wollten, die Sprache des Herzens und der Empfindsamkeit, um dafür zu werben? Weshalb äußerten Richter auf einmal moralischen Ekel gegen Gewaltstrafen oder Mitleid mit den Straftätern, die sie dazu verurteilten? Was hat sich in ihren Herzen ereignet, dass sie sich dem neuen Diskurs der Humanität öffneten? Wie kommt es, dass menschliche Würde im späten 18. und frühen 19. Jahrhundert zum affektiv besetzten Thema wurde und es bis heute blieb? Die Berufung auf Gefühle folgt, anders als Foucault behauptet, nicht einfach einem »Kalkülprinzip«, sondern besitzt eine eigene historische Logik. Sie als opportunistisch abzutun vergibt die Chance, ihren Platz in der modernen Kultur und Gesellschaftsarchitektur zu bestimmen.[12]

Im Unterschied zum französischen Meisterdenker räumt der israelische Philosoph Avishai Margalit Anstand, Würde und Ehre eine strukturbildende Bedeutung ein. Eine anständige Gesellschaft zeichnet sich für ihn dadurch aus, dass ihre Institutionen Menschen nicht demütigen und deren Würde achten.[13] Dies kommt den Vorstellungen, wie sie manche Zeitgenossen des ausgehenden 18. Jahrhunderts hegten, sehr nahe. Schon die Juristen der Aufklärungsepoche arbeiteten sich an den Begriffen Ehre und Würde ab, als sie das traditionelle System demütigender Ehrenstrafen mit neuen Konzepten menschlicher Selbst- und Fremdachtung konfrontierten. Die moderne Welt erscheint aus dieser Perspektive als eine, die der zerstörerischen Kraft sozialer und politischer Demütigungen ebenso kraftvolle Instrumente zum Schutz von Ehre und Würde entgegenzusetzen sucht.

Demütigung als Politik

Zugleich aber nutzen auch heutige Gesellschaften Beschämung und Demütigung als soziale und politische Machttechnik. Gemeint sind damit nicht all die kleinen, alltäglichen, privaten Herabwürdigungen, die zwischen zwei Personen stattfinden und kaum jemals ans Licht der Öffentlichkeit dringen. Wenn ein Nachbar den anderen im Streit um die Höhe der Hecke respektlos behandelt und ihn einen Idioten schilt, ist

2 Bestrafung einer Kollaborateurin, Marseille 1944

das allenfalls eine Beleidigung, gegen die der andere vor Gericht ziehen könnte. Zu einer veritablen Demütigung oder Beschämung gehören ein öffentlicher Schauplatz und ein Publikum, das eine tragende und tätige Rolle übernimmt. Zudem erfolgt eine öffentliche Demütigung nicht aus Unstimmigkeiten über triviale Dinge, die bloß die beiden Streithähne etwas angehen. Es muss mehr auf dem Spiel stehen: die Verletzung einer Norm zum Beispiel, die für ein größeres Kollektiv von Belang und deren Bekräftigung ihm wichtig ist. Indem man sie öffentlich vorführt, wird eine Person symbolisch aus der für sie maßgeblichen Gruppe ausgeschlossen und bestraft. Wird sie anschließend wieder aufgenommen, sprechen Sozialwissenschaftler von reintegrativer Beschämung.[14]

Im Gegensatz dazu bezwecken stigmatisierende Demütigungen Exklusion. Als deutsche Wehrmachtssoldaten jüdischen Männern im besetzten Polen die Bärte abschnitten, oder als serbische Soldaten und Milizionäre im Bosnienkrieg der 1990er Jahre gezielt und systematisch muslimische Frauen vergewaltigten, ging es weder um Bestrafung noch um Integration. Ziel war vielmehr, die eigene Macht unter Beweis zu stellen und Mitglieder einer anderen Bevölkerungsgruppe so zu erniedrigen, dass deren Selbstachtung auf Dauer beschädigt oder gar zerstört wurde.

Beide Formen vollziehen sich geplant, koordiniert und öffentlich. Sie erfolgen weder spontan noch situativ-willkürlich, sondern halten sich an ein wohlüberlegtes Skript und weisen eine ritualisierte Struktur auf. Ständig wiederholt und deshalb rasch erkennbar, können ihre einzelnen Elemente variabel auf die jeweilige Funktion abgestimmt werden. Ihnen gemeinsam ist das Ziel, Machtverhältnisse zu etablieren oder zu stabilisieren, indem sie das Gegenüber vor Zeugen als ohnmächtig bloßstellen. In diesem Sinn kann man von Demütigung als Politik sprechen, als einer der Durchsetzung von Macht dienenden Strategie, an der verschiedene Akteure mitwirken und die auf verschiedenen Schauplätzen zur Geltung kommt.

Die Ubiquität solcher Strategien, Praktiken und Schauplätze bezeugt zum einen deren anhaltende Attraktivität für die jeweils Mächtigen, nach Macht Strebenden und um Macht Kämpfenden. Zum anderen lässt sie erahnen, wie groß die Widerstände gegen eine ›anständige‹, auf Demütigung verzichtende Gesellschaft waren und sind. Selbst in liberalen Ordnungen haben sich Formen der Anprangerung und Brandmarkung erhalten oder neu gebildet, die mit Anstand und Würde wenig zu tun haben. Seit dem späten 19. Jahrhundert ist der Begriff des Zeitungsprangers in Umlauf, für dessen ungebrochene Aktualität es zahlreiche Beispiele gibt. So veröffentlichte *Bild* im Oktober 2015 auf einer Doppelseite die Namen und Profilbilder von Personen, die sich in den sozialen Netzwerken mit fremdenfeindlichen und rassistischen Botschaften hervortaten. Gegen die Plakatierung ihres Konterfeis an diesem »Pranger der Schande« klagte eine Betroffene, weil sie ihre Persönlichkeit verletzt sah. In zweiter Instanz erhielt sie Recht.[15] Auch die anfangs erwähnten *shame sanctions* erfreuen sich bei amerikanischen Richtern großer Beliebtheit, wenngleich es nicht an einflussreichen Gegenstimmen fehlt. Und als die BBC 2008 offizielle Beschämungspraktiken in chinesischen Schulen dokumentierte, fiel das britische Zuschauerecho geteilt aus: Fühlten sich die einen ins ›dunkle‹ europäische Mittelalter versetzt und wünschten China das Licht der Aufklärung, konnten andere dem Ritual, das mit der Wiederaufnahme des beschämten Kindes in die Klassengemeinschaft schloss, durchaus etwas abgewinnen.[16]

Demütigung in der Politik

Ähnlich der alten Kirchenbuße sollen solche Rituale einen Gestrauchelten bloßstellen und ausgrenzen, um ihn anschließend geläutert wieder einzugemeinden. Auf Scham folgt idealerweise Reue als Bedingung für Verzeihung und Versöhnung. Das ist bei Demütigungen in der Politik nicht viel anders. Allerdings tritt die Logik von Macht und Ehre hier noch viel nackter hervor als in sozialen Beziehungen. Verletzt ein Staat die Ehre des anderen, ohne Satisfaktion zu geben und sich zu entschuldigen, kann das einen Krieg auslösen, so 1870 zwischen Frankreich und Preußen. Endet der Krieg mit einem für den Unterlegenen demütigenden Friedensschluss, wie man es 1919 in Deutschland, Österreich oder Ungarn erlebte, wird ein neuer Waffengang wahrscheinlicher. Politiker und Diplomaten sind in solchen Fällen gut beraten, mit Fingerspitzengefühl vorzugehen und Demütigungen zu vermeiden. Sie können sie aber auch dosiert einsetzen und damit zündeln, um sich im internationalen oder nationalen Machtkampf Vorteile zu sichern.

Ein Vorfall von 2010 mag dies verdeutlichen: Als das türkische Fernsehen eine Sendereihe ausstrahlte, die israelische Soldaten als Kindermörder brandmarkte, berief der stellvertretende Außenminister Israels, Danny Ayalon, den Botschafter der Türkei ein. Vor dem Treffen ließ er das anwesende TV-Team wissen, es werde einer symbolischen Demütigung beiwohnen: Der Botschafter sitze auf einem niedrigeren Sessel, die türkische Fahne fehle, und die Israelis schenkten dem Diplomaten kein Lächeln. Das entsprach der rechtskonservativen Außenpolitik des Landes, die Stärke und Stolz demonstrieren wollte, statt Nettigkeiten auszutauschen. Das absichtsvolle Arrangement blieb der türkischen Regierung nicht verborgen. Sie reagierte mit geharnischtem Protest und goss ihrerseits Öl ins Feuer, indem sie verkündete, das gesamte türkische Volk sei gedemütigt worden. Präsident Abdullah Gül forderte Ayalon auf, sich öffentlich zu entschuldigen, was jener ablehnte. Erst auf Intervention des israelischen Präsidenten Shimon Peres, der um die damals noch guten Beziehungen zum wichtigsten militärischen Bündnispartner in der Region fürchtete, rang sich Ayalon zu der Erklärung durch, es sei nicht seine Art, ausländische Botschafter zu beleidigen. Das ging der türkischen Regierung nicht weit genug, und nach einem weiteren Tag hektischer diplomatischer Depeschen erhielt Ankaras Botschafter schließlich einen Brief folgenden Inhalts: »Ich hatte nicht die Absicht, Sie persönlich zu beleidigen, und ich entschuldige mich dafür, wie die Demarche ausgeführt und wahrgenommen worden ist. Bitte übermitteln Sie dies dem türkischen Volk, für das wir großen Respekt hegen.«[17]

Ayalons Sätze waren formelhaft und bedienten sich aus einem diplomatischen Wortschatz, der sich seit der frühen Neuzeit entwickelt hatte. Neuer im Repertoire war hingegen der Hinweis auf das Volk, das von der Entschuldigung in Kenntnis zu setzen sei und dem man seinen Respekt aussprach. Seit der Französischen Revolution war der Staat zur Sache der ganzen Nation geworden, die sich zum souveränen Gesetzgeber erklärte. Die Ehre des Staates, vormals die des Fürsten, ging auf die Nation über, Beleidigungen dieser Ehre trafen nun die Gesamtheit der Staatsbürger. Deshalb konnte die türkische Regierung erklären, dass mit ihrem Vertreter das Volk gedemütigt worden sei, und deshalb entschuldigte sich der israelische Minister sowohl beim Botschafter als auch bei der türkischen Bevölkerung. Internationale Beziehungen, lässt nicht nur dieser Fall erkennen, spielen sich in der Moderne oft vor großem, maximal interessiertem Publikum ab und erfahren dadurch eine erhebliche Dramatisierung. Wenn Diplomatie vor laufenden Kameras stattfindet, gewinnen demütigende Gesten und Worte eine Durchschlagskraft, die in Zeiten geheimnisumwitterter Kabinettspolitik undenkbar war.

Für eine Politik der Demütigung auf internationalem Parkett sind Nationalisierung und Demokratisierung demnach ebenso wichtige Treiber wie die Medien, die jene Politik verbreiten und kommentieren. Medien werden dabei mehr und mehr zu Akteuren eigenen Rechts: Sie können Normverstöße ausfindig machen, vorgebliche Demütigungen aufspüren und aufbauschen, Sanktionen einfordern. Und sie können selber an der Demütigungsschraube drehen, indem sie eigene und fremde Politiker verspotten, karikieren, in den Schmutz ziehen. Hohe Wellen schlug 2016 das sogenannte Schmähgedicht des deutschen TV-Moderators Jan Böhmermann auf den türkischen Präsidenten Recep Tayyip Erdoğan. Dessen Vize stufte es als Beleidigung des Präsidenten und aller 78 Millionen Türken ein. Erdoğan strengte daraufhin nicht nur eine private Beleidigungsklage gegen den Satiriker an, sondern wollte ihn auch nach § 103 StGB (Beleidigung von Organen und Vertretern ausländischer Staaten) belangt sehen.[18]

Semantische Unterscheidungen

Spätestens an dieser Stelle bedarf es einer Klärung der Begriffe. Paragraph 185 des deutschen Strafgesetzbuches, auf den sich Erdoğan in seiner Privatklage berief, spricht in der Tat von Beleidigung, ohne sie allerdings näher zu erläutern. 1989 lieferte der Bundesgerichtshof die Definition nach: »Die Strafnorm soll Schutz vor Angriffen auf die Ehre gewähren (…). Ein Angriff auf die Ehre wird geführt, wenn der Täter einem anderen zu Unrecht Mängel nachsagt, die, wenn sie vorlägen, den Geltungswert des Betroffenen mindern würden. Nur durch eine solche ›Nachrede‹ (die ein herabsetzendes Werturteil oder eine ehrenrührige Tatsachenbehauptung sein kann) wird der aus der Ehre fließende verdiente Achtungsanspruch verletzt. Sie stellt die Kundgabe der Mißachtung, Geringschätzung oder Nichtachtung dar, die nach der Rechtsprechung den Tatbestand verwirklicht.«[19]

Was unterscheidet nun Beleidigungen von Beschämung oder Demütigung? Auch Beschämung drückt Missachtung und Geringschätzung aus, und Demütigungen lassen sich als Praktiken kategorischer Nichtachtung verstehen. Angriffe auf die Ehre des Beschämten oder Gedemütigten sind folglich stets inbegriffen, mehr noch: Ziel ist die Zerstörung jeglicher Ehre und Achtung, einschließlich der Selbstachtung. Wer öffentlich, vor Publikum, gedemütigt oder beschämt wird, hat Mühe, seinen »Geltungswert« wiederherzustellen und seinen »Achtungsanspruch« zu verwirklichen. Dagegen wiegen Beleidigungen weniger schwer, denn sie folgen einer Logik von Herausforderung und Erwiderung: Erst die Erwiderung verleiht der Beleidigung Gewicht und Bedeutung. Anders als die beschämte und gedemütigte Person ist die beleidigte nicht untätig und leidend, sondern muss sich entscheiden, ob sie die Herausforderung annehmen oder ignorieren will. Erwidern kann sie sie, indem sie den Beleidiger zur Rechenschaft zieht, ihn ihrerseits beleidigt oder vor Gericht verklagt. Aber sie könnte den Angriff auch weglachen, sich achselzuckend abwenden oder, wie in Erich Maria Remarques Roman *Drei Kameraden*, in einen Überbietungswettstreit eintreten.[20] Schließlich liegen einer Beleidigung keine wirklichen »Mängel« oder Normverstöße zugrunde; sie ist laut BGH-Urteil per se unwahre Nachrede. Beruhte sie auf erwiesenen Tatsachen, wäre sie keine Beleidigung mehr.

Beleidigungen fehlt demnach zum einen das Element der Macht (und Ohnmacht), zum anderen der sanktionierende Charakter. Beide sind Beschämungen traditionell eigen. Wer beschämt, reagiert auf die Verletzung einer kollektiv relevanten Norm. Beleidigungen funktionieren dagegen ohne normativen Bezug und gesellschaftliche Bodenhaftung. Sie werden deshalb, wenn sie vor Gericht kommen, auf dem Weg der Privatklage und zumeist im Zivilprozess verhandelt. Ein öffentliches Interesse an der Strafverfolgung besteht nur in Ausnahmefällen, etwa dann, wenn rassistische Verunglimpfungen ins Spiel kommen.[21]

Am Beispiel Rassismus wird auch deutlich, was Beschämung von Demütigung unterscheidet. Die Begriffe werden meist synonym verwendet. Historisch und analytisch aber meinen sie Verschiedenes. Beschämung schließt unmittelbar an eine für ein Kollektiv oder eine Institution verbindliche Verhaltensnorm an und wird intern vollzogen. Demütigung hingegen findet von innen nach außen statt: Wir sind wir, du bist anders und weniger wert. Wer einen Menschen aufgrund seiner ethnischen Zugehörigkeit erniedrigt, verspottet und verächtlich macht, ist auf Abschottung und Ausgrenzung bedacht. Je tiefer die gedemütigte Person sinkt – wie bei den berüchtigten Wiener »Reibpartien« 1938, als jüdische Bürger auf Knien die Bürgersteige schrubben mussten –, desto höher steigt der Pegel des eigenen Machtgefühls.

Selbstverständlich geht es auch bei Beschämung um Machtdifferenzen. Die beschämte Person kann sich kaum dagegen wehren und erleidet selbst dann, wenn sie anschließend wieder in die Gruppe aufgenommen wird, einen Verlust an Ehre und Achtung. Dennoch ist das Verhältnis zwischen Beschämten und Beschämenden nicht im eigentlichen Sinn hierarchisch. Seine Alterität hat das Opfer selber verschuldet, weil es sich mit seinem vorgängigen Verhalten aus dem Kollektiv oder der Gemeinschaft herausbegeben hat. Den Wiener Juden jedoch wurde schlichtweg mitgeteilt, dass sie der deutsch-österreichischen Volksgemeinschaft nicht (mehr) angehörten. Nicht das, was sie taten, sondern das, was sie waren – Juden –, machte sie zu Parias, zu Ausgestoßenen und Außenseitern, und ihre öffentliche Demütigung ließ das offensichtlich werden.

Trotz dieser Unterschiede trennt unsere Alltagssprache nicht klar zwischen Beschämung und Demütigung.[22] Das liegt zum einen an fließenden Übergängen und Mischformen, die in der Moderne an Zahl und Form zunehmen. Wenn sich soziale Gruppenbindungen abschwächen und Menschen zwischen verschiedenen Zugehörigkeiten wählen können, verlieren klassische Beschämungsverfahren ihre angestammten Schauplätze. Zugleich entstehen neue Institutionen und Verbünde, die eigene Praktiken der Erniedrigung und Bloßstellung erfinden und als Initiationsrituale nutzen. Nicht immer ist genau zu erkennen, ob es sich dabei um eine normativ integrierende Sanktion oder um eine kategorische Ausgrenzung handelt. Der Umgang mit Homosexuellen kann beschämend sein, wenn man Homosexualität, wie früher üblich und heute noch in vielen Ländern verbreitet, als zu kurierende Krankheit ansieht. Er kann aber auch einen demütigenden, radikal stigmatisierenden und exkludierenden Charakter annehmen. Dabei ist es unmaßgeblich, ob Homosexuelle diesen Unterschied als solchen erleben.[23]

Zum anderen hat sich der Sprachgebrauch im Verlauf des 19. und 20. Jahrhunderts erheblich verändert. Der Begriff der Würde rückte in den Vordergrund, während Ehre als vormaliger Leitbegriff an Attraktivität verlor und aus dem sozialen Kommunikationsraum herausfiel. In der Öffentlichkeit war entsprechend häufiger von Demütigung die Rede, und Beschämung geriet ins Hintertreffen.[24] Allerdings sind Ehre und Würde semantisch oft nur schwer voneinander zu scheiden. Als der Bundesgerichtshof 1957 Ehre und Ehrenhaftigkeit auf die dem Menschen »unverlierbar von Geburt an zuteil gewordene Personenwürde« zurückführte, vertrat er eine nicht allein von Juristen geteilte herrschende Meinung, deren begriffliche Unschärfe es fast unmöglich macht, zwischen Beschämung und Demütigung eine klare, eindeutige Trennlinie zu ziehen.[25]

Personen, Räume, Zeiten

Dieses Buch handelt von beiden Formen sozialer Machtausübung und Ohnmachtserfahrung. Es nimmt verschiedene Personen, Gruppierungen, Schauplätze und Institutionen ins Visier: Juristen, die sich über das Pro und Contra von Prügel-, Schand- und Ehrenstrafen auslassen; Lehrer und Schulbehörden, die darüber streiten, ob man Kindern eine Eselsmütze aufsetzen oder sie schlagen darf; Soldaten und Parlamentsabgeordnete, die sich über Misshandlungen beim Militär echauffieren; Mütter und Väter, die sich Gedanken machen, ob sie ein aufmüpfiges Kind beschämen sollen oder dürfen; Verfasser von Erziehungsratgebern und Kinderbüchern, die sich dazu äußern; Jugendgruppen und Studentenverbindungen, die Novizen einer demütigenden Aufnahmeprozedur unterziehen; ganz normale Bürgerinnen und Bürger, die Frauen öffentlich das Kopfhaar abschneiden, wenn sie sich gegen die Konventionen weiblicher oder nationaler Ehre vergangen haben; eine Mutter, die in schulischen Sportwettkämpfen Demütigungspotential für ihre Kinder sieht; Diplomaten und Politiker, die entweder selber demütigen oder vorgeben, gedemütigt worden zu sein, um Interessen zu legitimieren und durchzusetzen.

Die meisten hier versammelten Akteure und Begebenheiten stammen aus Europa, das über eine lange Tradition öffentlicher Beschämung und eine nicht ganz so lange Geschichte ihrer Kritik verfügt. Aber Beschämung und Demütigung sind auch anderswo anzutreffen: während der chinesischen Kulturrevolution, als Schüler und Studenten ihre Lehrer und Professoren öffentlich verhöhnten und misshandelten, oder in Mexiko, wo man 2016 sechs Pädagogen die Haare abschnitt, ihnen Namensschilder mit der Aufschrift »Vaterlandsverräter« um den Hals hängte und sie barfuß durch die Straßen trieb, weil sie sich geweigert hatten, einen Lehrerstreik zu unterstützen.[26] In Nordindien entführten im gleichen Jahr fundamentalistische Aktivisten einen jungen Christen, der Hindus angeblich zur Konversion aufforderte: Sie schoren ihm den Kopf, setzten ihn auf einen Esel und paradierten ihn vier Stunden lang durch den Ort.[27] In diesen Ländern gibt es eigene Traditionen der Beschämung und indigene Kulturen der Demütigung. Gleichwohl schöpfen alle aus einem offenbar weltweit vorhandenen Reservoir machtvoller Praktiken und Zeichen, die einander erstaunlich ähneln.

Vom Wandel der Gefühle

Beschämung und Demütigung sind dennoch keine anthropologischen Konstanten, die sich mit leichten Variationen durch die gesamte Geschichte der Menschheit ziehen. Ebenso wenig universell, einförmig und jederzeit abrufbar sind die ihnen korrespondierenden Gefühle von Scham und Demut.

Demut wurde historisch höchst unterschiedlich gelebt, beschrieben und bewertet. Das Alte und das Neue Testament wiesen ihr einen hohen Wert zu: Die Menschen sollten Gott demütig und unterwürfig gegenübertreten, um sein Wohlwollen zu erlangen. »Denn die sich demütigen, die erhöhet er, und wer seine Augen niederschlägt, der wird genesen« (Hiob 22,29). Zugleich demütigte ein zorniger Gott Menschen nach Herzenslust, um ihren Stolz und ihre Selbstüberschätzung zu brechen. In der christlichen Glaubenspraxis stand Demut denn auch ganz oben an, und weder Priester noch Laien sahen ein Problem darin, sich mit Worten und Gesten vor Gott und dem Altar niederzuwerfen. Die antiken Gesellschaften Griechenlands und Roms hingegen assoziierten Demut mit der Unterwürfigkeit von Knechten und Unfreien. Das ermutigte Friedrich Nietzsche in den 1880er Jahren, Demut mit Feigheit, Schwäche und Ergebung gleichzusetzen und sie als Teil einer »Sklavenmoral« abzutun. Ähnlich urteilten Europäer seit dem späten 18. Jahrhundert über das, was sie »im Morgenlande« beobachteten: eine aus ihrer Sicht extreme »Erniedrigung« und »Demüthigung« der Bevölkerung vor dem gottgleichen Herrscher und allen Höhergestellten.[28] Mit den Idealen und Maßstäben einer selbstbewussten bürgerlichen Gesellschaft ließen sich diese tiefen »Ehrenbezeugungen« nicht länger vereinbaren. Stattdessen boten sie Europäern einen weiteren Grund, sich allen anderen Ländern und Kulturen überlegen zu fühlen.

Wie Demut ist auch Scham eine soziokulturelle Konvention. Das Gefühl stellt sich erst ab einem bestimmten Alter ein. Kinder lernen, sich zu schämen, indem sie Erwachsene beobachten und von ihnen angeleitet und korrigiert werden. Manche Gesellschaften nutzen Scham und Beschämung mehr, andere weniger oder gar nicht als Mittel pädagogischer und sozialer Disziplinierung. Ob und in welchem Maße sie es tun, hängt wesentlich vom Grad sozialer Differenzierung und von der Wertschätzung ab, die sie Individualität, Freiheit und Autonomie erweisen. In ständischen Ordnungen mit ausgeprägten kollektiven Bindungsverhältnissen trifft man üblicherweise auf eine Vielfalt von Beschämungspraktiken, die ihrerseits ein hohes Niveau von Schamgefühlen nahelegen. Aber auch Menschen, die in eher individualistischen Gesellschaften aufwachsen, sind als soziale Wesen abhängig von der Anerkennung durch Dritte und werden damit empfänglich für Scham und Beschämung.

Im Anschluss an Norbert Elias könnte man geradezu behaupten, dass diese Empfänglichkeit in der Moderne wächst und nicht etwa abnimmt. Wenn Scham auf die Angst »vor der sozialen Degradierung« und den »Überlegenheitsgesten Anderer« im Zustand der Wehrlosigkeit reagiert und die »Scham- und Peinlichkeitsgrenze« im Prozess der Zivilisation vorrückt, müssten Europäer im 19. oder 20. Jahrhundert häufiger und intensiver Scham empfunden haben als Menschen, die im 16. oder 17. Jahrhundert lebten.[29] Ähnlich argumentierte der Soziologe Georg Simmel, als er um 1900 das in der Moderne betonte und aufgewertete »Ichbewußtsein« als »Zentralstation« der Scham identifizierte. Ebenso wie es Menschen den Weg zu einem autonomen, selbstbestimmten Leben ebnen kann, lädt es unter Umständen dazu ein, sich in den Augen anderer zu spiegeln und sorgfältig-angstvoll nach Signalen der Missachtung oder Herabsetzung zu fahnden. Narzissmus und Scham bzw. Sich-beschämt-Fühlen liegen nahe beieinander, wovon Psychologen und Psychotherapeuten ein Lied zu singen wissen.[30]

So erhellend psychologische Beobachtungen und soziologische Theorien der Scham und Beschämung für kritische Zeitdiagnosen sein können, so wenig verraten sie über die historischen Geschehnisse und Entwicklungen, die dazu führten, dass sich Gesellschaften von vielen schaminduzierenden Praktiken lossagten. Offen bleibt auch, warum und unter welchen Bedingungen es bis in unsere Zeit hinein zu Wiederaneignungen und Rückgriffen auf traditionelle Formen kommt. Deshalb stehen in diesem Buch weder individuelle Befindlichkeiten und Traumata noch abstrakte Transformationsprozesse und Makrostrukturen im Mittelpunkt. Vielmehr geht es um konkrete, leibhaftige Akteure und deren Beziehungen auf wechselnden Schauplätzen öffentlicher Beschämung. Es geht um Täter, Opfer und Zuschauer, um Machtansprüche und Widersprüche, um Applaus und Kritik.

Der Gang durch die moderne Politik der Demütigung orientiert sich damit an einer berühmten Maxime von Karl Marx: »Menschen machen (...) Geschichte, aber sie machen sie nicht aus freien Stücken unter selbstgewählten, sondern unter unmittelbar vorhandenen, gegebenen und überlieferten Umständen.«[31] Daran arbeiten sie sich ab, nehmen Anstoß, suchen nach Alternativen. Vorstellungen von Ehre und Würde spielen eine entscheidende und häufig übersehene oder unterschätzte Rolle. Was Menschen darunter verstehen, verändert sich mit der Zeit und mit den »Umständen«. Die semantische Vieldeutigkeit der Ehre und der egalitäre Grundton moderner westlicher Gesellschaften haben dem Konzept der Menschenwürde Vorschub geleistet und seine Verbreitung erleichtert. Praktiken öffentlicher Beschämung und gezielte Demütigungsstrategien gerieten zunehmend in Misskredit.

Das begann in staatlichen Institutionen, vor allem in der justitiellen Strafpraxis (I), und setzte sich, erheblich verzögert, in Schulen und Familien fort. Hier hat sich die Sensibilität für Verletzungen menschlicher Würde in den letzten Jahrzehnten deutlich erhöht. Zugleich bieten sich die Medien, besonders das Internet, als neue Akteure und Foren öffentlicher Demütigung an, und auch Peergruppen spielen eine ebenso aktive wie unrühmliche Rolle (II). Als überaus langlebig hat sich die Politik der Demütigung in den internationalen Beziehungen erwiesen (III). Wo das Konzept nationaler Ehre fröhliche Urständ feiert, liegen Empfindlichkeiten bloß und Demütigungsvermutungen auf der Hand. Je mehr sich die Öffentlichkeit daran beteiligt, desto schärfer wird die Waffe. Ob amtliche Entschuldigungen, wie sie seit den 1990er Jahren in Mode kamen, daran etwas ändern können, ist fraglich. Die Gegentendenzen sind massiv und nehmen in Zeiten des politischen Populismus eher zu als ab.

I

Pranger, Prügel, Publizität: Logik und Kritik staatlicher Strafen

Als Carl Gottlieb Svarez dem preußischen Kronprinzen und späteren König Friedrich Wilhelm III. 1791/92 Vorträge über Recht und Rechtswissenschaft hielt, waren Pranger und Schandsäule allgegenwärtig. Sie standen auf jedem Markt- oder Kirchplatz, entweder aus Holz gezimmert oder aus Stein gebaut, meist mit einem daran befestigten Halseisen. Manchmal war das Eisen auch direkt mit einer Kette am Rathaus oder an der Kirche angebracht. Weit verbreitet war der Block oder Stock: Er bestand aus zwei parallelen, durch ein Scharnier verbundenen Brettern, in die man Löcher für Hals und Handgelenke geschnitten hatte. Außerdem gab es sogenannte Sitzpranger, Schandstühle oder Schandesel.[1] In London, auf dem zentralen Markt von Cornhill, existierte der Pranger in zwei Varianten: als *stokkes* (Stock) für Männer und als *thewe* (Stuhl) für Frauen.[2]

Von alldem war in Svarez' Vorträgen nicht die Rede. Er führte seinen königlichen Schüler zwar ausführlich in die Grundsätze der Kriminalgesetzgebung ein und erläuterte ihm die verschiedenen Strafarten, die in Preußen bekannt und üblich waren. Er sprach über den Unterschied zwischen Gefängnis- und Zuchthausstrafe, über die Vor- und Nachteile von Geldstrafen und über die Berechtigung der Todesstrafe. Den Pranger jedoch erwähnte er mit keinem Wort.

Das mag nur auf den ersten Blick überraschen. Denn für Svarez, den aufgeklärten Juristen und Mitverfasser des Allgemeinen Landrechts für die Preußischen Staaten (ALR), gehörten Pranger zum alten Eisen, selbst wenn sie noch überall herumstanden und in Betrieb waren. Das 1794 in Kraft tretende ALR sprach eher abstrakt von der Zusatzstrafe der öffentlichen Ausstellung und reservierte sie für einige wenige Delikte. Penible Regeln für den Betrieb der »Schandbühne« fanden sich hingegen im toskanischen Strafgesetzbuch vom November 1786 und in der einige Wochen später verkündeten Kodifikation Josephs II. für die habsburgischen

Erbländer. Die »Ausstellung« sollte an »einem zur Zusammenkunft des Volkes geraumigen Orte« an drei aufeinanderfolgenden Tagen jeweils eine Stunde lang erfolgen, wobei der Verurteilte »in Eisen geschlossen, und bewachet« wurde, mit einer »ihm vor der Brust hangenden Tafel«, auf der das begangene Verbrechen »mit einigen Worten« angezeigt war.[3]

Schand- und Ehrenstrafen in der frühen Neuzeit

Das entsprach der landläufigen Praxis von Schand- und Ehrenstrafen, wie sie aus der Vergangenheit überliefert war. Seit etwa 1200 tauchen Pranger in den europäischen Gerichtsquellen auf, vorzugsweise zur Bestrafung von Diebstahls- und Sexualdelikten. Um 1600 musste in München ein Verurteilter an drei aufeinanderfolgenden Sonn- oder Feiertagen jeweils ungefähr zwei Stunden lang am oder im Pranger stehen.[4] Das bedeutete, der Öffentlichkeit unmittelbar ausgesetzt zu sein. In der Tat sparten Anwesende und Passanten nicht mit Ausdrücken oder Gesten der Verachtung und Missbilligung. Je nach angezeigtem Vergehen wurden Straftäter beschimpft, angespuckt oder mit verdorbenen Nahrungsmitteln und Fäkalien beworfen.[5] Als 1780 zwei Männer in London wegen »sodomitischer Handlungen« – eine Umschreibung von Homosexualität – im Stock standen, wurden sie durch aus dem Publikum fliegende Steine schwer verletzt. Von mehr als 20000 Menschen war die Rede, die dem Akt der Beschämung (»public shame«) beiwohnten und ihrer Empörung über das »abscheuliche« und »unaussprechliche« Verbrechen freien Lauf ließen. Wenngleich der konservative Parlamentarier Edmund Burke in das moralische Urteil einstimmte, gingen ihm die Folgen des kollektiven Ressentiments zu weit. Im Unterhaus verwahrte er sich gegen die Pervertierung des Prangers von einem »instrument of reproach and shame« zu einem Werkzeug des Todes und des Mordens.[6]

Strafen vor großem Publikum zu vollstrecken war damals nichts Ungewöhnliches. Bis weit ins 19. Jahrhundert hinein wurden Hinrichtungen öffentlich vollzogen. In Preußen verlegte sie erst das Strafgesetzbuch von 1851 hinter Gefängnismauern, Großbritannien folgte 1868, die Niederlande 1870. In Frankreich fand die letzte öffentliche Enthauptung 1939 statt. Nach traditioneller Auffassung hatten sich Verbrecher gegen die soziale Ordnung und den öffentlichen Frieden vergangen. Deshalb sei es nur recht und billig, sie vor den Augen der Öffentlichkeit zu bestrafen. Das Publikum war dabei Zuschauer und Teilnehmer zugleich: Seine physische Anwesenheit ebenso wie seine emotional-moralische Mitwirkung sollten den Richterspruch bestätigen und rechtfertigen. Außerdem hoffte man auf eine abschreckende Wirkung: Die Angst vor beschämender Strafe, hieß es, würde von ähnlichen Taten abhalten.[7]

Dass das öffentliche Ausstellen als Beschämung gemeint war, ist vielfach verbürgt. Nicht allein Burke sprach 1780 vom Pranger als »punishment of shame«. Seit dem späten Mittelalter verhängten niedere und höhere Gerichte sogenannte Schand- und Ehrenstrafen, die den Verurteilten »große schand und schmachhait« brachten; so schrieb es der Augsburger Stadtchronist 1462 auf.[8] Wurde die Prangerstrafe, wie in der frühen Neuzeit zunehmend üblich, vom Henker vollstreckt, reichte schon dessen Berührung, um den Verurteilten ehrlos zu machen. Aber auch die gelinderen Schandstrafen, die ein Gerichtsdiener verabreichte, entfalteten eine beschämende, ehrmindernde Wirkung.[9]

Darin ähnelten sie den Kirchenbußen, die zunächst im Rahmen der Gründonnerstagsliturgie, später auch an normalen Sonn- und Feiertagen anberaumt wurden. Bis ins 16. Jahrhundert hinein hatten sich Sünder, Männer wie Frauen, barfuß und in grobem Tuch vor dem Altar niedergeworfen, um die Vergebung des Herrn zu erlangen. Später wurden solche Selbstdemütigungen seltener; dafür erfand man öffentliche Zurschaustellungen als Buße für Totschlag, Wucher, Blasphemie, Brandstiftung, Ehebruch, Unzucht und andere Vergehen. Wer sie begangen hatte, musste im Büßergewand vor der Kirche stehen, während die Gemeinde sich zum Gottesdienst versammelte, oder der Sonntagsprozession mit einer Kerze voranlaufen. In der Kirche bekam er oder sie einen besonderen Platz zugewiesen. Bei Abschluss des Verfahrens galten die Büßer als ›emendiert‹, als gebessert und von ihren Sünden befreit, und fügten sich wieder in die Gemeinschaft der Gläubigen ein.[10]

Die weltliche Gerichtsbarkeit, wie sie im Zeichen frühneuzeitlicher Staatsbildung entstand, sah sich einiges von kirchlichen Bußritualen ab. Auch sie legte Wert darauf, Missetäter für ihre Normverstöße so zur Rechenschaft zu ziehen, dass die Geltung der betreffenden Norm öffentlich bestätigt wurde. Dem gleichen Muster folgten die aus vielen Regionen Europas bekannten kommunalen Rügebräuche. Sie beschämten jene,

3 Ein *skimmington ride* (Druck von William Hogarth, vermutlich 1726)

die soziale Regeln und Konventionen gebrochen hatten, und gaben sie der Lächerlichkeit preis. In England mussten sich Frauen, die ihre Männer schlugen, einem sogenannten *skimmington ride* unterziehen: Sie (manchmal auch die verprügelten Ehegatten) wurden rücklings auf einen Esel gesetzt und durch die Nachbarschaft paradiert, zum Gespött all derer, die die Prozession mit Topfschlagen und *rough music* begleiteten. Als 1604 ein solcher Ritt im ostenglischen Suffolk stattfand, gaben die Teilnehmer zu Protokoll, er diene nicht nur zur Beschämung der Frau, die sich gegen ihren Mann vergangen habe, sondern auch zur Warnung an alle Frauen, die soziale Ordnung nicht in gleicher Weise zu verletzen.[11]

Beschämungen in Gestalt von Katzenmusiken oder Charivaris fanden auch in Frankreich begeisterte Anhänger. Vor allem junge Männer fühlten sich berechtigt, soziale Regelverstöße zu ahnden, indem sie Übeltätern öffentlich den Marsch bliesen. In Städten standen dominierende Ehefrauen und ihre gedemütigten Männer im Fadenkreuz; auf Dörfern wurden besonders Witwen und Witwer, die eine neue Ehe eingingen, zu Opfern der Charivaris.[12] Frauen, die nach dem Tod ihres Mannes nicht wieder heirateten und dennoch Sex hatten, fielen ebenfalls der öffentlichen Rüge anheim. 1721 ordneten Kirchen- und Gemeindevorsteher im schottischen Dumfriesshire an, die jüngst verwitwete Jenny Forsyth in ein Knebeleisen zu stecken, da ihr Umgang mit einem anderen Mann

Schande über ihre Familie und Nachbarn gebracht habe. Mehrere Frauen aus dem Kirchspiel versammelten sich daraufhin vor Jennys Haus, krakeelten und polterten, schlugen Töpfe und Pfannen zusammen. Dann holten sie die junge Witwe, die sich heftig wehrte, mit Gewalt heraus, passten ihr die Knebeleisen an und führten sie durch die belebten Straßen. Davon ließen sie erst ab, als das Opfer schwor, sich in Zukunft anständig und gottesfürchtig zu benehmen.[13]

Obwohl die Beschämung ›von oben‹ verfügt worden war und damit einer obrigkeitlich verhängten Strafe gleichkam, erinnerte ihre Ausführung an klassische, ›von unten‹ initiierte Rügebräuche. Selbst dort, wo Gerichtsdiener oder Stadtknechte die Strafe exekutierten und dem Urteilsspruch eines ordentlichen Gerichts folgten, blieb die lokale Öffentlichkeit aktiv beteiligt. Ohne sie war der Vollzug von Schand- und Ehrenstrafen undenkbar, denn Beschämung funktionierte nur in Anwesenheit Dritter. Von und vor ihnen mit »offentlichen spott und straff« überhäuft zu werden, wie es ein Verurteilter 1728 formulierte, war mehr als bitter.[14] Es minderte die Ehre und das Ansehen der ausgestellten Person und ließ sie die Verachtung der sozialen Umwelt am eigenen Leib spüren.

Diese Verachtung wog schwer in Gesellschaften, die Menschen vorrangig als Angehörige sozialer Gruppen, Korporationen oder ständischer Gemeinschaften wahrnahmen und behandelten. Wer sich gegen deren Normen verging, bekam die Sanktionsmacht des Kollektivs zu spüren. Sich dagegen zu wehren oder in eine andere Gruppe zu wechseln war kaum möglich. Personen, die mit Ehrenstrafen belegt wurden, blieb meist nur die Wahl, den Ort zu verlassen, was bei manchen Strafen bereits inbegriffen war. Hatten sie am Pranger gestanden, erhielten sie häufig auch einen Stadt- oder gar Landesverweis und wurden mit Rutenstreichen vertrieben. Doch die Kunde der Entehrung reiste zuweilen ebenso schnell wie das Opfer. So beschwerte sich im späten 18. Jahrhundert eine Pariser Obsthändlerin bei der Polizei über eine Konkurrentin, die herumtratschte, dass die Händlerin in ihrer Herkunftsprovinz ausgepeitscht und gebrandmarkt worden sei. Das Stigma der Ehrlosigkeit haftete also auch dann, wenn man dem Ort seiner Schande den Rücken kehrte.[15]

Und es hatte materielle Konsequenzen, nicht nur bei der Geschäftsfrau, die sich um Käufer geprellt sah. Mägde, die unehelich Kinder geboren und deshalb am Pranger gestanden hatten, verloren ihren Dienst, und zwar nicht etwa wegen ihrer Mutterschaft, sondern weil sie »prangen« mussten und »öffentlich gebrandmarkt« waren.[16] Zünfte und Gilden achteten sorgfältig darauf, in ihren Reihen nur ehrbare und ehrenwerte Mitglieder zu führen. Eine Ausstellung auf der Schandbühne vertrug sich nicht mit ihren Ehrbegriffen. Im Erzstift Salzburg verlegten sich Richter im 18. Jahrhundert darauf, Handwerker nicht mehr zur »Prechlstellung« zu verurteilen, und begründeten das damit, dass »alle die, welche im Precher gestanden, aus ihren Zünfften« ausgestoßen würden.[17]

Ohnehin gingen die Gerichte mit Ehrenstrafen eher zurückhaltend um. In der Reichsstadt Köln musste im 16. Jahrhundert durchschnittlich alle fünf Jahre jemand auf dem »Kax« sitzen. In Norwich kam die Strafe des Blocks nach 1660 fast nicht mehr vor, und im bevölkerungsreichen London standen im 18. Jahrhundert maximal zehn Personen jährlich am Pranger. Auch die niederen Gerichte der Grafschaft Lippe verhängten die Strafe zwischen 1650 und 1800 nur in knapp zwei Prozent aller Kriminalfälle.[18]

Diejenigen, die es traf, hatten an der öffentlichen Beschämung allerdings schwer zu tragen. 1773 bat der lippische Halbmeier Brüning die Regierung, eine Schandstrafe für sich und seinen Vater auf dem Gnadenweg abzuwenden. Beide hatten einen Schäfer schwer misshandelt und waren zum Prangerstehen verurteilt worden. Dass sein »alter Vater welcher 75 Jahr in dieser Welt mit Ehren gelebet hatte«, sonntags »an den Pfal geschleppet, woselbst er drei Stunden lang zur Schau stehen, und sich halb zu Tode grämen mußte«, fand Brüning unangemessen. Auch Frau Wüstenbecker, die 1778 wegen Verleumdung eines verstorbenen Amtsrats am Schandpfahl stehen sollte, beklagte sich: »In meinem Alter von einigen 60 Jahren noch vor dem gantzen publico einer solchen beschimpflichen Strafe ausgesetzet zu werden, ist zu empfindlich, und für meine nahen Verwandten ebenfalls kränkend.« Dem pflichtete ihr Ehemann bei: Das Am-Pfahl-Stehen sei eine »öffentlich-schimpfliche criminal Leibes-Bestrafung«, »durch welche eine ganze Familie mit leidet«.[19] Wer irgend konnte, suchte sich ihr zu entziehen und entrichtete stattdessen einen Geldbetrag. In Hütten bei Schleswig gab der Bauer Gosche 1793 zu Protokoll, »er wolte seine beste Kuh lieber mißen, alß daß er am pfahle stehen wolte«.[20]

Der Pranger am Ende

Unbeliebt war der Schandpfahl nicht nur bei denen, die dort ausgestellt wurden. Auch bürgerliche Zeitgenossen, die ihn bloß aus der Ferne kannten, gingen politisch auf Distanz. Johann Adam Bergk, der Cesare Beccarias *Dei delitti e delle pene* 1798 ins Deutsche übersetzte, verwahrte sich entschieden gegen »Strafen, welche alle Achtung vor dem Menschen vernichten«. Wer »einer moralischen Person alle Würde raubt und alle Achtung abspricht«, handele nicht nur wider das »Sittengesetz«, sondern auch »unzweckmäßig, weil diese Strafe nicht bessert«. Darüber hinaus, gab der liberale Kantianer zu bedenken, luden entehrende und unmäßige Strafen geradewegs dazu ein, den Bestraften zu bemitleiden, und unterhöhlten so die »Herrschaft des Rechts«.[21]

Dissonanzen zwischen öffentlicher Meinung und Strafpraxis traten im Laufe des 18. Jahrhunderts immer häufiger zutage. Berühmtheit erlangte der Fall des Londoner Ziegeleibesitzers und Schriftstellers Daniel Defoe. 1702 hatte er anonym ein satirisches Pamphlet veröffentlicht, von dem sich die anglikanischen Kirchenoberen ebenso angegriffen fühlten wie das Unterhaus. Nachdem es vom Henker öffentlich verbrannt worden war, verurteilte ein Gericht den mittlerweile bekannten Verfasser wegen aufrührerischer Beleidigungen zu einer empfindlichen Geld- und Gefängnisstrafe. Außerdem musste er im Juli 1703 drei Tage lang am Pranger stehen. Seinen Freunden und Anhängern war es zu verdanken, dass die öffentliche Beschämung zu einem persönlichen Triumph geriet: Sie verkauften den Umstehenden Exemplare der inkriminierten Schmähschrift sowie des eigens für diesen Anlass verfassten Satiregedichts *Hymn to the Pillory* (Hymne auf den Pranger) und schafften es, die Stimmung zu drehen. Anstatt Defoe mit faulen Eiern, Kot oder Steinen zu bewerfen, tranken die Anwesenden auf seine Gesundheit und schmückten den Pranger mit Blumen.[22]

Eine ähnliche Revolte befürchtete die sächsische Regierung 1727 und empfahl deshalb, eine Prangerstrafe nicht zu vollstrecken. Stattdessen sollte man Anna Sophia Mittwoch, die bei den jüngsten konfessionellen Tumulten in Dresden Uhr und Silberzeug aus einem katholischen Haushalt gestohlen hatte, für zwei Jahre »harter Arbeit« in das neue Zucht- und Armenhaus einweisen. Würde die Frau, die das Diebesgut später

4 Daniel Defoe am Pranger

wieder zurückgebracht hatte, tatsächlich an den Pranger gestellt, könnte »darüber und umb solches mit anzusehen ein großer zulauff von denen hiesigen Einwohnern und besonders dem gemeinen Volcke entstehen«. Ein erneuter Tumult sei nicht auszuschließen, wenn das Publikum seinem Unmut über die harte und beschämende Strafe an Ort und Stelle Luft mache. Unter diesen Umständen liege es nahe, die öffentliche in eine unsichtbare Strafe umzuwandeln.[23]

Dieser Fall bestätigt die These Foucaults, das 18. Jahrhundert habe mit der Geburt des Gefängnisses eine neue Technologie der Macht und Disziplinierung erfunden. Die geschlossene Anstalt entzog Straftäter dem öffentlichen Blick, unterwarf sie aber einer umso intensiveren Beobachtung und Kontrolle. Zudem verhinderte sie, dass die Bevölkerung an der Rechtspflege teilhatte und sich moralisch-emotional engagierte.[24] Dass jenes Engagement im Sinn der Obrigkeit ausfiel, war offenbar nicht mehr selbstverständlich. Das Publikum konnte die beschämende Kommunikation scheitern lassen, aus Mitleid mit der beschämten Person oder weil man sich explizit mit ihr identifizierte. Daniel Eaton, der den dritten Teil von Thomas Paines *Age of Reason* verlegt hatte und 1812 wegen gotteslästerlicher Beleidigung zu mehrmonatigem Gefängnis und zum Prangerstehen verurteilt worden war, bekam von der Menge, die zwischen zwölf- und zwanzigtausend Menschen zählte, Applaus und Erfrischungen gereicht. Und als zwei Jahre später der populäre Seeheld Thomas Lord Cochrane wegen Börsenbetrugs eine Stunde lang am Pranger stehen sollte, intervenierte die britische Regierung, ähnlich wie die sächsische 1727, und erließ ihm die Ausstellung aus Angst vor Sympathiebekundungen und Protesten.[25]

1815 brachte der Abgeordnete Michael Taylor einen Gesetzentwurf im britischen Unterhaus ein, der die Abschaffung des Prangers vorsah. Während das Unterhaus zustimmte, zeigten sich die Mitglieder des Oberhauses gespalten. Obwohl es heftige Kritik an einer Strafe hagelte, deren Wirkung von den Launen des »Mobs« abhänge, schloss sich die Mehrheit der Meinung des Lordkanzlers an, der den Pranger zumindest für Meineid und Betrug beibehalten wollte. Zwar kam er kaum noch zum Einsatz, doch schlug des Schandpfahls letzte Stunde erst 1837.[26]

Benjamin Rush, scharfer Kritiker der »Barbarey« an Pranger, Block und »Peitschsäule«, erlebte das nicht mehr. Der Arzt und unermüdliche Reformer, dessen Unterschrift auch die Unabhängigkeitserklärung der USA von 1776 zierte, war 1813 gestorben. Schon 1787 hatte er in Philadelphia über die gefährlichen Folgen öffentlicher Strafen doziert und war auf großes Interesse gestoßen. *Coram publico* vollstreckte Strafen würden, so sein Argument, »böse Menschen schlimmer machen« und »die Verbrechen ausbreiten«. Sie hinterließen »Narben«, die sowohl bei den Bestraften als auch bei den Zuschauern »den ganzen Charakter entstellen«. Deshalb sollten Strafen so gestaltet sein, »daß sie wirksamer zu Besserung der Verbrecher, und wohlthätiger für die Gesellschaft werden möchten«.[27]

Rush bezog sich in seinem rasch ins Deutsche übersetzten Plädoyer unter anderem auf den Advokaten Charles Dufriche de Valazé. Dieser hatte dem Bruder des französischen Königs 1784 eine Schrift gewidmet, in der er für gelindere Strafen plädierte und vor allem die schimpflichen Verstümmelungen (*mutilations honteuses*) aufs Korn nahm. Denn sie blieben ein Leben lang sichtbar und kennzeichneten ihre Träger für immer als ehrlos.[28] Im Jahr zuvor hatten sich bereits die beiden Dresdner Juristen Hans Ernst von Globig und Johann Georg Huster, deren *Abhandlung von der Criminal-Gesetzgebung* 1782 den ersten Preis der Berner Ökonomischen Gesellschaft gewann, entschieden gegen »das Einbrennen, als eine grausame Schande« ausgesprochen.[29] 1791 schließlich schaffte der stark von Beccarias Vorschlägen beeinflusste *Code Pénal* Brandmarkungen in Frankreich ab. Auch Strafschauspiele wie Pranger und Halseisen (*carcan*) wurden mit Rücksicht auf das Dispositiv individueller Besserung (des Straftäters) und allgemeiner Zivilisierung (des Publikums) eingeschränkt. Aber selbst Revolutionäre wollten auf das strafrechtliche Instrument der Bloßstellung, Beschämung und Ächtung nicht gänzlich verzichten.[30]

Zugleich fanden auch weniger revolutionär Gesinnte Gründe, gegen entehrende Strafen vorzugehen. Als Friedrich II. die preußischen Gerichte 1756 ermahnte, zu Festungs-, Zucht- oder Arbeitshausstrafen Verurteilte nicht zusätzlich noch für ehrlos zu erklären, berief er sich auf Vernunft und Pragmatik. »Ratione status politici« sei es »sehr nachtheilig«, einen Straftäter mit Infamie zu belegen. Denn damit verdamme man ihn dazu, »ein unnützes Mitglied der Societät« zu werden. Sein ehrloser Status würde es ihm nach der Freilassung unmöglich machen, »fernerhin sein Brod auf eine ehrliche Art zu verdienen«.[31] Andere meinten dasselbe, formulierten es nur gefälliger und näher am aufgeklärten Zeitgeschmack. Der Verlust der Ehre, schrieb der österreichische Regierungsrat Joseph von Sonnenfels 1777, »welcher die Folge der Strafe, der Verstümmlung, Brandmarkung, Aussetzung auf der Schandbühne, oder selbst eine Strafe seyn kann«, stehe »dem Endzwecke in der künftigen Besserung des Bestraften entgegen«.[32]

Das preußische Allgemeine Landrecht nahm dazu noch keine klare Haltung ein. Generell setzte es eher auf Abschreckung als auf Besserung und Resozialisierung. So sollte Mitgliedern von Räuberbanden eine Rückkehr in die bürgerliche Gesellschaft für alle Zeit verwehrt werden, indem man ihnen ein S (für Schelm) in die Schulter einbrannte. Der Pranger war als Begleitstrafe für lebenslange Festungsarbeit vorgesehen, die gegen betrügerische Bankrotteure verhängt wurde. Doch konnten auch kürzere Freiheitsstrafen, wie sie für Meineide oder Urkundenfälschung ausgesprochen wurden, mit öffentlicher Ausstellung einhergehen.[33]

Gleichwohl steuerte die preußische Politik bei den traditionellen Schand- und Ehrenstrafen einen merkwürdigen Zickzackkurs. »Mehrentheils«, erläuterte der federführende Großkanzler Johann Heinrich von Carmer 1794, habe sich das ALR darüber »nur in allgemeinen Terminis« ausgedrückt. Dahinter stehe die Absicht, »diese Arten von Bestrafung nach und nach, so viel als möglich, außer Uebung zu bringen«, denn sie »ersticken und tödten in den Gemüthern der niedrigern Volksklassen vollends ganz jenen ohnehin nur schwachen Ehrtrieb und die Selbstachtung, die in besser organisirten Gemüthern ein so kräftiges Abhaltungsmittel von mannigfaltigen Verbrechen ist. Sie sind ein Haupthinderniß gegen jede Veredelung der Moralität bei diesen Volksklassen.« Allerdings erlaubte Carmer auf Anfrage der Kurmärkischen Kammer, dass Provinzgerichte weiterhin Strafen wie den spanischen Mantel und die Fiedel verhängen durften, jedoch »mit großer Vorsicht, und so selten als möglich« – und nur »so lange es an ordentlichen Gefängnissen fehlt«.[34]

Zwischen der Absicht des Gesetzbuchs und der Praxis örtlicher Gerichte klaffte also ein großer Spalt. Längst nicht immer mochten sich Provinzbehörden den hauptstädtischen Vorgaben und Überlegungen anschließen. Selbst wenn sich das ALR mit entehrenden und beschämenden Strafen schwertat, schaffte es sie nicht komplett ab.[35] Dennoch kamen sie, ganz in Carmers Sinn, mit der Zeit außer Gebrauch. Offenbar leuchteten die Argumente, die gegen Ehrenstrafen »so viel« und nach Ansicht des Großkanzlers auch »mit vollkommenem Grunde erinnert worden« seien, zunehmend ein: Sie verhinderten, fasste der liberale Kammergerichtsrat Friedrich Benjamin Heinrich Bode 1827 zusammen, die moralische »Besserung« der Bestraften und deren »Wiederaufnahme« in den Kreis der »Mitbürger und Standesgenossen«.[36]

Trotzdem dauerte es lange, bis sich die europäischen Staaten prinzipiell von Ehren- und Schandstrafen verabschiedeten. Der napoleonische *Code Pénal* von 1810 hatte sie sogar unter Hinweis auf ihre Abschreckungswirkung wieder verschärft. Wer zu lebenslänglicher oder temporärer Zwangsarbeit bzw. Gefängnis verurteilt wurde, musste vor Antritt der Strafe öffentlich ausgestellt werden (*exposé aux regards du peuple sur la place publique*).[37] Seit 1832 konnte diese *exposition publique* bei zeitlich begrenzten Strafen entfallen, um die Reintegration der Verurteilten in die bürgerliche Gesellschaft zu erleichtern.[38] Es bedurfte einer weiteren Revolution, um die Strafe der öffentlichen Ausstellung endgültig aus dem französischen Gesetzbuch zu verbannen. Am 12. April 1848 erging ein entsprechendes Dekret; begründet wurde es unter anderem mit dem Verweis auf die »dignité humaine«, die am Pranger mit Füßen getreten werde.[39]

Menschenwürde als Argument

Mit der menschlichen Würde zu argumentieren war damals nicht ungewöhnlich. Bereits 1818 hatten die Mitglieder einer rheinischen Justizkommission gefordert, »daß auch in dem Schuldigen, in dem Verbrecher immer noch die Menschenwürde zu achten ist«. Deshalb sei jede Strafe abzulehnen, die »das Ehrgefühl auslöscht, und den Menschen zum Thiere herabwürdigt«.[40] Sie bemühten damit eine Denkfigur, die schon 1798 in Bergks Kommentaren zu Beccarias Schrift aufgetaucht war, ohne die allgemeine Debatte merklich zu beeinflussen. Zwar bemängelten auch andere Zeitgenossen, dass beschimpfende, demütigende und beschämende Strafen »den Ehrtrieb ersticken« und so »die mächtige Triebfeder zum Wohlverhalten in dem Staate« beschädigten.[41] Allerdings blieb Ehre bei ihnen auf den Dienst am Staat und an der bürgerlichen Gesellschaft bezogen, während Bergk und die rheinischen Juristen erstmals Ehrgefühl und Menschenwürde zusammendachten. Damit begann ein neuer, moderner Diskurs, der die Debatte über Ehrenschutz und Ehrenstrafen bis heute prägt.

Als die Kommission dem preußischen Justizminister 1818 ihre Gutachten vorlegte, verfolgte sie das Ziel, die Übertragung preußischen Rechts auf die Rheinprovinzen zu verhindern. Seit den Revolutionskriegen des späten 18. Jahrhunderts standen diese unter französischem Recht, woran die Wiedereingliederung in den preußischen Staat 1815 zunächst nichts geändert hatte. Das französische Recht kam bürgerlichen Interessen in vielerlei Hinsicht entgegen, weshalb man es nicht widerstandslos aufgeben wollte. Was die Schand- und Ehrenstrafen betraf, galten jedoch andere Standards. Hatten französische Soldaten die in den besetzten Gebieten vorgefundenen Pranger als Symbole des Ancien Régime zunächst abgerissen, führte die Verwaltung sie kurz darauf wieder ein. Nach Napoleons Niederlage 1813 beeilten sich die neuen preußischen Gouverneure, die »zweckwidrige(n) Ehrenstrafen« des französischen Strafgesetzbuchs zu eliminieren und »eine der Achtung und dem Werthe des Menschen und dem deutschen Sinne angemessene Milde« walten zu lassen. Der Pranger, schärften sie den Gerichten ein, sei »nicht nothwendige Folge einer Criminalstrafe«; vielmehr bleibe es richterlichem Ermessen überlassen, »in welchen Fällen darauf mit zu erkennen sei«. 1815 wies der Koblenzer Oberpräsident alle Prokuratoren an den Gerichtshöfen ausdrücklich an, verhängte Prangerstrafen nicht zu vollstrecken und »mir das Urtheil mit den Acten einzusenden«.[42]

Das ging auf eine Verfügung des Justizministers zurück, der solche Strafen weitestgehend einschränken wollte. Nur dann, wenn sie aller Voraussicht nach tatsächlich »als Abschreckungsmittel« wirkten, hielt er sie für angemessen, etwa im Fall zweier Elberfelder Schneider, die einem Tuchfärber auf offener Straße die Pelzkappe geraubt hatten und dafür 1837 zu Prangerstrafe und fünfjähriger Zwangsarbeit verurteilt wurden. Ging es dagegen um »widernatürliche« und »scheußliche« Verbrechen wie die Vergewaltigung der eigenen Schwester, empfahl der Minister dem König, die Prangerstrafe fallenzulassen, damit die Tat »im Interesse des Publikums und dessen sittlicher Wohlfahrt, zweckmäßiger der Vergessenheit übergeben« werde. Hier suchte der Staat die Moralität der Bürger zu schützen, indem er die »Publicität« in Form öffentlicher Ausstellung begrenzte.[43] Andererseits gab es Verbrechen, für die der Pranger, verglichen mit der vom französischen Gesetz vorgesehenen Strafe, geradezu menschenfreundlich schien. So ordnete König Friedrich Wilhelm III. 1835 an, dass bei Münzvergehen »statt des Staupenschlags auf Ausstellung am Pranger zu erkennen« sei.[44] Staupenschlag, das öffentliche Auspeitschen eines Verurteilten, war mit dem »deutschen Sinne« offenbar nicht mehr vereinbar, während dem Pranger unter Umständen noch eine abschreckende Wirkung zugebilligt wurde.[45]

In dieser Funktion tauchte er auch in den juristischen und politischen Debatten auf, die in Preußen seit den 1820er Jahren über eine notwendige Gesetzrevision geführt wurden. Das Allgemeine Landrecht galt schon bald nach seinem Inkrafttreten 1794 als überarbeitungsbedürftig und schien mit den Zeitverhältnissen, die sich durch die Ereignisse in Frankreich und die ihnen folgenden preußischen Reformen gründlich verändert hatten, nicht Schritt zu halten. Als die vom König eingesetzte Revisionskommission 1827 den ersten Entwurf für ein neues Strafrecht vorlegte, sah dieser einen Paragraphen vor, der ähnlich wie der *Code*

Pénal von 1810 lebenslange Zwangsarbeit mit öffentlicher Ausstellung koppelte. Auch nachfolgende Entwürfe hielten daran fest, wollten die Strafe aber auf Männer beschränken und auf eine halbe Stunde begrenzen, beides »zur Vorbeugung der dadurch oft veranlaßten Exzesse«.[46] Seit Mitte der 1830er Jahre jedoch war von dieser Strafform keine Rede mehr, und sie wurde auch im neuen Strafgesetzbuch von 1851 nicht erwähnt. Das Prinzip der Abschreckung war endgültig dem der Besserung und, wie es Kammergerichtsrat Bode 1827 ausdrückte, Aussöhnung »mit dem Bürgervereine« gewichen. Und auch die Menschenwürde beziehungsweise das, was man 1813 mit der »Achtung und dem Werthe des Menschen« gemeint hatte, kam fortan verstärkt zum Zuge.[47]

Körperliche Züchtigung und der Charakter der Nation

Was genau unter Würde, Achtung und Wert des Menschen zu verstehen war, blieb allerdings umstritten. Dabei sorgte vor allem die Strafe der körperlichen Züchtigung für Zündstoff. Schon während der jahrzehntelangen Arbeit an der preußischen Gesetzrevision wurde darüber sehr viel ausführlicher und kontroverser debattiert als über den Pranger, von der Brandmarkung ganz zu schweigen. Der Meinungsstreit lässt sich sogar bis zu den Vorarbeiten zum Allgemeinen Landrecht zurückverfolgen. Als Svarez den preußischen Kronprinzen 1791/92 in die Grundsätze der Rechtswissenschaft und Rechtspolitik einführte, übte er scharfe Kritik an der Prügelstrafe. Sie sei zwar beim Militär üblich, bei »Verbrechern des Zivilstandes« hingegen durchweg schädlich: »Einesteils wegen der darin liegenden zu großen Willkürlichkeit, andernteils, weil dadurch der Charakter der Nation zu sehr erniedrigt wird«, wie man es bei Russen und Chinesen beobachten könne.[48]

Mit dieser liberalen Position vermochte sich Carmers Starjurist aber nicht durchzusetzen. Svarez' Kollege Ernst Ferdinand Klein, der für das Strafrecht des ALR verantwortlich zeichnete, stand körperlichen Züchtigungen keineswegs negativ gegenüber. Das Gesetzbuch, das sich mit Ehren- und Schandstrafen ansonsten eher zurückhielt, sah Prügel denn auch für alle möglichen Vergehen und Verbrechen vor: für Diebstähle, Tumulte, die Beschädigung öffentlicher Denkmäler, doppelte Taufen,

»gegen muthwillige Buben, welche öffentliche Unruhe erregen oder grobe Unsittlichkeiten begehen« sowie »bei verheimlichter Schwangerschaft und Niederkunft«.[49]

Kleins Handschrift prägte auch eine königliche Verordnung aus dem Jahr 1799. Sie nahm die Zunahme von Diebstählen zum Anlass, »zur Verhütung des Stehlens und Raubens abschreckende Beyspiele aufzustellen, die Verbrecher, wo möglich zu bessern, und wenn sie keiner Besserung fähig sind, für ihre Mitbürger unschädlich zu machen«. Die übliche Strafe beim »ersten gemeinen Diebstahl« waren Prügel. Im Unterschied zum ALR bestand Friedrich Wilhelm III. allerdings darauf, bei ihrer Ausführung »auf Geschlecht, Alter, gesunden oder kränklichen Körperbau, oder sonstige besondere individuelle Verhältnisse des Verbrechers« Rücksicht zu nehmen. Wie viele Peitschen- oder Rutenhiebe in welchem Rhythmus verabreicht wurden, lag im Ermessen des Richters.[50] In jedem Fall aber hatten Körperstrafen im Gefängnis stattzufinden, »durch einen oder zwey sich ablösende Gefangenwärter, wobey niemand gegenwärtig seyn darf, als nur die Gerichtsperson«. Anders als die restlichen Schand- und Ehrenstrafen durften Prügelstrafen demnach nicht mehr vor Publikum vollstreckt werden. Aus Kleins Sicht war dies »sehr zweckmäßig«, »denn die öffentliche Züchtigung würde zugleich eine öffentliche Beschimpfung seyn, und eben deswegen den Bestraften an seinem künftigen Fortkommen hindern. Auch würde durch die zu öftern öffentlichen Züchtigungen das Publicum selbst gestraft werden; denn jede kultivirte Nation verabscheuet natürlicherweise solche Schauspiele.«[51]

Hier berührte sich Kleins Position mit der von Svarez, obgleich nur oberflächlich. Denn genaugenommen redeten beide über Verschiedenes. Während Klein die schon aus der Debatte über Pranger, Halseisen, Fiedel und spanischen Mantel bekannten Argumente wiederholte und daran erinnerte, dass das Theater des Schreckens nur ein kulturell primitives und moralisch unreifes Publikum anspreche, standen Svarez weniger die Zuschauer als die geprügelte Person vor Augen. In ihr, als Teil der Nation, sah er die Gesamtheit erniedrigt und gedemütigt.

Ohne den Begriff zu verwenden, schlug sich Svarez damit auf die Seite jener, die in der Menschenwürde einen hohen Wert sahen und sie zum Maßstab staatlicher Gesetzgebung erheben wollten. Aber offenbar war die Zeit noch nicht reif für eine derart radikale Wende. Zwar kannten Kantianer die Definition von Menschenwürde, die der

Königsberger Professor für Logik und Metaphysik 1785 vorgegeben hatte: »Die Menschheit selbst ist eine Würde; denn der Mensch kann von keinem Menschen (...) bloß als Mittel, sondern muß jederzeit zugleich als Zweck gebraucht werden und darin besteht eben seine Würde (die Persönlichkeit), dadurch er sich über alle anderen Weltwesen, die nicht Menschen sind, und doch gebraucht werden können, mithin über alle Sachen erhebt.« Diese Würde gelte es anzuerkennen und zu achten als einen Wert, »der keinen Preis hat, kein Äquivalent«. Jeder Mensch habe daher »rechtmäßigen Anspruch auf Achtung von seinen Nebenmenschen, und *wechselseitig* ist er dazu auch gegen jeden anderen verbunden«.[52] Dass eine solche Achtung menschlicher Würde auch den Staat in die Pflicht nahm, war damit aber noch keinesfalls selbstverständlich.

Gleichwohl markierte die königliche Verordnung von 1799 eine Zäsur, wegen der angemahnten Individualisierung der Körperstrafe ebenso wie wegen des Vollzugs außerhalb der Öffentlichkeit. Dass die Prügel fortan im Gefängnis und nicht auf offener Straße verabreicht wurden, beendete die lange Tradition öffentlicher Auspeitschungen. Frauen war es dabei kaum anders ergangen als Männern. 1703 notierte der Bürgermeister der englischen Kleinstadt Deal in seinem Tagebuch: »Ich griff eine Prostituierte auf, deren Betragen großen Anstoß erregte, und brachte sie zur Staupsäule. Es war Marktzeit, und einige Hundert Menschen waren auf dem Platz. Ich ließ ihr zwölf Streiche geben; bei jedem dritten sprach ich mit ihr und gebot ihr, allen anderen Frauen ihres Gewerbes zu sagen, dass der Bürgermeister von Deal sie ebenso behandeln würde (...), wenn sie es wagen sollten, hierher zu kommen, und so niederträchtige und sündhafte Taten begingen wie sie.«[53]

Eine solche »Behandlung« war in hohem Grad beschämend. Als Elanor Steed 1760 in London wegen Diebstahls zu einer öffentlichen Prügelstrafe verurteilt wurde, bat ihr Sohn George, ein Maurermeister, für sie und sich um Gnade: »Öffentlich gepeitscht zu werden ist solch großer Skandal für mich in meinem Geschäft und wäre mein Ruin.« Der Handwerker sorgte sich offenbar weniger um die Ehre seiner Mutter als um den eigenen Ruf und dessen ökonomische Folgen. Ähnlich argumentierten 1838 die preußischen Minister, als sie sich gegen die Prügelstrafe für Frauen aussprachen: »weil endlich in Bezug auf verheirathete Frauen eine dauernde Störung des ehelichen Lebens dadurch herbeigeführt werde, daß der Mann seine Familie als durch die von der Frau erlittene Züchtigung beschimpft ansehen werde«. Umgekehrt galt das offenbar nicht. Jedenfalls war es kein Grund, von der Züchtigung verheirateter Männer abzusehen.[54]

Davon war damals auch in England noch keine Rede. 1820 hatte man dort zwar die Prügelstrafe für Frauen generell und überall, auch in geschlossenen Anstalten, verboten, nachdem sie in der Praxis immer seltener vorkam. Männer hingegen wurden weiterhin mit Ruten und Peitschen traktiert, allerdings zunehmend hinter Gefängnis- und Zuchthausmauern. Lediglich 122 Männer (und keine Frau) mussten sich im ersten Jahrzehnt des 19. Jahrhunderts in London einer öffentlichen Prügelstrafe unterziehen; 471 Männer und 85 Frauen bekamen die Rute im Gefängnis zu fühlen.[55]

Auf dem Kontinent gerieten öffentliche Prügel ebenfalls in Verruf. In dem Maße, wie Schand- und Ehrenstrafen vor großem Publikum unüblich wurden, stieß man sich auch an der Prügelstrafe als öffentlichem Schauspiel. Selbst diejenigen, die von ihr nicht lassen wollten, störten sich an der »Publicität«. Das könne nur, so der Gießener Professor und Oberappellationsgerichtsrat Karl Grolman 1805, »verderbend« wirken, und zwar auf beide, den Geprügelten und die Zuschauer. Die preußische Verfügung von 1799, welche die öffentliche Vollstreckung untersagt hatte, traf deshalb den Ton der Zeit.[56]

Kritisiert wurde jedoch schon bald, dass sie Prügel hinter verschlossenen Türen weiterhin zuließ und damit den Grundsätzen einer würdigen, das Ehrgefühl der Menschen achtenden Strafpraxis, wie sie sich liberale Juristen wünschten, zuwider lief.[57] Diese Grundsätze hatten seit der Revolution auch in Frankreich Platz gegriffen. Der *Code Pénal* von 1791 sah Prügel nicht länger als Justizstrafe vor, und Napoleon beließ es dabei. Die Rheinländer, bis 1813 unter französischer Herrschaft, gewöhnten sich so sehr an diese Rechtswohltat, dass sie sich späteren preußischen Versuchen, die Prügelstrafe wieder einzuführen, entschieden widersetzten. 1843 bilanzierten die in Berlin mit der Revision des Strafrechts befassten Beamten, »daß unter Beibehaltung dieser Strafart die Einführung des Entwurfes in die Rheinprovinz moralisch unmöglich ist (…). Der Widerwille gegen diese Strafart ist auch bei den Ruhigsten und Besten, selbst bei denen, welchen jeder Gedanke an eine systematische Opposition völlig fremd, ja zuwider ist, so groß, daß man nicht mehr daran denken kann, sie den Rheinländern aufdringen zu wollen.«[58]

Nicht nur aufmüpfige Liberale und revolutionär gestimmte Demokraten, sondern auch königstreue Konservative wehrten sich gegen eine Strafe, die ihnen als zivilisatorischer Rückschritt erschien. Schon 1818 hatte die rheinische Immediat-Justizkommission beantragt, die königliche Order von 1799 für die Rheinprovinzen auszusetzen.[59] Während das Oberlandesgericht Köln 1827 immerhin zu bedenken gab, »daß bei kleinen, von Leuten gemeinen Standes verübten, Verbrechen die körperliche Züchtigung der Freiheits- und Geldstrafe vorzuziehen sey«, optierte der rheinische Landtag 1843 dagegen. Die Vertreter des Adels, des Bürgertums und der Bauern verwarfen die Züchtigung als Kriminal- ebenso wie als Disziplinar- und Polizeistrafe. Ihre Wiedereinführung würde »ein Gefühl der äußersten Demütigung und Entwürdigung erneuern« und die »herrschende Achtung vor der Würde des Menschen gewaltsam aus dem Gefühle des Volkes verdrängen«. Dem Protest der Stände schloss sich Oberpräsident Eduard von Schaper ausdrücklich an.[60]

1843 war die Menschenwürde als regulative Idee also bereits in den Verhandlungen und Beschlüssen der Volksrepräsentanten angekommen. Die Berliner Juristen, die sich im Anschluss an die Landtagsbescheide ein weiteres Mal über den Entwurf eines neuen Strafgesetzbuches beugten, nahmen das Argument 1845 auf. Die Körperstrafe habe in der Tat etwas »so Entwürdigendes, daß der Grund des weit verbreiteten Widerwillens gegen dieselbe gerade in der thierähnlichen, die menschliche Würde verletzenden Behandlung gesucht werden muß«. Halte der Staat dennoch an ihr fest, sei damit zu rechnen, dass »die respektvolle Anerkennung der Strafgerechtigkeit« auf der Strecke bleibe und dem verletzten »Gefühl für menschliche Würde« weiche.[61] Für körperliche Züchtigung sei deshalb kein Platz mehr in einem modernen Gesetzbuch.

Mit der Menschenwürde – manche sprachen auch von Menschenehre – argumentierten damals zahlreiche Rechtstheoretiker sowie Praktiker des Strafvollzugs. Viele zeigten sich an Kant geschult und verwendeten seine Definition.[62] Manche bemühten religiöse und säkulare Semantiken gleichzeitig, um ihr Unbehagen darüber auszudrücken, dass »ein Wesen, welches sich so gut, wie ich und Andere, Gottes Ebenbild nennen durfte, gleichsam (...) als vernunftloser Körper behandelt und somit die Nation, ja die Menschheit überhaupt auf das Herabwürdigendste beleidigt wurde«.[63]

Aber es gab auch Gegenpositionen, und sie waren keineswegs in der Minderheit. Noch 1832 bedauerte der liberale Heidelberger Rechtsprofessor Carl Mittermaier, dass die Kritik körperlicher Züchtigung »unter den neueren Schriftstellern« nicht die herrschende Ansicht sei.[64] Selbst wenn sich das im folgenden Jahrzehnt änderte, wie Amtmann Ludwig von Jagemann, ebenfalls aus Heidelberg, 1841 erfreut feststellte, blieb die öffentliche Meinung gespalten. Der Hamburger Senator und stolze Republikaner Martin Hieronymus Hudtwalcker hielt eine vollständige Abschaffung der Prügelstrafe schlicht für kontraproduktiv. Würden an ihrer Stelle kürzere oder längere Freiheitsstrafen verhängt, verlören in einer Hafenstadt wie Hamburg viele betroffene Matrosen, Knechte und Gehilfen ihre Arbeit.[65] Ähnliches hörte man aus Preußen. Abgesehen davon, dass es auf dem Land gemeinhin keine Gefängnisse gebe, liege eine Freiheitsstrafe nicht im Interesse der »niedrigsten Volksklasse«, denn sie entziehe den Bestraften dem Erwerb und lasse ganze Familien am Hungertuch nagen. Die Prügelstrafe sei demgegenüber praktischer und ökonomischer, indem sie den Arbeitsablauf nur kurzzeitig unterbreche.[66]

Dennoch sahen sich die Befürworter körperlicher Züchtigung zunehmend an den Rand gedrängt. 1845 votierten die Minister der preußischen Staatsratskommission mit sieben zu zwei Stimmen gegen die Prügelstrafe; drei Jahre später kam der vom ersten Vereinigten Preußischen Landtag 1847 eingesetzte Ausschuss, der sich mit den Revisionen des Strafgesetzbuchs befasste, zu einem ähnlichen Ergebnis: Vier Mitglieder stimmten dafür, sieben dagegen. Kurze Zeit später brach in Frankreich eine neue Revolution aus und erreichte im März 1848 auch Berlin. Der zweite Vereinigte Landtag, den König Friedrich Wilhelm IV. überstürzt zusammenrief, hatte anderes zu tun, als sich mit den Gutachten des vorberatenden Ausschusses auseinanderzusetzen. Er machte den Weg frei für eine verfassunggebende Nationalversammlung und verabschiedete ein Wahlgesetz, das erstmals alle Männer über 24 Jahre, die länger als sechs Monate an ihrem Wohnort lebten und keine Armenunterstützung bezogen, an die Wahlurne rief.

Damit hatten sich politische Logiken und Machtverhältnisse radikal geändert. Die »lebhaft aufregende Parteifrage des Tages«, über die Zeitgenossen so lange gestritten hatten, wurde per königlichen Erlass entschieden. Am 6. Mai 1848 erklärte Friedrich Wilhelm IV. die körperliche Züchtigung als Kriminalstrafe in Anbetracht »der durch die neueren Gesetze allen Meinen Unterthanen gleichmäßig verliehenen politischen Rechte« für abgeschafft.[67] Er folgte einem Antrag des Staatsministeriums, in dem liberale Rheinländer nun den Ton angaben. Sie hielten es mit Mittermaier, der in der Körperstrafe nicht nur die »Menschenwürde« verletzt, sondern auch die »Nation« beleidigt sah, zumal dann, wenn die Strafe nicht »ohne Unterschied des Standes« verhängt wurde.[68]

Die soziale Pyramide: Schande, wem Schande gebührt

Standesunterschiede, das war allen Zeitgenossen bekannt, spielten in der Strafpraxis eine große Rolle. »Ihr wißt wohl«, schrieb der junge Rechtsprofessor Theodor Mommsen 1849, »wie es bisher, besonders vor den Polizeigerichten, ging: wer zahlen konnte, zahlte und wer nicht zahlen konnte, bekam seine Prügel.« Sofern Angehörige des Adels und des Bürgertums überhaupt jemals dazu verurteilt wurden, setzten sie alles daran, die körperliche Züchtigung in eine Geldstrafe umwandeln zu lassen. Das stand zwar in keinem Gesetzbuch, »war aber doch so gewiß, wie das Amen in der Kirche«.[69]

Wenn es um Ehre ging, sah selbst das Gesetzbuch bis 1848 Standesunterschiede vor. Im Injurienstrafrecht des ALR hatte sich eine säuberlich abgestufte Ehrenpyramide verewigt, die die landläufige Meinung, Ehre sei ungleich verteilt und bedeute je nach sozialem Stand Verschiedenes, aufgriff und verfestigte. Die größte Ehre und das empfindlichste Ehrgefühl besaßen demnach Angehörige des Adels, den das Zedler'sche Universal-Lexikon 1732 den »Ehrenstand« *par excellence* nannte.[70] Bürgern und Bauern kam eine geringere Ehre zu, was sich unter anderem darin äußerte, dass jemand, der sie beleidigte, weniger hart bestraft wurde, als wenn er einen Adligen gekränkt hätte. Das Strafmaß erhöhte sich mit dem sozialen Stand des Beleidigten. Beleidigungen ›nach unten‹ galten zudem als weniger verletzend und wurden milder geahndet als Beleidigungen ›nach oben‹.[71]

Folgerichtig konnten auch Schand- und Ehrenstrafen je nach Stand unterschiedlich wahrgenommen und bewertet werden. »Bey den Vornehmen und dem Adel«, befanden Globig und Huster in ihrer 1783 publizierten Preisschrift, seien sie »weit wirksamer, als beym Pöbel«.[72] Doch gerade weil sie den guten Namen vernichteten, wurden sie über den »Ehrenstand« kaum je verhängt. Öffentlich mit Ruten und Peitschen traktiert zu werden blieb den »Geringen«, wie die Dresdner Juristen sie nannten, vorbehalten; Klein sprach 1799 von »Personen, denen nicht anders als vermittelst der Haut beyzukommen ist«.[73]

Selbst für »Geringe« war Ehre jedoch keineswegs ein Fremdwort. Davon zeugen die Gnadengesuche derer, die zu Prangerstrafen verurteilt worden waren und darin einen unerträglichen ›Schimpf‹ sahen. Davon zeugen des Weiteren zahllose Injurienklagen im ländlichen und städtischen Umfeld.[74] Die Pariser Polizeibehörden nahmen im 18. Jahrhundert Unmengen von Beschwerden entgegen, hauptsächlich wegen Beleidigungen. Fast immer waren es Menschen der gleichen sozialen Schicht, die sich als Nachbarn oder Berufskollegen voneinander in der Ehre gekränkt fühlten. Am häufigsten vertreten waren Handwerksgesellen und -meister sowie Ladenbesitzer und Händler. Ihnen war ihre angegriffene Ehre offenbar so viel wert, dass sie gern die nicht unerhebliche Klagegebühr entrichteten, um die Angreifer in die Schranken zu weisen.[75]

Das war in ländlichen Regionen nicht viel anders. Zwei von drei Beleidigungsfällen, die zwischen 1685 und 1795 in einer lippischen Vogtei zur Anklage kamen, betrafen Männer und Frauen der sozialen Unterschicht. Auch sie scheuten nicht den Weg zum Gericht, um die Bezichtigung als Dieb, Schelm, Hure, Ehebrecher, Syphilitiker, Hexe, Zauberer, Hund, Wandlaus oder Kuckuck von sich zu weisen, die beleidigende Person zum öffentlichen Widerruf zu bewegen und auf diese Art »Satisfaction« zu erlangen.[76] Dem gleichen Zweck dienten Zeitungsinserate, in denen sich Menschen, die andere beleidigt oder verleumdet hatten, dafür entschuldigten. In London kam diese Form öffentlicher Abbitte seit den 1740er Jahren in Mode, was nicht ausschloss, dass man zudem noch persönlich, auf Knien und vor Zeugen, um Verzeihung bat.[77]

Selbst von unten nach oben wurde fleißig geklagt. So beschuldigte 1824 eine Göttinger Magd ihren Dienstherrn, einen katholischen Pfarrer, sie wiederholt als »du Thier, du Mensch« angeredet zu haben. Diesen Ausdruck, der »bekanntlich zu den schimpflichsten Bezeichnungen niedriger Frauenzimmer« gehörte, wollte sie nicht auf sich sitzen lassen und klagte auf Abbitte, Ehrenerklärung sowie Geldstrafe. Auch dass die preußische Gesindeordnung 1810 Knechten und Mägden, die von ihrer Herrschaft »mit Scheltworten oder geringen Thätlichkeiten behandelt« wurden, das gerichtliche Klagerecht ausdrücklich vorenthielt, zeigt *ex negativo*, wie ausgeprägt das Ehrgefühl in dieser Gruppe war. Hätte man nicht befürchten müssen, dass das Gesinde sich vor Gericht gegen herrschaftliche Prügel und Invektiven wehren würde, wäre die Bestimmung überflüssig gewesen.[78]

Wenn somit Ehre sogar bei den ›Geringen‹ eine Währung darstellte, deren Wert es zu erhalten und zu pflegen galt, und wenn sich auch Angehörige der sozialen Unterschichten vor öffentlicher Schande fürchteten, wirft das ein seltsames Licht auf das zeitgenössische Lamento, um das Ehrgefühl der niederen Stände sei es schlecht bestellt. Eher trifft das Gegenteil zu: Alle Mitglieder der vormodernen Gesellschaft hielten auf ihre Ehre große Stücke. Nur deshalb konnten Beleidigungen und Schandstrafen überall so empfindlich wirken.

Das Argument, es mangele den Unterschichten an Ehrgefühl, besaß in erster Linie strategische Bedeutung: Es legitimierte die Praxis, ihre Angehörigen gröber und kränkender zu behandeln als andere. »Sehr glücklich«, beteuerte der Königliche Oberstallmeister Carl Heinrich August von Lindenau 1791, »würde ich mich finden, wenn es auf irgend eine Art möglich wäre, mit denen Landgestüt-Knechten ohne Schläge auszukommen, doch ist dies bey allem guten Willen ganz unmöglich.« Es seien »lauter rohe, ungesittete und meistens sehr junge Leute«, deren »Ungezogenheiten« nach einer harten Hand riefen. »Leider!« könne man auf Leibesstrafen bei »einem so kecken Volke« nicht verzichten. Dafür hatte auch Großkanzler von Carmer Verständnis: »Bey der Classe von Menschen« seien Stockschläge nicht zu vermeiden, dürften jedoch die Gesundheit und das Leben des Gezüchtigten nicht gefährden.[79]

Zwar zog diese Klassenpraxis zuweilen Kritik auf sich: 1799 gab selbst Kammergerichtsrat Klein zu bedenken, dass ein Staat, der Prügel »als eine gewissen Ständen eigene Strafe« festsetze, diese Stände herabwürdige.[80] Noch 1812 aber bekräftigte sein Landesherr Friedrich Wilhelm III., körperliche Züchtigungen eigneten sich genau genommen nur für Verbrecher aus der »untersten Volksklasse«.[81] Auch in den ostelbischen Gebieten hielt sich hartnäckig die Auffassung, dass »die Züchtigung als

Strafmittel wegen der geringen Kulturstufe, auf welcher die Personen der niedrigsten Volksklasse ständen, nicht entbehrt werden könne«. Bei Bettlern, Landstreichern, Handwerksburschen, Knechten und Dienstmägden, befand die Mehrheit der Provinziallandtage in den 1840er Jahren, richte eine Gefängnisstrafe nichts aus, verschaffe ihnen sogar »nicht selten ein besseres Unterkommen (...), als sie im Zustande der Freiheit hätten«.[82]

Das Geschlecht von Scham und Ehre

Dass die Standesvertreter Knechte und Dienstmägde in einem Atemzug nannten, war verwunderlich. Schließlich legten Zeitgenossen des 19. Jahrhunderts großen Wert darauf, die Unterschiede zwischen Frauen und Männern auf allen Ebenen gesellschaftlicher Organisation zu betonen. Das betraf nicht zuletzt Fragen der Ehre. Allen Frauen, hieß es, eignete eine spezifische Geschlechtsehre. Sie bestand in dem, was man damals als »Schamhaftigkeit und Keuschheit« bezeichnete.[83] Damit war vieles gemeint: dass Frauen sexuelle Beziehungen nur mit ihrem Ehemann unterhielten und voreheliche Sexualität für sie ebenso tabu war wie außereheliche Affären; dass sie auf anständige Kleidung achteten, unzüchtige Worte und Gesten vermieden, die Augen eher schamhaft niederschlugen als einen kecken Blick riskierten. Solche Vorgaben waren älter als das 19. Jahrhundert. Schamhaftigkeit wurde bereits im Mittelalter als vornehmlich weibliche Tugend geschätzt und eingefordert; zugleich war Schande für Frauen ungleich häufiger sexuell konnotiert als für Männer.[84]

1793 bestätigte der Rostocker Rechtsprofessor Adolph Dieterich Weber, es komme einer schweren, handgreiflichen Beleidigung gleich, »wenn Jemand eine Frauensperson wider ihren Willen küßt«. »Schimpflich« sei es auch, »wenn sich Jemand von einer Frauens Person fälschlich berühmt, daß sie ihm unzüchtige Freiheiten erlaubt hätte«.[85] Frauen, denen so etwas nachgesagt wurde, handelten sich rasch das Schimpfwort ›Hure‹ oder ›leichtfertige Frau‹ ein, auf dem Land nicht anders als in der Stadt. Im Paris des 18. Jahrhunderts richteten sich sexuelle Beleidigungen fast ausschließlich gegen Frauen und bezogen sich auf Promiskuität, Prostitution und Geschlechtskrankheiten.[86]

5 Schand- oder Lästerstein aus Bitterfeld, 16.–17. Jahrhundert

Auch die Gerichte gingen unterschiedlich mit Frauen und Männern um. Laster- oder Schandsteine, eine in der frühen Neuzeit gebräuchliche Strafe, waren Frauen vorbehalten, die man damit für zänkisches und unzüchtiges Betragen strafte. Das Haarescheren, seit der Antike bekannt, traf ebenfalls vornehmlich Frauen und wurde offenbar als in hohem Maße beschämend empfunden. Ein Lied aus dem 18. Jahrhundert, einer Gefangenen in den Mund gelegt und als Flugblatt verbreitet, ließ daran keinen Zweifel: »Hunger Durst und andre Plagen, die der Männer Witz erdenkt, will ich alles gern ertragen, wenn man mir die Haare schenkt; Mit den Fesseln an den Füssen, will ich meine Frevel büssen, ewig in dem Zuchthauß seyn, bleiben nur die Haare mein. (...) Aber uns das Haar zu schneiden, öffentliche Schande leyden, (...) dieses scheint mir gar zu schwer.«[87]

Öffentliche Schande erlebte 1777 eine junge Frau im Rheinland, über die wegen ihrer zwei unehelichen Kinder eine Kirchenbuße verhängt wurde: Sie musste sich jeden Sonntag »mit einem strokranz binnen der frühmessen vor der kirchen setzen« und auch nachmittags »dahier auf unserem kirchhof stehen«.[88] Beschämung wirkte hier als Zuchtmittel einer moralischen Ökonomie, die Frauen und deren Sexualität besonders exponierte.

Daran änderte sich im 19. Jahrhundert nur wenig. Die Erwartungen an weibliche ›Reinheit‹ und ›Keuschheit‹ nahmen eher zu als ab und verbanden sich mit dem Anspruch, sie in allen sozialen Schichten durchzusetzen. Hatten bürgerliche Beobachter vor 1800 immer wieder vermerkt, dass die »Weiber des gemeinen Mannes, welche gar oft die schwersten Arbeiten verrichten müssen, mehr wie Mannspersonen, als Frauenzimmer, anzusehen« seien, forderten sie Geschlechterdifferenzen später autoritativ und überall ein.[89] Legitimiert wurde das mit dem Argument, die Natur habe Frauen anders geschaffen und zu anderem ausersehen als Männer. Der fragile weibliche Körper und das ihm korrespondierende empfindliche Gemüt bedürften des Schutzes, nicht zuletzt im Strafvollzug. Dass Frauen zum Prangerstehen verurteilt wurden, galt in den 1830er Jahren nicht mehr als akzeptabel, auch um die »dadurch oft veranlaßten Exzesse« zu vermeiden.[90] Offenbar rechnete man bei einer Frau am Pranger mit einem noch größeren Menschenauflauf als bei einem männlichen Delinquenten und befürchtete unsittliche Übergriffe. Mit diesem Argument votierte die Kommission des preußischen Staatsrats 1838 mehrheitlich dafür, nur männliche Personen körperlich züchtigen zu lassen, »weil diese Strafe bei ihrer Vollziehung gegen Weiber zu schmutzigen, unanständigen, die Würde der Bestrafung herabsetzenden Vorfällen Veranlassung gebe«. Der 1845 vorgelegte Entwurf eines neuen Strafgesetzbuchs strich sie wegen »Indezenz«.[91]

Faktisch bestätigte dies eine Praxis, die bereits zwölf Jahre früher durch eine königliche Order vorgegeben worden war. Friedrich Wilhelm III. hatte 1833 verfügt, dass »gegen Personen weiblichen Geschlechts, welche das zehnte Jahr zurückgelegt haben, (...) keine körperliche Züchtigung verhängt, sondern statt derselben auf verhältnismäßige Freiheitsstrafe erkannt« werden sollte. Frauen, auch noch so ›verworfene‹, zu schlagen verletze die »Schamhaftigkeit« und habe deshalb zu unterbleiben.[92] Für Männer, denen die Schamhaftigkeit nicht in die »Natur« gelegt war, galten andere Maßstäbe, zumindest bis 1848.[93]

Die Ehre der Staatsbürger

1848 schaffte Preußen nicht nur per königliches Dekret die körperliche Züchtigung als Justizstrafe ab. Friedrich Wilhelm IV. verordnete überdies, dass es »bei Bestrafung der Injurien« auf Standesunterschiede »nicht ferner ankommen« solle. Die Ehre der Bürger sei fortan mit gleichem Maß zu messen.[94] Das entsprach dem neuen Grundsatz gleicher politischer Rechte, wie er in der Revolution zum Tragen gekommen war. Ohne die Vorstellung einer allgemeinen Staatsbürgerehre war er nicht zu denken.

An dieser Vorstellung hatten liberale Juristen und Politiker seit Beginn des 19. Jahrhunderts gearbeitet. Je entschiedener sie den Staat als eine Veranstaltung der Nation und nicht mehr nur des Fürsten konzipierten, desto ausdrücklicher konnten und sollten die Mitglieder jener Nation die Ehre des Staates teilen. Unabhängig von ihrem sozialen Status und der daran gebundenen, je spezifischen Ehre, aber abhängig von ihrem männlichen Geschlecht besaßen sie eine »bürgerliche« Ehre. Aus ihr begründeten sich politische und soziale Rechte: das Recht, zu wählen und gewählt zu werden; das Recht, als Schöffe an der Rechtsfindung mitzuwirken; das Recht, Waffen zu tragen und Militärdienst zu leisten; das Recht, einem Gewerbe nachzugehen sowie Orden und Ehrenzeichen anzulegen. Diese »bürgerlichen Ehrenrechte« als »Erfindung der neuern Zeit« sollten der Stolz jedes Staatsbürgers sein, in dessen »Persönlichkeit«, so formulierte es der Tübinger Staatsrechtler Reinhold Köstlin in den 1850er Jahren, »Menschenwürde, Rechtsfähigkeit, Staatsbürgerthum« zusammenflossen. War die Würde »angeboren« und begründete das »Recht auf Anerkennung der allgemeinen Menschenehre«, wurden Rechtsfähigkeit und Staatsbürgertum vom Staat verliehen und garantiert. Wenn aber bürgerliche Ehre »nur durch den Staat da« war, konnte sie »auch nur durch den Staat mittels Urtheil und Recht gekränkt werden«.[95]

Nicht jeder Zeitgenosse stimmte dem zu, wie denn auch die Abschaffung »beschämender«, »beschimpfender« und »demütigender« Strafen keineswegs allen einleuchtete.[96] Schon bald nach Niederschlagung der Revolution ließen die Verfechter der Prügelstrafe wieder von sich hören. 1852 bat der Landtag der Provinz Preußen den König um ein neues Gesetz, das die »Vergehen des Gesindes gegen die Brodherrschaft und deren Vertreter« ebenso harsch bestrafen möge wie die Arbeiter und Tagelöhner, die der Landwirtschaft »durch Arbeits-Einstellung, Ungehorsam und Widersetzlichkeit« großen Schaden zufügten. Hier sei eine »mäßige körperliche Züchtigung« mit einer Lederpeitsche, wie sie schon das ALR der Gutsherrschaft erlaubt habe, dringend angezeigt.[97]

Trug diese Petition die Handschrift konservativer ländlicher »Brotherren«, meldete sich 1879 ein städtischer Praktiker zu Wort. Otto Mittelstädt, Hamburger Oberlandesgerichtsrat, Mitglied der Bürgerschaft und Experte für die Gefängnisverwaltung, verwahrte sich gleich zu Beginn seiner Streitschrift dagegen, als Konservativer oder Reaktionär missverstanden zu werden, nur weil er »dem landläufigen Liberalismus lieb gewordene Vorstellungen von Humanität« und »Menschenwürde« kritisiere. In der Tat sparte er nicht mit polemischen Seitenhieben auf jene »wohlwollenden Pädagogen und Menschenfreunde«, deren Vertrauen in die »unbegrenzte Perfektibilität des Individuums« reiner »Aberglaube« sei. Desgleichen sei das aus »Begeisterung für Volkserziehung« von ihnen favorisierte System des Freiheitsentzugs ein »verhängnisvoller Irrthum«. Die Kriminalstatistik bezeuge den »Bankerott« dieses Systems, der zunehmenden »Schamlosigkeit und Ruchlosigkeit« sei damit nicht beizukommen. Dafür bedürfe es vielmehr massiver Abschreckung durch »Wiederherstellung der Prügelstrafe« und »mehr körperliche Züchtigung«. »Für besonders freche und bubenhafte Frevel, für boshafte Sachbeschädigungen, Körperverletzungen und ähnliche Niederträchtigkeiten halbwüchsiger Jugend« sei »ein entsprechendes Quantum von Ruthenhieben« wirkungsvoller als der Aufenthalt im Gefängnis.[98]

Mittelstädts Vorschläge ernteten sowohl Zustimmung als auch Kritik. Praktiker akzeptierten Prügel als Disziplinarstrafe, aber nicht als Justizstrafe. Traditionelle Ehrenstrafen in neuem Gewand einzuführen und als »Schmach und Schande« wirken zu lassen, empfanden sie als »bedenklichen Scherz«. Dabei ging es Mittelstädt erklärtermaßen nicht um die Restauration roher Formen. Aus Rücksicht auf die »moderne Empfindsamkeit« wollte er Übeltäter nicht *in persona* an den Pranger stellen. Lediglich deren Namen und Bild sollten an die Schandsäule geheftet werden, um ihnen »den Stempel der Infamie für alle Welt erkennbar aufzudrücken«.[99]

Mit dieser Intervention zielte Mittelstädt ins Herz liberaler Straf- und Rechtstheorie. Er wandte sich nicht nur gegen das Konzept allgemeiner

Menschenehre oder -würde, sondern griff auch das Konstrukt staatsbürgerlicher Ehre an, als er den Gesetzgeber aufforderte, entehrende Strafen wieder einzuführen. Dafür aber gab es mehrheitlich keine politische Unterstützung.

Gleichwohl war die bürgerliche Ehre, anders als die Menschenehre, nicht sakrosankt. Dass der Staat seinen Bürgern Ehre und die daran haftenden Rechte entziehen durfte, stand außer Frage; nur über Umstände und Dauer herrschte Dissens. Das Reichsstrafgesetzbuch von 1871 band den Verlust bürgerlicher Ehrenrechte als zeitlich befristete Nebenstrafe an eine mehr als dreimonatige Gefängnisstrafe; für Zuchthaushäftlinge war er Teil der Hauptstrafe.[100]

Spezielle Ehrenstrafen hingegen, die die bürgerliche ebenso wie die Menschenehre verletzten, waren nach 1848 tabu. Das 1851 eingeführte Strafgesetzbuch für Preußen sah sie nicht mehr vor, mit einer Ausnahme: der öffentlichen Bekanntmachung von Strafurteilen. Auch sie war unter Juristen lange umstritten: Befürworteten die einen sie als Verschärfung der Strafe und Abschreckungsmittel, wandten andere ein, »die unschuldige Familie des Thäters werde dadurch mitbeschimpft«. In der letzten Fassung des Gesetzbuchs setzten sich diejenigen durch, die den öffentlichen Schimpf nicht missen wollten, ihn aber relativierten. Denn die Urteilspublikation habe »bei der inzwischen eingetretenen Oeffentlichkeit des Strafverfahrens überhaupt den Charakter einer Strafverschärfung wesentlich verloren«. Ihr eigentlicher Zweck sei es, bei schweren Strafen wie Zuchthaus oder Gefängnis über fünf Jahre, die mit dem Verlust bürgerlicher Ehre einhergingen, »dem Publikum weitere Kenntniß zu geben«.[101]

Publizität: Der Stachel der Scham

Die Öffentlichkeit des Strafverfahrens war noch im frühen 19. Jahrhundert ein politischer Zankapfel gewesen, an dem sich die Gemüter fast ebenso erhitzt hatten wie an der Prügelstrafe. 1818 hatte die rheinische Justizkommission für eine öffentliche Untersuchung und Urteilsfindung plädiert, weil sie unter anderem dazu beitrage, »richtigere Begriffe über Ehre und Schande zu verbreiten«. Dagegen gab der preußische Justizminister zu bedenken, öffentliche Gerichtsverhandlungen brächten das Vergehen »zur Kenntniß des großen Publikums«, wodurch »die ganze bürgerliche Existenz des Verurtheilten in Gefahr gesetzt wird, auf immer vernichtet zu werden«. Anselm von Feuerbach, Schöpfer des vorbildlichen bayerischen Strafgesetzbuchs von 1813, gestand zwar zu, dass die »unmittelbare Gerichtsöffentlichkeit dem Gefühl der Schaam oft empfindlicher seyn« möge, befürwortete jenen »Stachel der Schaam« jedoch als »neues kräftiges Mittel zur Erweckung und Erhaltung der Ehrbarkeit und Redlichkeit«. Sein Kollege Heinrich Benedikt von Weber, Obertribunalrat in Württemberg und Verfasser einer neuen Strafprozessordnung, hielt es demgegenüber für unangemessen, »bei geringern Straffällen die volle Publicität zuzulassen«, weil »die öffentliche Schaustellung des Beschuldigten und die diesfällige Kränkung seines Ehrgefühls mit der Größe seiner Schuld nicht proportionirt seyn würde«. In den Verhandlungen der sächsischen Ständeversammlung 1843 wurde die Öffentlichkeit ebenfalls als »sehr harte Strafe« bezeichnet, als eine neue »Art von Pranger«, der vor allem für Frauen schlimmer sei als das Urteil selber.[102]

Das sah der badische Kammerabgeordnete Carl Theodor Welcker 1847 genau so, zog daraus aber, ähnlich wie Feuerbach, andere Konsequenzen. Sein Vorbild war die britische »Repräsentativverfassung«, welche die »Stimme der Ehre und Sittlichkeit (…) in gemeinschaftlichen öffentlichen Versammlungen« ertönen lasse und »der öffentlichen Beschämung des Schlechten« diene. Öffentliche und Geschworenengerichte seien »wahre Ehren- und Sittengerichte«, in denen alle Anwesenden »zum Aussprechen ihrer würdigsten Gefühle und Gedanken und zur Unterdrückung der unwürdigen« aufgefordert seien. Am Ende stehe der schuldig Gesprochene als »öffentlich Gebrandmarkter« da – eine Vorstellung, die dem wortgewaltigen Kritiker erniedrigender Körperstrafen offensichtlich behagte. Denn die in öffentlicher Verhandlung und von würdigen Bürgern vollzogene »Brandmarkung« des Straftäters sei von mehrfach heilsamer Wirkung: Sie nehme »das Ehrgefühl der Gestraften als der übrigen Menschen für das Rechte in Anspruch«, stelle das Schlechte an den Pranger und weise dem unwürdig Gestrauchelten den Weg zu Moral und Sittlichkeit.[103]

Schlussendlich setzten sich die Protagonisten öffentlicher und mündlicher Gerichtsverfahren durch und feierten dies als Sieg des Rechtsstaates.[104] Die Beschämungsfunktion rückte in den Hintergrund und wurde, wenn überhaupt, nur im Zusammenhang mit der sich rasant verbreitenden Presseberichterstattung zum Thema. Journalisten beteiligten sich bereits im Kaiserreich intensiv an der Konstruktion einer moralischen Ordnung, die im Justizgebäude verhandelt und außerhalb des Gerichtssaals kommentiert wurde.[105] Das betraf sogenannte Sensationsprozesse, die das Publikum »auf eine die Nerven lebhaft afficirende Weise« unterhielten, nicht weniger als alltägliche Vorkommnisse.[106] So informierten die *Schleswiger Nachrichten* 1902 über einen Prozess gegen einen Geschäftsmann. Er hatte eine Annonce geschaltet, in der er eine Geldforderung unter voller Namensnennung des Schuldners zum Kauf anbot. Anstatt die Forderung zu begleichen, verklagte ihn der Schuldner wegen Beleidigung, und das Schöffengericht gab dem Kläger zunächst recht. Das Berliner Landgericht als nächsthöhere Instanz hingegen vermochte in der Annonce keine absichtsvolle Ehrenkränkung zu erkennen und kam zu dem Schluss, der Gläubiger habe das öffentliche Ausgebot seiner Forderung »ernst gemeint«. Ihm sei es schlicht ums Geld gegangen, nicht um die Bloßstellung des anderen.[107]

Der Zeitungsbericht bekundete das öffentliche Interesse an Strafprozessen jedweder Art, warf aber auch ein Schlaglicht auf die anhaltende Bedeutung von Ehre und Beleidigung. Dem Berliner Kläger war es offenbar gleichgültig, ob ihn die Gerichtsverhandlungen weiter öffentlich beschämten und ›brandmarkten‹, wie manche gehofft und andere befürchtet hatten. Er fühlte sich vielmehr und vor allem durch die öffentliche Bekanntmachung seiner Geldschulden beleidigt und in seiner Ehre gekränkt. Ehre war hier, wie die Richter präzisierten, gleichbedeutend mit »Ruf« und gutem Namen, den man zeitgenössisch als »öffentlichen Glauben an die moralische Würdigkeit und Tüchtigkeit eines Menschen« definierte.[108]

Wurde dieser Glaube bewusst und vor Publikum untergraben, was der Kläger von 1902 seinem Gläubiger vorwarf, konnte dies als Beleidigung, ja sogar als gezielte Beschämung gedeutet werden. Das deutsche Strafrecht zeigte sich dafür vergleichsweise sensibel.[109] Anders als in Großbritannien, wo der Gesetzgeber den Nachweis materieller Schädigungen verlangte, standen in Deutschland die »Subjektivität« der Ehre und das Selbstgefühl der Person im Mittelpunkt.[110] Um aber die daraus folgende »Epidemie der Injurienprozesse« einzuschränken – Beleidigung stellte

1903 das dritthäufigste Delikt nach Körperverletzung und Diebstahl dar –, legte das Recht restriktive Bedingungen fest.[111] So verwies es die Geschädigten auf den Weg der Privatklage, die das Risiko beinhaltete, auf den Prozesskosten sitzenzubleiben. In den meisten Fällen kam es jedoch gar nicht zu einem Prozess, denn jeder Klage folgte eine Mediation. Der größte Teil aller gerichtsnotorischen Beleidigungen endete mit einem Vergleich der Parteien. Viele Kläger zogen es von vornherein vor, sich in einem Zivilprozess Recht zu verschaffen, da die Sanktionen hier greifbarer waren: Widerruf, Abbitte, Geldbuße. Allerdings winkte bei einem Strafverfahren im Erfolgsfall ein besonderes Bonbon: Der Kläger durfte das Urteil nach § 200 RStGB »auf Kosten des Schuldigen öffentlich bekannt« machen.[112]

Das Strafrecht des Kaiserreichs hatte diese Bestimmung aus dem preußischen Recht übernommen, während es sich zugleich, mit Rücksicht auf die bürgerliche Reintegration des Straftäters und den Ruf der Familie, von der sehr viel weitergehenden Vorgabe verabschiedete, alle Urteile, die auf Zuchthaus- oder längere Gefängnisstrafe erkannten, im Amtsblatt zu publizieren.[113] Warum aber räumte man dem Beleidigungsfall weiterhin einen Sonderstatus ein? Die Antwort liegt in dem hohen Stellenwert, den der Gesetzgeber der Ehre beimaß, und in der Rolle, die der Öffentlichkeit für deren Validierung zukam. Die öffentliche Bloßstellung eines Beleidigers, hieß es in juristischen Kommentaren, bedeute für den in seiner Ehre Gekränkten eine »ideelle Entschädigung, die auf einer Stufe mit der Buße steht« und der »Ruf-Reparation« in der öffentlichen Meinung diene.[114]

Aus juristischer Warte war die Urteilspublikation ein Relikt der älteren Privatstrafen, die bereits das frühe 19. Jahrhundert aus dem modernen Recht getilgt hatte. Mit der staatlichen Monopolisierung der Rechtspflege waren Strafen seitdem durchweg öffentlich: Sie wurden vom Staat verhängt und ihm gegenüber abgeleistet. Geldstrafen landeten in der Staatskasse, nicht bei der geschädigten Person, die sich in einem Zivilprozess um Entschädigung und Satisfaktion bemühen konnte. Hatte noch das ALR bei Angriffen auf die Ehre Widerruf, Abbitte oder Ehrenerklärung vorgesehen, hob Friedrich Wilhelm III. die Privatgenugtuung 1811 prinzipiell auf, um die »unzählige Menge unnützer Injurien-Klagen« einzudämmen. Außerdem hafte, wie Justizminister und Staatskanzler argumentierten, einer Abbitte oder Ehrenerklärung immer etwas Herabsetzendes und Beschimpfendes an. Es sei aber nicht Ziel der Gesetzgebung, das »Gefühl befriedigter Rachsucht, welches dem Beleidigten durch die Demüthigung seines Gegners verschafft wird (,...) zu nähren und zu begünstigen«.[115] Daran hielt man auch später fest, wenn es die Urteilspublikation zu rechtfertigen galt: Sie habe keinesfalls den Zweck, »durch Demütigung des Beleidigers diesen in seinen sonst rechtlich geschützten Interessen zu verletzen«, sondern wolle »die verletzte Ehre des Beleidigten« wiederherstellen.[116]

Gleichwohl erntete sie Kritik. »Unzweifelhaft«, befanden die Richter am Leipziger Reichsgericht 1882, sei die Publizität »geeignet, das durch die Hauptstrafe verhängte Leiden zu erhöhen, indem sie eine Beschämung des Schuldigen innerhalb des Kreises seiner Bekannten herbeiführt«. Mit einem liberalen Strafrecht sei das nicht mehr vereinbar. Vielmehr stehe es in einer älteren Tradition, die es auf die »Demütigung des Beleidigers« abgesehen habe. Die Urteilspublikation könne deshalb entfallen, denn die verhängte Strafe gewähre dem Beleidigten bereits ausreichend »Genugthuung«.[117]

Die Entscheidung des obersten Gerichts fiel zugunsten des Bürgers S. aus, den das Landgericht Grätz wegen zweifacher Majestätsbeleidigung und Beleidigung des Reichskanzlers verurteilt hatte. An seiner »Hauptstrafe« änderte sich dadurch nichts; ob er sie tatsächlich als »Leiden« empfunden hat, ist nicht verbürgt. Waren seine Invektiven politisch motiviert, nahm er den Strafbescheid möglicherweise achselzuckend zur Kenntnis. Die Vorstellung, wonach jede Strafe »die Natur einer Ehrenverletzung« und die »Wirkung eines beschämenden und demüthigenden Aktes« besaß, war jemandem, der seine Tat vor sich selber und vor anderen rechtfertigen konnte, vermutlich eher fremd.[118] Weder seine Selbstachtung noch sein Ruf nahmen dadurch Schaden, zumal dann, wenn er sich in einem sozialen und politischen Milieu bewegte, das seine Überzeugungen teilte. Auch die Veröffentlichung des Urteils konnte ihn in diesem Fall kaum beschämen oder gar demütigen.

Bedeutsam ist die Entscheidung des Reichsgerichts deshalb vor allem mit Blick auf das darin aufscheinende Rechtsverständnis. Der Staat selber verfolgte in dieser Sache keine eigenen Absichten und wurde nicht initiativ. Der Gesetzgeber, präzisierten die Leipziger Richter 1887, sehe »das öffentliche Interesse bei der öffentlichen Bekanntmachung nicht für beteiligt an« und überlasse Letztere dem Willen des Beleidigten.[119]

Keineswegs liege es im öffentlichen Interesse, den Verurteilten *coram publico* zu demütigen, was, wie nicht nur das Reichsgericht meinte, die eigentliche, wenn auch versteckte Funktion der Urteilspublikation war.[120] Dass Strafen mit öffentlicher Beschämung einhergehen sollten, war rechtspolitisch nicht mehr akzeptabel. In diesem Sinn hatten schon 1869 die an einem Strafgesetzbuch für den Norddeutschen Bund arbeitenden Fachleute dagegen votiert, die Strafart des gerichtlichen Verweises aufzunehmen. Sie sei, hieß es, »ihres beschämenden und demüthigenden Charakters wegen unanwendbar«.[121]

Das Gericht der Gesellschaft

Trotz vielfältiger Kritik aber verschwand § 200 nicht aus dem Reichsstrafgesetzbuch. Selbst Gustav Radbruchs liberaler Reformentwurf von 1922 hielt weiterhin daran fest. Obwohl sich der Justizminister dezidiert gegen Ehrenstrafen als Rechtfertigung »moralischer Lynchjustiz« verwahrte, nahm er an der Urteilspublikation keinen Anstoß, im Gegenteil. Er wollte sie sogar, nach preußischem Vorbild, wieder verallgemeinern und als »Maßregel der Besserung und Sicherung« verstanden wissen.[122] Dazu kam es in der Weimarer Republik nicht mehr; erst der Nationalsozialismus machte Nägel mit Köpfen. Die Bundesrepublik kehrte zur eingeschränkten Veröffentlichung auf Verlangen des Beleidigten zurück und setzte sie auch in die Praxis um. So druckte der *Tagesspiegel* im Auftrag der Berliner Staatsanwaltschaft zwischen Juli 1984 und Juni 1985 mehr als hundert Mitteilungen über Verurteilungen, fast alle wegen Beleidigung von Polizisten. Sie enthielten den vollen Namen und die Adresse der Verurteilten, und manche berichteten anschließend, am Arbeitsplatz darauf angesprochen worden zu sein. Dies erschien einem Richter am Berliner Landgericht als »Renaissance des Prangers«, er sprach sogar von »Brandmarken«.[123]

Weniger kritisch, gleichwohl abwägend ging die DDR-Justiz mit dem Paragraphen um. Als Erstes weitete der Gesetzgeber 1957, auf den Spuren Radbruchs und der NS-Justiz, die öffentliche Bekanntmachung von Strafurteilen auf alle Delikte aus, »wenn sie zur Verstärkung der erzieherischen Wirkung, zur Einwirkung auf andere Bürger und zur Aufklärung der Bevölkerung geboten ist«.[124] Gedacht war dies als »Zusatzstrafe«, um »die Wirksamkeit der an dem Verhalten des Verurteilten geübten öffentlichen Kritik« zu erhöhen und »bei den Werktätigen eine Atmosphäre der Unversöhnlichkeit gegenüber Gesetzesverletzungen« zu schaffen. Allerdings sei die Strafe maßvoll anzuwenden. So kassierte das Oberste Gericht der DDR 1960 das Urteil eines Kreisgerichts wegen »unrichtiger Anwendung« der gesetzlichen Vorschriften. Die erstinstanzlichen Richter hatten fünf Männer wegen Herstellung und Verbreitung »unzüchtiger Bilder« zu Gefängnisstrafen verurteilt und die öffentliche Bekanntmachung des Urteils in der *Sächsischen Zeitung* angeordnet. Letzteres, rügte das Oberste Gericht, sei »fehlerhaft« gewesen. Da die Angeklagten »gute Arbeiter« seien, Reue gezeigt hätten und erwarten ließen, dass sie »künftig die Gebote der sozialistischen Moral« befolgten, brauche das Urteil nicht publik zu werden. Die Verurteilten würden »damit nur angeprangert«, »boykottiert und vom Kollektiv isoliert«, was mit der »Funktion der Strafe in unserem Arbeiter- und Bauern-Staat« nicht in Einklang stehe.[125]

Aus einem anderen Grund erkannte zwei Jahre später das Magdeburger Kreisgericht gegen die Veröffentlichung eines Urteils. Die Richter hatten einen Mann wegen Beleidigung zu einer Geldstrafe verurteilt, den Antrag der Klägerin auf Urteilspublikation aber abgewiesen, da »der Ehre der Privatklägerin damit nicht gedient sei, sondern im Gegenteil die Beleidigung der Privatklägerin durch den Beschuldigten erst recht verbreitet werden würde«. Die Klägerin hielt jedoch an ihrem Antrag fest und verlangte eine Veröffentlichung in der *Volksstimme*. Das Bezirksgericht gab dem nicht statt und schloss sich der Argumentation des Kreisgerichts an. Das brachte ihm eine Rüge aus dem Ostberliner Justizministerium ein. Hauptinstrukteur Georg Knecht warf den Magdeburger Richtern ein irriges Rechtsverständnis vor. Offensichtlich hätten sie sich von der Vorstellung leiten lassen, »daß im § 200 StGB bürgerliche Moralauffassungen zum Ausdruck kommen und eine Wiederherstellung der Ehre nach solchen Grundsätzen wie ›Auge um Auge, Zahn um Zahn‹ den sozialistischen Auffassungen über Ethik und Moral widerspreche«. Doch sei der Gedanke der »Wiedergutmachung, der Befriedigung und Rehabilitierung des Verletzten«, auf dem die geltende Rechtsvorschrift beruhe, auch in der DDR maßgebend; der Ehrenschutz der Bürger sei ihr ein hohes Anliegen. Zu den »vielfältigen Möglichkeiten«, verletzte Ehre wiederherzustellen, zähle auch die öffentliche Bekanntmachung eines Strafurteils. Sie bezwecke im Übrigen nicht die »Diffamierung«, »Isolierung und Anprangerung des Täters«, sondern dessen »Erziehung«.[126]

Erziehung hieß das Codewort, das im Sozialismus an die Stelle der Besserung trat. Von Erziehung war schon im Strafrechtsergänzungsgesetz von 1957 die Rede gewesen, das als Zusatzstrafen neben der Bekanntmachung auch den öffentlichen Tadel vorsah und damit, wie das Oberste Gericht 1961 präzisierte, die »gesellschaftlich-erzieherische Rolle und Wirksamkeit des sozialistischen Strafrechts« betonte. Ziel war, »die Menschen immer mehr zu befähigen, die gesellschaftliche Erziehung der Rechtsbrecher selbst zu organisieren und zu übernehmen«. Dazu gehörte es, »Vertretern des Kollektivs, in dem der Angeklagte arbeitet und lebt, (…) in der Hauptverhandlung Gelegenheit zu geben, sich über die Wirkung der Tat, das Verhalten des Täters und die Möglichkeit seiner weiteren Erziehung zu äußern«. Die »Mitwirkung der Bevölkerung« war konstitutiv für eine sozialistische Strafpraxis.[127] »Gesellschaftliche Kräfte« in Gestalt lokaler Massenorganisationen und Betriebskollektive übernahmen dabei sowohl »repressive« als auch »erzieherische« Funktionen: Sie tadelten, rügten und straften mit Missachtung, aber sie unterstützten den Gestrauchelten auch »in seiner beruflichen und kulturellen Weiterentwicklung und bei der Entfaltung seiner Fähigkeiten«.[128]

In punkto Erziehung und Unterstützung waren besonders die Konfliktkommissionen gefragt, die seit 1952/53 Streitigkeiten in den Betrieben schlichteten. Um Hausfrauen und Rentner in diese lebensnahe Sühnepraxis einzubeziehen, richtete man 1963 Schiedskommissionen in Wohngebieten und Genossenschaften ein. Mehr als die Hälfte der Fälle, die sie verhandelten, betrafen Beleidigungen und Verleumdungen unter Nachbarn. Üblicherweise endeten sie damit, dass sich die Angeklagten bei Klägern und Kommission entschuldigten; manchmal wurden ihre Entschuldigungen in den Wohngebäuden öffentlich ausgehängt.[129] Auch in ländlichen Gemeinden gab es Schiedskommissionen mit hoher öffentlicher Beteiligung. Nachdem in Sachsen zwei junge betrunkene Männer Obstbäume zerstört hatten, nahmen mehr als achtzig Bürger aktiv an der Beratung teil, was sich auf die gerügten Täter angeblich »sehr erzieherisch« auswirkte. Zumindest kamen »ähnliche Entgleisungen« anschließend nicht mehr vor. Die »erzieherische Beratung«, die eine mecklenburgische Schiedskommission einem alkoholisierten Melker zuteilwerden ließ und an der sich etwa siebzig Genossenschaftsmitglieder beteiligten, führte ebenfalls zu einer »spürbaren Änderung seines Auftretens«.[130]

All diese wohlinszenierten Strategien öffentlicher Beschämung zeigten die typische Ambivalenz von ›unversöhnlicher‹ Ausgrenzung und disziplinierender Inklusion.[131] Dass sie bei den Beschämten weniger gut ankamen als bei den Beschämenden, ist vielfach verbürgt. Immer wieder bestätigten »Werktätige, denen ein Rechtsverstoß zur Last gelegt wird, (...) daß es ihnen unangenehmer sei, diesen in der Konfliktkommission behandelt zu sehen als in einem Gerichtsverfahren«. Manch ein Betroffener erklärte rundheraus, er sehe sich außerstande, »in der Öffentlichkeit und vor der gesamten Kommission offen zu seinem Problem Stellung zu nehmen«. Was von offizieller Seite als »Macht der Moralauffassungen der Werktätigen« gepriesen wurde, fühlte sich aus anderer Perspektive wie eine kollektive Anprangerung und Schandstrafe an.[132]

Der »symbolische Pranger« im Nationalsozialismus

Die gesellschaftlichen Gerichte der DDR hatten ihre direkten Vorläufer in den Kameradschafts- oder Kollegengerichten der Sowjetunion, auf deren Modellcharakter man sich in Ostberlin gern berief (und die auch im kommunistischen China kopiert wurden).[133] Sie standen aber auch in der längeren Tradition informeller Dorfgerichte und Rügebräuche, in denen eine lokale Gemeinschaft ihre moralische Ökonomie bekräftigte und gegen Abweichler verteidigte. Dass manche Staaten diese Tradition im 20. Jahrhundert wiederbelebten und der Gesellschaft überstülpten, markierte ihre Absage an liberale, die Freiheit der Bürger betonende Vorstellungen gesellschaftlicher Ordnung. Stattdessen favorisierten sie kollektivistische Ideen und normative Konzepte, die die Gemeinschaft über individuelle Interessen und Rechte stellten. Öffentliche Beschämung gehörte in solchen Regimen zum festen Repertoire der Herrschaftstechnik.

So hatte auch der Nationalsozialismus zwecks »Ordnung der nationalen Arbeit« soziale Ehrengerichte eingeführt, vor denen die »Arbeitskameraden« Beleidigungen und andere Pflichtverletzungen »sühnten«. »Öffentliche Brandmarkung« war dabei, wie der Jurist Kurt Gusko 1936 ausführte, inbegriffen. Die Verhandlungen fanden folgerichtig vor Publikum statt und endeten gemeinhin mit Warnung, Verweis, Geldstrafe oder Kündigung.[134] Wie Staatssekretär Roland Freisler 1937 erläuterte, sollten auf diese Weise »manche Ehrenangelegenheiten verständnisvoll aus der Welt« geschafft, »die Ehre der Gemeinschaftsgenossen« gewahrt und ihr Ehrgefühl »erzieherisch« gestärkt werden. Friedrich Schaffstein, Professor in Kiel, betonte darüber hinaus die »Integrationswirkung« des ehrengerichtlichen Verfahrens und die »gemeinschaftsbildende Kraft« der Ehrenstrafen.[135]

Dass solche Strafen sowohl inkludierend als auch exkludierend wirkten, war Nationalsozialisten bewusst. Ihr Referenzpunkt hieß Gemeinschaft, und deren Interessen standen obenan. Ehre war demzufolge nicht als »höchstpersönliches Rechtsgut« zu schützen, was regimetreue Juristen als »individualistische Auffassung« verwarfen. Auch die »gefühlsbetonte Hervorhebung von Menschenwürde und Menschenrechten« war ihnen ein Dorn im Auge. Stattdessen betonten sie den »Ehrenschutz der Gemeinschaft«, was bedeutete, auch Kollektiven Ehre zuzuerkennen und sie unter staatliche Protektion zu stellen. Dazu gehörten die Familie, die Partei und deren Gliederungen sowie, in letzter Instanz, die »Volksgemeinschaft«. Sie konnte und durfte über ihre Mitglieder »ein sittliches Unwerturteil« fällen und ihnen Ehre absprechen. Jede Strafe, verkündete Schaffstein 1935, sei im NS-Strafrecht »zugleich und vornehmlich Ehrenstrafe«, und ähnlich las man es im gleichen Jahr im Bericht der Strafrechtskommission über »das kommende deutsche Strafrecht«.[136]

Mit jeder rechtlichen Sanktion war folglich eine Beschämung intendiert. Manche Juristen und Politiker hatten sogar noch Größeres vor. So sprach sich Freisler 1934 ernstlich für die Wiedereinführung des Prangers aus. In einer offiziellen Denkschrift der Akademie für Deutsches Recht schlug er vor, »daß z. B. jemand, der sich in einer besonderen Weise unsozial verhalten hat, die sich als eine strafbare Handlung darstellt, etwa an Gerichtsstelle zur Schau gestellt wird«. Selbst die sonst so loyalen Kieler Juristen verweigerten Freisler hier die Gefolgschaft. Eine Rückkehr zu »mittelalterlichen« Praktiken entspreche »weder der gesunden Volksanschauung noch dem wirklich modernen Denken über die praktischen Aufgaben des Strafrechts«. Auch die Strafrechtskommission unter Vorsitz von Justizminister Franz Gürtner lehnte ab. Zugleich aber empfahl sie, »gleichsam als symbolischen Pranger«, die öffentliche Bekanntmachung aller Strafurteile in Zeitungen sowie »durch Anschlag an Litfaßsäulen, durch Rundfunk, durch Bildstreifen usw.«[137]

Damit ging die Kommission weit über das bislang Übliche hinaus. Seit 1871 waren im Deutschen Reich ausschließlich Beleidigungsurteile veröffentlicht worden, und dies auch nur dann, wenn der Beleidigte darauf bestand. Der Staat selber hatte daran kein Interesse. Darüber hinaus stand das Urteil lediglich im Amtsblatt, nicht aber, wie 1935 vorgeschlagen, an so prominenter Stelle wie Litfaßsäulen, im Radio oder in der Kino-Wochenschau. Das NS-Justizministerium machte sich den Vorschlag gern zu eigen. Noch im gleichen Jahr wies es die Justizpressestellen an, bei Berichten über Gerichtsverfahren, einem seit dem Kaiserreich beliebten Genre, den »vollen Namen« jener Personen zu nennen, die zu hohen Freiheitsstrafen verurteilt wurden. »Der mit der Veröffentlichung verfolgte Abschreckungszweck geht der Rücksichtnahme auf den einzelnen, der sich in schwerster Weise gegen die Volksgemeinschaft vergangen hat, vor.« An Rücksicht auf den Einzelnen zeigte sich der völkische Staat ohnehin nicht interessiert. »Sühne« und öffentliche »Brandmarkung des Verurteilten« waren alles, was zählte.[138]

Tatsächlich erlebten Brandmarkungen, meist sogar ohne strafbare Handlung und gerichtliches Urteil, im ›Dritten Reich‹ einen rasanten Aufschwung. So gab es bereits 1933 in der Mannheimer Zeitung *Hakenkreuzbanner* eine Rubrik unter dem Titel »An den Pranger«. Darin fanden sich die Namen und Adressen von Frauen, die ein Verhältnis mit jüdischen Männern unterhielten. Das war zwar kein Rechtsvergehen, wurde aber von Nationalsozialisten als »Schande« erachtet und entsprechend angeprangert. Noch viel drastischer und gewaltsamer ging es bei den sogenannten Prangerumzügen zu, die SA-Männer in vielen Städten Deutschlands veranstalteten. In Breslau wurden »rassenschänderische« Paare im Sommer 1935 sonntags durch das Stadtzentrum geführt, oft begleitet von Musikkapellen und einem Tross, dem sich Woche für Woche mehr Menschen anschlossen. Schließlich beteiligten sich mehrere hundert Personen aktiv an dem Spektakel öffentlicher Beschämung. Nicht alle Bürger waren davon begeistert; ein Geschäftsmann merkte kritisch

6 Staupsäule in Breslau, vor 1945

an, er habe sich »mindestens ein Jahrhundert zurückversetzt gefühlt« und finde es gerade als »Vollarier beschämend, so etwas mit anzusehen«.[139] Tatsächlich nahmen die Umzüge bewusst oder unbewusst Elemente früherer Schandstrafen und -prozessionen auf: In Breslau traf man sich an der alten Staupsäule, die wie in vielen deutschen Städten nicht im Museum stand, sondern ihren zentralen Platz im öffentlichen Raum behalten hatte. Den inkriminierten Frauen, manchmal auch Männern, wurden die Haare abgeschnitten; auf diese Weise hatte man schon im späten Mittelalter vorzugsweise weibliche Delinquenten bloßgestellt.[140]

Wer bloßstellen wollte, brauchte ein Publikum. Daran fehlte es, trotz vereinzelter Kritik, auch in den 1930er Jahren nicht. Es gab immer ausreichend Männer, Frauen und Kinder, die in den Prangerumzügen mitliefen oder ihnen zuschauten. Als Wiener Juden im März 1938, kurz nach dem deutschen Einmarsch, gezwungen wurden, Anti-Nazi-Parolen mit Bürsten von den Bürgersteigen zu schrubben, umringten und begafften sie gutgekleidete Frauen und Männer jeden Alters. Diese Personen gehörten sicher nicht zum ›Mob‹, dem man die »Reibpartien« später gern in die Schuhe schob. Fotos zeigten lachende, zuweilen feixende

Gesichter, niemand wandte sich angewidert ab. Offenbar ergötzten sich auch wohlsituierte Bürger an dem Schauspiel der Erniedrigung.

Ähnliche Schauspiele waren schon vor Österreichs ›Anschluss‹ an das Hitler-Reich aufgeführt worden. Unter den autoritären Kanzlerschaften von Engelbert Dollfuß und Kurt Schuschnigg hatten kommunistische und nationalsozialistische Aktivisten des Öfteren Graffiti ihrer Parteifreunde von Mauern, Hauswänden und Bürgersteigen putzen müssen, man war an diesen Anblick gewöhnt.[141] Ungewöhnlich war 1938 dreierlei: erstens wurden auch Frauen und alte Männer auf den Boden gezwungen; zweitens war die Aktion nicht von örtlichen Polizeibehörden veranlasst, sondern von sich selbst ermächtigenden SA- und SS-Männern. Drittens schließlich hatten die Wiener Juden keine persönliche oder politische Beziehung zu den Parolen, die sie entfernen mussten. Dass man gerade sie dazu ausersah, war rassistische Schikane, Ausdruck blanken Antisemitismus, der sich in der kruden Demütigung seiner Opfer gefiel.

In Deutschland gab es ebenfalls eine vornazistische Tradition öffentlicher Beschämungen, bei denen nicht der Staat, sondern die Gesellschaft als Akteur auftrat. Sie datiert aus den 1920er Jahren, als die linksrheinischen Gebiete gemäß den Bestimmungen des Versailler Vertrags von französischen, belgischen, britischen und US-amerikanischen Truppen besetzt wurden. Besonders die Anwesenheit französischer Kolonialsoldaten rief bei vielen Deutschen Abwehr hervor und wurde als »schwarze Schmach« propagandistisch bekämpft. Mindestens ebenso anstößig war die »weiße Schande«, die der Schmach auf dem Fuße folgte. Schändlich, schamlos und unwürdig verhielten sich demnach jene Frauen, die mit Besatzern, vor allem mit Kolonialsoldaten, sexuelle Beziehungen eingingen. Es gab kaum ein deutsches Presseorgan, das nicht empört darüber berichtete, (illegale) Zeitungen enthielten Rubriken wie »Am Schandpfahl« oder »Am Pranger«.

Immer wieder kam es zudem zu handgreiflichen Attacken und Beschämungsaktionen. In Jülich mussten die ›schamlosen‹ Frauen zum »Gespött der Bevölkerung« den Marktplatz kehren, eine andere Gemeinde hängte deren Namen öffentlich aus. In Mainz schritten »Burschen« zur »Selbsthilfe« und schnitten den »Franzosenmädchen« die Haare ab. Im Ruhrgebiet, das seit 1923 von französischen und belgischen Truppen okkupiert war, wurde eine Frau mit einem Spottgedicht um den Hals an einer Litfaßsäule festgebunden, ihre Haare übergoss man mit Farbe. Ob auch diese Tat auf das Konto jenes »Scherenklubs« ging, dessen Mitglieder – Männer im Alter zwischen 15 und 31 Jahren – 1924 in Hamm wegen »öffentlicher Beleidigung gegen Frauenspersonen, die sich mit den Franzosen eingelassen haben sollen«, vor Gericht gestellt wurden, blieb infolge einer Generalamnestie ungeklärt.[142]

Aus diesem Repertoire von Schandpraktiken bedienten sich knapp ein Jahrzehnt später auch die Nationalsozialisten. Allerdings waren die von ihnen organisierten Prangerumzüge und »öffentlichen Brandmarkungen«[143] keine Widerstandshandlungen gegen eine Besatzungsmacht und die mit ihr angeblich kollaborierenden Frauen. Willkürlich und im Bewusstsein eigener Machtvollkommenheit nahmen sich SA- und SS-Männer das Recht heraus, Menschen bloßzustellen und zu demütigen – ohne direkten staatlichen Auftrag, ohne Gerichtsurteil und ohne dass sie ihren Opfern ein Vergehen gegen Recht und Gesetz vorwerfen konnten.

Mit früheren Formen der »Volksjustiz« in Gestalt kommunaler Rügebräuche war diese Praxis ebenfalls nicht vergleichbar. Schließlich handelte es sich nicht um die Bekräftigung und Verteidigung kollektiv geteilter Verhaltensregeln, sondern um die Etablierung einer neuen normativen Ordnung. Liebesbeziehungen und Ehen zwischen Juden und Nichtjuden gehörten seit dem 19. Jahrhundert zum deutschen Alltag, trotz offenem oder unterschwelligem Antisemitismus. Wenn Nationalsozialisten daraus Skandale zimmerten, rechtfertigten sie das mit der Behauptung, rassische ›Reinheit‹ sei der Markstein nationaler Identität und Größe. Der Rückgriff auf traditionelle Beschämungspraktiken suchte diese radikale Innovation gleichermaßen zu überhöhen und gesellschaftlich einzubetten.

Opfer solcher Praktiken waren aber keineswegs nur Juden und deren nichtjüdische Liebespartner. Im September 1933 trieben SA-, SS- und NSBO-Männer den Zentrumspolitiker Heinrich Hirtsiefer in einem »Parademarsch« durch Essen. Um den Hals trug er ein Schild mit der Aufschrift »Ich bin der Hungerleider Hirtsiefer«. Es spielte darauf an, dass der siebenundfünfzigjährige beleibte Ex-Minister und mehrfache Familienvater die Zahlung seiner gesperrten Versorgungsbezüge angemahnt hatte.[144] Auch an anderen Orten wurden Politiker der ›Systemzeit‹ lächerlich gemacht und öffentlich gedemütigt, bevor man sie, wie Hirtsiefer, in Konzentrationslagern wegschloss. Die Parteioberen wussten davon und reagierten mit gemischten Gefühlen. Als Reichskanzler Adolf Hitler im März 1933 eine Ausgabe der *Washington Times* zu Gesicht bekam, auf deren erster Seite das Foto eines Münchner Prangerumzugs abgedruckt war, tobte er; die Presseabteilung des Außenpolitischen Amtes der NSDAP tat das Bild später als Fälschung ab. Waren die SS-Männer, die den jüdischen Rechtsanwalt Dr. Michael Siegel barfuß und mit abgeschnittenen Hosenbeinen über den Stachus geführt hatten, derart stolz auf ihre Tat, dass sie den Pressefotografen um Bildabzüge baten, sah die Reichsführung in der internationalen Zirkulation solcher Fotos und Berichte kein Aushängeschild für das neue Deutschland.[145]

Selbst Staatssekretär Freisler, der den althergebrachten Schandstrafen und -prozessionen viel abgewinnen konnte, ging auf Distanz. »Der Pranger an sich«, konstatierte er 1934, »hat sich im letzten Jahr außerordentlich eingebürgert.« »Vielleicht«, fügte er vorsichtig hinzu, werde es »einmal als Verdienst unserer aktivistischen Volksorganisation der SA aufgefaßt werden, diese sehr wirksame Strafform gelegentlich wieder eingeführt zu haben«. Doch sah er auch »Schattenseiten«, zum Beispiel die »äußerlich rohen Formen« und die »Gefahr, daß das für einen Teil der Bevölkerung zu einer Volksbelustigung wird«. Um das rohe Chaos zu bändigen und »unangenehme Begleiterscheinungen« zu vermeiden, plädierte er dafür, NS-Formationen »diszipliniert« an der zur Schau gestellten Person vorbeimarschieren zu lassen.[146] Auch Wirtschaftsminister Hjalmar Schacht drängte 1935 darauf, »ein System« in das »herrschende Durcheinander« und »gesetzwidrige Treiben« zu bringen. Das System hieß »Gesetz zum Schutze des deutschen Blutes und der deutschen Ehre«, wurde dem Nürnberger Parteitag 1935 präsentiert und vom Reichstag beschlossen. Es stellte Eheschließungen und »außerehelichen Verkehr zwischen Juden und Staatsangehörigen deutschen oder artverwandten Blutes« unter Strafe. Im Anschluss gingen die Prangerumzüge tatsächlich zurück; zugleich sahen sich die Polizeibehörden mit einer Denunziationsflut ohnegleichen konfrontiert.[147]

Die Geschichte öffentlicher Demütigung im Nationalsozialismus war damit jedoch nicht zu Ende. So perfektionierten Gestapo und SS ihre Foltermethoden, indem sie den Opfern nicht nur körperliche Schmerzen zufügten, sondern sie auch nach allen Regeln einer dunklen Kunst erniedrigten. Kriminalkommissar Walter Habecker schlug den 1944 im Berliner Reichssicherheitshauptamt inhaftierten Offizier Fabian von

„Schwielenheinrich" auf dem Marsch

Der Minister „für eigene Wohlfahrt" Heinrich Hirtsiefer hinter Schloß und Riegel

Es begab sich aber, daß ein Gebot ausging an Schwielenheinrich, einstmals Wohlfahrtsminister von Karls des Kleinen, der der „Gewalt" wich, Gnaden, daß er sich am Montag vormittag auf dem Essener Polizeipräsidium einfinden möge. Und Heinrich Hirtsiefer mit der „schwieligen Hand" begab sich zum Polizeipräsidium, angetan mit einem weichen Hut und bewaffnet mit einem schwarzen Regenschirm. Man schien bei der Polizei mancherlei Fragen an ihn zu haben, denn es dauerte immerhin einige Stündchen, bis Schwielenheinrich das große Haus der heiligen Hermandad wieder verlassen durfte; es war nicht weit mehr von 3 Uhr

Würdig und stolz erhobenen Hauptes schritt Schwielenheinrich die Stufen des Polizeipräsidiums hinab, gemessen ging er über den Platz. Da trat ein Sturmbannführer der SA an ihn heran mit der höflichen Frage, ob der wohlgenährte Herr wohl der ehemalige Schlosser Heinrich Hirtsiefer sei. Dies konnte der beleibte Herr nicht verneinen. Es hätte ihm auch wohl wenig genützt, denn wer in Essen sollte Schwielenheinrich nicht kennen?

Es traf sich, daß in der Nähe einige SA- und SS-Männer weilten. Sie sammelten sich um den Sturmbannführer und den wahrhaften Kämpfer mit dem Regenschirm, dem sie ein schönes Schild an einer roten Schnur umhängten, von dem, gut lesbar, die Worte leuchteten:

„Ich bin der Hungerleider Hirtsiefer".

Denn es geht das Gerücht, das Schwielenheinrich sich bei der Behörde über den Ausbleib seiner Bezüge beschwert habe; „er müsse Hunger leiden"!

Zur Hermann-Göring-Straße ging der Marsch der kleinen Gruppe. Sie wuchs aber schnell, als sie sich die Hufssen-Allee hinab zum Hauptbahnhof und von dort durch die Adolf-Hitler-Straße bewegte. Schwielenheinrich hatte man seinen seidenen Schirm gegeben, „damit ihn die Sonne nicht behellige" So trug er das Regendach über sich, vor sich her aber seinen Bauch.

Immer größer wurde die Menge, die es an Spott für einen Wohlfahrtsminister nicht fehlen ließ, der Wohlfahrt höchst persönlich zu treiben verstand. Am Kopstadt- und am Viehhoferplatz drängten sich die Essener gefährlich, um Schwielenheinrich und seinen dicken Bauch zu sehen. Am größten aber war der Trubel in Essen-West, der Heimat Schwielenheinrichs. In der Ministerkolonie wurde der geborstenen Säule des * * * Zentrums ein wahrhaft würdiger Empfang bereitet. O ja, der Herr Minister für eigene Wohlfahrt bekam schon zu hören, wie man über ihn und sein Tun denkt, er erfuhr zur Genüge, wie gut er für die Armen und Hilfsbedürftigen gesorgt.

Schwielenheinrich kam nach Haus, doch nicht allein: In seiner Begleitung befanden sich hohe Herren. Die gaben wohl acht, daß er nichts unternahm, womit sie nicht einverstanden gewesen wären. Als sie ihn nach kurzem Aufenthalt einluden, sich von den Seinen zu verabschieden sein schönes Haus wieder zu verlassen, da wartete vor der Haustür ein wohlbekanntes Auto! Schutzpolizei nahm „Schwielenheinrich" in Empfang.

Jetzt sitzt er im Polizeigefängnis und darf ruhen von seinem Spaziergang durch die Stadt Essen, die sich gefreut hat, den „Hungerleider "noch einmal — wahrscheinlich für lange, lange Zeit — zu sehen. Denn sollte „Schwielenheinrich" noch nicht wissen, weshalb jenes Gebot an ihm erging, warum er seinen schönen Spaziergang antrat und wie es kam, daß er jetzt hinter Schloß und Riegel sitzt, so mag er sich in den nächsten Tagen die „National-Zeitung" geben lassen. Sie wird ihm und der Oeffentlichkeit genauestens melden, was alles von seinen Taten ans Tageslicht gekommen ist.

Nichts wird vergessen! — Sie kommen alle dran! fr.

Hier begann Schwielenheinrichs Spaziergang

Die Sonne brennt' ihm auf's Gehirn (soweit vorhanden)

In der „Ministerkolonie"

7 *National-Zeitung* (Essen), 12. September 1933

Schlabrendorff bei der Vernehmung »mit der Hand ins Gesicht«, eine Geste, die entehrend gemeint war und auch so wahrgenommen wurde. Als »besonders entehrend« empfand es Schlabrendorff, »daß sogar die Protokollführerin auf Geheiß des KK Habecker mich ins Gesicht schlug«. Des Weiteren erhielt er »in Fesselung und Hockstellung« so heftige Stockprügel, »daß ich das Übergewicht verlor und nach jedem Streich auf mein ungeschütztes Gesicht nach vorn flog«.[148]

Auch in den Konzentrationslagern kannten die Demütigungen kein Maß. Als Hirtsiefer 1933 ins KZ Börgermoor eingeliefert wurde, gab man dem korpulenten Mann eine zu kurze und zu enge Hose, »die ihm vorne weit offen steht und mit einem Bindfaden über den Bauch zusammengebunden werden muß. Vorn«, erinnerte sich Mithäftling Wolfgang Langhoff, »zieht man ihm weit den Hemdzipfel heraus. Dann gibt man ihm einen Rock, den er verkehrt herum, das Futter nach außen, anziehen muß. Auf den Kopf setzt man ihm ein viel zu kleines Soldatenkäpp-

8 Die Demütigung der Martha Vollrath in Altenburg, Februar 1941

chen. Er muß sich Holzschuhe mit langen Gummischäften anziehen, in denen er kaum gehen kann. In diesem Aufzug wird er unter brausendem Gelächter von Baracke zu Baracke geführt (...). In der Küchenbaracke ist der S. S.-Mann schon auf seine Ankunft vorbereitet. Er hat sich seine Hand mit Ruß beschmiert und versetzt ihm eine Ohrfeige.« So ging es weiter.[149]

Mit Kriegsbeginn setzte zudem eine weitere Welle der Anprangerung ein. Ihre Opfer waren vor allem deutsche Frauen, die Liebesverhältnisse mit Fremd- und Zwangsarbeitern sowie Kriegsgefangenen eingegangen waren, seien es Franzosen oder »Ostarbeiter« aus Polen und der Sowjetunion. Solche Beziehungen unterlagen einem strengen Verbot; Zuwiderhandelnde sollten auf Anordnung Heinrich Himmlers, Reichsführer-SS und Chef der Polizei, sofort festgenommen werden. Allerdings wollte Himmler mitnichten die »Auswirkungen einer berechtigten Empörung der deutschen Bevölkerung über ein derartiges schändliches Verhalten verhindern. Ich halte vielmehr die Wirkung öffentlicher Diffamierungen für ausserordentlich abschreckend und habe keine Bedenken, wenn man z. B. deutschen Frauen wegen ihres ehrlosen Verhaltens in Gegenwart etwa der weiblichen Jugend des Dorfes die Kopfhaare abschneidet oder sie mit einem das Vergehen kennzeichnenden Schild durch das Dorf führt.«[150] Ganz auf dieser Linie handelte die Stuttgarter Gestapo, als sie Landräte und Polizeidirektoren im Juni 1941 wissen ließ, »einer öffentlichen Anprangerung ehrloser Frauen steht nichts im Wege«. Örtliche Parteiobere schritten rasch zur Tat. Fast immer vollzog sie sich auf die gleiche rituelle Weise: Der Frau wurden öffentlich die Haare geschoren, bevor man sie auf einem Heuwagen durchs Dorf oder zu Fuß durch die Stadt führte und dem lautstark geäußerten »Abscheu« der anwesenden Volksmenge aussetzte. SA-Männer und NSDAP-Mitglieder standen dabei in vorderster Reihe.[151]

Bereits ein halbes Jahr später änderte die Staatspolizei ihre Meinung: Die »Anprangerung ehrloser Frauen« sei »in Zukunft nicht mehr durchzuführen«. Was war geschehen? Anders als die lokale Parteipresse es darstellte, zeigten sich die Gemeinden wenig erbaut über den Schimpf, den man ihren Bauern- und Bürgertöchtern zufügte. Vielen wollte nicht einleuchten, dass sogar der Umgang mit Männern aus Spanien, Frankreich, Ungarn, Rumänien – Ländern, mit denen das Deutsche Reich offiziell verbündet oder befreundet war – für unerwünscht erklärt wurde. Frauen zeigten hier oft größeren Unmut als Männer. So waren selbst Gattin und Tochter des Ulmer Kreisleiters nicht damit einverstanden, wie dieser 1940 die öffentliche Brandmarkung einer ›ehrlosen‹ Frau inszenierte. Manchen stieß auch die doppelte Moral auf, mit der das Regime deutsche Männer, die Beziehungen mit ausländischen Frauen eingingen, im buchstäblichen Sinn ungeschoren ließ.[152] Angesichts verbreiteter Kritik verbot Hitler schließlich im Oktober 1941 »für die Zukunft jede öffentliche Anprangerung von solchen deutschen Volksgenossen und Volksgenossinnen, die sich im Verkehr mit Ausländern würdelos benehmen«. Alle Dienststellen der Partei wurden angewiesen, »dass künftig in derartigen Fällen die Anprangerung in der Presse, das Abschneiden der Haare, die Zurschaustellung am Pranger, das Herumführen solcher Personen mit entsprechenden Schildern usw.« zu unterbleiben hätten.[153]

Stattdessen hielt das Anprangern Einzug bei Gericht, wo Roland Freisler seine zweite Chance bekam. Nachdem er mit dem Vorschlag, den Pranger offiziell wieder einzuführen, nicht auf Gegenliebe gestoßen war, konnte er seit 1942 als Präsident des Volksgerichtshofs auf eigene Faust beschämen, demütigen und erniedrigen. Seine Prozessführung war außergewöhnlich emotional und machte ihn zum Publikumsmagneten. Oft drängten Hunderte von Menschen in den Gerichtssaal; Stimmung und soziale Zusammensetzung erinnerten an den Berliner Sportpalast. Menschen »aus allen Volksschichten, geladen und ungeladen«, strömten zu den fast täglich stattfindenden Verhandlungen »wie zum Kino«.[154]

Nicht immer hatte die Öffentlichkeit unbegrenzten Zugang. Die wegen Hochverrats Angeklagten des 20. Juli durften sich 1944 nur vor einem handverlesenen Publikum aus Ministerien, Wehrmacht, Partei, SS, SA und Gestapo zur Sache äußern. Journalisten waren angewiesen, sich an die vorgegebenen Sprachregelungen zu halten und alles zu unterlassen, was Sympathien für die »Verräter« und deren Motive hätte wecken können. Zugleich ließ Propagandaminister Goebbels die Verhandlungen filmen und fotografieren, so dass sowohl Freislers ruppig-hämischer Befragungsstil als auch die ohnmächtigen Versuche der Angeklagten, sich Gehör zu verschaffen, der Nachwelt überliefert sind.[155]

Schon die äußere Aufmachung der Männer ließ sie als Spottfiguren erscheinen. Sie trugen schäbige Zivilkleidung, und Generalfeldmarschall Erwin von Witzlebens Hose war so weit, dass er sie mit den Händen vor dem Bauch festhalten musste. Erich Hoepner, vormals hochdekorierter Generaloberst, saß ohne Krawatte und in Strickjacke auf der Anklagebank. Dort erwarteten sie Schimpfkanonaden wie auf dem Kasernenhof: »Ehrgeizling«, »Jammergestalt«, »schleimige Kurfürstendammintellektualisten«, »Schweinehund«, »Früchtchen«, manchmal in schneidendem Tonfall, oft gebrüllt. Präsident Freisler zog alle Register seines oratorisch-schauspielerischen Könnens und ließ keine Gelegenheit aus, seine Opfer vorzuführen, bloßzustellen, lächerlich und verächtlich zu machen.[156]

Nicht alle Nazis goutierten diesen herablassend-denunziatorischen Stil. Justizminister Otto Thierack rügte ihn als dem »Ernst dieser gewichtigen Versammlung« abträglich. Bei seinem Kollegen Goebbels beschwerte er sich darüber, dass Freisler die Prozesse »etwas zu öffentlich und zu dramatisch« inszeniere, und befürchtete bei den Zuhörern »unangenehme Rückwirkungen«. Der Propagandaminister sparte seinerseits in dem vorgeblich nüchternen »Tatsachenbericht«, den er den deutschen Volksgenossen und Volksgenossinnen am 26. Juli 1944 im Rundfunk übermittelte, nicht mit Invektiven: »Schurkenstreich«, »Verräterklüngel«, »Schmach«, »Kamarilla«, »verbrecherische Clique«. Dem Gerichtspräsidenten gab er klare Instruktionen für die Prozessführung mit auf den Weg, war ansonsten aber sicher, dass jener »schon die richtige Tonart finden« würde. Hitler teilte diese Überzeugung: »Der Freisler wird das schon machen. Das ist unser Wyschinski.«[157]

Andere Länder, gleiche Sitten

Andrei J. Wyschinski war Generalstaatsanwalt und Stalins Chefankläger in den Moskauer Schauprozessen der späten 1930er Jahre. Seine Gerichtsreden ließen in punkto Schmähung, Beleidigung und Herabwürdigung der Angeklagten, darunter viele hochrangige Kader und altgediente Genossen, nichts zu wünschen übrig. Auch in der Sowjetunion machte man damals mit angeblichen Feinden und Verrätern kurzen Prozess, und auch hier spielte deren öffentliche Demütigung eine zentrale Rolle. Das kommunistische China unter und nach Mao Zedong veranstaltete später ähnliche Schauprozesse.[158]

Im Kielwasser dieser hochoffiziellen, vom Staat selber vorgenommenen und mit gezielten Demütigungen arbeitenden Repression segelte nach dem Ende des Krieges eine Vielzahl eher inoffizieller, lokaler, vom sogenannten Volkszorn motivierter Beschämungspraktiken. Mit der Befreiung begann in den vormals von Deutschen besetzten Ländern die Jagd auf Kollaborateure. Frauen, die Beziehungen zu Besatzungssoldaten unterhalten hatten, bekamen die Verachtung ihrer Mitbürger hautnah zu spüren. In Frankreich, Belgien und den Niederlanden kam es ebenso wie in Norwegen, Dänemark, Italien, der Tschechoslowakei oder Griechenland zu kollektiven Prangeraktionen.[159] Berühmt wurde das Foto, das der amerikanische Fotograf Robert Capa im August 1944 in Chartres aufnahm: Es zeigt eine Frau mit kahlem Kopf und einem kleinen Kind auf dem Arm, wie sie von einer johlenden Menge durch die Straßen getrieben wird. Simone Touseau war 23 Jahre alt, hatte als Übersetzerin für die deutsche Kommandantur gearbeitet und von einem Soldaten eine Tochter bekommen. Für diese »collaboration horizontale« wurde sie nun öffentlich angeprangert und gedemütigt.[160]

Mit leichten Abweichungen ereignete sich in Chartres wie in anderen französischen Gemeinden und in anderen Ländern das gleiche Schau-

9 Chartres, August 1944 (Aufnahme von Robert Capa)

spiel: Die Frau wird auf einen öffentlichen Platz gezerrt und steht möglichst erhöht, damit viele sie sehen können, wenn ihr die Haare abgeschnitten werden. Anschließend folgt die Schandprozession. Dieses rituelle Schema verbreitete sich in ganz Europa; offenbar war das Repertoire bekannt und konnte rasch abgerufen werden. Und fast immer waren es Frauen, die vorgeführt und für ihre sexuelle Freigebigkeit bestraft wurden. Nicht nur im NS-Deutschland, das die Politik der ›Rassereinheit‹ auf die Spitze trieb, war der Schutz der nationalen Ehre an den des ›Blutes‹ und des weiblichen Körpers gekoppelt. Auch in den besetzten Ländern vergingen sich Frauen, die mit dem Feind verkehrten, an der Ehre des Vaterlandes. »Der Stolz polnischer Frauen«, hieß es wenige Monate nach dem deutschen Überfall 1939 auf einem Plakat, das bei Nacht an einer Litfaßsäule angebracht worden war, »muss das Heiligste sein, eure Ehre müsst Ihr verteidigen. Eine fürchterliche Schande bringen uns Frauen, welche sich schamlos verhalten gegen die Mörder unserer Söhne, Väter, Brüder.« Mitglieder lokaler Widerstandsgruppen griffen solche ›schamlosen‹ Frauen auf, schnitten ihnen die Haare ab und verabreichten ihnen Prügel.[161]

Dass es in der Regel Männer waren, die Frauen öffentlich beschämten, hat zunächst damit zu tun, dass Männer auch im polnischen Untergrund die entsprechenden Machtpositionen innehatten, um solche Aktionen anzuordnen und durchzuführen. Zugleich nahmen sie symbolisch und handfest Rache an Frauen, die Fremde und Feinde als Liebespartner vorgezogen hatten. Die Kränkung, die in dieser Hingabe lag, wog schwer, vielleicht noch schwerer als die Scham der Männer, wenn sie ihre Töchter, Schwestern oder Ehefrauen nicht vor Vergewaltigungen hatten schützen können.

Bei Außenstehenden hinterließen die Beschämungsrituale keinen angenehmen Eindruck. Die Amerikanerin Gertrude Stein, die seit Beginn des 20. Jahrhunderts in Frankreich lebte und Sympathien für das Vichy-Regime hegte, fühlte sich 1944 ins Mittelalter zurückversetzt; britische und amerikanische Soldaten reagierten irritiert bis angewidert. Aber in der Regel mischten sie sich nicht in die internen Konflikte der befreiten Länder ein. Stattdessen genossen sie ihrerseits das Vergnügen erotischer Kollaboration.[162]

Auch im besetzten Deutschland und Österreich kam es, trotz anfänglichen Fraternisierungsverbots, zu ›Verhältnissen‹ zwischen alliierten Soldaten und einheimischen ›Fräulein‹. Wie nach dem Ersten Weltkrieg im Rheinland waren verächtliche Kommentare und missbilligende Gesten erneut schnell zur Hand. In Linz bildeten junge Männer im Oktober 1945 ein »Haarabschneiderkommando«, das »schamlose« Mädchen, die »in ihrem Umgang mit den amerikanischen Soldaten allzu frei« schienen, dafür bestrafte. In den Motiven der Männer mischte sich persönliche Kränkung mit einer trotzigen Geste nationaler Ermächtigung: »Ich bin als junger Bursch noch eingezogen worden und ich war auch beim Kampf um Wien dabei (...). Und dann war ich in dem Kriegsgefangenenlager ... Völlig fertig und halb verhungert bin ich nach Linz zurückgekommen (...). Und dann, schauen dich die Mädeln nicht einmal an, sondern interessieren sich nur für die Amerikaner. Uns haben sie ausgespottet. Und nicht nur einem ist die Freundin, oder das Mädchen, das er halt verehrt hat, davon. Also einige, viele ... Aber was solls, die Ami waren die Sieger!«[163]

Scham und Beschämung im deutsch-deutschen Nachkrieg

Als Sieger in einem Krieg, der von den Nazis als Kampf um das Sein oder Nichtsein des deutschen Volkes und der arischen Rasse stilisiert worden war, erschienen die alliierten Besatzungssoldaten 1945 als personifizierte Demütigung. Das Fraternisierungsverbot tat ein Übriges, die moralische Distanz zwischen Besatzern und Besetzten zu betonen. Beschämend sollte zudem die Konfrontation mit den Verbrechen wirken, deren sich Deutsche während des Krieges schuldig gemacht hatten. Schockierende Bilder zeigten die Filme, die Kameramänner der Alliierten bei der Befreiung von Konzentrations- und Vernichtungslagern gedreht hatten. 1945/46 wurden sie den Deutschen in Kinos und Kriegsgefangenenlagern präsentiert. Ob der beschämende Effekt, den man auf amerikanischer und britischer Seite erwartete, tatsächlich eintrat, war schwer zu erkennen. Scham hatte viele Gesichter, äußerte sich manchmal nur in hilflos-betretenem Schweigen. Aber Scham ließ sich, obwohl empfunden, auch forsch und schneidig wegdrücken, besonders wenn sie unter feindlicher Beobachtung stand und in einer Gruppensituation stattfand, in der man sich keine Blöße geben mochte.[164]

Zugleich waren Scham und Beschämung im öffentlichen Raum der Nachkriegszeit rhetorische Dauerbrenner. »In jedem deutschen Menschen«, hieß es 1945 im Gründungsaufruf der KPD, müsse »das Bewußtsein und die Scham brennen, daß das deutsche Volk einen bedeutenden Teil Mitschuld« trage. Walter Ulbricht, soeben aus dem Moskauer Exil zurückgekehrt, ergänzte: »Erst wenn unser Volk von tiefer Scham erfaßt ist über die Verbrechen des Hitlerismus, erst wenn es von tiefer Scham erfaßt ist darüber, daß es diese barbarischen Verbrechen zugelassen hat, erst dann wird es die innere Kraft aufbringen, einen neuen (…) Weg zu gehen.« Für prominente ostdeutsche Intellektuelle wie Anna Seghers, Arnold Zweig, Johannes R. Becher und Stephan Hermlin war Scham das Schlüsselgefühl, das Sühne, Läuterung und Neubeginn ermöglichte. In Abwandlung eines Zitates von Karl Marx schrieb Becher im September 1945: »Scham ist ein revolutionäres Gefühl, das – tief empfunden – den ganzen Menschen zum Glühen bringt und die Schlacken des verrotteten Alten in uns ausbrennt.«[165]

So viel Pathos lag dem ersten westdeutschen Bundespräsidenten Theodor Heuss fern, als er im Dezember 1949 vor der Gesellschaft für christlich-jüdische Zusammenarbeit den Begriff der »Kollektivscham« prägte und in Umlauf brachte. »Das Schlimmste, was Hitler uns antat – und er hat uns viel angetan –, ist gewesen, daß er uns in die Scham gezwungen hat, mit ihm und seinen Gesellen gemeinsam den Namen Deutsche zu tragen.« Diese Scham, präzisierte Heuss sechs Jahre später, könne man »nicht abschütteln, sie wird unser Geschlecht begleiten, aber man konnte und mußte und muß versuchen, mit einer Gegenleistung sie zu überwinden, Gegenleistung, nicht Gegenbeteuerung allein«.[166] Was der Präsident im Sinn hatte, war keine schweigende, sondern eine sprechende, tätige, aktive Scham. Ohne die revolutionäre Rhetorik Bechers zu bemühen, schwebte ihm doch etwas Ähnliches vor: Scham als Impuls für radikalen und nachhaltigen Verhaltenswandel.

In dieser Lesart bedeutete Scham keine Verneinung von Schuld und Abwehr moralischer Vorwürfe, sondern im Gegenteil Annahme und Umkehr. Die verbreitete These, Deutsche hätten sich nach 1945 im schamkulturellen Modus des Beschweigens und der Gesichtswahrung gefallen und die schuldkulturelle Forderung nach »restloser Selbstdurchleuchtung« und »Reinigung« (Karl Jaspers) abgelehnt, wird jener Semantik nicht gerecht. Dabei lässt bereits das für Scham typische Beiwort ›tief‹ erkennen, dass Scham ein Gefühl ist, das unter die Haut geht und dort ausreichend Unruhe stiftet, um, wie Ulbricht sagte, neue Wege einzuschlagen.[167]

Trotz solcher Scham-Appelle wollte man, zumindest im Westen des geteilten Landes, von einer ausdrücklichen Politik der Beschämung nichts wissen. In der Bundesrepublik verblieben die alten NS-Eliten vielfach in ihren Funktionen, und Widerstandskämpfer nahmen keine herausgehobenen Positionen im politischen, gesellschaftlichen und ökonomischen Machtgefüge ein. Im Unterschied dazu nutzte die DDR Beschämung als Propaganda- und Erziehungsmittel. Abgesehen von der institutionalisierten Beschämungspraxis der Konflikt- und Schiedskommissionen (die es im Westen nicht gab), abgesehen auch von den Kampagnen gegen Leistungsverweigerer in Schulen und Betrieben, war vor allem im ersten Jahrzehnt nach der Staatsgründung eine mal mehr, mal weniger deutlich ausbuchstabierte Mikropolitik am Werk, die alle Bürger, die nicht zum antifaschistischen und vor allem kommunistischen

Widerstand zählten, an einen imaginären Pranger stellte. Indem der sozialistische Staat den Antifaschismus zum Gründungsmythos erhob, wies er mit anklagendem Zeigefinger auf die große Mehrheit der Bevölkerung. Beschämung funktionierte hier gleichsam subkutan, wie der Schriftsteller Erwin Strittmatter 1968 ironisch-betreten im Tagebuch notierte: »Ihr lehrtet uns die Unmenschlichkeit des Faschismus begreifen. Ihr führtet uns vor Augen, was für Grausamkeiten wir mit Konzentrationslagern und dem Töten und Totquälen politischer Gegner durch unser Schweigen und durch Mangel an Aufbegehren duldeten. Wir sahen ein und waren den Genossen Lehrern, die ihr schicktet, uns einsehend und einsichtig zu machen, dankbar. Wir wirkten von Stund an in eurem Sinne.« Strittmatter, Jahrgang 1912, hatte als Oberwachtmeister eines Polizeigebirgsjägerregiments am Krieg teilgenommen und ›bekehrte‹ sich nach 1945 zum Marxismus, nicht ohne die Verquickung von individueller Scham und offizieller Beschämung kritisch zu reflektieren.[168]

Zugleich wirkte die politisch-pädagogische Beschämung anders als die Sanktionen der Schiedskommissionen, aber auch anders als traditionelle Prangerstrafen. Obwohl auch die moralische Erziehung der frühen DDR in aller Öffentlichkeit stattfand, nahm sie in der Regel keine individuellen Personen und deren Verhaltensweisen aufs Korn. Vielmehr arbeitete sie mit allgemeinen Kategorien von Gut und Böse, wobei sie die guten Helden so hell und klar zeichnete, dass sich alle anderen daran messen konnten. Dem Selbstvergleich sollte das folgen, was Strittmatter Einsicht nannte und in kooperatives, zuarbeitendes Handeln ummünzte. Beschämung in diesem Sinn kam ohne öffentliche Schandsäule aus, aber sie vertraute auf einen symbolischen Pranger, der sich in jedem und jeder Einzelnen spiegelte. Für die sozialmoralische Integration der Bevölkerung, die dem politischen System mehrheitlich wenig abgewinnen konnte, war dieser Pranger von nicht zu unterschätzender Bedeutung.

Zivilität versus Barbarei

Dass die DDR auf expressive Methoden offizieller Anprangerung und Stigmatisierung früherer Nazis und politischer Gegner weitgehend verzichtete, verband sie, trotz vieler Differenzen, mit der Bundesrepublik und unterschied sie von China. Dort kam es während der kommunistischen Kulturrevolution zu Demütigungsexzessen, in denen vorwiegend junge Männer und Frauen im Rückenwind staatlicher Duldung mit Mitgliedern der älteren Funktionärsgeneration abrechneten. 1966 schnitten Pekinger Schülerinnen ihrer Konrektorin die Haare ab, zwangen sie, die Toiletten zu säubern, und schlugen so brutal auf sie ein, dass sie an den Verletzungen starb. Ein Mann, der 1968 einen anonymen Brief an das lokale Revolutionskomitee zur Verteidigung seines Vaters, eines früheren Parteisekretärs, richtete, wurde mit einem Schild um den Hals öffentlich gedemütigt und ausgestellt. Das Repertoire solcher Beschämungen ähnelte dem, das aus Europa bekannt war, einschließlich der Schandmützen. Hinzu kam die entfesselte Gewaltemphase der Jungen, die auf Initiative und mit Deckung Mao Zedongs die Gesellschaft von konterrevolutionären Feinden ›reinigen‹ wollten.[169]

Ebenjene ungebremste Gewalt ließ die chinesische Führung das Chaos jugendlicher Selbstermächtigung schließlich beenden. Aber es dauerte ein halbes Jahrhundert, bis darüber zumindest halböffentlich gesprochen werden konnte. Seit 2013 häuften sich Anzeigen und Publikationen, in denen sich Aktivisten von damals für das Leid entschuldigten, das sie über ihre Opfer gebracht hatten. Diese Entschuldigungen entfachten in Blogs und Samisdat-Zeitschriften eine heftige Debatte, die von der Regierung alsbald wieder unterbunden wurde. Als Grund für seine öffentliche Reue gab ein Täter an, er sehe die Verhaltensmuster der 1960er Jahre nach wie vor am Werk und sorge sich um die zivile Kultur des Landes.[170]

Darum sorgen sich auch amerikanische Intellektuelle, die sich seit den 1990er Jahren kritisch mit den *shame sanctions* ihrer Justiz auseinandersetzen. Zahlreiche Richter machen in den USA von der Möglichkeit Gebrauch, Bagatell- und Massenvergehen wie Ladendiebstähle oder Verkehrsdelikte mit der Zusatzstrafe einer öffentlichen Bloßstellung zu ahnden. Darin erkennen viele eine Politik rechtlicher Entliberalisierung. Ein Staat, der die Prinzipien der Gleichheit und Menschenwürde aufrechterhalten wolle, müsse, so sieht es die bekannte Philosophin Martha Nussbaum, Schand- oder Ehrenstrafen unterbinden, weil diese einem stigmatisierenden Regime moralisierender Beschämung Vorschub leisteten. Zwischen denen, die sich als gute, gesetzestreue Bürger empfinden, und anderen, die diese Gesetze verletzen und kollektiver Missachtung anheimfallen, werde eine allzu scharfe Trennlinie gezogen. Für ihre Befürworter sind *shame sanctions* demgegenüber nicht nur die bessere Alternative zur Freiheitsstrafe in überfüllten Gefängnissen, sondern auch ein Mittel, der Erosion moralischer Standards in der Gesellschaft entgegenzuwirken.[171]

Aus Europa kennt man solche Argumente seit dem 18. Jahrhundert. Auch deshalb stößt die Praxis der *shame sanctions* hier auf großes Befremden. Zwar beklagt man in *Old Europe* ebenfalls eine Verrohung der Gesellschaft, in der zivile Tugenden wie Rücksichtnahme, Respekt, Takt auf dem Rückzug scheinen und das narzisstische Individuum mit Ellenbogen sein vorgebliches Recht auf schrankenlose Selbstverwirklichung behauptet. Aber liberale Europäer erinnern sich eben auch daran, dass Beschämung ein zweischneidiges Schwert in der Hand der Mächtigen ist. Sie wissen, wie lange es gedauert hat, Moral und Recht einigermaßen sauber voneinander zu scheiden, wie hart diese Trennung erkämpft werden musste und wie oft sie mit dramatischen Folgen wieder aufgehoben wurde. Das war im Nationalsozialismus und teilweise auch in der DDR ebenso der Fall wie 1958 in Griechenland. Dort kriminalisierte das Gesetz die von jugendlichen »Unruhestiftern« favorisierte Protestform schlichtweg als Beleidigung und ahndete sie damit, dass man die Männer öffentlich zur Schau stellte, nachdem man ihnen von Amts wegen die langen Haare und Hosenaufschläge gekürzt hatte.[172]

Dass es im konservativ regierten Griechenland der 1950er Jahre ähnliche Strafpraktiken gab wie im kommunistischen China der 1960er und in den demokratischen USA der 1990er Jahre, mag zunächst verwundern. Wenn es galt, Normverstöße zu ahnden, griff der Staat hier wie dort zum Mittel öffentlicher Beschämung und Demütigung. Anders als bei den Prangerstrafen der europäischen Sattelzeit wurde dabei keine direkte physische Gewalt ausgeübt, sieht man von den Exzessen der chinesischen Roten Garden ab. Ansonsten glichen sich die Bilder auf frappierende Weise. Stets trugen die Angeprangerten Schilder, die ihre Vergehen der Öffentlichkeit mitteilten. Die hohe Mütze, die das Revolutionstribunal chinesischer Zeitungsjournalisten einem kapitalistisch verirrten Funktionär aufsetzte, erinnerte an die Eselskappen oder Spotthüte europäischer Rügekonventionen.[173] Und die abgeschnittenen Haare der griechischen Teddy Boys zitierten die kahlen Köpfe derer, die in der frühen Neuzeit an der Schandsäule standen oder im 20. Jahrhundert für die Verletzung der nationalen Ehre büßen mussten.[174]

Wie lassen sich solche welt- und zeitumspannenden Ähnlichkeiten in Formen und Funktionen öffentlicher Demütigung erklären? Wenig deutet darauf hin, dass hier ein flächendeckender europäischer Export stattgefunden hätte. Das traf höchstens auf Nordamerika zu, das als britische und französische Siedlerkolonie unmittelbar mit den in Europa üblichen Ehren- und Schandstrafen in Berührung kam. Für China, das sich bis ins 19. Jahrhundert von europäischen Einflüssen weitgehend fernzuhalten suchte, sind solche Transfers nicht bezeugt. Im Gegenteil wunderten sich Chinesen, die in den 1870er Jahren Europa bereisten, dass sie dort keine öffentlichen Körperstrafen antrafen und Verbrecher stattdessen im Gefängnis bequeme Unterkunft und nahrhafte Kost erhielten.[175] Das spricht dafür, dass Strafpraktiken wie öffentliche Ausstellung und Prügel ›hausgemacht‹ waren und auf heimische Traditionen zurückgriffen. Wenn sie dennoch annähernd die gleichen Zeichen und Skripte nutzten, muss ihre performative Evidenz und Expressivität so stark gewesen sein, dass sie alternative Sanktionsmittel schlicht in den Schatten stellten. Das war in Ostasien nicht anders als in Nordamerika, Westeuropa und im Mittelmeerraum, selbst wenn es regionale Deutungsdifferenzen und Kontextvariationen gegeben haben mag.

Spezifisch für Europa und Nordamerika war hingegen, dass der reale und symbolische Pranger seit dem 18. Jahrhundert umstritten war. Schon früh zog er Kritik auf sich, die sich in der ersten Hälfte des 19. Jahrhunderts in dem immer lauteren und schließlich erfolgreichen Ruf nach seiner Abschaffung verdichtete. Die öffentliche Demütigung eines Verbrechers, hieß es, habe keine positiven Wirkungen und trage nichts zu dessen Besserung bei; weder schrecke sie ab und beuge den Rechtsverletzungen anderer vor, noch befördere sie die soziale Reintegration des Vorgeführten und Gerügten. Ob sie die Rechtsordnung kollektiv einholen und bekräftigen könne, stehe gleichfalls in Frage, denn die Kooperation des Publikums sei ungewiss. In der Tat führten öffentliche Strafen oftmals zu Solidaritätsbekundungen mit dem Bestraften, was die staatliche Autorität unterminierte.

Vor allem jedoch seien Pranger- und Prügelstrafen mit der Menschenwürde unvereinbar. Menschenwürde, wie sie die Zeitgenossen definierten, war nicht identisch mit Menschlichkeit.[176] Dass grausame Körperstrafen wie Brandmarkung oder Staupenschläge den Geboten der Humanität widersprachen, stand auf einem Blatt, dass sie die Würde ihrer Opfer verletzten, auf einem anderen. Humanität nahm diejenigen in die Pflicht, die Strafen verabreichten oder dabei zuschauten. Als Menschen hatten sie, so der Appell, menschlich zu empfinden und Mitleid mit den Gestraften zu fühlen, statt Rachegelüsten nachzugeben. Darüber hinaus sollten sie noch im brutalsten Kriminellen eine Person erkennen, die unglückliche, oft nicht von ihr selber verantwortete Umstände zu ihrer verabscheuungswürdigen Tat motiviert hatten und die deshalb Empathie statt Verachtung verdiente.

Sogar diesem Individuum eignete eine spezifische Würde. Anstatt, wie Ehre, an seiner individuellen oder sozialen Person zu haften, resultierte die Würde aus seinem Mensch-Sein. Das unterschied ihn vom Tier-Sein, wie man es sich in der Sattelzeit der Moderne vorstellte. Auffällig ist, wie häufig Zeitgenossen damals implizit oder explizit den Mensch-Tier-Vergleich heranzogen, wenn sie Würde als Besonderheit des Menschen herausarbeiten wollten. Immer dann, wenn sie die Pranger- und Prügelstrafe zu delegitimieren suchten, verwiesen sie darauf, dass man Menschen nicht wie Tiere, nämlich als bloße Körper, behandeln dürfe. Versklavung, Brandmarkung, körperliche Züchtigung, öffentliche Ausstellung: All das sei mit menschlicher Würde nicht vereinbar, während Tiere die Gewaltsprache der Dominanz und Unterdrückung verstünden, womöglich sogar bräuchten.[177]

Auf den Körper zielende und an ihm sichtbar bleibende Strafen galten nicht deshalb als herabwürdigend, erniedrigend und demütigend, weil sie Menschen Schmerz zufügten, sondern weil man sie damit wie willen-, gefühl- und vernunftlose Tiere behandelte. Dass sie in den allermeisten Fällen gegen Männer und Frauen der sozialen Unterschichten zur Anwendung kamen und damit die Differenz zwischen oben und unten markierten, fiel weit weniger ins Gewicht. Auch Liberale, die vehement für Rechtsgleichheit und Rechtsstaatlichkeit eintraten, ließen in Ehrensachen gewisse soziale Unterschiede gelten.[178] Die Abschaffung von Körperstrafen jedoch gehörte zu den liberalen Grundforderungen, und das Argument, sie verletzten die menschliche Würde (die man oft mit Ehre gleichsetzte), rückte immer mehr in den Vordergrund. Solche Strafen gar öffentlich zu verabreichen war selbst für Konservative, die an der Prügelstrafe prinzipiell festhalten wollten, nicht mehr hinnehmbar.

Auch nachdem demütigende Körperstrafen aus Strafrecht und Strafpraxis verschwanden, blieb die Sensibilität für obrigkeitliche Beschämung hoch. Viele Zeitgenossen des 19. Jahrhunderts entwickelten ein klares Gespür dafür, wenn das, was sie Menschenwürde nannten, vom Staat verletzt wurde. Doch es gab auch Gegenwind, der solche ›individualistischen‹ Tendenzen mit ausdrucksstarker Gemeinschaftsrhetorik beiseiteschob. Nationalsozialisten verhalfen dem Pranger zu neuer Aktualität und Wirksamkeit. Die DDR suchte ihre sozialistische Moral ebenfalls in beschämenden Praktiken und Formaten durchzusetzen. Auch hier nahm der Staat, unter dem Vorwand demokratischer Partizipation und Erziehung, die Bevölkerung in die Pflicht und ließ sie aktiv an seiner illiberalen Moralpolitik teilhaben.

In der historischen Rückschau lässt sich deshalb als Tendenz feststellen: je liberaler der Staat und seine Diener, desto größer die Scheu, Recht und Moral zu vermischen und Bürger öffentlich zu beschämen, und desto nachhaltiger die Bemühungen, sie vor Erniedrigung durch Dritte zu schützen. Denn an der Politik der Demütigung sind nicht nur staatliche Justizorgane beteiligt. Öffentliche Beschämung findet auch in anderen Arenen und auf anderen Schauplätzen statt: in Familie, Schule und Militär, in Peergruppen und in den Medien.

II

Soziale Schauplätze öffentlicher Beschämung: Von der Schule bis zum Online-Pranger

Martin, ab in die Ecke und schäm Dich!

1989 schuf der sechsunddreißigjährige Martin Kippenberger mehrere Skulpturen. Sie zeigten, in lebensgroßer Rückenansicht, einen erwachsenen Mann in Hemd und Hose, mit gebeugtem Kopf und gefalteten Händen in einer Ecke stehend. Der Titel (»Martin, ab in die Ecke und schäm Dich!«) war beinahe überflüssig, denn jeder Europäer und jede Europäerin in Kippenbergers Alter, von Älteren ganz zu schweigen, erkannte die Situation auch ohne Worte. Da wurde jemand aus der Mitte des belebten Raums entfernt und sollte sich vor den Augen anderer schämen.

Dass er ihnen den Rücken zuwandte, war einerseits verwunderlich. Denn eigentlich steht man sich in einer Schamsituation *face-to-face* gegenüber, und der Sich-Schämende kann im Gesicht des anderen dessen Missbilligung oder gar Verachtung lesen. Andererseits entsprach die Anordnung in Kippenbergers Installationen der traditionellen Beschämungserfahrung im Klassenzimmer. Schüler, die sich den Anordnungen des Lehrpersonals widersetzten, wurden während des Unterrichts in die Ecke gestellt, mit dem Rücken zur Klasse. Der Störenfried konnte so zwar nicht von seinen Mitschülern im direkten Blickkontakt beschämt werden, war aber auch selber außerstande, die Kommunikation fortzusetzen und die Strafaktion zu unterlaufen, indem er zum Beispiel Grimassen schnitt oder anderweitig auf Distanz ging.

Entfernt erinnert die schulische Disziplinarstrafe an den klassischen Pranger. Auch dort wurde man ausgestellt, den Blicken der Öffentlichkeit preisgegeben. Auch dort wurden Normverstöße bestraft, allerdings grausamer, schmerzhafter und folgenreicher als im Klassenraum. Und auch dort spielte die Haltung des Publikums eine große Rolle: Billigte es die Strafe, beteiligte es sich tatkräftig, spuckte und schimpfte, warf faule

Eier oder Steine. Nahm es dagegen die Position des Ausgestellten ein, reagierte es mit Schweigen, zeigte ihm Zeichen der Sympathie oder versuchte sogar, ihn aus seiner misslichen Lage zu befreien. Ob die Ausstellung die von der Obrigkeit gewünschte beschämende Wirkung entfaltete, hing entscheidend von der Komplizenschaft der Zuschauer ab. In ihren Mienen und auf ihren Körpern erkannte die am Pranger stehende Person, ob sie sich zu Recht zu schämen hatte oder nicht. Teilte sie deren Empfindungen und Normen allerdings nicht, konnte sie Scham und Beschämung abwehren. Damit aber riskierte sie, dass die Gruppe, das Kollektiv, die Gemeinschaft sie dauerhaft stigmatisierten und ihr die soziale Achtung entzogen.

Im Klassenzimmer ging es ähnlich zu. Obgleich der Lehrer oder die Lehrerin die Strafe ›von oben‹ anordnete, waren die Reaktionen der anderen Schüler für den, der in der Ecke stand, keineswegs unwichtig. Fanden sie das, wofür er gerügt wurde, gut, richtig oder mutig, lief die Beschämung ins Leere, und der Eckensteher kehrte als Held in die Klassengemeinschaft zurück. War die rügende Autoritätsperson allgemein verhasst, konnte das gleiche Ergebnis eintreten. Traf es hingegen einen unbeliebten Schüler oder Außenseiter, spielte die Klasse das Beschämungsspiel voller »Schadenfreude« mit.[1]

Auch jenseits der rechtsförmigen staatlichen Strafpraxis, darauf macht das Schul-Beispiel aufmerksam, waren Beschämungen an der Tagesordnung – und sind es, an anderen Schauplätzen und in anderen medialen Formaten, noch immer. Ausgeführt von diversen Akteuren bei unterschiedlichen Anlässen und vor wechselndem Publikum, verfolgen sie ähnliche Ziele und Zwecke: die disziplinierende Ausgrenzung der Beschämten, die Machtbestätigung der Beschämenden, die Komplizenschaft der Zuschauenden. In dem Maße, wie sich der Staat aus dem Geschäft der Beschämung zurückzieht, werden die innergesellschaftlichen Praktiken dominanter und auffälliger. Zugleich erregen sie zunehmend Anstoß und verfallen der Kritik, so wie in Kippenbergers Installationen mit ihrer ironischen Brechung.

10 *Martin, ab in die Ecke und schäm Dich!* (Skulptur von Martin Kippenberger, 1989)

Schulen als Laboratorien der Beschämung

Weder als erwachsenem Künstler noch als Kind und Jugendlichem waren Kippenberger Beschämungssituationen fremd.[2] In den 1960er Jahren, als er die Schulbank drückte, gehörten Ohrfeigen, Strafarbeiten, Nachsitzen oder In-der-Ecke-Stehen zum Alltag. Der Lehrer verhängte die Strafe und erwartete, dass die Klasse mitzog oder zumindest stillhielt. Ob die Rechnung aufging, hing von Sympathiewerten ab, die er kennen oder kalkulieren musste, damit sich die autoritäre Geste nicht am Ende gegen ihn selber wandte.

Im 19. und frühen 20. Jahrhundert, als die Macht und Autorität von Lehrern noch unangefochten war, konnten sie sich solche Abwägungen sparen. Das, was sie sagten und anordneten, wurde weitgehend befolgt. Kam es ausnahmsweise zu individuellen oder gar konzertierten Gegen-

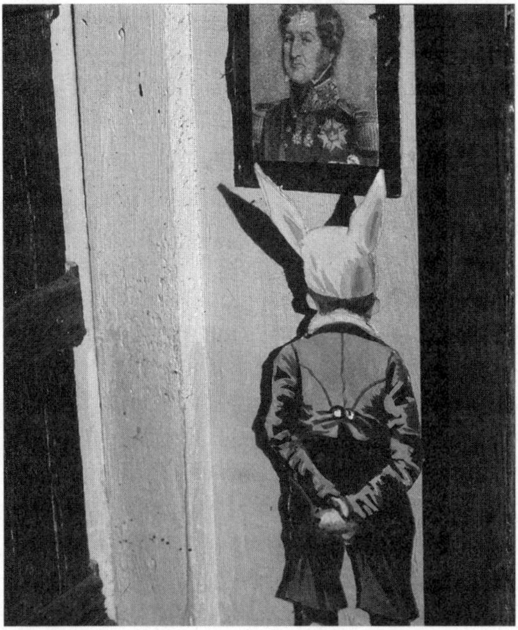

11 Schüler mit Eselskappe (Ausschnitt aus dem Modell eines Klassenzimmers, Frankreich um 1830)

aktionen, sorgte der Rektor für Ordnung. Die stillschweigende Zustimmung der Eltern stand außer Frage; nur selten nahmen Väter und Mütter ihre gemaßregelten Kinder gegen die Schule in Schutz. Selbst wenn Lehrer, in der Bundesrepublik bis in die 1970er Jahre hinein, Prügel verabreichten, protestierten die meisten Eltern nicht. Entweder fühlten sie sich der Lehrerautorität nicht gewachsen oder sie waren der Meinung, dass ihre Kinder die Schläge vermutlich verdient hatten und sie ihnen zumindest nicht schadeten.

Neben Prügeln und In-die-Ecke-Stellen gab es ein Arsenal weiterer Strafen, die Lehrer im Unterricht verhängten. Im 19. Jahrhundert ließen sich Schüler buchstäblich in die Knie zwingen, mit der verschärften Variante, sie auf einem Stück Holz oder gar auf »zugespitzten Hölzern« knien zu lassen. Letzteres hielt das *Taschenbuch für teutsche Schulmeister* zwar bereits 1789 für »unvernünftig«, was aber nichts daran änderte, dass es auch hundert Jahre später in bayerischen Volksschulen noch in Übung war und erneut für »unstatthaft« erklärt werden musste.[3] Mit dem Knien hatte es eine besondere Bewandtnis. Ursprünglich galt es als

»ein Zeichen der Demütigung vor Gott«, weshalb es »thöricht« sei, »mit demselben den Begriff einer Schande zu verbinden«. Knien als Schulstrafe müsse, mahnten Reformer schon Ende des 18. Jahrhunderts, »ganz abgeschafft werden«.[4]

Aus einem religiösen Akt freiwilliger Demütigung war folglich eine weltliche Schandstrafe geworden, die den Knienden vor Lehrer und Mitschülern erniedrigte und beschämte. Auch Prügel wurden in kniender oder gebeugter Körperhaltung erteilt, um den Schmerzeffekt zu steigern und die Schamwirkung zu vergrößern. Fast alle der als »Schulstrafen« oder »Schulzucht« amtlich legitimierten Sanktionen fanden öffentlich statt. Zwar verschwanden im 19. Jahrhundert besonders beschämende Strafen aus dem Schulalltag, so das berüchtigte Eselreiten, die Eselsmütze, Eselsohren auf dem Kopf, ein aus Holz geschnitzter Esel um den Hals. Kinder wurden auch nicht mehr in »Schandlöcher« gesteckt, um sie zur Räson zu bringen.[5] Mildere Beschämungen jedoch blieben in Gebrauch: das »Stehenlassen am Ort des Sitzens, das Stellen an die Thüre«, die Eintragung in ein »Schandbuch«, und immer wieder Prügel. Sie durften in »mäßiger« Form verabreicht werden, wenn andere Mittel nicht halfen, oder »wegen frecher Widersätzlichkeit und grober Unsittlichkeit«.[6] Art und Objekt des Schlagens standen gleichwohl nicht im Belieben des einzelnen Lehrers; zulässig waren lediglich Schläge mit der Hand oder einem Stock auf die Handflächen (bei Mädchen) oder das Gesäß (bei Jungen). Vor der ganzen Klasse ausgeführt, wirkten sie doppelt beschämend.[7]

Erst nach dem Zweiten Weltkrieg wurden Schulprügel sukzessive abgeschafft, in Ostdeutschland 1947, in der Bundesrepublik ein Vierteljahrhundert später. In vielen Einzelstaaten der USA, vor allem im Süden und im *Bible Belt*, ist es bis heute erlaubt, Schüler und Schülerinnen körperlich zu strafen. Dabei hatten amerikanische Pädagogen schon vor dem Ersten Weltkrieg betont, die Schule solle nicht demütigen, sondern Selbstachtung einflößen.[8] Unterhalb des gesetzlichen Radars blieben hier wie dort die nicht kodifizierten Beschämungspraktiken, mit denen Lehrer Schüler vor der Klasse bloßstellten. Wenn ein in Mathematik notorisch schwaches Kind an die Tafel gerufen wurde, um eine komplizierte Aufgabe zu lösen und erwartungsgemäß daran zu scheitern, war jedem klar, dass es hier nicht um pädagogische Lernschritte ging.

In einer Befragung des Kriminologischen Forschungsinstituts Niedersachsen gab 2009 jeder vierte Neuntklässler an, von Lehrern »vor anderen Schülern lächerlich gemacht« oder »gemein behandelt« worden zu sein, Jungen deutlich häufiger als Mädchen.[9] Dafür eigneten sich die musischen Fächer (Vorsingen) und der Sportunterricht (Vorturnen) mindestens ebenso gut wie die Mathematikklasse. Körperliche Mängel und Unzulänglichkeiten prädestinierten noch mehr für Beschämung als kognitive Minderleistungen, und dies nicht erst, wie geschichtsvergessene Sportpädagogen mutmaßen, seitdem die Bedeutung des Körpers in der Gesellschaft des 21. Jahrhunderts allseits sichtbar gestiegen sei.[10] Schon in den 1960er Jahren blieb das Unbehagen darüber, dass die Noten der Klassenarbeiten *coram publico* verkündet wurden, hinter der Scham zurück, welche die vor allen Augen verlorene Balance auf dem Schwebebalken oder der misslungene Kastensprung verursachten.

Von daher war es ebenso folgerichtig wie aufschlussreich, dass Christine Finke aus Konstanz im Juni 2015, unmittelbar nach den alljährlich abgehaltenen Bundesjugendspielen, eine Online-Petition startete und die Abschaffung der Spiele verlangte. Für ihr Argument, sie seien Rituale der »Demütigung«, berief sich Finke auf ihren jüngsten Sohn, der wegen ungenügender Leistungen im Werfen, Laufen und Springen nur eine Teilnahmeurkunde anstelle einer Sieger- oder Ehrenurkunde mit nach Haus brachte und darüber unglücklich war. Verlierer würden, hieß es in ihrem Blog, »während der Wettkämpfe am liebsten im Boden versinken« und »beim Verteilen der Urkunden am liebsten in Tränen ausbrechen«. Die Petition erregte Aufsehen, binnen weniger Tage unterzeichneten sie 20000 Menschen.[11]

Dass sportliche Wettkämpfe, an denen alle Schüler teilnehmen mussten, für die weniger Leistungsstarken kein Zuckerschlecken waren, wusste jeder, und die Kommentare zu Finkes Petition sprachen Bände.[12] Viele Erwachsene erinnerten sich ihrer Schamgefühle, wenn sie beim Sprint oder Weitsprung *brutta figura* gemacht hatten. Zu ihrer Zeit aber wäre keine Mutter, geschweige denn ein Vater, auf die Idee verfallen, solche Veranstaltungen als ritualisierte Politik der Demütigung aufzuspießen und ihre Abschaffung zu fordern. Offensichtlich hat sich die Erregungsschwelle deutlich gesenkt. Das, was früher als unangenehm empfunden, aber hingenommen wurde, gerät jetzt zum Skandalon.

Im historischen Rückblick lassen sich damit drei Stufen des Umgangs mit pädagogischen Beschämungen unterscheiden: Am Anfang stand

Indifferenz, gefolgt von immer schärferem Dissens und schließlich robustem Widerstand. War die Problemwahrnehmung im späten 18. und frühen 19. Jahrhundert nur schwach ausgeprägt gewesen, setzte im weiteren Verlauf des 19. und 20. Jahrhunderts eine Welle der Kritik ein, die öffentliche Beschämungen weitestgehend einschränken wollte und vor ihren negativen sozialen und psychischen Auswirkungen warnte. Am vorläufigen Ende steht die Forderung, Beschämungen – die man nunmehr als Demütigung begreift – prinzipiell zu unterbinden. Dabei war das, was als Beschämung oder Demütigung galt, höchst divers, mit klarer Tendenz zur Ausweitung der Artenvielfalt.

Haben Kinder Ehre?

1798 verfügte der kürzlich inthronisierte Friedrich Wilhelm III., Studenten dürften bei groben Exzessen körperlich gezüchtigt werden, und ging ihnen damit an die Ehre. Schließlich pflegten die Jünglinge an Universitäten eine Kultur der akademischen Freiheit. Sie unterstanden nicht der Gewalt des Polizeiknüppels, sondern der sehr viel milderen akademischen Gerichtsbarkeit. Außerdem gehörten sie überwiegend dem Adel oder gehobenen Bürgertum an. Für Erwachsene aus diesen Schichten waren Prügel, noch dazu öffentlich verabreichte, völlig undenkbar und in höchstem Grad ehrenrührig.

Um den Empfängern der schlechten Nachricht die bittere Pille zu versüßen, bat sie der preußische König, solche Züchtigungen »als ein väterliches Besserungsmittel« anzusehen. »In Gegenwart der Vorgesetzten vollstreckt, und von diesen mit den nöthigen Ermahnungen begleitet«, stünden sie in der Kontinuität familialer Disziplinierungen. Entsprechend sei »dafür zu sorgen, daß vernünftiges Ehrgefühl des Bestraften dadurch nicht gekränkt, sondern derselbe so behandelt werde, als wenn er sich noch auf einer niedern Schule, und in den Jahren befände, wo Züchtigungen, welche Eltern oder Lehrer veranlassen, in der Folge zu keinem Vorwurfe gereichen können«.[13]

Genaugenommen steckte in dieser wohlmeinenden Erläuterung eine weitere Demütigung für die Studenten, nämlich die, dass sie wie unmündige Kinder in Schule und Elternhaus oder gar wie Lehrjungen

12 Prügelstrafe (Radierung, Deutschland um 1820)

und Knechte behandelt werden durften. Wurde ein Sohn vom Vater, ein Schüler vom Lehrer, ein Lehrling vom Meister oder ein Dienstbote von seiner Herrschaft geprügelt, hatte er das klaglos hinzunehmen. Gerichtliche Genugtuung dafür zu fordern, stand ihm nicht zu und war für Minderjährige und Familienangehörige ohnehin ausgeschlossen. »Scheltworte oder geringe Thätlichkeiten« galten laut preußischer Gesindeordnung von 1810 als legitim und zogen keine strafrechtlichen Folgen nach sich, vor allem dann nicht, wenn das Gesinde die Herrschaft »durch ungebührliches Betragen zum Zorn« gereizt hatte.[14] Ungebührliches Betragen ließ sich bei allen Strafprügeln voraussetzen, wobei die Definition schwankte und nach Belieben erweitert werden konnte.

Die königliche Verordnung machte aber noch auf etwas anderes aufmerksam: Sie sprach von dem »vernünftigen Ehrgefühl« der Studenten, das nicht »gekränkt« werden dürfe. Im gleichen Atemzug hob sie hervor, dass von einer solchen Kränkung nicht die Rede sei, sofern man die jungen Männer so behandle wie Kinder oder Schüler. Wenn aber Züchtigungen durch Väter und Lehrer das Ehrgefühl der Zöglinge nicht tangierten, bedeutete dies im Umkehrschluss, dass Letztere noch gar kein Ehrgefühl besaßen, das gekränkt werden konnte?

Dieses Thema beschäftigte fast alle Autoren, die sich seit dem als pädagogisch bezeichneten 18. Jahrhundert über Erziehung ausließen, und das waren viele. In dem Maße, wie sie »Ehrliebe« zu den »löblichen« Tugenden zählten, legten sie großen Wert darauf, diese Liebe von klein auf zu hegen und zu pflegen.[15] Kaum jemand nahm an, dass Kinder bereits mit Ehr- und Schamgefühlen auf die Welt kämen. »In den ersten Jahren der Kindheit«, hieß es 1860 in der *Encyklopädie der Pädagogik*, stehe »der Mensch beinahe auf der Stufe des Thieres«.[16] Ehre und Scham entwickelten sich nach herrschender Meinung erst im Lebensverlauf und bedurften sorgfältiger Kultivierung.[17] Kleine Kinder schienen sie ebenso wenig zu kennen wie jene »Tiermenschen«, denen man in Afrika begegne und bei denen Prügel, verabreicht durch europäische Kolonialherren, deshalb auch nicht entehrend wirkten. Im Unterschied zu Afrikanern aber, »die nie über ihr jetziges Niveau zu uns heraufsteigen können«, galten europäische Kinder grundsätzlich als bildungsfähig.[18]

Erziehern war deshalb aufgegeben, den »Ehrtrieb« ihrer Zöglinge »anzureizen« und komplementär darauf zu achten, dass sich Kinder eines Vergehens »*schämen* lernen«. Das geschah am besten unter professioneller Anleitung, und darum kümmerte sich eine stetig wachsende Gruppe von Experten und Expertinnen. Auch Mütter wurden nun in der »Erziehungskunst« unterrichtet, damit sie ihre Kinder angemessen auf das offenbar immer komplizierter werdende Leben vorbereiten konnten. Als »Kompaß« in diesem Leben, lasen sie in Hermann Klenckes »praktischem Buch für deutsche Frauen«, wirkte das Ehrgefühl, das »daher auch im Kinde richtig und fest durch die Mutter begründet« werden müsse.[19]

Der Rat der Experten

Klencke war Arzt und veröffentlichte seinen Mütterratgeber erstmals 1870. Das Buch verkaufte sich blendend und erlebte rasch nacheinander mehrere Auflagen. Man kann also davon ausgehen, dass es auch gelesen wurde und über Jahrzehnte hinweg die Erziehungspraxis in bürgerlichen Familien beeinflusste.[20] Die medizinische Expertise des Verfassers verlieh seinen Empfehlungen eine Autorität, vor der bloße Erfahrung, selbst wenn sie über Generationen weitergegeben wurde, verblassen musste. Gerade die Medizin, die sich im 19. Jahrhundert als Naturwissenschaft neu erfand, genoss hohe Wertschätzung, und ihr Rat besaß selbst dann Gewicht, wenn, wie in Klenckes Buch, das Sachwissen hinter moralischen Urteilen zurückblieb.

Ehre und Ehrgefühl spielten in dem populären Ratgeber eine große Rolle und sollten vor allem bei der Jungenerziehung zur Geltung kommen. Denn »die Quelle alles *männlichen* Muthes« schöpfe aus dem »Ehrtriebe«. Selbst wenn man »in unseren jetzigen Zeiten der Civilisation« Knaben nicht mehr primär zu Kriegern und Helden erziehe, sondern zu Männern »des friedlichen Berufes«, sei der dort nötige »sittliche Muth« nur mit Hilfe jenes Triebes zu gewinnen. Bei Mädchen, denen ein anderer Lebenszweck vorgegeben war, nahm er entsprechend andere Formen an: Sie sollten ihre »Schönheiten und Tugenden im stillen Schatten des häuslichen Lebens sanft ausstrahlen lassen« und sich von Eitelkeit, Gefallsucht, Ziererei und Heuchelei fernhalten. Ihre schönste Tugend, darin war sich Klencke mit seinen Zeitgenossen einig, sei und bleibe die »Schamhaftigkeit«.[21]

Gerade deshalb empfehle es sich, Mädchen durch »Gefühlsstrafen« zu disziplinieren. Bräuchten trotzige Knaben Schläge, seien die sanfteren Mädchen »empfindlich gegen jede Beschämung«. Sie wirke »auf Trägheit oder Leichtsinn tiefer ein, als Rüge, Ermahnung, Drohung und körperliche Strafe«. Beschämung könne im Zwiegespräch mit der Mutter stattfinden, aber auch vor größerem Publikum, vor Geschwistern und Freunden. Was immer funktioniere, sei »die beschämende Isolirung«, der Ausschluss aus der Gruppe. Wichtig sei es zudem, Kinder zur »*Selbstdemüthigung*« anzuhalten. Fügten sie jemandem Unrecht zu, sollten sie »dem Beleidigten Abbitte« tun. Weigerten sie sich und blieben »im falschen Ehrgeize starrsinnig«, müssten sie »überführt und *beschämt*« werden.[22]

Wenn bei Klencke so viel von Demütigung und Beschämung die Rede war, unterschied ihn das nicht von anderen Erziehungsratgebern des 19. Jahrhunderts. Es war auch keine deutsche Besonderheit. Dass es gelte, den Willen des Kindes zu »brechen« und es mehr oder weniger gewaltsam an die Befolgung gesellschaftlicher Normen zu gewöhnen, las man auch in amerikanischen Ratgebern.[23] Als Pastor Heman Humphrey Müttern 1853 empfahl, die Brechstange anzusetzen, bevor das Kind 18 Monate alt war, folgte er, ohne es zu wissen, dem Vorbild des Schweizers Johann Georg Sulzer, der dieses Prinzip bereits hundert Jahre früher befolgt und popularisiert hatte. Gleich im ersten Lebensjahr des Kindes müssten Eltern dessen »Eigensinn« durch »ernstliches Schelten und durch die Ruthe« vertreiben, denn nur so bekämen sie »gehorsame, biegsame und gute Kinder«. In den 1740er Jahren unterrichtete Sulzer als Hauslehrer die Kinder eines reichen Magdeburger Kaufmanns und hielt sich dabei mit Körperstrafen nicht zurück, da sie »einen fast immerwährenden Eindru(c)k« hinterließen. Ehrgeizige Gemüter reagierten dagegen gut auf »Schande«, und je mehr Personen davon wussten, desto besser. Vor allen »Hausgenossen« sei das Kind auf seinen Fehler hinzuweisen, jeder solle ihm »Verachtung bezeugen« und »sich stelle(n), als wenn man nichts mehr mit ihm wollte zu thun haben«.[24]

Sulzer verstand sich als Aufklärer in der Tradition des Hallenser Philosophen Christian Wolff. Aber selbst Aufklärer mochten bei der Kindererziehung nicht auf Schand- und Körperstrafen verzichten. Sie legten zudem Wert darauf, dass diese Strafen »mit einer Art von Solemnität« und vor Publikum vollzogen wurden. Daran herrschte um 1750 kein Mangel; Hausgenossen gab es in großer Zahl, neben Eltern und Geschwistern auch unverheiratete Tanten, Lehrlinge und Dienstboten. Für die öffentliche Resonanz der Beschämung war also gesorgt.[25]

Ebendies bereitete späteren Experten Kopfschmerzen. Der Direktor des Düsseldorfer Gymnasiums Adolf Matthias, der 1897 mit seinem Erziehungsbuch »für deutsche Väter und Mütter« einen bis in die 1920er Jahre aufgelegten Bestseller auf den Markt brachte, plädierte entschieden dafür, Strafen unter vier Augen zu verabreichen. »Besonders bei Vergehen gegen die Ehrlichkeit, Wahrhaftigkeit und Schamhaftigkeit« sei es »am besten, mit dem Kinde allein zu sprechen und öffentliche Beschämung fern zu halten«.[26] »Sehr häßlich« sei es, rügte der protestantische Pfarrer und Schriftsteller Heinrich Lhotzky 1908, wenn Eltern ihre Kinder »in Gegenwart von Fremden beschämen und verspotten und alle ihre Fehler und Versehen aufzählen«. Eine solche öffentliche Demütigung säe nur Misstrauen.[27] Überhaupt seien »hämische Wendungen« ganz aus dem väterlichen Wortschatz zu streichen. Wenn »zu dem Schimpf noch Spott, Hohn und Kränkung tritt«, gereiche das dem Erziehungszweck nicht zum Vorteil.[28] Der Düsseldorfer Regierungs- und Schulrat Richard Kabisch ging 1913 sogar so weit, Väter und Lehrer zu ermahnen, sich »alle(n) Schimpfens« zu enthalten, weil es die Ehre des Kindes verletze. Ehre aber, darin war sich Kabisch mit seinen Zeitgenossen einig, sei eine unverzichtbare »Kraftleistung« und gehöre »zu den Kräften, die den Menschen nötigen, aufrecht zu gehen«.[29]

Der aufrechte Gang stand im krassen Gegensatz zur knienden Haltung, die immer öfter mit Demütigung gleichgesetzt und kritisiert wurde.[30] Zugleich sprach man, wie Klencke, ungeniert bejahend von einer Erziehung zur »Selbstdemütigung«. Darunter verstand der Mediziner, dass sich ein Kind für eine Verfehlung entschuldigte. Warum eine solche Geste die Selbstachtung herabstufte und als demütigend empfunden werden konnte, erschließt sich nur in einem gesellschaftlichen Kontext, in dem Ehre einen zentralen Pfeiler sozialer Geltung und Identitätsentwicklung darstellte. Wer Ehre so hoch ansetzte, dass sie alle anderen Gefühle übertönte, musste die Bitte um Entschuldigung als Ehrminderung begreifen. Kinder lernten das schnell und nachhaltig. Bei »Knaben und Mädchen« im Alter von elf bis fünfzehn Jahren beobachtete der Pädagoge Friedrich Wilhelm Foerster 1904, »daß keiner zuerst um Verzeihung bitten will und denkt, der sei erniedrigt, der zuerst ein gutes Wort gebe«.[31]

Auch Erwachsenen fiel es schwer, die Grundsätze echter »Herzensbildung« zu befolgen und um Verzeihung zu bitten, wenn sie jemanden gekränkt hatten. Foerster zitierte den schottischen Schriftsteller Robert Louis Stevenson, der vier Tage brauchte, um sich bei einem Dienstmädchen für seine Grobheit zu entschuldigen, und dabei »as red and ashamed as could be« wurde, »so rot und verschämt (…) wie ein Knabe«. Stevenson selber deutete sein langes Zögern und seine Scham im Nachhinein als Feigheit, denn letztlich habe ihn nicht sein Fehlverhalten beschämt, sondern die Bitte um Entschuldigung. Sie war tatsächlich, wie Foerster frei übersetzte, »ungewöhnlich und in manchen Augen lächerlich« und lief bürgerlichen Verhaltensstandards zuwider: »I did not know I had so much respect of middle-class notions before.«[32] Als echter Viktorianer hatte Stevenson den Klassendünkel mit der Muttermilch eingesogen, und es kostete ihn Überwindung, dem Personal gegenüber einen Fehler einzugestehen. Von oben nach unten Abbitte zu tun und sich dadurch buchstäblich zu erniedrigen, kam überaus selten vor, bei Eltern gegenüber ihren Kindern ebenso wie bei Lehrern gegenüber ihren Schülern. Das konnte man nur jenen abverlangen, die unten standen und ohnehin, wie man meinte, kaum Ehre zu verlieren hatten.

Es dauerte mehrere Generationen, bis sich solche Konventionen änderten und es zum vielbeschworenen guten Ton gehörte, eine Verfehlung nicht nur zuzugeben, sondern dafür auch um Verzeihung zu bitten. Noch 1972, in Christine Nöstlingers preisgekröntem Kinderbuch *Wir pfeifen auf den Gurkenkönig*, schaffte es der Vater nicht, sich bei seiner Familie für einen verhängnisvollen Irrtum zu entschuldigen. Stattdessen gab er vor, wenig überzeugend, alles vergessen zu haben. Dem zwölfjährigen Wolfgang tat er deshalb leid, er empfand das väterliche Verhalten als kindisch und beschämend – eine gute Voraussetzung, als zukünftiger Erwachsener anders zu handeln.[33] Möglich wurde das erst, nachdem man den Begriff der Ehre gesellschaftlich abgerüstet hatte. Mit der Demokratisierung und Enthierarchisierung sozialer Beziehungen wurde auch der Vorstellung der Boden entzogen, eine Entschuldigung käme einer Statusdegradierung und Selbstdemütigung gleich.

Die pädagogische Wende

Zugleich rüstete der Ehrbegriff individuell auf und rückte an das Konzept generalisierter, anthropologisch bestimmter Würde heran. Ansätze dazu fanden sich bereits im ausgehenden 19. und frühen 20. Jahrhundert. Immer mehr Pädagogen stimmten damals in den Chor der Warnenden ein, die das »Ehrgefühl« Heranwachsender nicht durch »unwürdige« Strafen verletzt sehen wollten. »Gottseidank«, notierte der Frankfurter Stadtschulrat Wilhelm Lüngen 1907, spiele die körperliche Züchtigung »heutzutage nicht mehr die alles beherrschende Rolle, die sie noch vor einem halben Jahrhundert gespielt hat, aber leider doch noch eine viel zu große«.[34] In der Tat war kaum ein Erzieher bereit, auf Prügel und Ohrfeigen vollends zu verzichten. Selbst wenn man Prügel für Erwachsene unter Hinweis auf die Menschenwürde ablehnte, galten für Kinder nach wie vor andere Maßstäbe. Die Meinung, »mit einem Schlage im Kinde die Würde des Menschen zu verletzen«, verwechsle, so Matthias, den »selbstbewußten erwachsenen Menschen mit dem kindisch-kindlichen«. Eine solche »Empfindsamkeit« sei falsch und fehlgeleitet.[35] Da das kindliche Ehrgefühl vorgeblich nur mäßig entwickelt war, konnte die Sitte, einem »muthwilligen« Jungen »ein paar mäßige Hiebe« zu erteilen, auch nach Ansicht des liberalen Juristen Carl Ludwig von Bar »nicht unvernünftig« sein.[36]

Dass sich Erzieher und Pädagogen so viel später als Richter und Staatsanwälte von Prügel- und Schandstrafen verabschiedeten, fand hier seine Begründung: Wer dem kindisch-kindlichen Gemüt das Gefühl für Ehre und Scham absprach, durfte weiterhin die Rute schwingen. Die menschliche Würde oder Ehre wurde demnach noch nicht als absoluter Wert und fundamentaler normativer Bezugspunkt gedacht. Vielmehr nahm man Gradierungen nach dem Alter und Variationen nach dem Geschlecht vor; von Hieben für mutwillige Mädchen war kaum je die Rede.

Dennoch sollten auch Hiebe für Knaben nach dem Rat der Experten maßvoll sein und die Ausnahme bleiben. »Stock und Hand«, mahnte ein Gymnasiallehrer 1914, »gehören nicht zu den Strafmitteln des Vaters; er hat andere Mittel seinen Söhnen gegenüber«, vornehmlich die »Strafen des Wortes«. Wüste Schimpfkanonaden seien aber zu vermeiden, denn »sie machen den Jungen dickfellig und erniedrigen den Vater selbst«.[37] Rechte Scham als inneres Korrektiv falschen oder schlechten Verhaltens werde auf diese Weise nicht erzeugt, im Gegenteil. Überhaupt, empfahl der Sozialdemokrat und ehemalige Lehrer Heinrich Schulz 1919, dürfe ein Kind so wenig wie möglich vor anderen herabgesetzt werden. Blicke richteten im Allgemeinen mehr aus als Worte, besonders dann, wenn das Kind sein »Unrecht« bereits bereute: Es »wird dankbar sein, daß du« – adressiert war die Mutter aus proletarischem Milieu – »ihm dadurch die weitere Beschämung durch Worte ersparst«.[38]

Beschämung, scheint es, wurde in der Familie allmählich stummer und unkörperlich. Sie hatte zudem immer weniger Publikum, weil die Familiengröße schrumpfte und die Haushaltsstruktur sich privatisierte.

Es gab weniger Geschwisterkinder und Verwandte, weniger (oder gar keine) Dienstboten, Lehrlinge und Gesellen, die sich im Haus aufhielten und Zeugen einer Strafaktion werden konnten. Das Zwiegespräch zwischen Eltern und Kind fand deshalb meist unter vier, höchstens sechs Augen statt.

Ob das Gespräch tatsächlich so verlief, wie es die Ratgeber empfahlen, ist gleichwohl ungewiss. Die Lektüre eines Erziehungsbuchs, selbst wenn sie sich immer mehr einbürgerte, sagte noch nichts darüber aus, ob und wie das Gelesene praktisch umgesetzt wurde. 1911 freute sich eine konservative, den »Humanitätsbestrebungen« ihrer Zeit kritisch gegenüberstehende Autorin, dass »die Praxis in der Familie noch sehr häufig dieser Theorie Zwang antut«. Gemeint war eine Theorie, die »dem Kinde die Qualität und damit die Rechte Erwachsener« zuspreche und »jede gewaltsame Einwirkung auf den Willen des Kindes für unstatthaft« erkläre.[39]

In Tagebüchern, Briefen und Autobiographien, meist aus der Feder bürgerlicher Frauen und Männer, war von solchen gewaltsamen Einwirkungen selten die Rede. Das heißt aber nicht, dass sie nicht vorkamen. Aus dem Tagebuch der Berliner Kaufmannsgattin Helene Eyck, deren Einträge sich in den 1880er und 1890er Jahren fast ausschließlich um ihre fünf Kinder drehten, geht nur beiläufig hervor, dass die Rute stets zur Hand war, wenn ein Kind nicht gehorchen wollte. Dass Pfarrer Kämpf seiner Familienchronik am 20. April 1865 anvertraute: »Die ersten Schläge meiner Agnes, 1/2 Dutzend«, war eher ungewöhnlich und hatte vermutlich mit dem Ehestreit zu tun, der auf die Strafaktion folgte. Denn die Mutter des vier Monate jungen Kindes war damit gar nicht einverstanden gewesen: »Entschieden zu früh!« Dabei hatte der gestrenge Vater nur die Empfehlungen der Experten befolgt, wonach Körperstrafen gerade im ersten Lebensjahr sinnvoll und heilsam seien.[40]

Aus der Rückschau erinnerten sich bürgerliche Männer häufiger an die Schläge, die sie in ihrer Schulzeit von Lehrern erhalten hatten, als an die der Eltern.[41] Es kann durchaus sein, dass sie dieses Detail bewusst oder unbewusst verschwiegen, entweder weil es ihnen völlig normal vorkam, oder weil sie sich noch im Nachhinein dafür schämten, von Vater oder Mutter verprügelt worden zu sein. Je später die autobiographischen Texte datierten, desto mehr gingen die Autoren auf Distanz zu einer solchen Erziehungspraxis, ohne die Eltern jedoch denunzieren und an den Pranger der Nachwelt stellen zu wollen. Mit der Aussage, als

Kind geschlagen und gedemütigt worden zu sein, hätte man sich zu einem Opferstatus bekannt, der erst gegen Ende des 20. Jahrhunderts populär werden sollte. Umgekehrt wäre es heute schwierig, einen Vater wie Kämpf zu finden, der selbstbewusst und selbstgerecht im Tagebuch vermerkte, wie viele Hiebe er tagsüber seinem Baby verpasst hatte.

Dass sich Vorstellungen vom Ich und vom Anderen, von Erziehung und Bildung, von Gefühlen und vom Körper im Verlauf des 19. und 20. Jahrhunderts grundlegend wandelten, spiegelt sich in Selbstzeugnissen ebenso wie in Ratgebern. Langsam, aber sicher wuchs die Sensibilität für das, was Mütter, Väter, Lehrer Kindern antaten. Sogar jene, die einer eisenharten Abrichtung zum Gehorsam das Wort redeten, rieten dazu, das »*Selbstgefühl*« der Kinder »unbedingt (zu) *respektieren*« und sie nicht »*allzusehr erniedrigen zu wollen*«.[42] Gar nicht demütigen wollte die »Hausfrau, Mutter und Ärztin« Johanna Haarer, deren Ratgeber seit den 1930er Jahren in aller Munde und Hände waren. Sie distanzierte sich zwar vehement von pädagogisch-politischen Tendenzen des frühen 20. Jahrhunderts, Kindern mehr Freiheit zu lassen und die Gehorsamspflicht zu lockern. Auch die Neigung, im Kind die »Eigenpersönlichkeit« zu sehen und zu fördern, war ihr fremd. »Heute«, schrieb sie 1934 in ihrem Bestseller *Die deutsche Mutter und ihr erstes Kind*, müsse jeder junge Mensch »zum nützlichen Gliede der Volksgemeinschaft« erzogen werden und »sich einordnen in eine Gemeinschaft«, der er mittels seiner individuellen »Anlagen und Fähigkeiten« zu dienen habe. Gleichwohl hielt Haarer an dem Grundsatz fest: »Demütigen wollen wir unsere Kinder niemals!« Demütigende Strafen stammten »aus der muffigen Schulstube vergangener Zeiten«, in der Gegenwart verlange man vom Kind »eine aufrechte und freie Haltung des Körpers und des Geistes«.[43]

Hierin war sich die NS-Autorin einig mit dem berühmtesten Kinderarzt des 20. Jahrhunderts, dessen Bücher bis heute zirkulieren. Benjamin Spock, vielfach engagierter Demokrat aus Connecticut mit dezidiert linken oder, aus amerikanischer Sicht, liberalen Sympathien, veröffentlichte 1946 den Ratgeber *The Common Sense Book of Baby and Child Care*, von dem sich über fünfzig Millionen Exemplare in mehr als vierzig Sprachen verkauften. Darin stand *expressis verbis*, dass Eltern und Lehrer Kinder unter keinen Umständen und selbst dann nicht beschämen sollten, wenn sie gestohlen und damit gegen eine wichtige moralische Norm verstoßen hätten. Stattdessen sei ein Kinderpsychiater zu Rate zu ziehen – ein wenig dezenter Hinweis auf die Pathologisierung kindlichen Verhaltens und die medizinisch-pädagogischen Professionalisierungsstrategien, die ihr auf dem Fuß folgten.[44]

In der Bundesrepublik setzte diese psychotherapeutische Wende erst zwanzig Jahre später ein. Schulen, die ›schwierige‹ Schüler zuvor mit einer Internatsempfehlung relegiert hatten, legten ihnen seit den späten 1960er Jahren nahe, sich psychologisch behandeln zu lassen.[45] Als deviant empfundene Verhaltensweisen zur therapiebedürftigen Krankheit zu erklären, markierte eine neue Stufe der Disziplinierung. Vordergründig ging es nun nicht mehr um Beschämung, sondern um Heilung. Bis dahin hatte Heinrich Hoffmanns *Struwwelpeter*-Klassiker, 1845 erstmals erschienen, Generationen von Kindern und Eltern vorgeführt, was mit unbotmäßigen Philipps, Paulines und Friedrichs geschah: Sie wurden wie der zerstreute Hans Guck-In-die Luft von den Fischen ausgelacht oder wie der »garst'ge« Peter aufs Pranger-Podest gestellt und mit Pfuirufen bedacht. Heutige Eltern bringen ihre hyperaktiven, unaufmerksamen, widerborstigen Sprösslinge zu Psychiatern und Psychotherapeuten. Anstelle öffentlicher Beschämung winken Medikamente und Therapiesitzungen. Die Folgen für das betroffene Kind sind bestenfalls zwiespältig. Es mag sich zwar persönlich entlastet fühlen, weil sein Fehlverhalten nicht mehr ihm selber zugerechnet wird, sondern einem Mangel an Dopamin im Gehirn, für den es nichts kann. Aber damit sind neue Stigmatisierungen verbunden. Als krank beschrieben zu werden, ist auch eine Form des sozialen Ausschlusses, zumindest so lange, wie sich Kranke in der Minderheit befinden. Mit der rasanten Zunahme von ADHS / ADS-Diagnosen seit Beginn dieses Jahrhunderts könnte sich das allerdings bald ändern.[46]

Schulzucht nach 1945: Prügel, Kollektivschelte, Menschenwürde

Bereits geändert hat sich die Praxis an Schulen, die seit den 1970er Jahren auf Beschämung als Erziehungsinstrument weitgehend verzichten. Vorangegangen war eine lange, kontroverse und erbittert geführte Debatte darüber, welche Disziplinarmittel legal und legitim seien. Pädagogische Handreichungen hatten Lehrern bereits seit Mitte des 19. Jahrhundert empfohlen, mit Beschämung sparsam umzugehen, sie möglichst nicht vor anderen Schülern sowie niemals in »entwürdigender« Absicht vorzunehmen.[47] Dass sich solche Ratschläge in den 1920er Jahren fortsetzten und verstärkten, deutet jedoch darauf hin, dass das inkriminierte Verhalten nach wie vor an der Tagesordnung war. Mittelalterliche »Gemütsroheit« diagnostizierte das *Pädagogische Lexikon* noch 1928, »wenn ein Lehrer den Schüler vor der Klasse beschimpft und das auf eine einzelne Handlung Gemünzte dem ganzen Menschen anhängt«, womit er eine klassische Schamsituation hervorrief.[48] Das widersprach allen reformpädagogischen Grundsätzen, die in der Weimarer Republik zunehmend Gehör fanden. Mit klaren Verboten aber hielten sich die für die Bildungspolitik verantwortlichen Länder zurück, so dass weder Beschimpfungen noch Prügel aus dem Schulalltag verschwanden.[49]

Nach 1945 drängten die Besatzungsmächte, besonders Russen und Amerikaner, auf eine grundlegende Neugestaltung des deutschen Bildungssystems. Die für die östliche Zone im April 1947 erlassene Schulordnung statuierte kurz und bündig: »Körperliche Züchtigung ist verboten.« Im Berliner Stadtparlament beantragte die SED kurz darauf ein gleichlautendes Gesetz und rechtfertigte es damit, »alle Schularbeit gründe sich auf die Erziehung zur Menschlichkeit und Menschenwürde, die Anwendung der körperlichen Züchtigung entspreche diesen Prinzipien nicht«.[50]

Da jene Grundsätze offenbar nicht sofort und überall befolgt wurden, prägte die DDR-Schulordnung von 1959 sie erneut ein: »Die Anwendung der körperlichen Züchtigung oder anderer ehrverletzender Strafen widerspricht den sozialistischen Erziehungsprinzipien unserer Schule und ist verboten.« Stattdessen setzte man, ähnlich wie in den Betrieben, auf die disziplinierende Kraft des Kollektivs. Wenn Schüler den Unterricht schwänzten, »trotz Ermahnungen nicht fleißig und beharrlich lernen« und »die Disziplin und Ordnung verletzen«, erhielten sie vor der gesamten Klasse oder gar Schule eine Verwarnung, einen Tadel oder einen Verweis. In besonders schweren Fällen konnte dies »den gesellschaftlichen Organisationen, den Leitungen der Betriebe, denen die Eltern angehören, den Wohnbezirksausschüssen der Nationalen Front und den Referaten Jugendhilfe« mitgeteilt und in der Tagespresse veröffentlicht werden.[51] Zwecks »gesellschaftlicher Mißbilligung« und »moralischer Verurteilung«, wie es 1961 hieß, »organisierte« das Kollektiv die öffentliche Meinung »gegen das Verhalten des Schülers«. Dieser sah sich »durch seine Handlungen außerhalb des Kollektivs gestellt«, und das wurde »für alle sichtbar demonstriert«. Anschließend sollten wieder »normale Beziehungen« herrschen, so dass der Schüler merkte, »daß er nicht vom Kollektiv ausgestoßen ist, sondern in der Bestrafung die Tatsache durchlebt hat, vom Kollektiv abfällig beurteilt zu sein«.[52] Das ähnelte haargenau dem, was man später reintegrative Beschämung nannte.

Verboten wurde die Prügelstrafe aber nicht nur im Osten des geteilten Landes. Auch in Hessen und Bayern, die zur amerikanischen Besatzungszone gehörten, untersagten ministerielle Erlasse 1946 ausdrücklich »alle entehrenden Strafen, insbesondere jede körperliche Züchtigung und Beschimpfung« in Schulen. Dennoch reichten sie nicht aus, das bestehende Gewohnheitsrecht von Lehrern, Schüler mit Stock und Hand zu maßregeln, außer Kraft zu setzen. Es hätte dazu, stellte der Bundesgerichtshof 1957 fest, einer »mit Gesetzesrang ausgestatteten Rechtsverordnung« bedurft, die jedoch »bis zum heutigen Tage« ausgeblieben sei.[53]

Ausgeblieben war sie deshalb, weil die Meinungen nach wie vor stark divergierten, in der Lehrerschaft ebenso wie unter Eltern und Richtern. Zwar war das Gefühl für die demütigende Wirkung öffentlich verabreichter Schläge durchaus vorhanden. Aber es wog in der Regel leichter als der Glaube, auf Prügel nicht verzichten zu können. Das betraf weniger das damals elitäre Gymnasium mit seinen sozial »ausgewählten« Schülern als die Volksschulen. Besonders in Industriegegenden und ländlichen Regionen, hieß es, brauche der Lehrer den Stock, um »eine *Grenze* deutlich zu machen, einen Warnzaun« gegen widerspenstige Jungen, denen es an Respekt und Gehorsam mangele.[54] Auch die Eltern von Volksschülern, davon waren Pädagogen und Schulpolitiker überzeugt, schätzten eine harte Hand für ihre Sprösslinge.[55] Tatsächlich hatten 1947 61 Prozent der bayerischen Bürger, die an einer Volksabstimmung über die Wiedereinführung des 1946 abgeschafften Züchtigungsrechts der Volksschullehrer teilnahmen, mit Ja votiert. 1959 ermittelten die Allensbacher Demoskopen noch immer eine Zustimmungsrate von 66 Prozent.[56]

Aber es gab auch Eltern, die vor Gericht zogen und prügelnde Lehrer verklagten. 1953 verurteilte das Landgericht Hannover einen Volksschullehrer wegen Körperverletzung in acht Fällen zu einer Geldstrafe. Die an Brutalität kaum zu übertreffenden Misshandlungen der sieben-

bis zwölfjährigen Schülerinnen und Schüler hatten nach Ansicht der Strafkammer die Grenzen des Erlaubten weit überschritten. Die Richter beriefen sich auf einen Erlass des niedersächsischen Ministers für Volksbildung und Wissenschaft von 1946, der die »*Verbannung* der körperlichen Züchtigung aus der Schule« beabsichtigte und Ausnahmen nur bei »außergewöhnlicher Roheit« und »schwerer Widersetzlichkeit« der Schüler zuließ. Davon konnte hier nicht die Rede sein. Als der Lehrer in die Revision ging, kam der BGH zum gleichen Ergebnis. Selbst wenn man unterstelle, dass »in seltenen Ausnahmefällen eine maßvolle körperliche Züchtigung durch den Lehrer am Platze sein mag«, dürfe die »Aufrechterhaltung der Schulzucht für sich allein niemals ein Grund sein (...), ein Kind zu züchtigen«. Auch zu Abschreckungs- oder Beschämungszwecken sei das nicht erlaubt. »Gewiß soll die Schule das Kind auch dazu erziehen, sich in eine größere Gemeinschaft einzufügen. Diesem Zweck wird aber die Demütigung des Kindes vor dieser Gemeinschaft, wie sie mit einer Züchtigung durch den Lehrer verbunden ist, oft nur schaden.«[57]

Die Argumentation der Hannoveraner und Karlsruher Richter war schnörkellos. Alles lief auf die Abschaffung der Körperstrafe hinaus, die nur noch in »seltenen Ausnahmefällen« akzeptabel schien. Auch von Beschämung und »Demütigung« als Erziehungsmittel wollten die Richter nichts mehr wissen. Aber nicht alle Gerichte urteilten so. 1956 sprach das Darmstädter Landgericht einen Volksschullehrer frei, der sieben Schüler »teils durch Ohrfeigen, teils durch Schläge mit einem Rohrstock auf die Hand« malträtiert hatte. Dagegen ging die Staatsanwaltschaft in die Revision: Eine solche Behandlung verstoße gegen Artikel 1 des Grundgesetzes, weil sie »das natürliche Selbstwertgefühl des Schülers und damit die menschliche Würde verletze, insbesondere wenn sie vor der versammelten Klasse vollzogen werde«. Das jedoch erachtete der BGH für »nicht haltbar«. Menschenwürde sei kein absoluter Wert, sondern eine soziale Übereinkunft, die »durch die fortschreitende Erkenntnis der sittlichen Werte und der aus ihnen sich ergebenden Grundsätze für das menschliche Handeln bestimmt« werde. »Die auf dem jetzigen Stande der Erkenntnis beruhenden, in der Rechtsgemeinschaft herrschenden sittlichen Anschauungen haben bisher die maßvolle Züchtigung der Kinder durch die Eltern und die sonstigen Erzieher für zulässig und in Recht und Pflicht zur Erziehung begründet angesehen.« Wenn eine »bestimmte pädagogische Auffassung« dies bestreite, sei es nicht Aufgabe des Gerichts, ihr »zum Sieg zu verhelfen«.[58]

Bis die Gegner der Prügelstrafe Recht und sittliche Anschauungen schließlich auf ihrer Seite hatten, vergingen noch fast zwei Jahrzehnte. In dieser Zeit erlebte die bundesdeutsche Gesellschaft eine tiefgreifende Liberalisierung und Demokratisierung, die nicht vor der Schule haltmachte. Das fing bei den Schülern selber an, die sich gegen den autoritären Stil von Lehrern (und Eltern) zur Wehr setzten. Auch die Eltern schwiegen nicht mehr still, wenn Lehrer ihr Gewohnheitsrecht nach Gutdünken ausübten und ausdehnten. Umfragen der 1970er Jahre zeigten einen markanten Meinungswandel: 1974 erklärten sich nur noch 26 Prozent der Befragten mit Schulprügeln einverstanden.[59] Zu dieser Zeit hatten die meisten Länderparlamente die vom BGH 1957 vermisste Rechtsgrundlage geschaffen, Lehrern die Ausübung körperlicher Gewalt gegenüber Schülern zu verbieten. Die Bundesrepublik war damit endgültig zu einem »Kulturstaat« geworden, der Körperstrafen als »ehrverletzend und somit als entwürdigend« ansah und sie aus seinen Schulen ohne Wenn und Aber verbannte.[60]

Auch schimpfenden Lehrern ging es an den Kragen. Pejoratives und schamauslösendes LehrerInnenverhalten, wie es in der heutigen Pädagogensprache heißt, erntete zunehmend Kritik.[61] Wer Schüler von oben herab behandelte, bloßstellte oder verhöhnte, bekam es mit Eltern zu tun, die ihre Kinder darin unterstützten, sich Beschämungen nicht gefallen zu lassen. Das Beispiel Pippi Langstrumpfs machte im wahrsten Sinn des Wortes Schule. In Astrid Lindgrens erstmals 1945/48 veröffentlichtem Kinderbuch, das aus dem Schwedischen in siebzig Sprachen übersetzt und seit den 1960er Jahren zum auflagenstarken Klassiker wurde, lässt sich die neunjährige, ohne Eltern aufwachsende und mit ihren Lieblingstieren in der Villa Kunterbunt lebende Pippi von Erwachsenen weder einschüchtern noch beschämen. Als sie in der Schule (die sie nicht oder nur unregelmäßig besucht) von einer reichen Dame, die die Kinder einem Wissens-Verhör unterzieht, für falsche Antworten getadelt wird (»Stell dich sofort da drüben in die Reihe und schäm dich«), findet sie das »ungerecht« und rebelliert: Sie veranstaltet ihr eigenes Fragespiel mit den Kindern, die schon in der Reihe stehen, gibt ihnen Selbstvertrauen zurück und schenkt ihnen Geld und Bonbons.[62]

13 Das Wissens-Verhör in Pippi Langstrumpfs Klasse (Illustration in einer französischen Ausgabe)

Die Peergruppe an der Macht

Pippi unterläuft aber nicht nur Frau Rosenbloms Beschämungsstrategie. Sie wehrt sich auch gegen eine Jungenbande, die sie wegen ihrer roten Haare und unkonventionellen Kleidung auslacht und Schwächere schikaniert. Ein solches Verhalten, das man heute als Mobbing bezeichnet[63], ist in der zweiten Hälfte des 20. Jahrhunderts in vielen Kinderbüchern zu einem wichtigen Thema geworden. Waren es bislang vornehmlich Lehrer oder Eltern gewesen, die beschämt hatten, rückten nunmehr die Mitschüler an ihre Stelle.

Dieser Trend wird durch Umfragen und Interviews bestätigt. Als 2009 fünfzehnjährige Schüler und Schülerinnen zu ihren Mobbing-Erfahrungen befragt wurden, gaben fast 44 Prozent an, von Mitschülern gehänselt zu werden, indem jene beispielsweise »hässliche Dinge« über sie sagten. Ein Fünftel sah sich »wie Luft behandelt« und »absichtlich nicht beachtet«, Mädchen mehr als doppelt so häufig wie Jungen. Demgegenüber berichtete nur jede und jeder Vierte, sie seien von Lehrern vor anderen bloßgestellt worden.[64]

Weil es im 19. und 20. Jahrhundert keine solchen Umfragen gab, sind quantitative Vergleiche nicht möglich. Qualitativen Ersatz und reiches

Material bietet die Kinderliteratur.[65] Die Analyse von mehr als hundert bis in die 1980er Jahre hinein veröffentlichten Büchern, die sich an junge Leserinnen und Leser wandten, Preise gewannen und / oder hohe Auflagen erzielten, deutet darauf hin, dass Schamsituationen seit Mitte des 20. Jahrhunderts weitaus häufiger unter Peers als zwischen Kindern und Erwachsenen stattfanden. In fast allen Büchern kamen solche Situationen prominent vor. Die Autorinnen und Autoren nahmen offenbar an, dass sie für ihre jungen Leser ein Problem darstellten, und gaben ihnen Ratschläge, wie damit am besten umzugehen sei. Als der sechsjährige Tim aus Ursula Wölfels *Feuerschuh und Windsandale* aus dem Jahr 1961 in der Schule gehänselt wird, weil er zu dick ist, und andere Schüler Spottgedichte auf ihn verfassen, ärgert er sich furchtbar. Tims Vater aber findet das falsch: »Du hättest auch lachen sollen.«[66]

In Katherine Allfreys *Delphinensommer* von 1963 sieht sich die kleine Andrula von der Feindschaft ihrer Cousine und deren Freundinnen verfolgt, die sie »höhnten und neckten« und sich höllisch freuten, wenn Andrula in der Schule bestraft wurde und »in der Ecke stehen« musste. Auf die »Schadenfreude« und Beschämungswut der Mädchen reagiert Andrula allerdings nicht beschämt, sondern »so zornig«, dass sich Cousine Stassa »einen Schritt zurückzog«.[67] Judy Blumes *Blubber* von 1974, das in Pennsylvania spielt, machte Mobbing zum Hauptthema. Die zwölfjährige Linda wird von Mitschülerinnen wegen ihres Übergewichts und ihrer Kleidung regelmäßig schikaniert und vorgeführt. Jill, eine der Mobberinnen, erzählt ihrer Mutter davon und beschreibt Linda als eine Person, deren Wehrlosigkeit geradewegs dazu herausfordere, sie abwertend zu behandeln: »There are some people who just make you want to see how far you can go.« Aus Sicht der Mutter täte Linda gut daran, solche Spötteleien zu übersehen oder wegzulachen, um sich nicht immer wieder von neuem als Objekt der Beschämung anzubieten. Als Jill nach einem Anflug von Gerechtigkeitsempfinden aus dem Beschämungskartell ausbricht, sieht sie sich ihrerseits abgestraft und verhöhnt. Doch anstatt die Demütigung zu ignorieren oder gar, wie Linda, widerstandslos mit sich geschehen zu lassen, wird Jill zur Kämpferin. Sie treibt einen Keil in die Front der Gegnerinnen und gewinnt neue Freunde. Nicht Linda, die ihre Opferrolle annimmt und andere darüber entscheiden lässt, was mit ihr geschieht, sondern Jill ist die Heldin des Buchs, das Vorbild, dem die jungen Leserinnen nacheifern sollen.[68]

Blume, eine erfolgreiche Kinderbuchautorin, schrieb *Blubber* aus Anlass eines Konflikts in der Klasse ihrer zehnjährigen Tochter. Auch dort hatte die Anführerin ihre Macht dazu genutzt, einzelne Kinder öffentlich zu demütigen und andere, die fürchteten, selber zum Opfer zu werden, zum Stillhalten oder zur Komplizenschaft zu nötigen. Da die Lehrerin nicht eingegriffen hatte, war der Konflikt eskaliert. Die Kinder hatten ihren Eltern nichts davon erzählt, aus Scham über die erlittene oder tolerierte Demütigung. Diesen Kreislauf des Schweigens wollte Blume durchbrechen. Dass ihr Buch in der Lehrerausbildung benutzt wurde, stimmte sie hoffnungsfroh. Die Kritik mancher Erwachsener, Handlung und Sprache seien zu brutal, konterte sie mit dem Argument, man könne über *school bus culture* nur dann überzeugend schreiben, wenn man auch die Sprache des Schulbusses benutze: »The kids get it. They live it.«[69]

Diese Kultur des *bullying* oder, neudeutsch, Mobbing ist kein gänzlich neues Phänomen. Horizontale Beschämungen und Schikanen im Klassenraum gab es schon lange, und in der Freizeit ging es kaum weniger zimperlich zu. Das französische Kinderbuch *La Guerre des Boutons* von 1912, in Deutschland als *Krieg der Knöpfe* bekannt, berichtete von der traditionellen Rivalität zweier Nachbardörfer, deren junge Generation nach Kräften aufeinander eindrosch und sich wechselseitig mit despektierlichen Schimpfworten traktierte. Als die Jungen aus Longeverne einen Gefangenen aus Velrans machten und ihm alle Knöpfe, Haken und Schnallen abschnitten, so dass er mit heruntergelassenen Hosen und offenem Leibchen zu seinen Freunden zurückkehrte, rächten sich die Velranser am Anführer der Gegenseite und fügten ihm dieselbe Demütigung zu, noch dazu in Anwesenheit von Mädchen.[70]

Zu den Genres, in denen Beschämungen von Kindern an Kindern verhandelt wurden, gehörte allen voran der Internatsroman. Er war typischerweise in Großbritannien beheimatet, wo es viele, meist privat geführte *boarding schools* gab, während die große Mehrheit deutscher Schüler im 19. und 20. Jahrhundert staatliche oder kommunale Tagesschulen besuchte.[71] Internatsschüler wurden gleich nach ihrer Ankunft in die Rituale und Hierarchien vor Ort eingeführt. Sie lernten die harte Hand des Headmasters kennen, der mit öffentlich ausgeteilten Prügeln nicht sparte, und mussten sich ihren Platz in der Parallelwelt der Schüler erkämpfen. Auch dort herrschten klare Über- und Unterordnungsverhältnisse, die man den Neuen gewaltsam einbläute. Mutproben waren an der Tagesordnung; diejenigen, die sie nicht bestanden, galten als Feiglinge und hatten in den auf schneidige Männlichkeitserziehung abonnierten Jungenschulen einen schweren Stand. Wer sich an die Ermahnungen der Eltern hielt und vor dem Einschlafen ein Gebet sprach, wurde ausgelacht und gehänselt.[72]

Dass fast alle Kinderbücher auf das Verlacht-Werden eingingen, deutet darauf hin, dass es im kindlichen Alltag eine große Rolle spielte. In der Regel lachten nicht die Erwachsenen, sondern andere Kinder. Bereits zu Beginn des 19. Jahrhunderts hatte die irische Bestseller-Autorin Maria Edgeworth, deren Geschichten und Lektionen auch ins Deutsche, Italienische und Französische übersetzt wurden, ihren jungen Leserinnen und Lesern einimpfen wollen, sich durch Spott und Häme nicht irritieren zu lassen. Stattdessen sollten sie ihrem eigenen moralischen Kompass folgen: »Wenn du nichts Falsches oder Dummes getan hast, kümmere dich nicht um das Gelächter der anderen.«[73] Dieser Rat, ließ ein amerikanischer Sonntagsschullehrer einen jüngeren Glaubensbruder 1834 wissen, habe ihn sein Leben lang begleitet: »*No one will ever become great who is afraid of being laughed at*«, niemand, der sich fürchtet, ausgelacht zu werden, könne jemals Größe erlangen. Statt sich feige vom Gelächter anderer beschämen zu lassen, gelte es, seinen Mann zu stehen und sich nicht dienstbar zu machen.[74]

Sich der Beschämung durch Dritte so selbstbewusst und mutig zu entziehen, fiel nicht jedem leicht. Was half, war, sich mit Gleichgesinnten zu verbünden und Gegendruck auszuüben. Das taten 1899 Rudyard Kiplings Stalky und dessen Freunde, als sie es zwei internatsbekannten Rüpeln mit gleicher Münze heimzahlten: mit Schlägen, Beleidigungen und Demütigungen. Zugleich heckten sie Streiche gegen unbeliebte Lehrer aus, um diese bloßzustellen und das Gesicht verlieren zu lassen. Der antiautoritäre Gestus stieß allerdings an Grenzen, sobald sie es mit einer wenn auch widerstrebend akzeptierten Autorität zu tun bekamen.[75]

Nach ähnlichem Muster war das berühmteste deutsche Mädchenbuch des späten 19. Jahrhunderts gestrickt, Emmy von Rhodens *Trotzkopf*. Die fünfzehnjährige Ilse soll in einem Pensionat zur Dame erzogen werden, reagiert darauf aber zornig und trotzig. Als die Direktorin sie wegen einer lieblos ausgeführten Handarbeit öffentlich vorführt und andere Mädchen sie auslachen, bekommt sie einen Wutanfall. Ihre Lieblingslehrerin rät ihr, sich bei der Direktorin zu entschuldigen, was Ilse weit von sich weist: »Fräulein Raimar war es, die mich aufs äußerste beleidigt und gekränkt hat. Ich denke nicht daran, sie auch noch um Verzeihung zu bitten. Noch niemals habe ich jemanden um Verzeihung gebeten, und auch jetzt tue ich es nicht!« Auf weiteres Zureden der Lehrerin tut sie es schließlich doch und fühlt sich danach »so leicht« wie nie zuvor.[76] Auch die ungestüme, widerständige Ilse beugt sich und lernt, Autorität anzuerkennen. Ihre wichtigste Lektion: In der Geste des Um-Verzeihung-Bittens, die sie anfangs als demütigend abgelehnt hat, kann eine Befreiung liegen.

In dieser Geschichte sind die spottlustigen Mädchen nur Zaungäste, der eigentliche Beschämungskonflikt spielt sich zwischen Ilse und der Direktorin ab. So war es in den meisten Kinderbüchern des 19. und frühen 20. Jahrhunderts, mit Ausnahme einiger Internatsromane, die die Gegen- oder Parallelwelt der Zöglinge in den Mittelpunkt des Geschehens rückten. Einen radikalen Schnitt vollzog dann 1954 William Goldings *Lord of the Flies*, als *Herr der Fliegen* alsbald ins Deutsche übersetzt. Der Roman, eigentlich für Erwachsene geschrieben, aber rasch zur Schullektüre avanciert, erzählt die Geschichte britischer Jungen, die nach einer Schiffshavarie auf einer einsamen Insel stranden und dort ohne fremde Hilfe ihr Überleben organisieren. Zwei Jungen wetteifern um die Anführerschaft, und ihre Konkurrenz nimmt gewaltsame, bald tödliche Züge an. Es ist eine Geschichte, die, ähnlich wie Joseph Conrads *Heart of Darkness*, die »Finsternis in des Menschen Herz« entdeckt und dort atavistische Motive aufspürt: Machtstreben um jeden Preis, rauschhafte Blutrituale, unbarmherzigen Vernichtungswillen. Jack, der negative Held, verbirgt Scham und Befangenheit hinter einer Maske, um die Demütigung schwächerer Kinder umso brutaler ins Werk setzen zu können. Aber selbst sein Widerpart Ralph, der für demokratische Verfahren, respektwahrende Regeln und anständiges Verhalten eintritt, macht sich schuldig. Er demütigt seinen besten Freund Piggy, der wegen seines plumpen Körpers zum Gegenstand allgemeinen Spottgelächters wird. Obwohl Piggy klug, umsichtig und verantwortlich handelt, stempelt ihn die Gruppe zum Außenseiter, um sich in einem »Stromkreis des Einverständnisses« ihrer vorgeblichen Homogenität und Einigkeit zu versichern. Die verächtliche Beschämung und Exklusion des einen integriert alle anderen. Zumindest eine Zeitlang sind damit die politischen und kulturellen Bruchlinien vergessen.[77]

Erwachsene tauchen in Goldings Roman erst am Schluss auf. Sie beenden die immer grausameren Auseinandersetzungen zwischen beiden Lagern und bringen die Kinder in die zivilisierte britische Nachkriegswelt zurück. Erwachsene spielen auch in den meisten anderen Kinder- und Jugendbüchern des späteren 20. Jahrhunderts keine entscheidende Rolle mehr. Es gibt darin weder Mütter, die, wie 1850 bei Elizabeth Wetherell, ihre Töchter beschämen, wenn sie in fleckigen Kleidern und zerrissenen Strümpfen umherlaufen, noch die Großmutter, die ihren Enkel beschämt, weil der nicht lesen lernen will, wie in Thekla von Gumperts *Herzblättchen*-Geschichten von 1884, und auch keine Berliner Tante, die einer Fünfzehnjährigen die Röte ins Gesicht treibt, weil sie gähnt, ohne die Hand vor den Mund zu halten, wie in Clementine Helms *Backfisch*-Erzählungen von 1863.[78] Stattdessen gibt es Kinder, die Erwachsene beschämen, wie in den Romanen Erich Kästners (*Das doppelte Lottchen* von 1949 und *Die Konferenz der Tiere* aus dem gleichen Jahr), oder die, sehr viel dominanter, von anderen Kindern beschämt werden.

Was sagt das über den gesellschaftlichen Status von Scham und Beschämung und dessen Veränderung in der Zeit aus? Zunächst einmal steht außer Frage, dass Beschämung im Genre der Kinder- und Jugendliteratur von zentraler Bedeutung war und ist. Dabei verlagerte sie sich, zweitens, von der Kommunikation zwischen erwachsenen Respektspersonen und Kindern auf horizontale Beziehungen unter Kindern, Schülern, Angehörigen eines Clubs oder eine Gruppe. Damit war drittens ein Wechsel in den jeweils relevanten normativen Referenzen verbunden. Erwachsene hielten es mit Selbst- und Fremdkontrolle und wollten gesellschaftlich geachtete Werte wie Gehorsam, Ordnung, Sauberkeit, Fleiß, Ehrlichkeit befolgt sehen. Das Normengerüst der Kinder belohnte dagegen vornehmlich Gruppenkonformität, wenn es Verrat (»Petzen«) negativ sanktionierte und die Solidarität gegen Autoritäten als positiven Wert statuierte. Sekundär aber stabilisierte es die moralische Ordnung der Erwachsenenwelt, indem es wie diese Hierarchien, Konformitätszwänge und Beschämungsrituale generierte. Viertens schließlich veränderten sich die manifesten Anlässe und Gegenstände dessen, was als beschämungsfähig galt: Zerrissene Hosen sind heute ein modisches Statement, aber kein Grund, sich zu schämen, ebenso wie fehlende Tischmanieren in der jugendlichen Peergruppe zum Ausweis von Coolsein und Unangepasstheit gehören. Das heißt aber nicht, dass sich der sozialmoralische Zugriff insgesamt gelockert hätte. So sind etwa Körpernormen wesentlich strikter geworden, für Mädchen noch mehr als für Jungen. Wer zu dick ist, hat ein Problem und bietet sich als Beschämungsopfer an, wie Piggy 1954, Tim 1961 oder Linda 1974.

Wie passt das nun alles zur Selbstbeschreibung moderner Gesellschaften als liberale Veranstaltungen, in denen autonome Individuen einander mit Respekt begegnen und die Würde der anderen achten sollen? Wie kann es sein, dass Eltern und Lehrer, wenn auch langsam, gelernt haben, in ihrer Erziehungspraxis auf öffentliche Beschämung zu verzichten, während viele Kinder und Jugendliche daran fortwährend und offenbar zunehmend Gefallen finden? Der soziale Hintergrund spielt, wie neuere Untersuchungen zeigen, keine Rolle; auf dem Gymnasium wird nicht weniger gemobbt als in der Hauptschule. Mädchen trifft es ebenso wie Jungen und doch auf andere, Geschlechterstereotypen wiederholende Weise.

Es liegt nahe, gezieltes, fortgesetztes Mobbing als eine Form der altbekannten Ausschluss-Einschluss-Dynamik zu deuten: Eine Gruppe braucht und produziert Außenseiter, gegen die sie sich zusammenschließt und integriert. Nun könnte aber bereits der Ausschluss an sich beschämend genug sein, ohne dass es weiterer Schikanen bedürfte. Weshalb muss das Kind ständig daran erinnert werden, dass es nicht dazugehört, nicht anerkannt und wertgeschätzt wird? Was macht das Spiel so reizvoll für die, die es spielen?

Es ist das Gefühl, Macht zu besitzen, anderen auch gegen deren Widerstreben den eigenen Willen aufzwingen zu können. Macht haben und behalten ist kein Zustand, sondern ein Prozess, der immer wieder gefüttert und angefeuert werden muss. Je mehr Personen an solchen Machtdemonstrationen teilnehmen, je interaktiver es dabei zugeht, desto genussreicher wird es für diejenigen, die das Rad am Laufen halten. Das lässt sich bei der Ausübung körperlicher Gewalt beobachten, trifft aber noch viel stärker auf Mobbingpraktiken zu.

Opfer-Sein ist, zumindest bei der klassischen *face-to-face*-Beschämung, ebenfalls ein Prozess und kein Zustand. Kinder nehmen den Opferstatus entweder an, wie Linda, und spielen das Spiel nach den Regeln der Täter mit, oder sie entziehen sich, setzen sich zur Wehr, erfinden Gegenstrategien, suchen Hilfe und Helfer. Sie können versuchen, sich gegen Beschämung zu immunisieren, und sie dadurch ins Leere laufen lassen. Sie können die Normen der Gruppe, die sie ausschließt und kujoniert, ihrerseits ablehnen und sich mit anderen verbünden. Schon der klassische Pranger hielt diese Möglichkeit bereit, wenn Freunde des Angeprangerten die Stimmung drehten und die Zuschauer auf dessen Seite zogen. Ähnliche Widerstands- und Selbstbehauptungsstrategien sind auch heute praktikabel und werden in der Kinderliteratur musterhaft vorgeführt.

Das ist nicht zuletzt deshalb wichtig, weil Kinder und Jugendliche Beschämungen tendenziell hilf- und wehrloser gegenüberstehen als Erwachsene. Ihr Selbstbewusstsein ist meist schwächer, die Unsicherheit über das, was richtig und falsch ist, größer. Das macht sie abhängiger von der Meinung Dritter. Wenn sie in einer Gruppe Halt, Anerkennung und Bestätigung suchen, stellen sie sich zugleich unter deren Kuratel und liefern sich einer Dynamik aus, die sie selten selber kontrollieren. Ein Leben außerhalb der Gruppe aber ist nicht minder problematisch und lädt geradewegs dazu ein, gemobbt und gedemütigt zu werden.

Diese Konstellation gewinnt historisch in dem Maße an Dramatik, wie sich das familiäre Umfeld verändert. Verglichen mit dem 19. und frühen 20. Jahrhundert verbringen Kinder und Jugendliche heute sehr viel mehr Zeit im Kreis ihrer Peers. Wenn beide Eltern erwerbstätig sind und es kaum noch Geschwister gibt, mit denen man gemeinsam aufwächst, wird die Kommunikation mit anderen Kindern und Jugendlichen immer wichtiger, und die Bedeutung altershomogener Gruppen nimmt zu. Damit aber steigt auch die Verletzbarkeit durch Beschämung in der und durch die Gruppe.

Integration durch Demütigung: Militärische Erziehungspraktiken

Oft zeichnen sich Gruppen dadurch aus, dass sie den Zutritt streng reglementieren. Neue Mitglieder müssen initiiert werden und einen vorgeschriebenen Parcours von Hindernissen oder Mutproben absolvieren, bevor sie in Ehren aufgenommen und als Gleiche wertgeschätzt werden. Als der junge Harry Graf Kessler Ende der 1870er Jahre in das exklusive englische Internat Ascot eintrat, hatte er als Erstes einen Boxkampf zu bestehen. Anschließend bot ihm der Junge, der ihn gefordert hatte, die Freundschaft an, und andere folgten.[79]

Nicht immer ging es bei Initiationen so fair zu. Die neu eintretende Person war in der Regel schwächer, die bereits Eingetretenen stärker, und sie nutzten diese Stärke, um dem Novizen seine Grenzen zu zeigen. Gerade die *rites de passage*, hatte der französische Anthropologe Arnold van Gennep 1909 beobachtet, waren in hohem Maße prekär und volatil. Um die neue Identität annehmen zu können, musste sich die Person von der alten trennen. Dazwischen schob sich eine liminale oder Schwellenphase, in der die gewohnten Regeln aufgehoben und neue noch nicht zur Hand waren. Die zu initiierende Person besaß keine klaren Konturen und durfte von den Mitgliedern der Gruppe weiter geschwächt werden, bevor man sie in den Kreis aufnahm.[80]

Nun leuchtet es unmittelbar ein, dass sich Menschen solchen Prozeduren aussetzen, weil sie nicht überleben könnten, ohne einer Gruppe anzugehören. In Gesellschaften, in denen Initiationsprozesse ein fester Part sozialen Lebens sind, haben sie schlicht keine Wahl. Dass sie das, was ihnen dabei widerfährt, als erniedrigend oder demütigend wahrnehmen, ist unwahrscheinlich, denn es gilt für alle und als selbstverständlicher Teil des Erwachsenwerdens. Gesellschaften hingegen, die auf die Freiheit des Individuums pochen und Gruppenbindungen eher schwächen als stärken, laden zu anderen Selbstentwürfen ein und stellen andere Deutungsmuster bereit. Wenn ihre Institutionen Menschen gezielt erniedrigen, ist davon auszugehen, dass sich früher oder später Widerstand dagegen regt. Entweder nimmt die Öffentlichkeit Anstoß oder diejenigen, die sich gedemütigt fühlen.

Gut beobachten lässt sich das am Militär, der nach der Schule inklusivsten Institution der modernen Gesellschaft. Seit dem 19. Jahrhundert schlossen Millionen junger Männer mit ihm Bekanntschaft. Dass der Dienst unter der Fahne kein Zuckerschlecken sein würde, wussten sie, bevor sie einrückten. Anders als die Schule war das Militär eine ›totale‹, von der Umwelt weitgehend isolierte Einrichtung, die ihre Mitglieder in eine hierarchische Ordnung presste und eigene Regeln aufstellte, deren Befolgung sie notfalls mit Gewalt erzwang. Totale Institutionen arbeiten, so der Soziologe Erving Goffman, oft mit Aufnahmeritualen, die die Schwelle zwischen außen und innen betonen und Neulingen alle identitätsverbürgenden Merkmale wegnehmen.[81] Auch im Militär mussten Rekruten ihre persönliche Kleidung ablegen und mit der Uniform vertauschen. Außerdem wurden ihnen die Haare extrem kurz geschnitten. Dagegen lehnten sie sich erst in den späten 1960er Jahren auf, was der sozialdemokratische Verteidigungsminister Helmut Schmidt 1971 mit dem konzilianten Haarnetz-Erlass beantwortete: Soldaten durften ihre modisch langen Haare behalten, hatten aber im Dienst ein Haarnetz zu tragen.

In die sechziger Jahre des 20. Jahrhunderts fiel auch der erste große Bundeswehrskandal. Traurige Berühmtheit erlangte der »Schleifer von Nagold«, der wegen »fortgesetzter entwürdigender Behandlung von Untergebenen« im Gefängnis landete. Unrechtsbewusstsein war ihm allerdings fremd: »Ich bildete so aus, wie ich selbst ausgebildet worden war.« Auch die meisten Rekruten ließen sich die Behandlung widerspruchslos gefallen, teils aus Angst vor noch schlimmeren Schikanen, teils aus falschverstandener Kameradensolidarität. Manche waren von der elitären Männlichkeitsattitüde des Ausbilders geblendet und verwechselten Brutalität mit Härte. Nur wenige fanden den Mut, sich aufzulehnen und die Öffentlichkeit zu informieren.[82]

Dass diese mit heftiger, medial verstärkter Empörung reagierte, markierte einen gesellschaftlichen Umbruch. In einer liberalen und demokratischen Bürgergesellschaft sollte fortan auch das Militär keine Sonderrechte mehr genießen und respektwahrende Verhaltensregeln beachten. Junge Wehrpflichtige herabzuwürdigen, zu quälen und bloßzustellen war nicht mehr hinnehmbar. Mit jedem neuen Skandal verschärften sich die Vorstellungen davon, was als Entwürdigung und Demütigung galt. Der erzwungene Verzehr roher Schweineleber, Alkoholkonsum bis zum Erbrechen, obszöne, sexuell motivierte Übergriffe: Die Liste erniedrigender Praktiken, von Ausbildern als Härtetest ausgegeben, wurde lang und länger. Rekruten und ihre Eltern schlugen Alarm, die Presse griff den Fall auf, die Staatsanwaltschaft schaltete sich ein.[83]

Zwar waren Soldatenmisshandlungen bereits im späten 19. Jahrhundert ein Thema gewesen. Damals nutzte die SPD jede Gelegenheit, das Militär als Instrument des Obrigkeitsstaates kritisch unter die Lupe zu nehmen. In der breiten Öffentlichkeit jedoch erfreute es sich als »Schule der Männlichkeit« eines guten Rufs, und wenn es darin ab und zu etwas gröber zuging, schien das dem Lernziel nicht zu schaden, im Gegenteil. Noch 1956 bejahten 63 Prozent bundesdeutscher Frauen und 55 Prozent der Männer die Frage, ob die »heutige Jugend« das Militär brauche, weil es ihr »Ordnung und Anstand« beibringe.[84]

Diese Vorstellung vom Militär als Erziehungsanstalt datierte aus dem frühen 19. Jahrhundert, als der preußische Staat nach französischem Vorbild die Wehrpflicht für seine jungen Männer einführte. Bei der Wahl der Erziehungsmittel zeigten sich die Ausbilder nicht zimperlich. Wohl untersagten die preußischen Kriegsartikel von 1808 Schläge und das berüchtigte Spießrutenlaufen, weil so etwas mit der Ehre militärpflichtiger Staatsbürger nicht mehr vereinbar schien. Doch musste die »Freiheit der Rücken«, wie sie Oberstleutnant August Neidhardt von Gneisenau nannte, gegen massive Widerstände aus dem Kreis der Offiziere durchgesetzt werden.[85] Auch danach fasste man Rekruten nicht mit Samthandschuhen an. Als Abgeordnete der Frankfurter Nationalversammlung 1848 betonten, körperliche Strafen seien »der Würde freier Männer« und der »Hoheit eines Volkes, das sich die Volkssouveränität errungen hat, ganz unwürdig«, hatten sie vor allem die militärische Praxis im Blick.[86]

Sogar im Krieg standen die Verteidiger des Vaterlandes unter dem *friendly fire* ihrer Offiziere und Unteroffiziere und mussten deren Schimpf- und Erniedrigungskanonaden über sich ergehen lassen. Als besonders demütigend empfanden sie das Anbinden, mit dem selbst kleinere Vergehen bestraft wurden: Der Soldat wurde in aufrechter Stellung mehrere Stunden lang zur freien Ansicht an einen Baum oder Pfahl gefesselt. Dieses auch in der britischen Armee übliche und der klassischen Prangersituation nachgebildete Verfahren hatte der junge Freiwillige Ludwig Diemer im 1870er Krieg gegen Frankreich kennengelernt.[87] Noch vier Jahrzehnte später erinnerte er sich daran, dass er kurz nach seinem Eintreffen bei der Kompanie wegen eines verschmutzten Mantels an ein

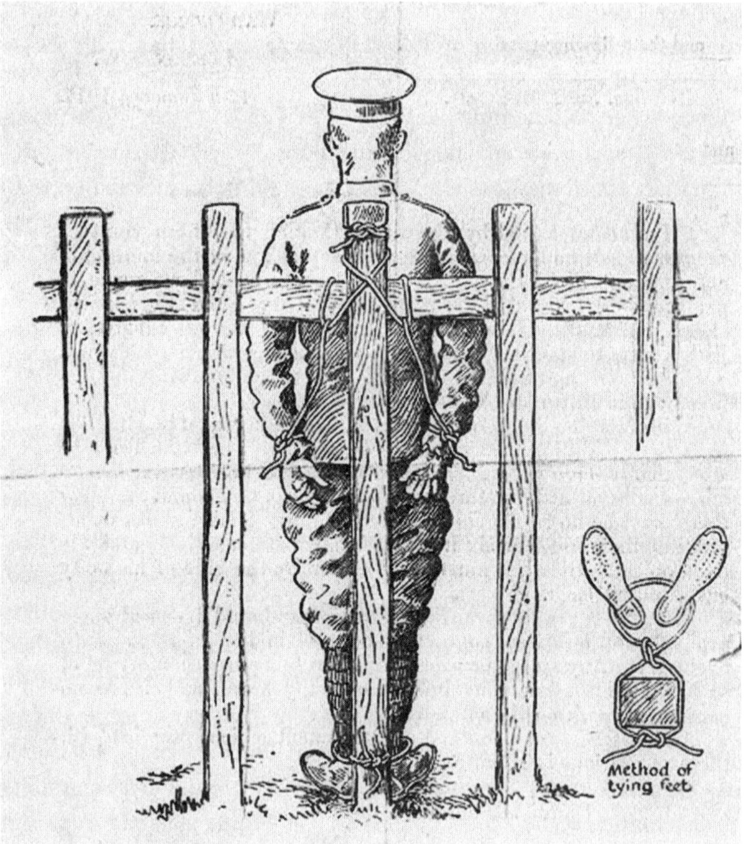

14 Field Punishment No. 1

Wagenrad gebunden wurde. »Was ich mir bei alledem dachte?! Nun, wir hatten schon (...) so vieles uns bis dahin Ungewöhnliche und Sonderbare auf uns nehmen müssen, daß ich mir einfach sagte, daß das Anbinden beim Militär nun einmal wohl auch dazu gehörte.«

Ob sich Diemer wirklich nicht mehr dabei dachte, ist zweifelhaft. Die stoische Gelassenheit, die er aus der Rückschau zeigte, entsprach dem abgeklärten Gestus, mit dem ältere Herren ihre Jugendzeit porträtierten. Der Geschichtsprofessor Hans Delbrück, der 1870 als jüngster Leutnant in Diemers Kompanie stand und die Strafe vollstrecken musste, erinnerte sich anders: »Noch heute«, schrieb er 1912 an Diemers Adresse, »steht als eines der lebendigsten Bilder, das mir aus dem ganzen Krieg geblieben ist, Ihr hübsches jugendliches Gesicht vor Augen mit seinem starren Entsetzen über die Schmach, die Sie erleiden sollten.« Dass es tatsächlich eine Schmach war, angebunden zu werden, und dass es die »Individualität des Patrioten« beschämte, stellte Delbrück nicht in Frage. Trotz ihrer »kalte(n) Grausamkeit« aber hielt er derartige Disziplinarmaßnahmen für notwendig, um die Ordnung und Gefechtsfähigkeit der Truppe zu gewährleisten.[88]

Diese Meinung teilten viele Offiziere des Ersten Weltkriegs, und sie verabschiedeten sich nur widerstrebend von der Maßnahme. Sie war vor allem von sozialdemokratischen und liberalen Abgeordneten des Reichstags immer wieder inkriminiert worden, bis Kriegsminister Hermann von Stein sie schließlich im Mai 1917 verbot. Noch im August 1918 ersuchte der Chef des Generalstabs Paul von Hindenburg den Minister, das Anbinden »bei Feigheits- und sonstigen schweren Vergehen, die leider jetzt recht häufig an der Tagesordnung sind«, wieder einzuführen. Die Antwort kam umgehend und war unmissverständlich: »Die Strafe des Anbindens ist unwürdig. Verschiedentlich haben sich damit Bestrafte unmittelbar danach das Leben genommen.«[89]

Dass solche Praktiken ebenso wie verbale Demütigungen aus dem Munde militärischer Vorgesetzter von einfachen Soldaten tatsächlich als unwürdig empfunden wurden, bezeugen Briefe und Tagebuchaufzeichnungen. Im April 1917 notierte der vierunddreißigjährige Landsturmmann Martin Hobohm, der in Graudenz Dienst tat und im Zivilberuf Historiker war, in seinem Feldtagebuch: »*Nicht die Disziplin fällt schwer, sondern deren unnötige verletzende Handhabung* (…). Es läßt sich keine größere Nervenprobe denken, als bei der Ausübung der schweren Pflicht fortgesetzt beleidigt, herausgefordert, bedroht zu werden. Es ist unsinnig, zu sagen, darum kümmere man sich nicht: das Ehrgefühl ist wie eine Naturkraft im Menschen, es läßt sich nicht ausschalten.«[90] Ähnlich argumentierte ein Soldat im Juni 1917 in einem Brief von der Ostfront: Er würde »ein paar Wochen Arrest mit Freude begrüßen, nur um für einige Zeit von dieser unglaublichen, unnötigen Plagerei wegzukommen, und die zum Himmel schreienden Ungerechtigkeiten nicht mehr zu sehen, die man uns antut und die man doch alle stillschweigend hinnehmen muß, da doch alle Organe u. Gesetze gegen uns sich wenden und wir uns doch nicht fürs Leben unglücklich machen wollen. In welche Sklaverei sind wir doch geraten, wir, die wir uns früher als freie Menschen fühlten und doch nicht glaubten, auch nur die geringste Beleidigung oder sonstige Ungerechtigkeit ungestraft hinnehmen zu können.«[91]

»Im Sinn unserer Generation«, bilanzierte Hobohm 1927 in seinem Gutachten über »soziale Heeresmißstände als Teilursache des deutschen Zusammenbruchs«, seien vor allem Strafen wie das Anbinden »unausdrückbar verwerflich, ein Überbleibsel traditioneller staatlicher Unnatur« und ein Angriff auf die »Menschenwürde«. Hobohms Lehrer Delbrück hatte 1912 das »Postulat des »Heeresorganismus« noch über die Würde der Person gestellt. Die »Weltkriegsgeneration« aber empfand anders, was, so der Jüngere, »ein Symptom zunehmender Ausdehnung der Staatsbürgerwürde« sein könne.[92]

Menschenwürde und Staatsbürgerwürde waren zwar nicht identisch; Erstere eignete jedem Menschen unabhängig von seiner sozialen Stellung oder politischen Zugehörigkeit, Letztere kam nur den mit klar definierten Rechten und Pflichten ausgestatteten Mitgliedern einer staatlich verfassten Gemeinschaft zu. Aber die Würde des Staatsbürgers schloss die Würde des Menschen ein. Wenn Soldaten sich im Dienst beleidigt und erniedrigt fühlten, nahmen sie beide Würden für sich in Anspruch. Immer wieder hoben sie hervor, dass sie sich eine solche Behandlung im zivilen Leben niemals gefallen ließen. Die Ohnmacht, sie im Militärverhältnis ›stillschweigend hinnehmen‹ zu müssen, beschämte doppelt und war ›freier Menschen‹ unwürdig.

Ganz normale Männer zeigten hier eine Empfindlichkeit, wie sie hundert oder gar zweihundert Jahre früher im Militär noch nicht anzutreffen gewesen war. Verletzenden Anweisungen mochten sie sich nicht mehr klaglos fügen. Vielmehr verliehen sie einem Selbstbewusstsein Ausdruck, das menschliche und (staats-)bürgerliche Würde gleichermaßen einforderte. Bis sich dieses Bewusstsein allerdings verallgemeinerte und die Öffentlichkeit mobilisieren konnte, dauerte es noch ein weiteres halbes Jahrhundert. Erst seit den 1960er Jahren rückten breite Schichten der bundesdeutschen Bevölkerung davon ab, dem Militär einen gewissen Fundus an demütigenden und erniedrigenden Erziehungspraktiken selbstredend zuzugestehen. Was in der Schule nicht mehr hingenommen wurde, sollte nun auch aus der Kaserne verschwinden.

Männliche Initiation: Erniedrigung und Ermächtigung

Dass Demütigungen und Erniedrigungen nicht nur von militärischen Vorgesetzten ausgingen, sondern auch von Personen gleichen Rangs, gleicher Stellung und gleichen Alters, fiel demgegenüber weniger ins Gewicht. Zwar beschwerten sich Soldaten bisweilen bereits im 19. Jahrhundert über beschämende Misshandlungen, die Kameraden ihnen zufügten. Nicht selten geschah das auf Anordnung der Unteroffiziere, die denjenigen, die sie zuvor malträtiert hatten, anschließend die Macht gaben, andere durchzuprügeln. Vor allem Außenseiter, die körperlich oder geistig nicht auf der Höhe waren, wurden gehänselt und lächerlich gemacht. Darüber hinaus gab es unter den Mannschaften feste Hackordnungen: Junge Rekruten mussten den schon länger Dienenden die Stiefel putzen und zur Hand gehen. Ließen sie es an der gebotenen Ehrerbietung fehlen, fuhr des Nachts der sprichwörtliche Kasernengeist in Gestalt der »alten Leute« auf sie nieder und verabreichte ihnen derbe Hiebe.[93]

Gegen solche Drangsalierungen muckten die jungen Männer allerdings deutlich seltener auf als gegen übergriffiges Verhalten der Vorgesetzten. Hierarchiebetonte Umgangsformen und Dienstbarkeiten gehörten zur üblichen Praxis von Jungmännergemeinschaften und erregten dann, wenn sie sich in bestimmten Grenzen hielten, keinen Anstoß. Es gab sie bei den Wilden Cliquen proletarischer Jugendlicher, die seit den 1920er Jahren die Großstädte unsicherer machten, genauso wie in Schulen, Internaten und studentischen Verbindungen. Das war in Deutschland nicht viel anders als in Großbritannien oder in den USA.[94] Ältere kujonierten Jüngere, und wenn die Jungen in der Altersklasse aufstiegen, gaben sie die erlittenen Schikanen nach unten weiter. An der Universität von Illinois nahm diese Praxis um 1900 derartige Formen an, dass die Administration harte Gegenmaßnahmen bis hin zur Relegation ergriff. Als ritualisierte Rivalität zwischen ganzen Jahrgängen (*classes*) ging das, was man *hazing* nannte, seit dem frühen 20. Jahrhundert zurück. Aus dem Collegeleben ist es indes bis heute nicht völlig verschwunden.[95]

2016 wurde der amerikanische Film *Goat* (Ziege) auf der Berlinale gezeigt. Er spielt in der Gegenwart und entführt die Zuschauer auf einen typischen US-amerikanischen Campus mit grünem Rasen und gepflegten Gebäuden. Dort treffen sie auf sehr junge Leute beiderlei Geschlechts in Flipflops und kurzen Hosen, die sich in Seminarräumen und Bibliotheken fürs Leben bilden und ihre *éducation sentimentale* in College-Dorms oder *fraternity-* bzw. *sorority*-Häusern absolvieren. Eine dieser *fraternities* nimmt der Film unter die Lupe, wobei er sich auf die Spur eines Erstsemesters setzt, dessen älterer Bruder dort bereits Mitglied ist. Der ältere lebt dem jüngeren vor, wie schön das Dasein im Kreis der Gruppenbrüder ist: enge Gemeinschaft, hohes Ansehen bei Außenstehenden, leichter Zugang zu Sexpartnerinnen und immer genügend Alkohol. Der Jüngere unterwirft sich, gemeinsam mit anderen *pledges*, einer Testprozedur, an deren Ende die Mitglieder darüber abstimmen, wer eingelassen wird und wer nicht. Dabei geht es weniger um Mutproben oder Dienstleistungen für Ältere als um den Nachweis, dass man alles, aber auch alles mit sich machen lässt: Urin trinken, ins Klo getaucht werden, wie Ziegen blöken und im Matsch robben, so viel warmes Bier herunterschütten, dass man sich übergeben muss, vor dem *pledge master* knien und von ihm angespuckt und beschimpft werden, an einer Wand stehen und sich so bewegen, als ob man Sex hätte. Die Drohung, eine Ziege oder einen *pledge*-Bruder penetrieren zu müssen, ist stets präsent. All diese Demütigungen finden im Beisein und unter Mitwirkung der bereits Initiierten statt.

Der Film basiert auf einer literarischen Vorlage, die wiederum auf persönliche Erlebnisse des Ich-Erzählers Brad Land zurückgreift.[96] Dass die in *Goat* geschilderten Vorgänge der Wirklichkeit entsprechen, verbürgen individuelle Erfahrungsberichte und die seit den 1990er Jahren boomende Forschungsliteratur über *hazing*.[97] Mittlerweile gibt es an vielen Colleges *hazing websites*, die Studierende über ihre Rechte aufklären und sie zum Widerstand gegen derartige Praktiken ermutigen. Offiziell ist *hazing* verboten, selbst in den Codes und Comments der studentischen Verbindungen. In ihrer Subkultur ist es gleichwohl gang und gäbe und wird durch die Pflicht zur Geheimhaltung geschützt. Sie verhindert in der Regel, dass das, was in *fraternities* und *secret societies* vorgeht, nach außen dringt.

Aus der Binnenperspektive sind Demütigungsrituale sinn- und reizvoll. Gruppenmitglieder gewinnen damit Macht und bestätigen ihre Zusammengehörigkeit, im Guten wie im Schlechten. Wenn sie zum Sadismus neigen, können sie es sogar genießen, andere in den Schmutz zu treten. Dass der zumeist aus Exkrementen besteht, lässt tief blicken, ebenso wie das ständige Zitat und die erzwungene Simulation männlicher Sexualpraktiken oder das *paddling*, bei dem man mit einem ruderähnlichen Gegenstand auf den nackten Hintern geschlagen wird.

Aber warum lassen junge Männer das mit sich geschehen? Weshalb unterziehen sie sich solchen Erniedrigungen aus freiem Willen? Kulturwissenschaftler erkennen darin eine Variante klassischer Initiations- und Übergangsriten, in denen sich der Initiand seiner Männlichkeit vergewissert und der Mitgliedschaft in einer exklusiven Männergruppe würdig zeigt. Manche sehen eine Spielanordnung am Werk, die nur für die jeweilige Situation gelte und keine über sie hinausgehenden Folgen habe.[98] Aber stimmt das? Weder Brad Land noch die Studenten, die die Anthropologin Peggy Sanday in den späten 1980er Jahren interviewte, lassen erkennen, dass ihnen der spielerische Charakter der Demütigungen präsent war. Auch die Todesfälle, die in der Folge solcher Initiationsrituale auftreten und in den 1990er Jahren zu einem vieldiskutierten Skandalon wurden, sprechen dagegen.

Was die Selbstzeugnisse junger Männer tatsächlich zum Ausdruck bringen, ist die Verunsicherung, die der Übergang von der Familie ins College bei ihnen auslöst. Darauf reagieren sie mit der Suche nach einer Gemeinschaft, die ihnen Halt gibt und in der sie sich emotional aufgehoben fühlen. Einer *fraternity* angehören macht stark, nach innen wie nach außen. Nachdem man den Eintrittspreis gezahlt hat, findet man Gleichgesinnte in lebenslanger Bruderschaft. Angesichts eines solchen Versprechens muten Bedenken und Irritationen kleinlich an. Manche wollen in den erniedrigenden Initiationsritualen sogar einen tieferen Sinn erkennen: Die jungen Männer erlebten hier die eigene Nichtigkeit, damit sich auf dieser *tabula rasa* eine neue, stabilere, allen Herausforderungen des Lebens gewachsene Identität entwickeln könne: die des Bruders. »We all dissolved under the abuse. We all felt worthless, *but now we're all together and we feel good.*« Dass die neue Bruderschaft sie zutiefst abhängig macht, wird dabei gern übersehen.[99]

Ähnlich funktionierte es in deutschen Studentenverbindungen. Sie hatten ihre goldene Zeit nicht, wie die amerikanischen *fraternities*, im 20., sondern im 19. Jahrhundert und fristen heute ein eher randständiges Dasein. Auch sie wiesen der Initiation in den Burschenstatus einen prominenten Platz zu, und auch dabei ging es darum, Spuren des Alten auszulöschen und das neue Selbstgefühl einzuprägen. In der frühen Neuzeit war es an deutschen Universitäten üblich gewesen, dass alle Neuankömmlinge die sogenannte Deposition über sich ergehen ließen: Sie wurden von älteren Studenten öffentlich verprügelt, beschimpft, verhöhnt und schikaniert. Martin Luther beschrieb 1536 in einer Tischrede vor Wittenberger Studenten den Sinn des Ganzen leicht ironisch als »ein Werk des Gesetzes, das uns lehret, daß wir uns selbst erkennen, wer und wie wir sind, und uns demüthigen sollen, beide fur Gott und den Menschen«.[100] Nachdem die Universitäten dieses Demütigungswerk im 18. Jahrhundert durch ein offizielles Eingangsexamen ersetzten, erhielten es die zahlreichen studentischen Bünde aufrecht und in Ehren, allerdings nur für Mitglieder. Damit stellte es formell keinen allgemeinen Initiationszwang mehr dar, sondern war ein freiwilliges, den Konsens der Beteiligten voraussetzendes Ritual.

Im Unterschied zu den amerikanischen *fraternities* und *secret societies*, die Stillschweigen über ihre Interna bewahren, gingen deutsche Verbindungsstudenten überaus freigebig mit solchen Informationen um. In zahllosen Zeitschriften, autobiographischen Erinnerungen und historischen Reminiszenzen gaben sie bereitwillig Auskunft darüber, was es bedeutete, ein Bursche zu sein, und wie man in jenen privilegierten Stand gelangte. Schon diese Plaudereien bezeugten den Stolz, den die Burschenexistenz einflößte. Widerstand war ein Fremdwort; in der Regel sehnte man die ›Riten der Gewalt‹ geradezu herbei und nahm aktiv daran teil. Die eigentliche Initiation der schlagenden Verbindungen war die Mensur, ein Zweikampf, der nach strengen Regeln mit Säbeln gefochten wurde. Dabei standen sich zwei Studenten von Gleich zu Gleich gegenüber: Sie führten die gleichen Waffen, unterlagen den gleichen Bestimmungen und konnten das, was ihnen möglicherweise an körperlicher Kraft fehlte, durch Geschicklichkeit und Technik wettmachen. Daran war nichts Demütigendes oder Erniedrigendes, im Gegenteil: Viele empfanden, wie Thomas Manns jüngster Bruder Viktor, den »Reiz einer urmännlichen Bewährung«. Beschämt musste sich nur der Bursche fühlen, der vor Angst in die Knie ging. Wer dagegen seinen Mann stand und am Ende den berühmten Schmiss als Ausweis von Mut und Standfestigkeit davontrug, ging blass, aber erhobenen Hauptes vom Fechtboden.[101]

Sicher gab es auch in den Corps und Burschenschaften Rituale und Konventionen, die nicht der Selbstbehauptung dienten. Im »Fuchsenunterricht« lernten die Novizen die zahlreichen Hierarchiestufen in und zwischen den Verbindungen kennen, und ihre »Fuchsentaufe« trug alle Zeichen demütigender Unterwerfung an sich. Der »Biercomment« machte ihnen deutlich, welch erbärmliche Figur sie im volltrunkenen Zustand abgaben, und zwang sie zugleich, sogar in der Erbärmlichkeit Haltung zu bewahren. An die »freiwillig übernommene Unfreiheit« (Viktor Mann) erinnerte sie tagtäglich das starre Zeitregiment, das der Bund über seine Aktiven ausübte. Anderen Interessen nachzugehen oder Freundschaften außerhalb der Verbindung zu pflegen war kaum möglich. Aber selbst wer zuweilen darüber stöhnte und sich an die Kette immerwährender Verpflichtungen und Kontrollen gelegt fühlte, blieb bei der Fahne und bei den Farben und zog am Ende eine positive Bilanz: »O schöne Burschenherrlichkeit!« In den Couleurjahren, hieß es beinahe *unisono*, habe man gelernt, »fest« zu stehen, und sei zu einem »brauchbaren Mitglied« einer größeren Gemeinschaft herangereift. Zu den Bundesbrüdern hielt man lebenslang Kontakt und war den Nachwachsenden ebenso von Nutzen, wie man selber als Aktiver von den Beziehungen der Alten Herren profitiert hatte. Die anfängliche Demütigung zahlte sich also aus, nicht selten in klingender Münze.[102]

Die Würde der Frauen: Vergewaltigung und Sexismus

Worin sich die deutschen Verbindungsstudenten merklich von den amerikanischen unterschieden, war das Verhältnis zu Frauen. Bis in die 1960er Jahre hinein ist der Ausdruck »Couleurdame« für junge Mädchen und Frauen überliefert, die zu den Tanzfesten der Verbindungen (aber wohlweislich nicht zu deren Saufgelagen und Bestimmungsmensuren) geladen und dort äußerst zuvorkommend behandelt wurden. Im 19. Jahrhundert waren das oft die Töchter der Professoren, später dann auch weibliche Kommilitonen. Ihnen begegnete man mit vollendeter Ritterlichkeit, und bis heute schwärmen ältere Damen davon, wie angenehm sie diese höflichen, mittlerweile fast ausgestorbenen Umgangsformen fanden und wie wohl sie sich im Kreis der gut erzogenen jungen Männer fühlten. Erzählte man ihnen von den *gang rapes*, wie sie an amerikanischen Universitäten immer wieder vorkommen und an denen sich gern auch die Brüder aus den *fraternities* beteiligen, würden sie fassungslos den Kopf schütteln.

Nun lässt sich das deutsche Universitätsleben um 1960 oder 1900 schwerlich mit dem vergleichen, was sich heute auf einem amerikanischen Campus abspielt. Das Verhältnis der Geschlechter hat sich verändert, und sexuelle Beziehungen sind nicht nur deshalb häufiger und selbstverständlicher geworden, weil sich die amerikanischen Colleges in den 1960er Jahren in koedukative Institutionen verwandelten. Auf keinem Gebiet haben sich die gesellschaftlichen Normen in der zweiten Hälfte des 20. Jahrhunderts so grundlegend gewandelt wie in Bezug auf Sexualität, und das machte sich auch in den ehrwürdigen Gemäuern der Alma Mater bemerkbar.

Dass Studentinnen und Studenten miteinander Sex hatten, galt bereits in den 1970ern als normal, selbst wenn amerikanische Universitäten und Colleges, nicht zuletzt gegenüber den Eltern, den Schein aufrechterhielten, es sei in ihren Wohnheimen untersagt. Zweifellos kam es auch damals zu Übergriffen. Doch über Vergewaltigungen sprach man nicht, und so blieben sie für die Täter in der Regel folgenlos. Falls sie doch einmal universitätsintern zur Anzeige kamen, wiegelte die Administration gern ab, um den Ruf der Institution nicht zu gefährden. Auch die Opfer von Vergewaltigungen taten sich schwer, an die Öffentlichkeit zu gehen. Der Schock und die Scham darüber, gewaltsam zum Objekt einer sexuellen Handlung erniedrigt worden zu sein, saßen tief. Wer sich dennoch der Polizei anvertraute, bekam zu hören, die Frau trage zumindest eine Mitschuld. Erst als Feministinnen das Thema in den 1970er Jahren aufgriffen und skandalisierten, begann sich die Stimmung zu drehen. 1971 veranstalteten die *New York Radical Feminists* ein öffentliches *Speak Out* über Vergewaltigungen. Dem folgten eine Konferenz und, vier Jahre später, das Buch der Journalistin Susan Brownmiller mit dem programmatischen Titel *Against Our Will*. Es wurde ein internationaler Erfolg; 1995 reihte es die *New York Public Library* in die Liste der hundert wichtigsten Bücher des 20. Jahrhunderts ein.[103]

Vergewaltigungen auf die politische Agenda zu setzen war deshalb nicht einfach, weil sie sich in der Regel unter vier Augen und zwischen

Personen ereigneten, die einander kannten: vornehmlich Ehepartnern, aber auch Freunden und Kommilitonen. Öffentlich sichtbar und in ihrem demütigenden Charakter unbestritten wurden sie dagegen als Gruppenveranstaltungen, wie sie auch auf dem Campus stattfanden. In den 1980er Jahren führte die amerikanische Anthropologie-Professorin Sanday Interviews mit Opfern und Tätern solcher *gang rapes*. Bei Mitgliedern von *fraternities* traf sie auf ein klares Bewusstsein davon, dass der Gewaltakt das Opfer erniedrigte und beschämte. Gleichzeitig schoben die jungen Männer der Frau die Schuld zu und begründeten das damit, sie selber hätten während ihrer Initiation eine ähnliche Viktimisierung erlebt und in die eigene Demütigung eingewilligt. Dass das meist durch Alkohol betäubte Opfer nicht um seine Zustimmung gefragt worden war, blieb ausgeblendet.[104]

Die Rechtfertigung der ›Brüder‹ ist sicher nicht umstandslos auf andere Fälle zu übertragen, wie sie die Presse, aber auch Behörden und NGOs in zunehmender Frequenz dokumentieren.[105] Nicht viele Vergewaltiger, gerade wenn sie in Gruppen auftreten, denken darüber nach oder sprechen davon, warum sie einer Frau Gewalt antun. Fast immer aber spielt neben der Demonstration von Macht auch das eine Rolle, was Psychologen *bonding* nennen: Die gemeinsame Tat wirkt als Kitt zwischen denen, die einander dabei beobachten, anfeuern und, immer häufiger, filmen. Dass die Videos anschließend im Netz verbreitet werden, macht die Demütigung der Frau vollends zu einem großen Spektakel.

Kollektive Vergewaltigungen zählen zweifellos zu den extremen Formen öffentlicher Erniedrigung, Beschämung und ›Schändung‹, denen Frauen (und, weniger prominent, homosexuelle Männer) weltweit ausgesetzt sind. Ihren typischen Ort haben sie, entgegen dem Augenschein, nicht in zivilen Kontexten, sondern in politischen und bewaffneten Konflikten.[106] Zwar untersagte das Genfer Abkommen von 1949 allen Konfliktparteien die »Beeinträchtigung der persönlichen Würde, namentlich erniedrigende und entwürdigende Behandlung« von Zivilpersonen und Kriegsgefangenen.[107] Aber spätestens der Bosnienkrieg zwischen 1992 und 1995 holte Massenvergewaltigungen durch Soldaten und Paramilitärs wieder ins öffentliche Bewusstsein der Europäer zurück, aus dem sie nach den Exzessen des Zweiten Weltkriegs verschwunden waren.[108] Dass am Ende des 20. Jahrhunderts solche von oben organisierten, minutiös choreographierten und systematisch durchgeführten Gewalttaten in Europa stattfanden, dass sie sogar einem vorgegebenen politischen Zweck dienten – nicht nur der Demütigung der (meist muslimischen) Frauen, sondern auch der ethnischen ›Beschmutzung‹ durch die den Vergewaltigungen folgenden Schwangerschaften –, brach schockartig in die befriedete Lebenswelt des Kontinents ein. Die Empörung war so groß und umfassend, dass der Internationale Gerichtshof in Den Haag 2000 Anklage gegen drei bosnische Serben erhob, denen Vergewaltigung, Folter, Versklavung und die Verletzung der persönlichen Würde in fünfzig dokumentierten Fällen vorgeworfen wurden. Ein Jahr später sprach das Gericht sie schuldig und verurteilte sie zu hohen Haftstrafen, einen Berufungsantrag lehnte es 2002 ab.[109]

Eine andere Dimension und ein anderes Format besaß die Klage, die die streitbare Journalistin Alice Schwarzer zusammen mit anderen prominenten und weniger prominenten Frauen 1978 beim Hamburger Landgericht eingereicht hatte. Sie richtete sich gegen den allwöchentlichen Sexismus, wie ihn die auflagenstärkste deutsche Illustrierte *stern* praktizierte. Auf ihren Titelblättern ließ sie mit Vorliebe junge, knapp oder gänzlich unbekleidete Frauen posieren. Nach Auffassung der Klägerinnen erniedrigten diese Bilder Frauen zu bloßen Sexualobjekten. Davon sähen sich alle Frauen beleidigt und in ihrer Menschenwürde verletzt. Die Klage war exemplarisch gemeint, denn viele andere Printmedien bedienten sich des gleichen Motivs, um Aufmerksamkeit zu erregen und (männliche) Käufer anzulocken. *Sex sells*, ein nackter weiblicher Po oder Busen steigerte die Auflage. Der Deutsche Frauenrat schloss sich Schwarzer und ihren »Klageweibern«, wie *Spiegel*-Herausgeber Rudolf Augstein witzelte, an. Die Hamburger Richter jedoch befanden, »die Frauen« seien als Mehrheit der Bevölkerung keine umgrenzte beleidigungsfähige Personengruppe, und wiesen die Klage ab.[110] Auch der Presserat, der über den journalistischen Ehrenkodex wachte, hielt Schwarzers Beschwerde für unbegründet und erteilte dem *stern* keine Rüge. Trotzdem verbuchten Feministinnen den »ersten Sexismus-Prozess« der Bundesrepublik als Erfolg. Allein dass das Thema »Menschenwürde« und seine Bedeutung für Frauen in der breiten Öffentlichkeit verhandelt wurden, schien ihnen ein Gewinn und Fortschritt.[111]

Unterhalb der richterlichen Aufmerksamkeitsschwelle verblieb ein anderer Typus öffentlicher Demütigung, der *walk of shame*, den man aus der kleinräumig-übersichtlichen amerikanischen College-Welt kennt. Das Online-Lexikon *Urban Dictionary* beschreibt ihn als »Gang über den Campus in der gleichen Kleidung wie gestern, nachdem du mit jemandem geschlafen und die Nacht bei ihr oder ihm verbracht hast«.[112] Obwohl geschlechtsneutral formuliert, trifft die Bezeichnung überwiegend junge Frauen, vordergründig deshalb, weil ihre Partykleidung, die verrutschte Frisur und das verwischte Makeup sich vom normalen Outfit stärker abheben als bei Männern und ihre sexuellen Aktivitäten deshalb sichtbarer sind. Dahinter aber verbirgt sich ein offenbar noch immer virulenter Vorbehalt gegen Frauen, die solchen Aktivitäten ähnlich unbekümmert, freigebig und selbstbestimmt nachgehen wie Männer. Sie verstoßen damit gegen traditionelle Vorgaben sexueller ›Reinheit‹ und Integrität, die selbst in den liberalisierten Lebenswelten des ausgehenden 20. Jahrhunderts Spuren hinterlassen haben. *Quod licet Jovi non licet bovi*, was Männer dürfen, dürfen Frauen noch lange nicht.

Ob die Beschämung tatsächlich greift, muss dahingestellt bleiben.[113] In deutschen Universitätsstädten wäre ein *walk of shame* undenkbar, da die Studierenden hier in einer sozial differenzierteren, weniger kompakten und weniger kontrollierten Welt leben. Beschämungen brauchen ein interessiert teilnehmendes Publikum; wenn es fehlt oder seine Aufmerksamkeit auf anderes richtet, laufen sie leer. Auch die ›Opfer‹ scheinen sich mehr und mehr darüber erhaben zu fühlen und das feministische Motto aus den 1970ern zu beherzigen: *the shame is over.*[114] Möglicherweise haben sie auch Madonnas Song *Burning Up* von 1983 im Ohr, in dem die Popikone ihr Publikum in sexuell expliziter Absicht wissen lässt: »I am not the same, I have no shame, I am on fire.« Dass sich Frauen ihrer Sexualität schämen sollen und dafür beschämt werden, ist seit der Aufklärungs- und Sexwelle der späten 1960er und 1970er Jahre nicht länger in Stein gemeißelt.[115] Nicht alle gingen jedoch so weit wie eine Hamburger Anwaltsgehilfin und Stripperin, die dem *stern* 1969 beichtete, sich anfangs furchtbar geschämt zu haben. Nach einem knappen Jahr Erfahrung auf der Reeperbahn aber ließ sie ihre Mutter und alle Leserinnen und Leser wissen, sie sei »noch genauso gut« wie früher, »nur ein bißchen freier, offener, schamloser und glücklicher«. Jeder Frau mit »Verklemmungen« empfahl sie, »einmal im Leben als Strip-tease-Tänzerin« aufzutreten.[116]

Schamlos hieß hier nicht: würdelos. Dass sich die junge Frau nicht für ihre neue Freizügigkeit schämen wollte, war für sie keineswegs gleichbedeutend mit dem Verlust ihrer Würde. Sich vor einem überwiegend männlichen Publikum auszuziehen tat dieser Würde keinen Abbruch, denn es war ihre freie Entscheidung. Wäre sie hingegen dazu gezwungen worden, hätte das ihre Würde verletzt. In eine ähnliche Richtung zielte die Argumentation der *EMMA*-Herausgeberin, als sie den *stern* ein Jahrzehnt später wegen Sexismus verklagte. Zwar hätten sich die nackten Cover Girls problemlos auf den frauenbewegten Slogan »Die Scham ist vorbei« berufen und die Befreiung von der repressiven weiblichen Schamkultur feiern können.[117] Wenn jedoch kommerzielle Zeitschriften diese Befreiung nutzten, um schamfreie Frauen als Appetithappen einzusetzen, fühlten sich andere Frauen davon entwürdigt. Das war zweifellos eine eigenwillige Deutung und vermutlich weder damals noch heute mehrheitsfähig. Gleichwohl markierte sie eine wichtige kulturelle Erfahrung: Sich von gesellschaftlichen Schamzwängen zu verabschieden bedeutete nicht, auf Würde zu verzichten. Im Gegenteil lässt sich beobachten, dass Würde, parallel zur Senkung körperlicher Schamgrenzen, an öffentlicher Diskurskraft gewann. Dabei blieb das, was man darunter verstand, polymorph.

Der Zeitungspranger

Als sich der *stern* 1978 würdelos-entwürdigende Publikationsstrategien vorwerfen lassen musste und an den Pranger feministischer Kritik gestellt sah, drehte das die Verhältnisse gewissermaßen um. Denn eigentlich verstanden sich Medien ihrerseits als Prangerinstanz, indem sie gesellschaftliche oder politische Missstände aufgriffen und die dafür Verantwortlichen namhaft machten. Besonders leidenschaftlich und eindimensional waren sie dieser Funktion während des Nationalsozialismus nachgegangen. Schon vor der Machtergreifung nahm die Zeitschrift *Der Deutsche Sender*, herausgegeben vom Reichsverband Deutscher Rundfunkteilnehmer, dessen Vorsitzender seit Oktober 1932 Joseph Goebbels hieß, in der Rubrik »Funk-Pranger« missliebige (»marxistische«) Radiobeiträge aufs Korn und bat ihre Leser um denunziatorische Mithilfe.[118] *Der Stürmer*, »Nürnberger Wochenblatt zum Kampfe um die Wahrheit«, das Mitte der 1930er Jahre eine halbe Million Exemplare umsetzte, veröffentlichte die Namen »artvergessener« Frauen und Männer, die mit Juden verkehrten, unter dem Titel »Am Pranger«.[119] So hatten es Anfang der 1920er Jahre auch manche Presseorgane in den von Franzosen und Belgiern besetzten linksrheinischen Gebieten Deutschlands gehalten, wenn sie deutsche Frauen der horizontalen Kollaboration mit den Besatzern bezichtigten.[120]

Dass Zeitungen sich diese Rolle anmaßen konnten, hatte damit zu tun, dass sie seit dem späten 19. Jahrhundert im Alltagsleben der Bevölkerung in hohem Maße präsent waren. »Die periodische Presse«, bestätigte 1896 der Göttinger Universitätsrektor von Bar, »ist heut zu Tage zu einem wirklichen Lebensbedürfnisse geworden, mag sie immerhin nebenbei *auch* der bloßen Unterhaltung, Neugierde oder gar dem Sensationsbedürfnis dienen.«[121] Zum Lebensbedürfnis war sie nicht zuletzt deshalb geworden, weil sich Menschen ihrer zum eigenen Nutzen bedienten. Sie inserierten Waren und Dienstleistungen aller Art, schalteten Heiratsannoncen, machten Todesfälle und andere Familienereignisse publik. Sie gaben sogar, in England bereits im 18. Jahrhundert, Anzeigen auf, in denen sie sich für Verfehlungen entschuldigten und Beleidigungen zurücknahmen. Aber sie taten auch das genaue Gegenteil: Sie zahlten dafür, andere zu beleidigen und öffentlich zu beschämen.

So sahen es jedenfalls diejenigen, die sich dadurch gekränkt fanden und vor Gericht zogen. Ein Ehemann gab 1903, nachdem er aus der gemeinsamen Wohnung ausgezogen war, in sieben Elsässer Tageszeitungen ein Inserat auf: »Warnung. Ich erkläre hiermit, für Schulden meiner Ehefrau Maria, geb. S., in keiner Weise aufzukommen. J. J. N.« Maria N. fühlte sich bloßgestellt und erniedrigt, »in den Ruf einer Verschwenderin gebracht« und »an ihrem Kredit und sonst geschädigt«. Sie klagte auf Unterlassung und verlangte von ihrem Mann ein öffentliches Dementi.[122]

Die Presse bot Bürgern ganz neue Möglichkeiten, ihre Geschäfts- und Ehekriege vor großem Publikum auszukämpfen und den jeweiligen Gegner an den Pranger der öffentlichen Meinung zu stellen. Zugleich gingen Journalisten dazu über, diese Möglichkeiten selber zu nutzen. Sie gaben sich nicht mehr damit zufrieden, in der Tradition von Chronisten über Geschehenes nur zu berichten. Stattdessen reizte es sie, in politische und gesellschaftliche Prozesse einzugreifen und, wie von Bar lobte,

»im öffentlichen und Humanitätsinteresse ihre Stimme zu erheben«.[123] Manche bemühten sich, politisch neutral zu bleiben, andere verstanden sich als Sprachrohr bestimmter politischer oder konfessioneller Richtungen.

Bei milieuübergreifenden Themen zogen alle an einem Strang. Die *Südfränkische Zeitung*, die auch die offiziellen Bekanntmachungen des lokalen Amtsgerichts abdruckte, veröffentlichte 1888 den Namen eines Unteroffiziers, der Soldaten mit Ohrfeigen traktierte, und empfahl ihm, »gewisse Gesellschaften so lange er hier ist zu meiden, sonst könnte er eigenthümliche Erfahrungen machen«.[124] 1906 begann Maximilian Harden, Herausgeber der Wochenschrift *Die Zukunft*, seine von anderen Zeitungen begleitete Kampagne gegen die als homosexuell skandalisierte Entourage um Kaiser Wilhelm II. Hardens Artikel trugen klare Zeichen öffentlicher Anprangerung und wurden auch so wahrgenommen.[125]

Dass Druckerzeugnisse aller Art sich hervorragend dazu eigneten, Menschen vorzuführen und bloßzustellen, wusste man schon in der frühen Neuzeit. Schmäh- oder Schandschriften, deren Verfasser in aller Regel anonym blieben, gewannen eine hohe, allerdings meist lokal begrenzte Publizität. Man fand sie an Kirchen- oder Rathaustüren geheftet oder an den Galgen gehängt. Sie übten politische Kritik, spießten aber auch soziale Probleme und moralische Fehltritte auf und nannten Namen.[126] Für die städtische und staatliche Obrigkeit waren solche »Pasquillen« ein Ärgernis ersten Ranges. Entsprechend hart ging sie dagegen vor. Das preußische Allgemeine Landrecht bestimmte 1794, dass »das Pasquill, auf Verlangen des Beleidigten, durch den Henker auf öffentlichem Platze verbrannt werden« solle. In den 1830er Jahren stritten Juristen und Rechtspolitiker heftig darüber, ob dies der »heutigen Denkungsart« noch angemessen sei. Eine starke Fraktion plädierte dafür, Pasquillanten, die in ihrer »eigenen Terminologie (...) die Ehre ihrer Mitbürger an den Pranger der öffentlichen Meinung haben stellen wollen«, selber an den Schandpfahl zu binden.[127]

Wenn der Staat solche Schriften unter Strafe stellte, sanktionierte er bei den Bürgern eine Praxis, die er sich selber vorbehalten wollte, allerdings erst dann, wenn ein Delinquent nach Recht und Gesetz verurteilt worden war. Es war das Privileg der Obrigkeit, den Namen des Verurteilten an den Galgen zu heften, ihn an der Schandsäule auszustellen oder, wie im 19. Jahrhundert zeitweise üblich, das Urteil im Amtsblatt zu veröffentlichen. Dennoch ließen sich Bürger trotz drastischer Strafandrohungen nicht davon abbringen, das Privileg des Staates auch für sich zu beanspruchen und andere »aus Rache, Partheisucht und anderen ehrwidrigen Motiven (...) an den Pranger zu stellen«, wie es 1833 bei den Beratungen über ein neues preußisches Strafgesetzbuch hieß. »Schriften dieser Art« seien in den letzten Jahren sogar »viel häufiger« geworden, die »dazu sich neigende Denkungsart mehr verstärkt, als geschwächt«.[128]

Das war kein preußisches Monopol, und nicht nur in deutschen Landen kannte man um 1800 den »Zeitungspranger«, an den die Namen missliebiger Zeitgenossen geklebt wurden.[129] In England, wo die Presse sehr viel größere Freiheiten genoss, druckten Zeitungen bereits im 18. Jahrhundert Artikel, die den guten Ruf Dritter aus politischen, religiösen oder moralischen Motiven zu beschädigen oder gar zu vernichten suchten. 1728 monierte ein Richter, man wisse beim Besuch eines Kaffeehauses nicht mehr, ob man eine Zeitung aufschlage oder eine Schmähschrift in der Hand halte. Magazine wie *London Spy* oder *The Night-Walker* berichteten über »Sittenlosigkeit« und Unmoral, allerdings ohne Namen zu nennen. Schließlich wollten sie niemanden den Misshandlungen des »Pöbels« ausliefern. Stattdessen appellierten sie an das Gewissen der Gemeinten und hofften auf Besserung. »Our design is to reform, not to expose.«[130]

Pressefreiheit contra Ehrenschutz

Ein Interesse an Reform und Besserung machten Zeitungen auch im späten 19. Jahrhundert geltend, ohne aber auf das Mittel der Bloßstellung und Enthüllung zu verzichten. Das deutsche Recht setzte ihnen dafür enge Grenzen, und die Zahl der Prozesse gegen Journalisten und Herausgeber war Legion. Im Kaiserreich richtete sich die repressive Energie der Staatsanwälte vor allem gegen die sozialdemokratische Presse; manche Redakteure verbrachten mehr Zeit im Gefängnis als bei der Arbeit. Majestätsbeleidigungen rangierten bis 1907 ganz oben auf der Liste inkriminierter Verstöße.[131] Von Bismarck ist bekannt, dass er auf alles, was er als Beleidigung empfand, sofort mit einer Klage reagierte (in jüngeren Jahren zuweilen auch mit einer Duellforderung), und andere Politiker taten es ihm nach. August Bebel, Vorsitzender der SPD, und der linksliberale Abgeordnete Eugen Richter gehörten zu den wenigen, die nie eine Beleidigungsklage einreichten, weil sie sie als Instrument politischer Zensur ansahen und ablehnten.[132]

Strafrechtlich konnten Zeitungen so lange nicht belangt werden, wie sie laut § 193 RStGB bei ihrer Berichterstattung »berechtigte Interessen« wahrnahmen und sich in der »Form der Äußerung« zurückhielten. Berechtigt waren Interessen dann, wenn sie sich etwa »an der Bekämpfung der Unsittlichkeit im Volke, an dem Fortschreiten wissenschaftlicher und politischer Erkenntnis oder dem des Volkswohlstandes« orientierten. Keinesfalls durfte die Presse dem nachgeben, was der Leipziger Rechtsprofessor Karl Binding 1902 als »Befriedigung der Neugier, der Sensationslust« und »widerwärtige Sucht, sich an schweren Verbrechen zu erregen,« abkanzelte.[133] Auch die Gerichte entschieden in diesem Sinn: Wies ein Redakteur überzeugend nach, dass es ihm um »Belehrung« und nicht um »Unterhaltung des Publikums« gegangen sei, wurde eine Beleidigungsklage in der Regel abgewiesen.[134]

Wenn die Presse also Missstände und deren Verursacher ›anprangern‹ wollte, musste sie sorgfältig erwägen, ob ihre Interessen als berechtigt angesehen werden konnten oder nicht. Das wurde von Beteiligten und Betroffenen durchaus unterschiedlich ausgelegt. Das Reichsgericht neigte zu einer restriktiven Lesart, was Sozialdemokraten und Liberale scharf kritisierten.[135] In der Weimarer Republik, als sich das politische Meinungsspektrum zugunsten extremer Positionen ausweitete und polarisierte, häuften sich politisch motivierte Beleidigungen und Bloßstellungen. Kommunistische und nationalsozialistische Zeitungen wetteiferten darin, den Ton zu verschärfen und die Standards von Achtung und Respekt zu senken. Zwar stellten die 1922 und 1930 erlassenen Republikschutzgesetze alles unter Strafe, was Mitglieder der Regierung beschimpfte, verleumdete, verächtlich machte und herabwürdigte. Die Gerichte aber wandten die Gesetze vornehmlich gegen linke Presseorgane an und blieben bei völkischen und NS-Zeitungen gern hinter ihren Möglichkeiten zurück.[136]

Besonders der sozialdemokratische Reichspräsident Friedrich Ebert sah sich einem wahren Trommelfeuer öffentlicher Beleidigungen und Demütigungen ausgesetzt. Er erhielt Unmengen persönlicher Schmähbriefe, die ihn als »Ochsen«, »Lumpenplunder«, »dreckigen Sattler« und »alte versoffene Sau« beschimpften und ihm prophezeiten, er würde demnächst »zerhackt«, »übern Haufen geschossen« und seine Leiche »mit Scheiße beschmiert«.[137] Von seiner ostpreußischen Kanzel predigte der Pfarrer Ernst Christoleit, »dieser Sattlergeselle« müsse »vom Präsidentenstuhl runtergefegt werden«, denn er sei »nicht würdig, diesen Posten zu bekleiden, der weiß ja nicht, was er im Suff tut«.[138] »Pöbelhaft«, aber öffentlichkeitswirksam waren die Invektiven, die sich linke und rechte Zeitungen für Ebert einfallen ließen. In ihrem Wahlaufruf für die KPD schrieb die Kölner *Sozialistische Republik* 1921 unter der Überschrift »Lumpengalerie«: »Ebert, Repräsentant der Schieberrepublik, aufgedunsener Platzhalter der Hohenzollern, Smoking- und Weinflaschenverehrer«. Ein anderer Artikel warf ihm Prasserei vor, denn »umsonst hat man nicht solch unverschämten Schmerbauch«.[139]

Dieser Bauch war bereits 1919 allen Lesern der auflagenstarken *Berliner Illustrirten Zeitung* zur Besichtigung freigegeben worden. An dem Tag, als Ebert auf die Verfassung vereidigt wurde, veröffentlichte die Zeitung auf der ersten Seite ein Foto, das ihn zusammen mit Reichsminister Gustav Noske, ebenfalls Sozialdemokrat, in Badehosen und mit nacktem Oberkörper am Ostseestrand zeigte. Das Bild machte Furore und wurde immer wieder nachgedruckt, zumeist von rechtskonservativen und völkischen Zeitungen, die es zur Desavouierung der verhassten Republik nutzten.

Der *BIZ*-Chefredakteur und der Direktor des linksliberalen *Ullstein*-Verlags, dem die Zeitung gehörte, baten Ebert für den »bedauerlichen Irrtum« um Entschuldigung. Sie hätten weder die Republik verächtlich machen noch den Reichspräsidenten demütigen wollen. Vielmehr sollte er als Privatmann vorgestellt werden, als ein Mensch wie du und ich.[140] Tatsächlich hatte die *BIZ* schon im Kaiserreich Politiker als Privatleute abgelichtet. So druckte sie 1902 ein Foto von Reichskanzler Bernhard von Bülow »im Bade« auf der Insel Norderney. Allerdings war der Kanzler vollständig bekleidet, seine Gattin trug »helle Strandtoilette, von einem großen Strandhut beschattet«. Die Ausgabe vom 26. April 1903 zeigte Bülow in den Ferien auf Capri, selbstverständlich mit Hut, Anzug und Stiefeln. Am 30. Juni 1906 sah man sogar den Kaiser, wie er Fürst und Fürstin Bülow auf Norderney besuchte, ebenfalls im Anzug und mit hellem Sommerhut. Am 1. April 1910, nachdem Bülow sein Amt an Theobald von Bethmann Hollweg abgegeben hatte, erschien dann ein Titel-

15 »Ebert und Noske in der Sommerfrische«, August 1919

blatt, das den alten und den neuen Kanzler »auf Osterferien in Rom« ortete. Es fiel eindeutig aus jedem Rahmen, denn beide badeten, für die Saison viel zu früh, im Tiber, der hagere Bethmann Hollweg im gestreiften Badeanzug, der mollige Bülow oben ohne. Daraufhin hagelte es »grobe Zuschriften«, viele Leser fühlten sich durch die wenig staatsmännische Darstellung unangenehm berührt. Rasch stellte die *BIZ* klar, es habe sich um einen Aprilscherz gehandelt: »Bülow und der Reichskanzler haben nicht im Tiber gebadet«, weder mit noch ohne Badekleidung.[141]

Nach dieser Vorgeschichte konnte die Veröffentlichung des Ebert-Noske-Fotos nur als Affront und, wortwörtlich, Bloßstellung aufgefasst werden. Genauso nutzte es die konservative *Deutsche Tageszeitung*, die das Foto als erste, aber ohne größere Resonanz abgedruckt hatte und anschließend im Postkartenformat vertrieb. Als Ebert gerichtlich dagegen vorging, erklärten die Richter die Publikation zwar für unrechtmäßig, ließen den zuständigen Redakteur aber straffrei ausgehen. Die Freiheit der rechten Presse wog schwerer als die Würde des Präsidenten.

1933 war es mit dem Recht der Presse, sich kritisch über Personen und Handlungen der Regierung zu äußern, sofort vorbei. Fortan galten neben dem ›Führer‹ und seinen Ministern auch »Personengemeinschaften, die nach gesundem Volksempfinden Träger einer eigenen Ehre sind«, als beleidigungsfähig und konnten, anders als zuvor, ihren Ehrenschutz vor Gericht einklagen. Dazu gehörten die Wehrmacht und die NSDAP mitsamt ihren Gliederungen.[142] Der gleichgeschalteten Presse legten diese Bestimmungen einen weiteren Maulkorb an. Gleichzeitig wies ihr das neue Schriftleitergesetz »vornehmlich die öffentliche Erziehung und Belehrung« als Aufgabe zu. Dies dehnte den Begriff der berechtigten Interessen, deretwegen sie anprangern und bloßstellen durfte, aus, allerdings nur solange der Zweck »von dem gesunden Volksempfinden gebilligt wird«.[143] Das war nicht zuletzt dann der Fall, wenn es um ›artvergessene‹ Frauen ging, und dabei spielte die Presse als »moderne Form des symbolischen Prangers« eine zentrale Rolle.[144]

In der Bundesrepublik tat man sich schwer mit diesem nationalsozialistischen Erbe. Schönkes Strafrechts-Kommentar, 1947 in einer Neuauflage erschienen, strich die Hinweise auf das Schriftleitergesetz, und das »gesunde Volksempfinden« mutierte zum »gesunden Rechtsempfinden«. Ansonsten knüpfte man an die Rechtsprechung der Weimarer Republik an und betonte das Recht der Presse, »für berechtigte öffentliche Interessen in der Öffentlichkeit einzutreten, ohne eine Strafe wegen übler Nachrede fürchten zu müssen«.[145] Allerdings fand, wie das Grundgesetz 1949 festlegte, die Freiheit der Presse und des Rundfunks ihre Schranken »in dem Recht der persönlichen Ehre« (Artikel 5, Absatz 2 GG). Diese Begrenzung, hatte Theodor Heuss im Grundsatzausschuss des Parlamentarischen Rates erläutert, sei dem Gesetzgeber deshalb wichtig, »weil Verleumdung und falsche Berichterstattung über das private und öffentliche Leben der Menschen nicht zulässig sein sollen. Auf eine besondere Umschreibung des Schutzes von Männern des öffentlichen Lebens gegen Verleumdung habe man verzichtet, um alles zu vermeiden, was nach Republikschutzgesetz aussieht, und weil alle Menschen den gleichen Anspruch auf Schutz ihrer persönlichen Ehre haben.«[146]

Unter der ersten Regierung Adenauer wurde dieser Verzicht ein Stück weit rückgängig gemacht. Das Strafrechtsänderungsgesetz von 1951 stellte nicht nur die Verunglimpfung des Staates und seiner Symbole sowie die Beschimpfung verfassungsmäßiger Organe unter (gelinde) Strafe

(§§ 90a / b StGB). Es schützte darüber hinaus Personen, die im »politischen Leben des Volkes stehen«, vor Verleumdung und übler Nachrede (§ 188 StGB). Spätestens seit den 1960er Jahren aber drehte sich der rechtspolitische Wind. Zum einen stand die politische Justiz unter zunehmend kritischer Beobachtung. So beschäftigte sich das 1979 in Berlin tagende Russell-Tribunal vor dem Hintergrund des Radikalenerlasses von 1972 und der Antiterrorgesetze von 1976/77 mit der Situation der Menschenrechte in der Bundesrepublik. Im gleichen Jahr verabschiedete der Strafverteidigertag eine Resolution, in der er die Abschaffung des Verunglimpfungsparagraphen forderte.[147]

Zum anderen veränderte sich das gesellschaftliche Klima, was der Presse und dem Recht auf freie Meinungsäußerung zugutekam. Journalisten an die kurze Leine des individuellen Ehrenschutzes zu legen kollidierte mit liberalen Prinzipien von Demokratie und Öffentlichkeit. Selbst eine »unangemessene scharfe Meinungsäußerung« ließ der Bundesgerichtshof 1966 in seiner Höllenfeuer-Entscheidung durchgehen. Hatte er noch 1951 in einem Urteil zugunsten der Zeitschrift *Constanze* die Verwendung des »schonendsten Mittels« eingefordert und Presseangriffen »besonders enge« Grenzen gesetzt, schien eine solche Schonung fünfzehn Jahre später im Interesse der »freien Rede« und des »geistigen Meinungskampfs« entbehrlich.[148] Auch das Bundesverfassungsgericht, das 1951 seine Arbeit aufnahm, stärkte die Pressefreiheit gegenüber dem Recht auf persönliche Ehre.[149]

Die verlorene Ehre des Bürgers und der Bürgerin

Das stieß seit den 1980er Jahren vermehrt auf Kritik. Juristen beklagten die »Verrohung der politischen Umgangsformen« und sahen »Menschenhatz, Pranger und seelische Folter« auf dem Vormarsch. Sie verwiesen auf die »verlorene Ehre des Bundesbürgers« und forderten »bessere Spielregeln für die öffentliche Meinungsbildung«.[150] Dass es in den USA noch sehr viel weitergehende Verfassungsgarantien für *free speech* gab und dass auch der Europäische Gerichtshof für Menschenrechte »den Vorrang der freien politischen Auseinandersetzung vor den Reputationsinteressen der an ihr Beteiligten« betonte, überzeugte die Kritiker nicht.[151]

Schützenhilfe erhielten sie auch aus der Gesellschaft und von der Presse selber. 1974 hatte der Schriftsteller und Nobelpreisträger Heinrich Böll, der wegen angeblicher Sympathien für RAF-Terroristen Opfer einer Hetzkampagne der *Bild*-Zeitung geworden war, die Erzählung *Die verlorene Ehre der Katharina Blum* veröffentlicht. Im *Spiegel* vorabgedruckt, ließ sie kein gutes Haar an einem Sensationsjournalismus, der Menschen ebenso ungeprüft wie kalkuliert an den Pranger stelle und ihre bürgerliche, soziale und moralische Existenz vernichte.[152]

Handelte es sich in Bölls Fall um politisch motivierten Rufmord, taugten auch andere Sujets zur Skandalisierung.[153] Gerichtsprozesse lieferten dafür handliches Material. Auf dem Deutschen Anwaltstag 1959 tadelte der Bonner Strafverteidiger Hans Dahs den »schrankenlosen Einlaß von Bild und Rundfunk in den Gerichtssaal«. Angeklagte stünden »vor einem technischen Pranger, der schlimmer ist als der Pranger des Mittelalters«. Sie fürchteten, so Dahs zehn Jahre später, »den *öffentlichen Pranger* der Presse oft weit mehr als das ihnen evtl. drohende Urteil«.[154] Dahs junior, ebenfalls Strafverteidiger, schlug auf dem Deutschen Juristentag 1982 in die gleiche Kerbe. Nach seiner Erfahrung wandten Journalisten »ihr Interesse mit Vorliebe Verfahren zu, in denen entweder die Person des oder der Angeklagten oder die zu verhandelnde Sache oder beides eine ›saftige Story‹ versprechen. Dementsprechend fällt dann die Berichterstattung aus, die i. w. darauf abzielt, Emotionen zu wecken oder zu befriedigen, z. B. Mißgunst, Neid, Selbstgerechtigkeit, Besserwisserei, Haß, Schadenfreude u. ä.«[155]

1985 läutete die *Süddeutsche Zeitung* die Sturmglocke und forderte, den »modernen Medienpranger mit all seinen Folgen vor allem für die Opfer« seinerseits anzuprangern. Anlass zur Empörung gaben die Reportagen der Boulevardpresse über die jüngsten Sensationsprozesse gegen den Boxer Gustav »Bubi« Scholz, der im Rausch seine Ehefrau erschossen hatte, und gegen ein Düsseldorfer Unternehmerehepaar, das ein junges Mädchen Monate lang gefangen gehalten, gefoltert und vergewaltigt hatte. Die mittlerweile Neunzehnjährige trug durch einen Vertrag mit *Bild* zu ihrer »öffentlichen Bloßstellung« bei und wartete mit Details auf, die, wie der Gerichtsreporter des *Spiegel* sarkastisch anmerkte, »die interessierten Druckerzeugnisse in Ekstase fallen« ließen. Das mindere jedoch, so der *SZ*-Kommentator, die Verantwortung der Presse keineswegs, im Gegenteil. Dass sie nicht nur, wie bisher üblich, den Täter, sondern auch sein Opfer »an den Pranger« stelle und vor den Lesern seziere, lasse am Sinn des »Öffentlichkeitsprinzips in den Gerichtssälen« zweifeln.[156]

Solche Attacken vermochten die Konjunktur des Zeitungsprangers zwar nicht zu stoppen. Dagegen sprach schon das kommerzielle Interesse der Boulevardmedien, die sich von den Enthüllungen eine Steigerung der Auflage erhofften und damit nicht falsch lagen. Gleichwohl suchten Strafverteidiger und ›Qualitätsjournalisten‹ Grenzen öffentlicher Beschämung aufzuzeigen und einzufordern. Als 2008 das Haus des Vorstandschefs der Deutschen Post, Klaus Zumwinkel, wegen des Verdachts auf Steuerhinterziehung durchsucht und Zumwinkel von der Staatsanwältin zur Vernehmung abgeführt wurde, waren auch Fernsehkameras zur Stelle. In weiten Kreisen fiel das, was Journalisten »durchstechen« nennen, unangenehm auf. Dass sich Presse und TV die Gelegenheit nicht entgehen ließen, einen Prominenten beim tiefen Fall abzulichten und der Öffentlichkeit zu präsentieren, war das eine. Als gänzlich unzulässig aber galt die Weitergabe von Informationen durch behördliche Insider. Die *Frankfurter Allgemeine Zeitung* sprach anschließend von einem »sozialen Pranger«, an den der Spitzenmanager mit amtlicher Billigung gestellt worden sei. Nicht zuletzt die öffentliche Form seiner Verhaftung habe »Schmach und Schande« auf ihn gehäuft und ihn »gesellschaftlich geächtet«: »Der Lattenzaun des Vorgartens wurde so bekannt, dass sogar Touristenbusse zur Besichtigung vorbeirollen.«[157]

Mit Begriffen wie Pranger, Schmach und Schande distanzierte sich die *FAZ* von einer Praxis, die sie mit einer älteren, die menschliche Ehre nicht achtenden Epoche verband. Dass solche Begriffe, mit durchweg kritischer Tendenz, in *FAZ*-Artikeln seit den 1990er Jahren immer häufiger vorkommen, könnte darauf zurückzuführen sein, dass öffentliche Beschämungen zugenommen haben und entsprechend mehr darüber berichtet wird. Möglich wäre aber auch, dass sie bei »aufgeklärten Bürgern« und Journalisten auf schärfere Ablehnung stoßen und deshalb öfter davon die Rede ist.[158] In Zumwinkels Fall bedeutete das nicht, Tatverdächtige mit Samthandschuhen anzufassen. Es hieß lediglich, jedweder Neigung zur Lynchjustiz einen Riegel vorzuschieben. Auch Schadenfreude stand den Medien nicht gut an, ebenso wenig wie sie Öl ins Feuer der Empörung gießen oder jenes Feuer eigenhändig legen sollten.

Was man in Europa vollends unakzeptabel fand, war die in den USA übliche enge Kooperation von Justiz, Ordnungskräften und Medien. Zwar besaßen Journalisten auch hierzulande seit dem 19. Jahrhundert das Recht, über öffentliche Gerichtsprozesse zu berichten, und machten davon weidlich Gebrauch. Dass sie aber bereits vor Anklageerhebung vor Ort waren und der Polizei über die Schultern schauten, verstieß gegen den ungeschriebenen Kodex. Gerade deshalb rief Zumwinkels öffentliche Verhaftung so scharfe Kritik hervor. Das war in den USA anders, und davon erfuhren europäische Zeitungsleser und Fernsehzuschauer spätestens 2011. Damals geriet der französische Politiker Dominique Strauss-Kahn in die internationalen Schlagzeilen, als er von einer New Yorker Hotelangestellten beschuldigt wurde, sie zum Sex gezwungen zu haben. Es war vor allem ein Bild, das um die Welt ging: »DSK« in Handschellen auf dem Weg zum Untersuchungsrichter, eskortiert von Polizisten. Amerikaner nennen das *perp walk* (*perp* für *perpetrator*, Täter) und sind stolz darauf, dass Prominente diesen »walk of shame« genauso absolvieren müssen wie normale Kriminelle. Dass die Vorgeführten unschuldig sein und im nachfolgenden Prozess freigesprochen werden könnten, ist nicht von Belang. Auch die dubiosen Praktiken mancher Polizisten, *perp walks* eigens für die Presse zu choreographieren oder gar zu inszenieren, fallen weniger ins Gewicht als das vorgebliche Informationsbedürfnis der Öffentlichkeit und die Freiheit der Berichterstattung.[159] Befremdet reagierte man dagegen in Europa. Ihr Rechtssystem, betonten Kommentatoren von Frankreich bis zu den Niederlanden, achte die Würde der Person höher und gewähre ihr stärkeren Schutz.[160]

Entwürdigung im Konsens: TV-Formate

Wenn Bürger an öffentlichen Demütigungen Anstoß nehmen und sich nicht nur als unmittelbar Betroffene, sondern auch als potentielle Zuschauer dagegen wehren, dokumentieren sie eine historisch neue Sensibilität für das, was würdiges von unwürdigem Verhalten unterscheidet. Diese Sensibilität hatte sich im frühen 19. Jahrhundert an Strafaktionen des Staates entzündet, bei denen die Würde der Bestraften nach Meinung liberaler Zeitgenossen mit Füßen getreten wurde. Im ausgehenden 20. Jahrhundert richtete sie sich – je länger, desto mehr – gegen analoge und digitale Medien, die Menschen in entwürdigenden Situationen und Posen abbildeten.

Wie aber geht man damit um, wenn Menschen einer solchen entwürdigenden Darstellung zustimmen und ihr sogar Vorschub leisten? Konsensuale Bloßstellungen sind seit Beginn des 21. Jahrhunderts tagtäglich und rund um die Uhr im Privatfernsehen zu betrachten. Den Anfang machte die Unterhaltungssendung *Big Brother*, ein 1999 in den Niederlanden erfundenes und erprobtes Format. Mittlerweile hat es ganz Europa und große Teile der restlichen Welt erobert. Menschen werden dabei beobachtet, wie sie sich im Container-Zusammenleben behaupten, miteinander konkurrieren und die gestellten Aufgaben abarbeiten. Die Auftraggeber lassen es an würdelosen Geschmacklosigkeiten mit hoher Demütigungsqualität nicht fehlen, Ekelgrenzen werden getestet und regelmäßig überschritten. Wollen die Mitwirkenden im Container bleiben und am Ende viel Geld gewinnen, müssen sie die Tests absolvieren. Offensichtlich gibt es genügend Anreize, in alles einzuwilligen.

Andere TV-Sendungen arbeiten mit ähnlichen Beschämungsszenarien. In *Deutschland sucht den Superstar*, seit 2002 bei RTL, im Jahr zuvor unter dem Titel *Pop Idol* in Großbritannien lanciert und seitdem weltweit vermarktet, bewertet eine Jury unter dem immer gleichen Vorsitzenden junge Kandidatinnen und Kandidaten, die sich um die Teilnahme an der Casting-Show beworben haben und mehrere Auswahlrunden durchlaufen. Beurteilt werden ihre stimmlichen Qualitäten, aber auch ihre Kleidung und ihr Auftreten. Besonders der oberste Juror überbietet sich regelmäßig mit herablassenden Äußerungen, die offenbar den Unterhaltungswert der Sendung steigern sollen. Beliebt war und ist das Format vornehmlich bei sehr jungen Zuschauern. Aber es gab auch Beschwerden, so dass die Kommission für Jugendmedienschutz 2007 ein Prüfverfahren wegen »sozialethischer Desorientierung« anstrengte und Bußgelder gegen *DSDS* verhängte. 2010 rügte sie erneut das »herabwürdigende Verhalten der Jury«, die die jugendlichen Kandidaten »gezielt lächerlich macht und dem Spott eines Millionenpublikums aussetzt«.[161]

Regelmäßige Kritik erntet auch die Casting-Show *Germany's Next Top Model*, die seit 2006 unter der Ägide eines ehemaligen Models ausgestrahlt wird. Vorbild war ein amerikanisches TV-Format, das seit 2003 mehrere Dutzend Ableger gefunden hat. Teilnehmer sind junge Mädchen, die sich von der glamourösen Mode- und Laufstegwelt angezogen fühlen. Der Siegerin winken Model-Verträge, Publizität und Geldprämien. Vorher jedoch müssen die Teenager eine Reihe von Prüfungen bestehen und sich von Fotografen in zweifelhaften Posen ablichten lassen: Mal werden sie mit Salatsauce übergossen, mal müssen sie sich halbnackt in einer Eisbar räkeln oder an der Stange tanzen. Manche finden das demütigend.[162] Doch die in der Regel sehr jungen Zuschauerinnen haben ihren Spaß und bleiben der Sendung treu. Neben die Faszination tritt die Schadenfreude über Möchtegern-Models, die über die eigenen Beine stolpern, mit der deutschen Sprache hadern oder auf andere Weise peinlich sind.

Diese Schaulust garantiert der Show hohe Einschaltquoten. Doch was bewegt Tausende junger Mädchen, für das Casting Schlange zu stehen? Warum setzen sie sich freiwillig einer Prozedur aus, die sie aller Voraussicht nach vor Millionen Augen bloßstellt? Vielleicht fehlt ihnen diese Voraussicht, und sie fixieren sich nur auf den möglichen Gewinn. Oder sie nehmen es billigend in Kauf, um schnell reich und berühmt zu werden. Auch für sie hätte Würde dann einen Preis, und der hieße Erfolg.

Manche sehen darin den Ausdruck eines neoliberalen Zeitgeistes, der Menschen dazu bringt, sich immer perfekter, leistungsstärker und erfolgswilliger auf dem Markt zu präsentieren. Aber die Neigung dazu ist älter als die Reality- und Casting-Shows der Jahrtausendwende. Auch in früheren Schönheitswettbewerben, wie es sie seit Beginn des 20. Jahrhunderts und vermehrt seit den 1950er Jahren gab, ließen sich junge Frauen vorführen, begutachten und auf Körpermaße reduzieren, um Titel, Geld und Ansehen nach Hause zu tragen.[163] Neu an den Formaten des 21. Jahrhunderts ist etwas anderes: Es geht weniger, wie bei den Miss-Wahlen, um die Kür der schönsten, schlanksten, langbeinigsten Kandidatin, als um den Spaß an deren Scheitern. Bevor es zur Siegerehrung kommen kann, müssen sich alle symbolisch in den Staub werfen und werden auf ihre Fehlleistungen hin seziert. In gewisser Hinsicht ähnelt das den Initiationsritualen, die aus Jugendgruppen, Studentenverbindungen und militärischen Verbünden bekannt sind: Wer dazu gehören will, muss sich erniedrigen lassen.

Ein wichtiger Unterschied besteht darin, dass jene Initiationen zwar öffentlich vollzogen werden, die Öffentlichkeit aber auf Mitglieder der Gruppe beschränkt ist. Die TV-Shows hingegen finden vor einem Millionenpublikum statt. Es ist einerseits anonym, andererseits hochgradig präsent und aktiv. Wie sich Kandidaten verhalten, wird in zahllosen Foren, online ebenso wie offline, kommentiert. Dabei treten die Zuschauer entweder, wie bei *Big Brother*, selber als Entscheidungsinstanz auf oder verstärken als Komplizen der Moderatoren, Juroren und Konkurrenten deren Beschämungsstrategien. Sie könnten sie auch unterlaufen, die medialen Möglichkeiten sind vorhanden. Dass sie nur selten genutzt werden, zeigt die Grenzen einer Kultur der Würde, wie sie sich in manchen, aber eben nicht in allen Teilen der Gesellschaft zu behaupten weiß.

Beschämung online

Diese Grenzen werden auch dort offenbar, wo digitale Medien das Beschämungs- und Demütigungsspiel aufführen. Das tun sie seit kurzem in einem Ausmaß, das für die Betroffenen zum immerwährenden Albtraum gerät. Im Netz verbreiten sich Beschämungen in Windeseile, und ihre öffentliche Reichweite ist prinzipiell unbegrenzt. Darüber hinaus verändern sich Funktion und Charakter von Beschämungen. In den Videos, die bei Gruppenvergewaltigungen aufgenommen werden oder bei dem, was zynisch *happy slapping* genannt wird – happy sind dabei nur die Schläger –, inszenieren sich die Täter und stellen ihre Opfer bloß. Sie dokumentieren die Ohnmacht derer, die oft rein zufällig von den Aggressoren ausgewählt werden und sich gegen deren Übermacht nicht wehren können.[164] Wehrlos zu sein gilt in vielen Jugendzirkeln als Makel und Schande, ›Opfer‹ ist ein beschämendes Schimpfwort. Wer andere zum Opfer macht, demütigt sie – aber nicht, um sie für eine Normübertretung zu rügen, sondern aus Lust an der eigenen Macht und der Ohnmacht der anderen.

Der nicht selten tragische und immer asymmetrische Dialog von Macht und Ohnmacht findet in den digitalen Medien ein passendes technologisches und soziales Format. Sie erlauben es einerseits, Beschämungen aus ihrem gesellschaftlichen Rahmen und von ihren klassischen Funktionen zu lösen. Es geht nun weder um die Vindizierung von Normverstößen, die Integration sozialer Gruppen und Gemeinschaften oder die Feier von Initiationsriten. Im Zentrum steht vielmehr die Demütigung als Demütigung, der Spaß an der Erniedrigung, Beschämung als Selbstzweck. Man kann das als Zeichen sozialer Desintegration und Anomie deuten: Statt allgemein gültiger Regeln und Konventionen zählt nur die eigene Wunschökonomie, das persönliche Gesetz. Andererseits bedarf auch dies einer sozialen Validierung, und dafür bietet die Digitalisierung unbegrenzte Möglichkeiten. Was im Netz zirkuliert, ist sozial ›entbettet‹ und für alle Nutzer zugänglich. Die Macht, andere zum Opfer zu degradieren, wird nackt und pur vor einer Netz-Community demonstriert, die das Video anklickt und Kommentare postet.

Von solchen Phänomenen sieht sich eine Gesellschaft herausgefordert, die gewaltfreie Kommunikation, wechselseitigen Respekt und die Achtung der Menschenwürde als grundlegende Werte vermitteln und einprägen möchte. Auch jenseits soziopathischer Extreme sprechen die Hass- und Beschämungswettbewerbe, die sich Menschen im Internet und in den sozialen Medien (die ebenso gut un- oder asozial heißen könnten) liefern, diesen Werten Hohn. Selbst dort, wo sich Nutzer und Kommentatoren nicht mehr hinter Anonymität verstecken können und ihren Klarnamen angeben müssen, laden Direktheit und Schnelligkeit der Online-Kommunikation dazu ein, andere in einer Weise zu beschimpfen und zu verhöhnen, deren genauere Beschreibung sich verbietet. Das trifft nicht zuletzt Jugendliche und, seit bereits Zehnjährige im Netz unterwegs sind, Kinder. Sie sehen sich mit einem Cyber-Mobbing konfrontiert, das bis zur gezielten Denunziation reicht. Dass der Hinweis, ein Mädchen sei leicht zu haben und treibe es mit jedem, zu einer Gruppenvergewaltigung führen kann, erlebte 2013 eine vierzehnjährige Italienerin, deren ›Freundin‹ unter falschem Namen entsprechende Behauptungen auf Facebook verbreitet hatte.[165]

Auch Erwachsene sind Beschämungen im Internet ausgesetzt, vornehmlich dann, wenn sie eine gewisse Prominenz erlangt haben.[166] Als die ebenso attraktive wie charismatische Psychologiestudentin Marina Weisband 2011 zum Star der Piratenpartei aufstieg und von den Medien gefeiert wurde, landete ihr Bild auch auf rechtsextremen Webseiten, und sie erhielt antisemitische Hassmails.[167] Das Gleiche widerfuhr der

ZDF-Moderatorin Dunja Hayali, deren politische Haltung und persönliche Lebensführung vielen so missfiel, dass sie sie mit beleidigenden Briefen, erniedrigenden E-Mails und öffentlich geposteten Hasskommentaren regelrecht bombardierten. Als sie sich 2016 in einer Preisrede öffentlich dagegen wehrte, rügte sie nicht nur die »Verrohung der Sprache«. Aus den »Bedrohungen, Beschimpfungen, Vergewaltigungswünschen« der meist männlichen Absender spreche zudem eine negative Energie, die von der wörtlichen leicht zur tätlichen Demütigung übergehen könne.[168]

Nun hat es anonyme Briefe mit beleidigendem Inhalt schon früher gegeben, und staatliche Archive haben sie aufbewahrt, sofern sie hochgestellte Personen wie den Monarchen, den Reichspräsidenten oder den Kanzler betrafen. Neu sind ihre Häufung und öffentliche Zirkulation durch die technischen Möglichkeiten der Digitalisierung. Neu ist des Weiteren, dass nicht nur Politiker oder bekannte Persönlichkeiten im Fadenkreuz öffentlicher Beschämung stehen. Im Prinzip kann sich heute jeder und jede jederzeit mit Bild und Namen auf einer entsprechenden Plattform wiederfinden: als zu dick oder zu promiskuitiv, zu links oder zu rechts, als lesbisch oder schwul, als Steuersünder, Wasserverschwender oder Autobahnraser. Jeder Nutzer darf seine eigene Prangerliste anlegen und ins Netz stellen.[169] Dort verbreitet sie sich ungebremst und ohne Verfallsdatum. Anders als die auf tagtägliche News abonnierten klassischen Offline-Medien hat das Internet ein langes Speichergedächtnis; es vergisst nichts und niemanden.[170]

Das unterscheidet das Online-Shaming von der *face-to-face*-Beschämung, wie sie in der vordigitalen Welt gang und gäbe war. Einerseits ist es sehr viel einfacher, jemanden zu demütigen, dem man nicht von Angesicht zu Angesicht gegenübersteht, besonders dann, wenn man sich insgeheim dafür schämt. Andererseits ist es viel schwerer für das Opfer, sich gegen Internet-Angriffe zu wehren. Wie ginge Pippi Langstrumpf im Netz mit denjenigen um, die sie wegen ihrer Haare und Kleidung hänselten? Würde sie sie ihrerseits durch ihre Stärke beschämen? Den Spott weglachen? In eine andere Klasse oder Schule wechseln? All das ist heute nicht mehr möglich oder hätte keinen Sinn, weil das Internet jedem und jeder folgt und die Zeit ebenso stillstellt, wie es den Raum schrumpfen lässt.

Damit haben soziale Beschämungen eine neue Qualität angenommen. Das Stigma wird ungleich stärker betont als die Reintegration, und die Beschämung rückt immer enger an das heran, was eingangs als Kennzeichen von Demütigung definiert worden ist: Exklusion. Wer so behandelt wird, kann kaum mehr in die Gruppe zurückkehren. Er bleibt, mit Martin Kippenberger, auch dann noch in der Ecke stehen, wenn die Unterrichtsstunde längst vorüber ist.

III

Das Parkett der Ehre und die Sprache der Demütigung in der internationalen Politik

Gezielte öffentliche Demütigungen tangieren Menschen als Mitglieder sozialer Gruppen, Geschlechter, Alterskohorten oder Ethnien. Sie finden aber auch dort statt, wo Staaten auf andere Staaten treffen und ihre Machtansprüche messen. Manchmal wird die Konkurrenz symbolisch ausgetragen, manchmal handgreiflich und mit militärischen Mitteln. Nicht selten, das war bereits in der frühen Neuzeit bekannt, gaben Kränkungen staatlicher Ehre Anlass zu militärischen Konflikten. »Jeder Souverän«, hieß es 1758 in Emer de Vattels Grundsätzen des Völkerrechts, »hat seine Würde zu wahren« und sorgfältig nachzuhalten, »daß man ihm den schuldigen Respekt darbringt«. Eine »Achtungsverletzung« dürfe er niemals dulden. Vielmehr müsse er auf sofortige »Genugtuung« dringen, die er dann, wenn sie ausbleibe, »sogar mit Waffengewalt erzwingen« könne.[1] Das galt auch für den Gesandten des Souveräns. Sah er sich beleidigt, ohne dass ihm die erwartete »Satisfaktion« widerfuhr, »so entstehet wohl gar zuweilen ein Krieg daraus«, warnte Julius Bernhard von Rohr 1733 in seiner *Einleitung zur Ceremoniel-Wissenschafft der Grossen Herren*.[2]

Heute ist man mit Kriegserklärungen vorsichtiger geworden. Demütigungen hingegen sind kein Phänomen der Welt von gestern, sondern nach wie vor beliebte Instrumente der Staatskunst. Verletzungen des gewohnten oder erwarteten Zeremoniells vermögen immer noch große Irritationen auszulösen. Als der amerikanische Präsident 2016 nach seiner Landung in China auf einer improvisierten Flugzeugtreppe ohne roten Teppich aufs Rollfeld treten musste, witterte man in den US-Medien, allen voran in den sozialen, dahinter weniger ein technisches Missverständnis als eine bewusste Brüskierung und Erniedrigung des hohen Staatsgastes.[3]

Doch nicht nur zeremonielle und Protokollfragen eignen sich dafür, eine Politik der Demütigung in Szene zu setzen. Von Demütigung war auch die Rede, als iranische Studenten nach der islamischen Revolution 1979 die amerikanische Botschaft in Teheran besetzten und Botschaftsangehörige als Geisel nahmen, um die Auslieferung des in die USA geflohenen Schahs zu erzwingen. Das war ein klarer Bruch des Völkerrechts, das die Sicherheit und Immunität ausländischer Botschaften garantiert. Dafür hätte sich, wiederum nach den Regeln internationalen Rechts, die iranische Regierung entschuldigen und Reparationen leisten müssen (was bis heute nicht erfolgt ist). Die USA nahmen die Aktion als flagrante Beschämung wahr, die das Prestige der Weltmacht beschädigte und nach einer scharfen Reaktion verlangte. Für Präsident Jimmy Carter und seinen Sicherheitsberater Zbigniew Brzezinski ging es dabei um nichts weniger als um »national honor«. Um die unerträgliche »international humiliation« zu beenden, ordnete Carter eine militärische Rettungsmission an. Obwohl sie gründlich schiefging, hielt Brzezinski daran fest, es wäre »shameful and unworthy of America« gewesen, es nicht versucht zu haben.[4]

Auch in den internationalen Beziehungen spielten Ehre und deren Verletzung demnach eine große Rolle. Ehre übersetzte sich hier unmittelbar in Macht; wem die Macht fehlte, eine Kränkung zurückzuweisen, der galt als Schwächling. Umgekehrt wurden Machtfragen gern in der Sprache der Ehre verhandelt. Das Argument, man sei als Staat oder als dessen Repräsentant in seiner Ehre verletzt und gedemütigt worden, diente in der Regel dazu, Machtansprüche zu formulieren und durchzusetzen. Je mehr die Beziehungen zwischen Staaten unter öffentlicher Beobachtung standen, desto höhere Resonanz und Bedeutung gewann das symbolische Kräftemessen. Beobachter waren einerseits Drittstaaten, die etwaige Verschiebungen der Macht aufmerksam registrierten und sich darauf einstellten. Andererseits verfolgte die nationale Öffentlichkeit seit dem späten 19. Jahrhundert genau, wie sich die eigene Regierung auf internationalem Parkett bewegte und behandelt wurde. Nicht selten bauschte sie angebliche ›Achtungsverletzungen‹ auf und dramatisierte sie zu Fragen nationalen Seins oder Nichtseins.

Lord Macartney und der Kaiser von China

Um 1800 verlief internationale Politik noch weitgehend ohne öffentliche Beteiligung. Kaum jemand nahm davon Notiz, dass Lord George Macartney am 26. September 1792 in Portsmouth an Bord des Kriegsschiffes *HMS Lion* mit Kurs auf China ging. Im Auftrag Seiner Majestät des britischen Königs sollte er im Reich der Mitte die Handelsbedingungen für die *East India Company* verbessern. Begleitet wurde der Gesandte von einer hundertköpfigen Delegation, und im Gepäck hatte er kostbare Geschenke. Sie waren für den Qianlong-Kaiser bestimmt, der Geburtstag feierte und, so hoffte man, den britischen Wünschen aufgeschlossen begegnen würde.

Dass die Mission nicht wie gedacht verlaufen würde, merkten Macartney und seine Leute bereits bei ihrer Ankunft. Obwohl sie überall sehr höflich begrüßt und versorgt wurden, gestaltete sich die Vorbereitung des Zusammentreffens mit dem Kaiser kompliziert und zeitaufwendig. Für beide Seiten war es eine Geduldsprobe: Die chinesischen Mandarine sahen sich einem britischen Unterhändler gegenüber, der wenig Erfahrung mitbrachte, dafür aber umso entschiedener auf vorgebliche Rechte pochte. Für den Pekinger Hof war es nicht die erste ausländische Gesandtschaft, die in der chinesischen Hauptstadt eintraf. Seit Mitte des 17. Jahrhunderts waren bereits sechzehn diplomatische Missionen aus Europa ins Land gekommen, um Handelsbeziehungen anzuknüpfen und Kaufleuten den Weg zu ebnen. Jesuitische Missionare hielten sich seit dem 16. Jahrhundert in China auf und waren vor allem in ihrer Funktion als Gelehrte und Feinmechaniker geschätzt.[5] Darüber hinaus empfing man tributpflichtige Herrscher oder deren Abgesandte.

Offizielle Beziehungen mit den als Barbaren bezeichneten Völkern des fernen Westens unterhielt der Kaiserhof jedoch keine, mit einer Ausnahme: Russland. Um das Zarenreich aus Chinas Konflikten mit mongolischen Fürsten herauszuhalten, räumte man ihm weitreichende religiöse, ökonomische und kulturelle Privilegien ein und kam ihm auch im Zeremoniell entgegen. Als der Kangxi-Kaiser seinen Emissär 1712 nach St. Petersburg schickte, gab er ihm die Anweisung mit auf den Weg, sich an die dort üblichen Rituale und Formen zu halten. Hingegen mussten tributpflichtige Oberhäupter die chinesische Etikette befolgen, wenn sie Besuch aus Peking bekamen.[6]

Im Bewusstsein des neuen Machtgefühls drehte Peter I. noch weiter an der symbolischen Ehrenschraube. Als er Graf Lew Ismailow 1719 an den Pekinger Hof entsandte, um, wie sieben Jahrzehnte später Macartney, günstigere Handelsbedingungen zu erwirken, instruierte er ihn schriftlich, sein Beglaubigungsschreiben dem Kaiser persönlich zu übergeben und sich keinesfalls auf die Sitte des Kotaus einzulassen. Dem Zaren war klar, dass Ismailow damit gegen zentrale Elemente des chinesischen Zeremoniells verstoßen würde. Es verlangte von jedem Besucher, sich dreimal auf beide Knie niederzulassen und dabei jeweils dreimal mit dem Kopf den Boden zu berühren. In Peking angekommen und von einer kaiserlichen Kommission respektvoll empfangen, tat Ismailow, wie ihm geheißen war: Er bestand darauf, seinen Brief selber in die kaiserlichen Hände zu legen, und lehnte es ab, sich niederzuwerfen.

Nach langem Hin und Her beorderte der Kaiser schließlich mehrere Mandarine und Übersetzer, Ismailow vom Nutzen wechselseitiger Achtungsbekundung zu überzeugen. Werde ein chinesischer Botschafter nach Moskau geschickt, solle er ohne Kopfbedeckung vor dem Zarenthron erscheinen, obwohl in China nur verurteilte Straftäter barhäuptig umhergingen. Auch alle anderen in Russland gebräuchlichen Zeremonien werde der chinesische Abgesandte befolgen. Um dieses Versprechen zu beglaubigen, nahm der wichtigste Mandarin seine Kappe vor Ismailow ab und beging damit eine für seine Verhältnisse unerhörte Selbstdemütigung. Der Russe war beeindruckt und erklärte, er werde sich nun seinerseits den chinesischen Usancen anpassen. Nachdem über diesen Verhandlungen elf Tage vergangen waren, stellte sich Ismailow am Audienztag im Palast ein und warf sich vor dem Kaiser nieder, während er das Schreiben des Zaren mit beiden Händen hochhielt. Der Kaiser, über die lange Verzögerung verärgert, ließ ihn eine Zeitlang in dieser unbequemen Position verharren, bis er ihm die Gnade erwies, den Brief direkt, ohne Vermittlung eines Höflings, entgegenzunehmen.[7]

Dieser Vorfall, den der italienische Priester und Kupferstecher Matteo Ripa aus nächster Nähe beobachtete und überlieferte, wirft ein helles Licht auf die diplomatischen Machtspiele, wie sie im 18. Jahrhundert auf internationaler Bühne aufgeführt wurden. Das Zeremoniell bildete das Medium, in dem man Fragen der Ehre verhandelte. Wer wen nach welchen Regeln empfing, entpuppte sich als Maßstab von Macht und Ohnmacht. Sich dagegen aufzulehnen war unhöflich. Um die Mitte des

16 *Der Empfang* (Karikatur der Audienz von Lord Macartney beim chinesischen Kaiser, von James Gillray, 1792)

18. Jahrhunderts unterwies der britische Politiker Lord Chesterfield seinen Sohn Philip, sich über die jeweils geltenden Gepflogenheiten genau zu informieren. Jede Hofsitte sei gleichermaßen sinnig oder unsinnig; man müsse sich ihr fügen, wolle man sich nicht durch Schnitzer und Ungeschicklichkeiten ins Unrecht setzen.[8] In den Beziehungen untereinander suchten Europäer diesen Grundsatz zu befolgen. Gegenüber China aber probierten sie andere Regeln aus.

Auch Macartney tat das, obwohl ihm die Verantwortlichen der *East India Company* eingeschärft hatten, sich nicht durch Einzelheiten der Etikette von seiner Mission ablenken zu lassen. Er solle sich vielmehr auf alles einlassen, was mit seiner eigenen Würde und der Ehre seines Souveräns vereinbar sei. Mit dieser Haltung war Macartney nach China gereist. Im Tagebuch notierte er, die Delegation habe über alle Unannehmlichkeiten hinweggeblickt und die Augen sogar davor verschlossen, dass die mitgebrachten Geschenke als »Tribute« an den chinesischen

Kaiser betrachtet wurden. Zugleich bewunderte er die Umsicht und Delikatesse, mit der seine chinesischen Gastgeber das Thema des Hofzeremoniells behandelten: »Sie lenkten das Gespräch auf die unterschiedliche Kleidung einzelner Nationen und schienen, nachdem sie die unsrige im Besonderen zu untersuchen vorgaben, ihre eigene vorzuziehen, weil sie lose genug sei, um die Kniebeugen und Prostrationen zu gestatten, die – wie sie sagten – alle Personen dann, wenn der Kaiser in der Öffentlichkeit auftrat, verrichten müssten. Bekümmert schauten sie auf unsere Knieschnallen und Strumpfbänder und deuteten an, dass wir sie wohl besser ablegen sollten, bevor wir bei Hofe erschienen.« Macartney aber stellte rasch klar, dass er diese Übungen nicht mitmachen und dem Kaiser stattdessen die gleiche Verbeugung wie seinem eigenen Souverän erweisen würde. Selbst wenn er dadurch Missfallen errege, könne er als britischer Emissär nicht davon abweichen, denn dessen erste Pflicht sei es, seinem König zu Gefallen zu sein.[9]

Nach diesem Schlagabtausch herrschte einige Tage lang Ruhe, bevor die Chinesen das Thema erneut ansprachen. Es schien ihnen, wie Macartney merkte, überaus wichtig zu sein: »Sie drängten mich sehr ernsthaft, mich darauf einzulassen, sagten, es sei eine Petitesse; knieten sich auf den Boden nieder und zeigten mir, wie man es machte.« Als der Druck nicht nachließ, verfasste Macartney eine schriftliche Erklärung und ließ sie übersetzen. Er warb darin für die englische Etikette mit Kniebeuge und Handkuss, bot aber einen Kompromiss an: Wenn er den chinesischen Bräuchen folgte, sollte sich ein gleichrangiger Chinese dreimal vor dem Porträt des britischen Königs niederwerfen.[10] Auf chinesischer Seite erntete er damit nur Unverständnis und Abwehr gegenüber den »ignorant barbarians«. Macartney indes suchte weiterhin nach einer Möglichkeit, zwischen der Hommage tributärer Fürsten und der Zeremonie, die eines »großen und unabhängigen Souveräns« würdig sei, zu unterscheiden. Tagtäglich kam man zusammen, um eine Lösung zu finden. Vier Wochen nach dem ersten Gespräch war sie da: Macartney durfte dem Kaiser von China so entgegentreten, wie er seinem eigenen König begegnete: mit einem gebeugten Knie, aber ohne Handkuss, der in China nicht gebräuchlich war.[11]

Für den Abgesandten des britischen Monarchen war es eine Frage der nationalen Ehre und persönlichen, an sein Amt gebundenen Würde, sich den chinesischen Zeremonialregeln nicht zu beugen. Er insistierte auf der Ebenbürtigkeit der beiden Herrscher (obwohl er selbstverständlich von der Überlegenheit Großbritanniens überzeugt war) und sah sie durch die Unterwerfungsrituale in Frage gestellt. Ihrerseits verbanden die chinesischen Minister den Stolz auf das eigene Reich mit einer kaum verhohlenen Verachtung der ausländischen Besucher. Dass sie Macartney schließlich doch seinen Willen ließen, wertete jener als persönlichen Erfolg; sein Vertreter George Staunton sprach von einem Sieg der Vernunft und einer signifikanten Wende der Pekinger Regierung, die den Briten offenbar sehr positiv gesinnt sei.[12] Aus chinesischer Sicht aber gab es keinen Sinneswandel, sondern lediglich Herablassung gegenüber ungebildeten Barbaren aus einem fernen Land, von dem man nichts wusste und nichts haben wollte.[13]

So teilte es der Qianlong-Kaiser, der damals auf dem Zenit seiner Macht stand, dem britischen König mit, als er dessen Emissäre unverrichteter Dinge wieder nach Hause schickte. Er lobte George III. für dessen »ehrliche Demut und Gehorsam« und dankte für die »Tribute«, die so weit übers Meer gereist seien. Allerdings habe er weder Interesse noch Verwendung für die Produkte aus Englands Fabriken und Werkstätten. Deshalb könne er auch den Wünschen des Königs nicht nachkommen, dauerhaft einen Botschafter in China zu installieren, der sich um den Handel zwischen beiden Ländern kümmere.[14]

Das in Gedichtform abgefasste Edikt ließ an Deutlichkeit nichts zu wünschen übrig. Ohne jeden Zweifel betrachtete der Qianlong-Kaiser den Londoner Monarchen als Bittsteller, der Tribute entrichtete und dessen Gesandte zuvorkommend behandelt werden mussten. Dass ein anderes Land dem Reich der Mitte ebenbürtig sein und dessen Herrscher ihm von gleich zu gleich begegnen könnte, war für den chinesischen Kaiser undenkbar. Eine aus der Anerkennung prinzipieller Gleichheit resultierende Reziprozität, wie sie sein Vorgänger mit Russland vereinbart hatte, kam für ihn nicht in Frage. Anders als Russland war Großbritannien kein Land, auf dessen Wohlverhalten und Kooperation China ökonomisch oder militärisch angewiesen war.

Das alles ließ der Kaiser den König wissen, noch ehe Macartney, ähnlich wie Ismailow 1720, das langwierige Tauziehen um ein angemessenes Empfangszeremoniell begonnen hatte. Das Edikt war vom Großen Rat bereits Anfang August 1793 abgefasst worden, zwei Wochen bevor man die bilateralen Gespräche über das Verhalten der britischen Delegation bei Hofe aufnahm. Der Kaiser verkündete es am 23. September, neun Tage nachdem er Macartney in Audienz empfangen hatte. Obwohl die Chinesen über die »unbefugte Hoffart« und Arroganz der Briten ungehalten waren, spielte dies für ihre Entscheidung keine maßgebende Rolle. Sie war schon vorher gefallen.

Damit hatte Macartney nicht gerechnet. Die Ablehnung des Kaisers traf ihn gänzlich unvorbereitet, betrachtete er doch die Tatsache, dass er sich in der Zeremonienfrage hatte durchsetzen können, als gutes Zeichen. Aber offensichtlich zogen er und seine Begleiter die falschen Schlüsse aus dem Entgegenkommen der Gastgeber, die niemals daran gedacht hatten, den Gästen in der Sache nachzugeben. Dass sie Macartneys Kniebeuge akzeptierten, anstatt auf der neunmaligen Prostration zu bestehen, zeugte weniger von Zuvorkommenheit als von Desinteresse.

Ein Missverständnis war es auch, wenn die Briten sich herablassend behandelt fühlten und daran Anstoß nahmen. Der Sachse Johann Christian Hüttner, der als Lehrer von Stauntons Sohn mit nach China gereist war, nannte die Pekinger Hofsitte »erniedrigend«; sie vertrage sich »nicht mit der Würde eines Britischen Gesandten«.[15] Mit solchen Begriffen konnten Chinesen wenig anfangen. Ehre zu entbieten, indem man sich vor dem Objekt der Verehrung niederwarf, war für sie selbstverständlich. Kinder taten es vor ihren Eltern, Lebende vor den Toten, Untertanen vor dem Kaiser und der Kaiser vor seinen Vorfahren und dem Himmel. Jeder schuldete irgendjemand anderem Achtung, die Geste der Prostration war dafür der angemessene Ausdruck. Selbst der Kaiser war darüber nicht erhaben. Wer seinen Platz in der Welt kannte, wusste, was von ihm verlangt wurde, ohne darin eine Demütigung oder Beschämung zu erblicken. Im Gegenteil: Durch den Kotau hatte man an der Macht dessen teil, vor dem man sich auf den Boden warf.[16]

Dass Europäer dies nicht verstehen und respektieren wollten, zeigte ihre barbarische Ignoranz. Passten sie sich an, galten sie als »angenehm und gut erzogen« und waren am Hof gern gesehen. Als 1794 eine holländische Delegation ins Land kam und sich an der Straße niederwarf, die der Kaiser auf dem Weg zu seiner Sommerresidenz passierte, deutete dieser es als Zeichen ihres Wunsches, »sich durch die chinesische Kultur zivilisieren zu lassen«, und behandelte sie mit ausgesuchter Höflichkeit.[17]

Souveränität, Parität und die Institution des Zeremoniells

Demgegenüber pochten die Briten auf ihren Souveränitätsanspruch, der es verbiete, sich vor anderen Monarchen zu erniedrigen. Souveränität, nach einer Definition von 1824, bedeutete »die völlige politische Unabhängigkeit« eines Staates »von andern Mächten, so daß ein souverainer Staat in seinen innern und auswärtigen Verhältnissen als völlig frei von jeder fremden Einwirkung gedacht wird«.[18] Ein Vasallenstatus war damit nicht vereinbar; schon die Anmutung galt als beleidigend, weshalb es die britische Delegation hart ankam, ihre Geschenke für den Qianlong-Kaiser als Tribute umetikettiert zu sehen.

In Europa hatte sich das Souveränitätsprinzip seit dem 17. Jahrhundert etabliert. Zueinander standen souveräne Staaten in einem Verhältnis der Parität. Sie verhandelten auf Augenhöhe, selbst wenn sie unterschiedlich groß und mächtig waren. Festgeschrieben wurde diese Gleichberechtigung erst nach den napoleonischen Kriegen, auf den Kongressen in Wien 1815 und Aachen 1818. Aber bereits nach dem Dreißigjährigen Krieg und den Friedensschlüssen von Münster und Osnabrück 1648 war der Grundsatz unangefochten und völkerrechtlich kodifiziert.[19]

Zugleich bürgerte es sich ein, dass souveräne Staaten durch Botschafter, Gesandte und Geschäftsträger miteinander verkehrten. Begegnungen gekrönter Häupter waren bis ins 19. Jahrhundert eher selten; Monarchen reisten lieber im eigenen Land umher, als dass sie fremde Hauptstädte besuchten oder ausländische Herrscher bei sich empfingen.[20] Für die zwischenstaatliche Kommunikation standen Emissäre bereit, um die Interessen ihrer Fürsten zu vertreten. Wie sie sich vor Ort zu verhalten hatten, konnten sie in völkerrechtlichen Abhandlungen sowie in vielfach übersetzten und wiederaufgelegten Ratgebern nachlesen. Hilfestellung bot darüber hinaus das neue Genre der Zeremonialwissenschaft, wie es seit Beginn des 18. Jahrhunderts florierte.[21]

Stilbildend war lange Zeit der französische Königshof, der den Status des Ambassadeurs mit besonderen zeremoniellen Ehren versah. Als direkte Repräsentanten ihrer Herren wurden Botschafter nicht viel anders behandelt, als jene selber empfangen worden wären: Ihnen gebührte der Titel Exzellenz, und sie gingen, standen und saßen zur Rechten des

Königs.[22] Wem jene Titel und Ehrungen zukamen, entschied nicht der entsendende, sondern der empfangende Souverän, und darin lag politischer Zündstoff. So akzeptierten Frankreichs Monarchen im 18. Jahrhundert keine Botschafter deutscher Fürsten und sprachen Letzteren damit Gleichrangigkeit und Souveränität ab. Auch in den Ehrenbezeigungen gab es Abstufungen. Nach westeuropäischer Sitte durfte ein Botschafter die Kopfbedeckung aufbehalten, wenn er dem Fürsten in Audienz entgegentrat. Den Schweizer Gesandten aber wurde dieses Recht am französischen Hof verweigert, was sie je länger, desto mehr als Herabsetzung wahrnahmen und darauf bestanden, die Würde ihrer Souveräne zu wahren.[23]

Gewohnheiten wie die, den Hut nicht vor dem Fürsten abzunehmen, waren zwar, darin stimmte der Diplomat Vattel 1758 mit Lord Chesterfield überein, »von Natur aus gleichgültig«. Aber sie hatten durch »Sitte und Übung« einen »echten Wert und eine ständige Bedeutung« erfahren, die sie in den Rang einer auch völkerrechtlich bindenden »Institution« versetzten. Missachtungen führten auf beiden Seiten zu schwerwiegenden Irritationen. Verhielt sich ein Botschafter unangemessen gegenüber dem fremden Souverän, fühlte sich jener in seinem Anspruch auf Ehre und Achtung herausgefordert. Umgekehrt tat man alles, was einem Botschafter widerfuhr, auch dessen Herrn an. Selbst normale Bürger konnten den Stein ins Rollen und die Diplomaten ins Schwitzen bringen. Kränkten sie einen Gesandten, musste ihre Regierung »dem in der Person seines Gesandten beleidigten Souverän eine volle Genugtuung« geben.[24]

So geschah es zu Beginn des 18. Jahrhunderts in London. Der russische Gesandte Andrej Matwejew hatte bereits seine Abschiedsaudienz erhalten und bat seine Gläubiger vor der Abreise, ihm ihre Rechnungen vorzulegen. Als er eine hohe Summe nicht umgehend begleichen konnte, wurde der Gläubiger misstrauisch und ließ ihn auf offener Straße in Arrest nehmen. Dagegen protestierte Matwejew bei Königin Anne und »forderte eine solenne Genugthuung mit dem Vorgeben, daß seine unverletzliche Würde beleidiget« worden sei. Dem Hof war die Angelegenheit hochnotpeinlich, und Anne beauftragte den britischen Gesandten in Moskau, dem Zaren »öffentlich Satisfaction zu ertheilen«. Im Februar 1710 übergab Charles Whitworth Peter I. einen Brief der Königin, in dem sie ihr »hohes Mißfallen und Abscheu gegen die Unbesonnene an einem publiquen Minister verübte That« zu erkennen gab und dafür um Entschuldigung bat. Der Zar nahm die königlichen »Excusen« als »Satisfaction« an, wies allerdings darauf hin, dass er eine härtere Bestrafung der Täter vorgezogen hätte. Wäre die Genugtuung ausgeblieben, hätte der Zar, völkerrechtlich legitimiert, »durch Krieg sich selbst Satisfaction schaffen« können.[25]

Dieser Vorfall illustriert die Komplexität und Fragilität internationaler Beziehungen. Er zeigt zum einen, wie konfliktanfällig das frühneuzeitliche Gesandtschaftssystem war. Anstatt den Umgang unter Souveränen und Staaten zu erleichtern, konnte es das Gegenteil bewirken. Je mehr Regeln zu beachten waren, desto wahrscheinlicher wurden Regelverletzungen, die, je nach Bedarf, dramatisch eskalierten. Nicht zufällig gab es am Wiener Hof bereits 1652 einen Obersthofmeistersekretär, der akribisch alle Zeremonialprotokolle verzeichnete, um bei künftigen Anlässen keinen Fauxpas zu begehen.[26] In Großbritannien führte die Matwejew-Affäre dazu, dass die Königin dem Parlament 1708 ein detailliertes Gesetz über die Privilegien von Botschaftern vorlegte und zur Annahme empfahl.[27]

Zum anderen wirft die Affäre Licht auf die Bedeutung zeremonieller Formen und deren öffentlichen Resonanzraum. Als der britische Botschafter 1710 beim Zaren vorsprach, war er nicht allein. Die Audienz war öffentlich: Es waren »alle die fürnehmsten Herren des Reichs zugegen wie denn auch alle an Ihro Czaarischen Majestät Hofe subsistirende ausländische Ministri hierzu invitiret worden«. Whitworth und Peter I. verhandelten vor den Augen der Mächtigen, Vornehmen und Einflussreichen. Das, worum es ging, war von allgemeinem und öffentlichem Interesse.[28]

Damit wurde, drittens, auch die Entschuldigung der britischen Königin publik. Sie bekräftigte sowohl das Prinzip der Parität zweier Souveräne als auch den Grundsatz, dass jeder Botschafter die Person und Würde seines Souveräns repräsentierte. Wenn die Beleidigung oder Demütigung eines Gesandten unmittelbar dessen Prinzipal traf, musste die erforderliche Genugtuung von Souverän zu Souverän erfolgen. Eine Abbitte des Gläubigers oder der Polizisten, die Matwejew unsanft angefasst hatten, wäre nicht genug gewesen. Queen Anne höchstpersönlich bat für ihre »unbesonnenen« Bürger und Beamten um Verzeihung, um Schlimmeres zu verhüten.

Dabei legte man, viertens, großen Wert darauf, die Formen zu wahren und keinen Zweifel an der prinzipiellen Gleichheit der europäischen Souveräne aufkommen zu lassen. Annes Gesandter wurde mit allen Ehren am Zarenhof empfangen und verabschiedet. Er trat »mit entblößtem Haupte« auf den Zaren zu, der ebenfalls keine Kopfbedeckung trug. Er verneigte sich dreimal vor ihm und wiederholte diese Ehrenbezeigung beim Abschied. Persönlich überreichte er den königlichen Brief und erläuterte dessen Inhalt in englischer Sprache. Eine zeremonielle Erniedrigung fand nicht statt. Vielmehr begegnete man einander im Stil adliger Ehrenmänner, die von gleich zu gleich und nach den Regeln des Comments eine *affaire d'honneur* beilegten.

Fünftens und letztens lässt sich an dieser Affäre ablesen, wie flexibel und vielfältig das zeremonielle Zeichensystem im 18. Jahrhundert gehandhabt wurde. Vattel hatte es als Privileg europäischer Gesandter bezeichnet, dass sie ihre Kopfbedeckung nicht ablegen mussten. Offenbar galten am Zarenhof andere Sitten; hier bestand die Ehrung darin, dem Zaren ohne Hut gegenübertreten zu dürfen. Wichtig war die Anerkennung der Gleichheit, die sich in der Reziprozität der Geste ausdrückte.

Auf Parität und Reziprozität in ihren internationalen Beziehungen waren die europäischen Staaten eifersüchtig bedacht. Die Neigung Frankreichs, zeremoniell zwischen wichtigen und unwichtigen Staaten zu unterscheiden, rief ebenso großes Ressentiment hervor wie der Überlegenheitsgestus der Wiener Reichshofkanzlei. George Staunton, der 1799 seinen Bericht über die englische Botschafterreise nach China vorlegte, fühlte sich durch den Stil des chinesischen Hofes (»arrogated superiority«) an den Ton erinnert, der einst vom Heiligen Römischen Reich Deutscher Nation angeschlagen worden sei.[29] Auf diesen Ton reagierte man zunehmend pikiert.

Polyvalente Gesten: Der Handkuss

Zumindest in Europa und unter Europäern sollte ein solcher Ton der Vergangenheit angehören, nachdem er bei Napoleon noch einmal überlaut vernehmbar gewesen war. Die Niederlage des französischen Kaisers ebnete den Weg für eine europäische Neuordnung, die trotz Anerkennung Russlands und Großbritanniens als hegemonialer Mächte das Existenzrecht und die Souveränität aller Staaten bestätigte. Auch der Friedensschluss mit Frankreich verlief nach den Regeln wechselseitiger Achtung. Napoleons Außenminister Charles-Maurice de Talleyrand saß in Wien mit am Tisch und wurde von seinen Kollegen als Gleicher unter Gleichen behandelt.[30] Obwohl die vormals von französischen Truppen überrannten und besiegten Länder unter der Besetzung materiell wie immateriell gelitten hatten und Gefühle der Demütigung durchaus vorhanden waren, gab man ihnen auf diplomatischem Parkett keinen Raum.[31] Dazu trug zweifellos bei, dass Napoleon zur Abdankung gezwungen worden war und Frankreich wieder von den Bourbonen regiert wurde. Aber auch die auf Parität und Reziprozität geeichten Konventionen der postrevolutionären Diplomatie taten das Ihre, um eine Politik rachedurstiger Herabwürdigung nicht offensiv zum Zuge kommen zu lassen.

Je flächendeckender sich diese Konventionen innerhalb Europas ausbreiteten, desto ungehaltener registrierten Europäer die Signale der Ungleichheit, die sie außerhalb Europas wahrzunehmen meinten. Dazu gehörte die Weigerung des Qianlong-Kaisers, europäische Gesandte als Repräsentanten souveräner, nicht tributpflichtiger Herrscher zu akzeptieren, ebenso wie die an maghrebinischen Höfen übliche Rangordnung, nach der die Abgesandten christlicher Nationen am unteren Ende der zeremoniellen Ehrenleiter standen. Als Ungläubige mussten sie warten, bis der letzte muslimische Untertan die Hand des Herrschers geküsst hatte, erst dann kamen sie an die Reihe. Auch der Handkuss selber, als Ausdruck der Dankbarkeit für Privilegien wie Glaubensfreiheit und Rechtshoheit in inneren Angelegenheiten, stieß auf wachsende Ablehnung. 1794 nannte ihn der französische Bevollmächtigte in Tunis, Jean-Baptiste Lallement, abstoßend für jeden Republikaner, und Konsul Bonaventure Beaussier pflichtete ihm zwei Jahre später bei: Er sei erniedrigend und demütigend. Gleichwohl schickte er sich in sein Los und respektierte die fremden Usancen als »von der Zeit geheiligt«.[32]

Damit folgte er den Pariser Anweisungen, die politischen, zivilen und religiösen Gesetze des Gastlandes zu achten, anstatt im revolutionären Überschwang die »alte Diplomatie« mit ihren »lächerlichen Ostentationen« über Bord zu werfen. Zwar betrachte das französische Volk alle anderen Völker als Brüder und Gleiche. Doch solange landauf, landab an den überkommenen Regeln und Prärogativen festgehalten werde, solle das auch die junge französische Republik tun und das Beste für die Nation herausholen.[33] Was die Änderung des Zeremoniells betraf, ließ Frankreich den Angelsachsen den Vortritt. Seit 1816 beschränkten sich die US-amerikanischen und britischen Konsuln bei Audienzen in Tunis auf eine kurze Verbeugung und zogen sich dann zurück. Das Argument der Amerikaner war ähnlich wie das von Lord Macartney in Peking: Warum sollten Konsuln die Hand des Beys küssen, wenn kein amerikanischer Bürger das gegenüber seinem eigenen Präsidenten tue? 1836 zog schließlich auch der französische Konsul nach: Er ließ Mustafa Bey wissen, der Handkuss sei an christlichen Höfen und sogar in Konstantinopel unüblich und widerspreche der »Würde eines Vertreters der französischen Nation«. Sechs Jahre zuvor hatten Frankreich und Tunis bereits den Wegfall von Geschenken alias Tributen verabredet.[34]

Auf diese Weise schrieben die Europäer und Amerikaner die Regeln des Völkerrechts nach eigenem Gusto und zu Lasten der Nichteuropäer um. Anstatt sich auf die lokalen Gepflogenheiten einzulassen, setzten sie ihre Vorstellungen von dem, was würdig sei und was nicht, gegenüber den Gastgebern durch. Umgekehrt erwarteten sie, dass sich die Abgesandten fremder Herrscher danach richteten, was an den jeweiligen europäischen Höfen gang und gäbe war.

Die Hand des Monarchen aber küsste man auch in London. Macartney hatte den Handkuss 1793 dem Qianlong-Kaiser angeboten, was jener indigniert zurückwies. Wenn britische Konsuln es daher ablehnten, die Hand des Bey in Tunis zu küssen, handelten sie nach einer Logik, die jede Art von Reziprozität vermissen ließ. Die Geste, die sie ihrem eigenen König entboten, einem anderen Herrscher zu verweigern, konnte nur eines bedeuten: dem anderen die Gleichrangigkeit abzusprechen und ihn von dem auszuschließen, was unter Europäern zum guten Ton gehörte.

Zugleich begründete man diesen Ausschluss damit, dass die fremden Konventionen für Europäer erniedrigend, demütigend und entwürdigend seien. Warum aber sollte der Handkuss in Tunis entwürdigend sein, wenn der in London es offensichtlich nicht war? An der Geste selber konnte es nicht liegen, sie war in ihrem Zeichencharakter ziemlich eindeutig: Allein dadurch, dass man Rücken und Kopf beugen musste, um die Hand des Herrschers mit den Lippen zu berühren, erwies man ihm Ehre. Aber Ehre war kein Nullsummenspiel. Wer Ehre bezeigte, erlitt selber keinen Ehrverlust, im Gegenteil. Er hatte, ähnlich wie in der chinesischen Deutung des Kotaus, an der Ehre des Höhergestellten teil. In dieser Lesart konnte der Handkuss geradezu eine Auszeichnung sein. So war es in Württemberg bis 1781 nur den adligen Eleven der Stuttgarter Karlsschule gestattet, dem Herzog die Hand zu küssen. Bürgerliche mussten mit dem Rocksaum vorlieb nehmen.[35]

Den Handkuss zu verweigern, wie es die europäischen Geschäftsträger in Tunis seit dem frühen 19. Jahrhundert praktizierten, signalisierte dem dortigen Herrscher, dass sie keinen Wert mehr darauf legten, an seiner Ehre zu partizipieren. Das wiederum konnten sie deshalb tun, weil sie ihm die Ehre wenn auch nicht grundsätzlich absprachen, so doch minderten und herabstuften. Das Kapital der Ehre, über das der Bey verfügte, war folglich nicht mehr eins zu eins konvertierbar, es verlor an Wert. Im Gegenzug erhöhten die Europäer die eigene Ehrensumme und den Anspruch, entsprechend gewürdigt zu werden. Ein solcher Anspruch aber musste durchgesetzt werden, und dazu brauchte man Macht – eine Macht, die Europa oder besser: einzelne europäische Länder im 19. Jahrhundert politisch, militärisch und ökonomisch akkumulierten und unter Beweis stellten.

Von kniegebogenen Reverenzen zur Verbeugung

Die europäische Sattelzeit, in der sich zwischen 1750 und 1850 die Formate und Formationen moderner Gesellschaft und Politik entwickelten, war aber nicht nur damit beschäftigt, die Machtverhältnisse zwischen europäischen und außereuropäischen Ländern neu zu justieren. Es ging auch darum, in Europa selber andere Beziehungen, Kommunikationsweisen und Zeichensysteme zu installieren. Vor diesem Hintergrund stand die Entscheidung des österreichischen Kaisers Joseph II. von 1787, den »Handkuß von Männern und Weibern gegen den allerhöchsten Landesherrn, und alle höchsten Personen vom durchlauchtigsten Erzhause« abzuschaffen, konträr zu den späteren Querelen auf außenpolitischem Parkett. Der aufgeklärte Monarch hatte dabei nicht so sehr die Diplomaten im Blick, die auch am Wiener Hof die ausgestreckte kaiserliche Hand küssen mussten. Vielmehr ging es ihm um die huldigenden Stände und die Bittsteller aller Couleur und Provenienz, denen die nämliche Geste abverlangt wurde. Ihnen untersagte er nicht bloß den Handkuss, sondern auch »die kniegebogenen Reverenzen, und das Niederknieen«.[36] Letzteres sei, hatte der württembergische Herzog Carl Alexander bereits 1734 verfügt, eine »Gott allein schuldige Ehrerbiethung« und »bey Menschen ein ärgerlicher Mißbrauch«. Dem schloss sich 1783 der preußische König an und ließ es von allen Kanzeln predigen, »auf daß die Leute das wissen«.[37]

Solche Vorgaben zielten zum einen darauf ab, religiöse von säkularen Ehrenbezeigungen zu unterscheiden und damit die Trennung von Staat und Kirche, von weltlicher und göttlicher Herrschaft zu markieren. Zum anderen schien in ihnen ein neues Verhältnis zwischen dem Monarchen und seinen »Leuten« auf. In der Sprache der Gesten deutete sich die Emanzipation demütiger Untertanen zu selbstbewussten Bürgern an. Letzteren waren »kniegebogene Reverenzen« nicht mehr zuzumuten. Stattdessen sollten sie ihrem Fürsten in aufrechter Haltung gegenübertreten.

Zeitgenossen nahmen diese Entwicklung als zivilisatorischen Fortschritt wahr und verglichen sie, nicht zufällig, mit den Verhältnissen außerhalb Europas. Endlich habe man, hieß es 1787 in einem Kommentar zum Dekret Josephs II., die »asiatisch-erniedrigende Mode« abgelegt, »vor seinen Despoten Knie-Beugungen und Knie-Fälle zu machen«. Denn nichts sei »für die Würde des Menschen erniedrigender, als die sclavische Gewohnheit, vor regierenden Herren (...) einen Fußfall zu thun«. Sie schreibe sich »aus dem Orient her, wo das unter dem eisernen Joche der willkürlichen Gewalt seufzende Volk seine Beherrscher nicht als Väter des Vaterlandes, sondern als Halbgötter« ansehe. In Europa sei diese Unsitte nur noch im römischen Kirchenstaat üblich. Der Papst, empörte sich der evangelische Autor, lasse selbst Ausländer bei öffentlichen Audienzen »vor sich auf den Knien liegen, und spricht mit ihnen, ohne ihnen das geringste Zeichen zum Aufstehen zu geben«.[38]

Die Empörung über ein derart »erniedrigendes« Verhalten machte sich daran fest, dass der Papst es als Staatsoberhaupt praktizierte. Hätte er, als Oberhaupt der katholischen Kirche, die Gläubigen knien lassen, wäre das sogar aus der Sicht von Protestanten hinnehmbar gewesen. Denn das Knien gehörte seit Jahrhunderten zu den gestischen Konventionen der Christenheit. Zwar hatten sich die frühen Christen, ebenso wie Juden, ihrem Gott ursprünglich nicht auf Knien, sondern in stehender Haltung genähert. Damit markierten sie die Differenz gegenüber weltlichen Herrschern, denen man Ehre und Dankbarkeit erwies, indem man sich vor ihnen in den Staub warf. Erst als Christen im vierten Jahrhundert unter kaiserliche Patronage schlüpften, übernahmen sie die Gepflogenheiten, die am oströmischen Hof üblich waren. Allerdings blieb die kniende Haltung bestimmten Zeiten des Kirchenjahrs vorbehalten. An Sonn- und Feiertagen sowie zwischen Ostern und Pfingsten wurde die Auferstehung des Heilands stehend gefeiert.[39]

Für den Kniefall beim Gebet gab es auch eine sachliche Begründung. Zwischen Körper und Geist, Gesten und Gefühlen bestand, glaubte man, eine enge Verbindung. Eine Empfindung gewann durch ihren gestisch-mimischen Ausdruck an Kraft und Stärke. Die »innere unsichtbare Bewegung« der Seele, betonte der Kirchenlehrer Augustinus im frühen 5. Jahrhundert, werde »von den äußerlich statthabenden Bewegungen gesteigert. So wachsen die Regungen des Herzens, die jenen vorausgingen, um sie statthaben zu lassen, durch deren wirkliches Geschehen.« Wer seine Hingabe und Demut also durch entsprechende Körperbewegungen zu erkennen gab, tat mehr, als sie einfach nur sichtbar zu machen: Er verstärkte die Gefühle selber. Ähnlich formulierte es fast neunhundert Jahre später Thomas von Aquin: Demutszeichen wie der Kniefall verliehen nicht nur der inneren Andacht Ausdruck, sondern erregten »unser Seelenbegehren (affectus), uns Gott zu unterwerfen«.[40] Inneres und Äußeres, rief 1659 der französische Philosoph Blaise Pascal noch einmal ins Gedächtnis, müssten zusammenfallen, wenn man Gott nahe sein wolle. Wer nur die äußerliche Geste – das Hinknien, das Beten mit den Lippen – praktiziere und sich davon Gottes Hilfe erhoffe, hänge einem Aberglauben an; wer hingegen meine, die innerliche Hingabe genüge und bedürfe keiner äußerlichen Übersetzung, sei hochmütig. Das richtete sich vor allem an Mitglieder des Adels, deren Stolz sich gegen solche Gesten sträubte.[41]

Der Kniefall als *deditio* hatte in der mittelalterlichen und frühneuzeitlichen Ritualtradition einen festen und nicht auf die religiöse Sphäre beschränkten Platz. Der erste Punkt der Kapitulationsurkunde, die 1547 den Sieg Karls V. über den Bund protestantischer Fürsten und Städte besiegelte, verlangte von den Verlierern eine fußfällige Abbitte. Die Ulmer

Räte lagen dementsprechend eine halbe Stunde lang vor dem Kaiser auf den Knien und baten ihn anschließend unter Tränen um Vergebung. Gerade für Protestanten war dies nicht unproblematisch. Mit der Abkehr von der katholischen Kirche und deren päpstlichem Oberhaupt drangen die protestantischen Fürsten und Städte auf eine Entflechtung von geistlicher und weltlicher Macht. Der Kniefall schien ihnen die Grenze zwischen religiösem und politischem Akt zu verwischen. Anhänger Calvins lehnten ihn entschieden ab, sofern er nicht Gott allein galt, Lutheraner ließen größere Toleranz walten. Aber auch sie weigerten sich, vor dem Papst zu knien.[42]

In evangelischen Kirchen verlor der Kniefall selbst als religiöses Ritual an Akzeptanz. So beugten Christen nur hier noch bei besonderen Gelegenheiten die Knie, und auch dies war »nicht gesetzlich«, sondern allenfalls »gewöhnlich«.[43] Zu einem handfesten Konflikt kam es in den 1830er und 1840er Jahren in Bayern. Bis 1803 mussten Soldaten beim Kirchgang vor dem Allerheiligsten knien, anschließend reichte es, die Kopfbedeckung mit der Hand zu berühren und den Nacken zu beugen. Als der König 1838 der versammelten Mannschaft befahl, bei der Wandlung und Erteilung des Segens niederzuknien, protestierte das evangelische Oberkonsistorium; das sei Soldaten seiner Konfession nicht zuzumuten. Auch evangelische Abgeordnete beschwerten sich. 1845 schließlich stellte Ludwig I., dem die Parität der christlichen Bekenntnisse am Herzen lag, die Salutationsform von 1803 wieder her, so dass weder katholische noch evangelische Soldaten die Knie beugen mussten.[44]

Der Kniefall geriet zunehmend auch dort in Verruf, wo es nicht, wie beim Gottesdienst, um kultische Anbetung ging, sondern um die Bezeigung von Ehre und Respekt gegenüber Personen höheren Ranges oder Alters. Statt mit den Knien den Boden zu berühren, setzte sich die einfache Kniebeugung durch; im 19. Jahrhundert verschwand auch sie, zumindest für Männer, und wich einer gemessenen Verbeugung.[45] »Je größer und vornehmer die Person ist«, hieß es 1800 in einem Manierenbuch, »der Du deine Ehrfurcht bezeigen sollst, desto mehr, desto tiefer neige sich dein Haupt und dein Rücken; aber nie so tief, daß dein gezwungener Hinterer mit dem Kopf von vorne eine Parallellinie bilde.« Spätere Ratgeber schärften ihren Lesern ein, sich keinesfalls »zu tief und sklavenartig« zu verbeugen, »auch verweile man nicht zu lange in der gebückten Stellung«. Seit den 1870er Jahren war Letztere gänzlich tabu: »Der Körper muß möglichst gerade gehalten werden«, und die Verbeugung bestehe »zumeist nur in einem tiefen Neigen des Kopfes«. Lediglich bei »hochgestellten Personen« könne der Oberkörper sich leicht »vornüberneigen«. Dem habe aber »sofort wieder eine aufrechte Haltung mit gehobenem Haupte« zu folgen. Ein gekrümmter Rücken und gebeugte Knie seien, so die herrschende Meinung um 1900, des wahren Mannes unwürdig und machten »eine lächerliche Figur«.[46]

Frauen hingegen behielten die alte Kniebeuge bei und neigten den ganzen Körper nach vorn. Schon 1775 hatte sich der Osnabrücker Justus Möser über diese »lächerliche Nachahmung des französischen Verneigens« mokiert. Im Gegenzug lobte er den edlen »Stolz einer Frau, die fest im Knie, ihren Gast mit einem freundlichen Blicke bewillkommt«.[47] Doch unaufhaltsam wich das feste Knie dem gebeugten. Daraus wurde der Knicks des Mädchens, den es auch im weiteren Leben praktizierte und der mitnichten auf die vornehme Welt beschränkt blieb. Geknickst wurde überall und vor jeder Art von Herrschaft, sei sie fürstlich oder bürgerlich. Auch das Dienstmädchen im städtischen Beamtenhaushalt knickste, vor Gästen ebenso wie vor den eigenen Brotherren und -damen.[48]

In diesen unterschiedlichen Körperhaltungen spiegelt sich die kulturelle Differenz der Geschlechter. Vor allem das 19. Jahrhundert legte größten Wert darauf, diese Differenz auf allen Ebenen, bis in die Mimik und Gestik hinein, zu befestigen und fortwährend einzuüben. Der aufrechte Gang unterschied Männer von Frauen, Sklaven und Tieren. Er signalisierte Freiheit, Autonomie und Unabhängigkeit. Und er markierte den zivilisatorischen Abstand zwischen Europäern und Nichteuropäern. »Freie Männer« aus »civilisirten Staaten«, mahnte der Schweizer Staatsrechtler Johann Caspar Bluntschli 1868, beugten nicht die Knie. Ihre »Würde« vertrage sich nicht mit den »Zumuthungen«, die ihnen an »despotischen, insbesondere an orientalischen Höfen« begegneten. Vermutlich hätte der Schweizer auch die britische Sitte, vor dem König ein Knie bis zum Boden zu beugen, als »unwürdige Zumuthung« von sich gewiesen. An kontinentaleuropäischen Höfen mussten sich Gesandte lediglich dreimal verbeugen, was sowohl der Würde freier Männer als auch der »Würde der repräsentirten Staten« entsprach.[49]

Briten in Indien: Koloniale *humiliation* und die Etikette der *natives*

Dreimal verbeugt hatte sich 1615 Sir Thomas Roe am Hof des Großmogul Jahangir in Agra. Roe war auf Anweisung von James I. nach Nordindien gereist, um für die *East India Company* zu antichambrieren. Auch dort warfen sich Bittsteller und Besucher auf den Boden, wenn sie sich dem Herrscher näherten. Der Engländer aber bat darum, sich an die Konventionen seines Landes halten zu dürfen, was ihm gewährt wurde. Er trat also, wie er im Tagebuch notierte, mit einer ersten Verbeugung in den äußeren Kreis, mit einer zweiten in den inneren und mit einer dritten direkt vor den Mogulkaiser und übergab ihm das königliche Begleitschreiben sowie die Geschenke, die großen Anklang fanden.[50] Ähnlich verhielt sich 1795 Oberst Michael Symes, als ihn der britische Generalgouverneur in Kalkutta nach Burma schickte. Obwohl der Kotau am Hof des burmesischen Königs üblich war, wurde dem Briten das Ritual auf Wunsch erlassen.[51]

Hingegen passte sich die Mehrheit der Residenten, die die Geschäfte der *East India Company* an den indischen Fürstenhöfen vertraten, den regionalen Gepflogenheiten mehr oder weniger bereitwillig an. Manche übernahmen sogar Kleidung und Lebensweise, bis hin zur Konversion. Die Kompanie ließ sich ihrerseits von indischen Experten in protokollarischen und diplomatischen Fragen beraten.

Seit den 1820er Jahren jedoch begann sich der Umgangston zu ändern. Indische Fürsten und selbst der Mogulkaiser beklagten sich nun häufiger beim britischen Generalgouverneur über unbotmäßiges und respektloses Verhalten. So hatte ein Resident die obligaten Geschenke (*nazr*) nur mit einer Hand übergeben; darüber befragt, gab er zu Protokoll, er habe die Zeremonie als »humiliating« empfunden und ihr deshalb wenig Beachtung gezollt. Dafür tadelte ihn 1830 Generalgouverneur William Bentinck und prägte ihm ein, die für alle »natives of Rank« so wichtige Etikette genauestens zu befolgen.[52]

Schon Bentincks Vorgänger William Amherst hatte sich allerdings an der Konvention der *nazr* gestoßen, weil er sie mit Tributen auf eine Stufe stellte. Als er sie dem Mogulkaiser 1827 verweigerte, kam das nicht gut an. Amherst, protestierte der indische Herrscher, habe ihn »selbst der geringen Genugtuung beraubt, die mit den gewöhnlichen Audienzzeremonien verbunden sei, und in den Augen aller Menschen jedweden Ranges gedemütigt«.[53] Seinerseits wollte Amherst als britischer *governor-general* jeden Anschein vermeiden, als sei er einem einheimischen Fürsten untertan und tributpflichtig. Die Zahlungen, die die Kompanie dem Kaiser vertragsgemäß zu leisten hatte, wurden deshalb als Gehalt oder Pension umgedeutet und fortan ohne zeremonielle Förmlichkeiten entrichtet.[54]

Was für die Briten eine Bekräftigung ihrer Unabhängigkeit und Macht war, nahm der indische Monarch als flagrante Demütigung und Herabsetzung wahr. Demütigungen aber waren selbst nach Auffassung John Malcolms, Generalmajor im Dienst der Kompanie und enger Berater des früheren Generalgouverneurs Francis Rawdon-Hastings, ein zweischneidiges Schwert. Einerseits, ermahnte er seine Untergebenen 1821, sei es wichtig, Europäer zu bleiben und lokale Umgangsformen nicht zu übernehmen, weil sonst »jedweder Eindruck unserer Überlegenheit« verschwinde. Andererseits müsse man alle Zeichen der Herabsetzung tunlichst vermeiden. Für Inder sei es schlimm genug, unter fremden Herren zu leben; demonstrierten die Herren ihre Dominanz allzu offensiv, werde dies als gezielte Demütigung verstanden. Briten sollten deshalb im Umgang mit Indern mehr Herz und Gefühl als Kopf und Verstand sprechen lassen. Einheimischen Gewohnheiten und Gebräuchen sei Respekt zu zollen. Gerade weil die Europäer (Malcolm benutzte »Briten« und »Europäer« synonym) am längeren Hebel säßen, dürften sie in Zeremonialfragen nicht kleinlich sein. Wenn die indischen Fürsten zunehmend größeren Wert auf solche Fragen legten, um sich über ihren tatsächlichen Machtverlust hinwegzutäuschen, sei es politisch unklug, sich darüber lustig zu machen.[55]

Malcolms Rat scheint nicht durchweg befolgt worden zu sein. Entweder hielten sich die britischen Herren an ihre hauseigenen Konventionen und zwangen Inder, sich jenen anzupassen. Oder sie ließen sich indische Ehrenbezeigungen gefallen, ohne sie ihrerseits zu erwidern. Immer wieder sah sich die britische Administration genötigt, ihre Angestellten zu einem höflichen und respektvollen Betragen gegenüber den »empfindlichen« Indern zu verpflichten.[56] Vor allem nach 1858, mit der formellen Machtübernahme der britischen Krone und der offiziellen Eingemeindung Indiens in das Empire, kam der imperiale Überlegenheitsgestus überall zur Geltung. Zwar adoptierte man den indischen Durbar, auf dem der Herrscher traditionell Hof und Audienz hielt. Lord Charles Canning, der erste britische Vizekönig, nutzte solche Veranstaltungen, um Fürsten und Würdenträger, die in der Rebellion von 1857 loyal geblieben waren, auszuzeichnen und enger an den neuen Staat zu binden. Doch blieben die indischen Teilnehmer auf dem großen Durbar von 1877 bloße Statisten; hier feierte sich das Empire selber. Im Mittelpunkt stand die Proklamation der britischen Königin zur Kaiserin Indiens, wobei Victoria nicht einmal persönlich anwesend war.[57]

Das änderte sich 1911, als König George V. und Königin Mary sich auf dem Krönungsdurbar in Delhi einfanden. Im Unterschied zu 1877 spielten indische Fürsten nunmehr eine aktive Rolle. Als Erster allerdings durfte Vizekönig Charles Hardinge dem König seine Reverenz erweisen, indem er sich dreimal tief verbeugte und sich dann auf ein Knie niederließ, um die königliche Hand zu küssen. Anschließend folgte die lange Reihe indischer Herrscher, angeführt von dem Nizam von Hyderabad, der sich nach muslimischer Sitte verbeugte und dabei die rechte Hand auf die linke Brust legte. Andere entboten den Gruß des *salaam* oder salutierten militärisch. Aus der Reihe fiel lediglich der Maharadscha von Baroda. Er erschien betont einfach gekleidet und deutete vor George V. lediglich eine knappe Verbeugung an, während er die Königin gänzlich übersah und dem Paar bei seinem Abgang den Rücken zukehrte. Offizielle Berichte nahmen davon keine Notiz, hinter den Kulissen aber rumorte es. Als der Vizekönig erfuhr, dass Baroda eine »Brutstätte« des Aufruhrs gegen die britische Herrschaft sei, forderte er den Maharadscha ultimativ zu einer schriftlichen Entschuldigung auf. Sie erfolgte umgehend und sparte nicht mit Bekundungen der Treue und Anhänglichkeit. Hardinge ließ sie unter dem Titel »A Public Apology« sofort in der *Times* veröffentlichen. Deren Kommentar: Diese selbstverschuldete »humiliation« möge dem Maharadscha eine Warnung sein.[58]

Europäer in China: Der Kampf gegen den Kotau

Entschuldigungen zu verlangen gehörte seit der zweiten Hälfte des 19. Jahrhunderts zu den bewährten Instrumenten imperialer Demütigungspolitik. Aber auch Gruß- und Audienzformen besaßen dieses Potential, was den britischen Kolonialherren während der Phase ihrer informellen und formellen Machtausdehnung sehr bewusst war. Im Durbar von 1911 bewiesen sie, dass sie indische Konventionen zu akzeptieren bereit waren, sofern sich diese als ›echte‹ Anerkennung der eigenen Überlegenheit lesen ließen. Keineswegs verlangten sie von örtlichen Honoratioren, den englischen Stil zu übernehmen (der auch zu Beginn des 20. Jahrhunderts noch, wie zu Macartneys Zeiten, in Kniebeuge und Handkuss bestand).[59] Aber sie pochten auch frühzeitig und mit Erfolg darauf, selber von indigenen Zeremonien ausgenommen zu werden.

Ebendies versuchten sie auch in China, wo die *East India Company* seit dem 18. Jahrhundert ihren Geschäftsbereich erweitern wollte und sich dafür zunächst diplomatischer Mittel bediente. Aber die Chinesen mit ihrem starken Zentralreich zeigten sich weniger kooperativ und kompromissbereit als die diversen indischen Fürsten und der rasch an Macht verlierende Mogulkaiser. Sowohl Macartney als auch dessen Nachfolger Amherst scheiterten bei ihren Missionen, und die Frage des Kotaus spielte dabei eine mal mehr, mal weniger prominente Rolle.[60] Seit den 1830er Jahren verlegte sich die Kompanie deshalb vorrangig auf militärische Operationen, um ihren Handelsinteressen Nachdruck zu verleihen. Zwei Opiumkriege führten die Schwäche der Qing-Dynastie vor Augen und degradierten China zu einer informellen Kolonie westlicher Mächte. In den Verträgen von Tianjin handelten Vertreter Großbritanniens, Frankreichs, Russlands und der USA 1858 unter anderem das Recht aus, ständige Botschaften in Peking zu eröffnen. Zwei Jahre später, nach weiteren Kampfhandlungen und großflächigen Zerstörungen, erkannte China dieses Recht formell an. Der britische Verhandlungsführer Lord Elgin – er wurde 1862 Vizekönig in Indien – legte dabei besonderen Wert auf symbolische Formen. Artikel 3 des Vertrags zwischen Großbritannien und China statuierte den ausdrücklichen Verzicht auf alle diplomatischen Zeremonien, die für den britischen Botschafter »herabwürdigend« (*derogatory*) seien und seinen Status als Vertreter des Souveräns einer unabhängigen Nation abwerteten. Seinerseits würde er dem Kaiser von China den gleichen zeremoniellen Respekt entgegenbringen, mit dem britische Botschafter den Souveränen unabhängiger europäischer Nationen begegneten.[61]

Während in den Verträgen Chinas mit Frankreich, Russland und den USA lediglich davon die Rede war, beide Seiten sollten von gleich zu gleich (*in perfect equality*) miteinander umgehen, brachte der britisch-chinesische Vertrag die langen diplomatischen Auseinandersetzungen um den Kotau zu einem verbindlichen und für die Briten erfolgreichen Ende. Elgin wetzte damit die Scharte aus, die Macartney und Amherst zu ihrer Zeit geschlagen worden war und die das britische Selbstverständnis offenbar empfindlich getroffen hatte. Was die Briten damals als demütigend wahrgenommen hatten, reichten sie nun, da sie die Macht dazu besaßen, an die Chinesen weiter. Unter dem Vorwand der Gleichheit installierten sie das europäische Zeremonialregime am Pekinger Hof und zwangen zugleich die Botschafter Chinas – sofern das Land solche entsandte –, sich den in Europa geltenden Regeln zu unterwerfen.

Am chinesischen Kaiserhof war man für diese imperiale Geste der Barbaren, die, auch das verlangten die Verträge, nicht mehr so genannt werden durften, höchst sensibel. Selbst wenn die Regierung den Fremden weitere Häfen öffnen und Missionen zulassen musste, leistete sie auf dem Feld der Symbole Widerstand. Zwar durften die Europäer seit 1861 Gesandtschaften in der einstmals verbotenen Stadt eröffnen. Doch weigerte sich der Kaiser, die Botschafter zu empfangen und zu akkreditieren, und schützte alle möglichen Gründe dafür vor.

Gleichzeitig wuchsen die Zweifel, ob eine solche Politik des passiven Widerstandes China tatsächlich nutzte oder das Land nicht zusätzlich schwächte. Im 1861 neu geschaffenen Außenpolitischen Rat (Zongli Yamen) begannen sich die Minister für völkerrechtliche Bestimmungen zu interessieren. Auf Empfehlung des amerikanischen Gesandten Anson Burlingame fertigte dessen Dolmetscher William Martin 1863 eine chinesische Übersetzung von Henry Wheatons *Elements of International Law* an, die ein Jahr später die Billigung des kaiserlichen Hofes fand.[62] 1865 leitete Robert Hart, ein Brite an der Spitze der chinesischen Zollbehörde, dem einflussreichen Prinzregenten Kung ein Memorandum zu, in dem er China riet, eine aktive diplomatische Rolle zu spielen. Es sollte Botschafter empfangen und entsenden, was deren Ausbildung in Fremdsprachen und Völkerrecht erforderte. Darüber holte der Zongli Yamen die Meinungen hoher chinesischer Beamter ein; eine Mehrheit votierte dafür, in der Audienzfrage nachzugeben und eine für alle Seiten akzeptable Kompromisslösung zu finden. Man könne die Europäer nicht länger so behandeln wie die Abgesandten der Tributstaaten Annam (das spätere Vietnam) oder Burma, sondern müsse ihnen in zeremonieller

Hinsicht entgegenkommen. Die Minister machten sich diese Meinung zu eigen und empfahlen dem Kaiser, die europäischen Botschafter zu akkreditieren und das Hofzeremoniell zu ihren Gunsten abzuändern.[63]

Dies schien umso dringlicher, als eine Revision der Tianjin-Verträge anstand. Durch diplomatisches Entgegenkommen, so die Hoffnung, würde man Verbesserungen für China heraushandeln können. Auch Intellektuelle plädierten für eine Öffnung des Landes. 1863 schlug der konfuzianische Reformer Feng Guifen vor, in Shanghai eine Schule für westliche Sprachen und Wissenschaft einzurichten. Man müsse von den fremden Eroberern lernen und dürfe sich nicht gegen sie abschließen. Nur so könne China seine ursprüngliche Kraft wiedergewinnen, erneuern und stärken und die »Demütigungen« und »Beschämungen« hinter sich lassen, die ihm die ausländischen Mächte zugefügt hätten.[64]

Für die europäischen Botschafter, die seit 1861 darauf warteten, sich am Kaiserhof vorzustellen, kam der Durchbruch 1873. Am 29. Juni empfing der chinesische Herrscher die Abgesandten Großbritanniens, Russlands, Frankreichs, der Niederlande und der USA, worüber Thomas Wade dem britischen Außenminister minutiös Bericht erstattete: Als sie dem Kaiser gegenüberstanden, verbeugten sie sich in kurzer Folge dreimal und legten dann ihre Briefe auf einem langen Tisch nieder. Anschließend zogen sie sich in der üblichen Manier, »à reculons« und mit weiteren drei Verbeugungen, zurück. Für dieses prosaische Geschehen fand Wade emphatische Worte. Nie zuvor habe das chinesische Reich mit seinen Traditionen gebrochen (was nicht stimmte). Die Bedeutung dieses Schritts sei nicht zu unterschätzen, er markiere einen neuen Anfang. Selbst wenn die Zeremonie westlichen Audienzregeln noch nicht vollständig entspreche, sei doch festzuhalten: »Wir erschienen Angesicht zu Angesicht mit dem Kaiser, wir standen aufrecht, weil wir Regierungen vertraten, die mit der seinen gleichrangig sind.« Endlich habe China den Anspruch fallen lassen, größer und besser zu sein als andere Staaten.[65]

Aber China musste noch mehr tun, die ausländischen Botschafter ließen nicht locker. Nach langwierigen Verhandlungen verständigten sie sich 1891 mit dem Zongli Yamen über das bei Audienzen zu beachtende Zeremoniell. Der amerikanische Gesandte Charles Denby sah darin »die Anerkennung der internationalen Gleichheit aller Nationen mit China«; schließlich sei jene Gleichheit »das hauptsächlichste moralische Element der Audienz«. Für seinen deutschen Kollegen Max von Brandt bestand die Bedeutung darin, dass »das, was von seiten der Chinesen als ein Akt der Gnade und des Entgegenkommens angeboten worden war, im ganzen Laufe der Verhandlungen als ein den fremden Vertretern zustehendes Recht bezeichnet und schließlich erreicht worden war«. Damit sei nunmehr für alle sichtbar, »dass die von den fremden Vertretern dem Kaiser gegenüber eingenommene Stellung eine in toto verschiedene von der sei, welche derselbe Chinesen und anderen Asiaten gegenüber beanspruche und einnähme«.[66]

Das betraf sowohl die Körperbewegungen der Botschafter – es blieb bei zweimal drei Verbeugungen – als auch die räumlichen Arrangements. Waren die europäischen Botschafter 1873 noch in einer Halle des äußeren Palastes empfangen worden, wurde ihnen zwei Jahrzehnte später die Ehre zuteil, den inneren Palast betreten zu dürfen. »Mit Genugtuung«, schrieb der deutsche Sinologe und Dolmetscher Otto Franke 1894, sei zu begrüßen, »dass der chinesische Hof sich entschlossen hat, den mit so ängstlicher Sorgfalt gehüteten ›inneren Palast‹ doch endlich den fremden Vertretern zu öffnen und so eine endgültige Lösung der langwierigen Audienzfrage herbeizuführen. Wie schwer ihm dies geworden sein mag, haben die jahrelangen Verhandlungen zur Genüge dargethan.«[67]

Wenn Franke von Genugtuung sprach, benutzte er einen Begriff aus dem Setzkasten der Ehre: Wer jemanden in seiner Ehre gekränkt hatte, musste ihm Genugtuung erweisen. Eben das widerfuhr, so sah es auch der durchaus chinafreundliche Franke, den Europäern, die sich seit einem Jahrhundert in ihrer Ehre verletzt fühlten, weil sie am chinesischen Hof nicht so behandelt würden, wie es ihnen nach eigenem Verständnis gebührte. Symbol dieser Erniedrigung und Herabwürdigung war der Kotau. Seit er 1873 aus dem Protokoll gestrichen worden war, standen die europäischen Herren, anders als die bei einer Audienz anwesenden Chinesen, aufrecht und mit geradem Rücken vor dem auf einer Estrade platzierten Thron.

Auch Japan schloss sich, für China besonders irritierend, der europäischen Anti-Kotau-Allianz an. Über Jahrhunderte hinweg hatte das Reich des Himmels und der Mitte einen starken politischen und kulturellen Einfluss auf den Inselstaat ausgeübt. Während dessen bis in die 1850er Jahre andauernden Abschließung hatte das Shogunat die chinesischen

Vorstellungen einer hierarchischen Weltordnung adaptiert und protokollarisch imitiert.[68] Auf einer Audienz in Edo (dem späteren Tokio), berichtete 1691 der lippische Arzt und Forschungsreisende Engelbert Kaempfer, musste sich der holländische Repräsentant dem Thron »auf Händen und Knien« nähern. Vor dem Kaiser neigte er dann »das Haupt auf den Boden« und kroch »in selbiger Positur wie ein Krebs, ohne die geringste Wortwechselung« wieder zurück.[69]

Die Meiji-Restauration der 1860er und 1870er Jahre veränderte neben vielem anderen auch die diplomatischen Gepflogenheiten. Mit der Öffnung des Landes informierte man sich in Tokio über internationales Recht, hieß Botschafter anderer Staaten willkommen und begegnete ihnen im europäischen Stil. Als der japanische Außenminister Taneomi Soejima 1873 nach Peking kam, bestand er seinerseits darauf, wie ein westlicher Botschafter und ohne Kotau empfangen zu werden. Seine chinesischen Gastgeber konnten das kaum fassen, verwiesen auf das gemeinsame kulturelle Erbe und fragten, ob es in Japan keinen Widerstand gegen die neuen Sitten gebe. Soejima räumte ein, dass manche ältere Hofbeamte Selbstmord begangen, andere die europäischen Gesandten auf dem Weg zum Palast körperlich angegriffen hätten. Für die Chinesen waren dies »echte Patrioten«, der Japaner sah es anders: Es wäre besser für sie und das Land gewesen, hätten sie nicht nur Mut und Treue, sondern auch Klugheit und Urteilskraft gezeigt. Sich den Neuerungen zu verweigern zeuge von mangelnder Einsicht in das strategisch Notwendige und Zukunftsfähige. Und deshalb müsse auch er darauf bestehen, dem chinesischen Kaiser so gegenüberzutreten, wie es international üblich sei: mit drei Verbeugungen.[70]

Japan setzte sich nicht nur über die chinesische Hofetikette hinweg. Es forderte China auch in Korea heraus, das dem Reich der Mitte traditionell tributpflichtig war, und brachte es, mit dem Sieg über die mächtige chinesische Flotte 1895, unter seinen Einfluss. Damit hatte China seine Vorrangstellung im Fernen Osten eingebüßt und an Japan abgetreten, was vor allem bei den chinesischen Eliten tiefe Verstörung auslöste. Dass man seit den 1840er Jahren von Europäern gedemütigt wurde, wog weniger schwer als die Erniedrigung durch ein Land, das Jahrtausende im Schatten Chinas gestanden hatte und sich jetzt ebenso erfolgreich wie demütigungssüchtig den imperialen Mächten des Westens zugesellte.[71]

Ein weiterer Neuling in diesem Kreis war Deutschland, das seit den

1870er Jahren in China Präsenz zeigte.[72] Als 1896 Edmund von Heyking den Botschafterposten übernahm, änderte sich der Ton dramatisch. Heykings ebenso selbstbewusste wie eloquente Frau Elisabeth sparte in ihren Briefen nicht mit abfälligen Äußerungen über die »schmutzigen Barbaren, welche keine europäischen Gesandten, wohl aber europäische Herren brauchten – je eher, je besser!« Es sei höchste Zeit, dass auch Deutsche ihren Platz »an dem großen chinesischen Trog erwerben, an dem die besten Plätze von den Russen und Franzosen schon genommen sind«.[73] Das gelang 1898, mit der erzwungenen Abtretung Kiautschous an das Deutsche Reich.

Satisfaktion und Abbitte

Vorausgegangen war dem eine Kette chinesischer Übergriffe, die Deutschland einen willkommenen Anlass zum militärischen Eingreifen boten. Zunächst zündelte man diplomatisch. Als Offiziere des deutschen Kreuzers *Cormoran* im Oktober 1897 »vom Pöbel unter Geschrei mit Steinen und Schmutz beworfen« wurden, informierte Botschafter Heyking den örtlichen Generalgouverneur und behielt sich »Satisfaktionsforderungen« vor. Noch ehe er diese zusammen mit Konteradmiral Alfred von Tirpitz aufsetzen konnte, ereilte ihn die Nachricht, dass die deutsche Mission in Shantung überfallen und zwei Missionare ermordet worden waren. Daraufhin entschied er, die Steinwurf-Angelegenheit rasch beizulegen und sich auf den sehr viel gravierenderen Missionskonflikt zu konzentrieren. Er verlangte für den geringeren Affront von den lokalen Behörden einen »Entschuldigungsbrief«, einundzwanzig Schuss Salut für die deutsche Flagge und die Bestrafung der Schuldigen. Das bekam er auch, und damit hatte Deutschland »Satisfaktion« erlangt.[74]

Für den Überfall auf die Mission stellte sich Heyking ein ähnliches, aber deutlich verschärftes Verfahren vor: Alle Minister des Zongli Yamen sollten in der deutschen Gesandtschaft erscheinen und sich persönlich dafür entschuldigen. Kaiser Wilhelm II. aber wies den Botschafter an, die »Sühneforderungen« vorerst zu verschieben. Denn er hatte inzwischen beschlossen, den Anlass für eine »mannhafte Tat« zu nutzen, und gab Befehl, die Kiautschou-Bucht militärisch zu besetzen. Dagegen protestierten die Pekinger Minister und verlangten die sofortige Räumung des Gebiets. Prinz Qing ließ den Botschafter wissen, die Situation sei äußerst »demütigend«, Deutschland habe China »vergewaltigt, wie es das keinem andern Lande gegenüber wagen würde«.[75]

Völkerrechtlich war die militärische Intervention kaum zu rechtfertigen. Nach Angriffen auf ausländische Einrichtungen oder Personen mehr oder minder scharfe »Genugtuungsforderungen« zu stellen, wie Heyking dies tat oder tun wollte, war hingegen üblich, und es gab zahlreiche Präzedenzien. 1870 hatten Aufständische in Tianjin das französische Konsulat, die Kathedrale und ein von Nonnen geführtes Waisenhaus überfallen sowie zahlreiche Europäer und zum Christentum konvertierte Chinesen getötet. Die europäischen Botschafter richteten daraufhin eine kollektive Note an den Zongli Yamen und verlangten die Bestrafung der Schuldigen sowie weitergehende Schritte zum Schutz der Ausländer. Vor allem aber forderten sie Satisfaktion für das, was die Franzosen als größte Beleidigung empfanden: die Zerstörung der Trikolore. Das zählte für sie mehr als der Angriff auf französische Beamte und die Ermordung französischer Bürger. Um ein militärisches Eingreifen Frankreichs zu vermeiden, müsse China einen hohen Würdenträger mit einem formellen Entschuldigungsschreiben nach Paris schicken.

Ähnlich wie 1710 Queen Anne einen Botschafter nach Moskau gesandt hatte, um sich für die Übergriffe auf den russischen Geschäftsträger in London zu entschuldigen, ließ der chinesische Kaiser 1870 Ch'ung Hou nach Paris reisen. Dort wurde er zunächst nicht empfangen, weil der französische Botschafter in Peking nach wie vor vergeblich auf eine Audienz am Hof wartete. Als er das kaiserliche Schreiben schließlich doch an Präsident Adolphe Thiers übergeben durfte, enthielt dieses genaugenommen weder Entschuldigung noch Bedauern. Der Kaiser versicherte lediglich, seine Regierung sei an den Ausschreitungen in Tianjin völlig unbeteiligt gewesen und weiterhin an friedlichen und freundlichen Beziehungen zu Frankreich interessiert. Die neue französische Regierung ließ es ihm durchgehen.[76]

1875 wurde in der chinesisch-burmesischen Grenzregion der britische Dolmetscher Augustus Raymond Margary getötet. Botschafter Wade nutzte dies zu einer Generalabrechnung mit der Pekinger Regierung. Er führte den Gewaltakt auf die »Feindschaft der offiziellen oder gebildeten Klasse« zurück, die nicht gelernt habe und nicht verstehen wolle, dass ausländische Regierungen mit der ihren auf gleichem Fuße stünden. In dieser Situation bedürfe es eines klaren Signals des Hofes, ausländische Vertreter nicht als Fremde, sondern als Gäste des Kaisers zu betrachten und ihnen ehren- und respektvoll zu begegnen. Außerdem müsse die Regierung einen Emissär nach London schicken und ihr Bedauern über den Überfall zum Ausdruck bringen. Die Minister des Zongli Yamen stimmten der Entsendung zu, weigerten sich jedoch zunächst, dem Gesandten einen Entschuldigungsbrief mitzugeben.[77]

Als Kuo Sung-T'ao 1877 als erster Botschafter Chinas in London eintraf, trug er jenen Brief dann doch im Gepäck. Darin bedauerte und betrauerte der Kaiser den Mord an Margary (»profoundly regret and lament«) und autorisierte den Gesandten, diesen Gefühlen Ausdruck zu verleihen (»to give utterance, on our behalf, to the sentiments we have at heart«).[78] Ob der Kaiser die Gefühle tatsächlich empfand, ist zweifelhaft. Mit Kuos Nachfolger Tseng Chi-Tse sprach die Kaiserinwitwe 1878 über ihre Sorge, die fortdauernden Angriffe auf ausländische Kirchen und Gebäude in China könnten das Land in außenpolitische Konflikte verstricken. Nach Ansicht des Diplomaten war es selbstverständlich, dass das chinesische Volk und seine Minister die Fremden hassten. Um sie aber in die Schranken zu weisen, müsse China stärker werden. Die Zerstörung einer Kirche oder die Tötung eines Fremden würden »unsere Beschwernisse keinesfalls rächen, noch unsere Demütigung tilgen«. Viele Chinesen hätten dies noch nicht begriffen, und so sei es zu dem Vorfall mit Margary gekommen, der Kaiser und Kaiserinwitwe endlose Scherereien bereitet habe.[79]

Dieses Gespräch, das der designierte Botschafter in seinem Tagebuch notierte, dokumentiert ebenso wie die Reaktion der Chinesen auf die Besetzung Kiautschous zwanzig Jahre später, wie stark das Gefühl der Demütigung auf chinesischer Seite ausgeprägt war. In der internen Kommunikation hoher Regierungskreise war es genauso spürbar wie bei vielen Intellektuellen und Reformvereinigungen. Dort verband sich die kollektive Selbstbeschreibung mit einem Appell zur verändernden Tat, mit oder ohne Gewalt.

Wenn chinesische Würdenträger sich bei den ausländischen Repräsentanten in Peking über erlittene Demütigungen oder Vergewaltigungen beklagten, stießen sie auf taube Ohren. Man halte sich, hieß es dort, ausschließlich an die verbrieften Regeln des Völkerrechts, das die Reparation materieller Schädigungen und Satisfaktion für moralische und politische Kränkungen vorsah. Was ein in seiner Ehre verletzter Staat als Satisfaktion gelten ließ, blieb jedoch in dessen eigenes Belieben gestellt. Er konnte zwischen weicheren und härteren Maßnahmen wählen: einer militärischen Flaggenzeremonie, einer mündlichen oder schriftlichen Einlassung in verschiedenen Abstufungen, bis hin zu einer veritablen Sühnemission, bei der sich ein Abgesandter des Täter-Staates, versehen mit offiziellen Entschuldigungsschreiben, zur Regierung des Opfer-Staates begab.[80] Dass man sich gegenüber China mehrfach für die härteste – und international seltenste – Option entschied, deutet in der Tat auf eine gezielte Politik der Demütigung hin, mit der Europa das geschwächte Reich der Mitte symbolisch in die Knie zwang.

Satisfaktionsforderungen wurden im 19. Jahrhundert vorwiegend von Staaten gestellt, die militärisch, ökonomisch und politisch die Oberhand besaßen. So forderte Edward Neale, Geschäftsträger Großbritanniens in Japan, das Shogunat 1863 auf, sich für die Tötung eines britischen Kaufmanns durch Samurai zu entschuldigen. Als die Regierung lediglich ihr Bedauern über das »betrübliche Ereignis« zum Ausdruck brachte, wies er das als unzureichend zurück und bestand auf einer Version, in der die japanische Seite die volle Verantwortung übernahm. Um Schlimmeres zu verhüten, gab die Regierung nach, entschuldigte sich und zahlte eine gigantische Geldsumme. Aber Neale verlangte auch von der Provinz, in der der Zusammenstoß stattgefunden hatte, eine Entschuldigung, die Bestrafung der Samurai und materielle Reparationen. Dies lehnte der dortige Herrscher mit dem Argument ab, der Kaufmann habe sich respektlos verhalten und den Tod verdient. Daraufhin ließ Neale die Stadt Kagoshima durch die Royal Navy bombardieren.[81]

Das in der Meiji-Restauration erstarkte Japan zwang seinerseits Korea, 1882 einen Gesandten nach Tokio zu schicken, der sich für den Angriff auf die japanische Botschaft und die Ermordung eines Militärberaters zu entschuldigen hatte.[82] Vier Jahre später verlangte Japan von China eine Entschuldigung dafür, dass chinesische Matrosen bei ihrem Aufenthalt in Nagasaki randaliert, Frauen belästigt und einschreitende Polizisten getötet hatten. Da sich China damals noch militärisch überlegen fühlte, lehnte es die Entschuldigung ab.[83]

Entschuldigungen waren folglich keine Selbstverständlichkeit. Sie mussten erzwungen werden und bedurften der Androhung von Sanktionen. Für denjenigen, der sie abgab, bedeuteten sie eine Demütigung, die ihm die eigene Ohnmacht deutlich vor Augen führte. Auch deshalb wurde um die Wortwahl heftig und hartnäckig gerungen, und auch deshalb bestand der britische Botschafter Wade 1876 darauf, dass es sich bei der chinesischen Gesandtschaft nach London um eine »mission of apology« handele, die der britischen Regierung »satisfaction« zu leisten habe.[84]

In den internationalen Beziehungen wiederholte sich somit eine Praxis, die man auch im gesellschaftlichen Verkehr beobachten konnte. 1811 hatte der preußische König die Abschaffung der Privatgenugtuung damit begründet, dass die Leistung einer Abbitte in der öffentlichen Meinung »beschimpfend« sei und einer »Demüthigung« gleichkomme.[85] Auch in Großbritannien taten sich Männer schwer, wie das Beispiel Stevensons zeigte, eine Entschuldigung abzugeben, selbst wenn sie ihr Unrecht einsahen. Deutsche und französische Ehrenmänner zogen lieber den Säbel oder die Duellpistole, als sich, auf Vermittlung ihrer Sekundanten, zu einer Entschuldigung für eine Ehrenkränkung durchzuringen.

Die ausländischen Botschafter in China wussten also genau, was sie taten, wenn sie den Chinesen ein ums andere Mal eine »mission of apology« aufzwangen. Offiziell revanchierten sie sich nur für Demütigungen, die sie selber zuvor erlitten hatten, wobei sich Briten und Deutsche besonders dünnhäutig gaben. Als Kuo Sung-T'ao 1877 in London eintraf, kommentierte die *Times* schnippisch, der Zongli Yamen habe die Lektion hoffentlich gelernt und werde die Vertreter europäischer Mächte nicht länger als »demütige Bittsteller verachtenswerter auswärtiger Staaten« behandeln.[86] Auch Botschafter Heyking ließ keine Gelegenheit verstreichen, sich über angebliche Demütigungen zu beschweren. Als das diplomatische Corps im Februar 1897 vom Kaiser empfangen wurde, beging der Deutsche den Fehler, die Audienzhalle durch die Eintrittstür verlassen zu wollen. Ein Minister fasste ihn daraufhin am Arm und wies ihn zur Seitentür. Das empfand Heyking als beleidigend und verlangte eine Entschuldigung. Der Zongli Yamen aber teilte ihm mit, er habe den falschen Weg eingeschlagen, und der amerikanische Gesandte Denby, der vermitteln sollte, stimmte dem zu. Elisabeth von Heyking schäumte:

»Der alte Denby ist leider halb verchinest und gehört einer Schule an, für die wir Neuen kein Verständnis mehr haben. Er stammt aus der Zeit, wo die Gesandten hier mühsam erreicht hatten, überhaupt empfangen zu werden, und stolz auf diesen Lorbeeren ruhten.« Die Neuen hingegen stammten aus einer »mehr die Realität sehenden Zeit, und sie lassen sich nicht mehr durch China imponieren. Es war sehr kurios, wie der alte Denby immer wieder auf das Protokoll der früheren Audienzen zurückkam und eigentlich der Advokat der Chinesen war.«[87]

Drei Jahre zuvor hatte Otto Franke das gültige Protokoll als »durchaus sinnig« beschrieben und auf die verschiedenen Eingänge der Empfangshalle verwiesen: »So lange nun der Gesandte Träger des kaiserlichen Schreibens war, überliess man ihm den vornehmsten Zugang, d.h. die grosse mit einem Teppich belegte Mitteltreppe und die Mittelthür, die sonst nur von dem Kaiser benutzt wird; der Ausgang fand dagegen durch die linke Seitenthür statt.«[88] Heyking indes gab seinen Fauxpas nicht zu und bestand auf einer Entschuldigung der Chinesen. Er bekam seinen Willen: Der Minister, der ihn am Ärmel gezogen hatte, suchte ihn in der Botschaft auf und bat dafür formell um Verzeihung. Bei der Februaraudienz des folgenden Jahres ging es dann »außergewöhnlich ordentlich« zu. Für den Journalisten Eugen Wolf, der Heyking begleitete, war es gleichwohl unfassbar, dass sich europäische Staaten eine derartige Behandlung ihrer Repräsentanten gefallen ließen.[89]

Die Berliner Kotau-Affäre von 1901: Wer demütigt wen?

Damit war 1901 endgültig Schluss. Auf die Yihetuan- oder, wie sie in Europa hieß, Boxer-Bewegung vom Vorjahr antworteten die acht alliierten Mächte mit militärischer und politischer Härte. Sie erlegten der chinesischen Regierung zahlreiche Bedingungen auf, die innerhalb kurzer Zeit abzuarbeiten waren; andernfalls würde die militärische Intervention fortgesetzt. Neben der drakonischen Bestrafung der Aufständischen und immensen finanziellen Reparationen zählte dazu die explizite Abschaffung des Kotaus für ausländische Diplomaten (obwohl davon faktisch seit 1873 keine Rede mehr gewesen war). Nach wie vor war die staatliche Gleichrangigkeit, die im Hofzeremoniell ihren Ausdruck fand, Europäern, Amerikanern und Japanern ein dringendes Anliegen.[90]

Unstrittig war zwischen ihnen zudem der erste Punkt auf der Forderungsliste. Er verpflichtete die Chinesen, sich für das »schwere Verbrechen« gegen den deutschen Botschafter Clemens von Ketteler zu entschuldigen. Ketteler war während des Aufstandes erschossen worden, ebenso wie der Kanzler der japanischen Gesandtschaft, Akira Sugiyama. Auch für seinen Tod sollte die chinesische Regierung in Tokio Abbitte leisten.[91] Eine solche »Sühne« erschien der deutschen Seite als eine »Frage der Genugthuung, die für uns«, so Staatssekretär Bernhard von Bülow im Juli 1900, »den Ehrenpunkt berührt« und »eine nationale Ehrensache« sei.[92]

Kurz darauf traf bei Wilhelm II. ein Telegramm des chinesischen Kaisers ein, der die Ermordung Kettelers »beklagte und bedauerte« und ein Trankopfer ankündigte. Dem japanischen Tenno sprach der Kaiser ebenfalls sein tiefes Bedauern aus, ordnete religiöse Zeremonien für den getöteten Sugiyama an und appellierte an die lange Tradition guter Nachbarschaft und wechselseitiger Wertschätzung. Während der Tenno das Telegramm »mit Genugtuung« entgegennahm und dem Pekinger Kollegen dringend ans Herz legte, eine neue Regierung einzusetzen, antwortete Wilhelm II. zurückhaltender. Er könne die Untat und »schwere Kränkung« durch Trankopfer »nicht als gesühnt erachten«, sondern verlange weitere Maßnahmen.[93]

Der Begriff der Sühne klang neu und ungewohnt in den Ohren der Diplomaten. Bislang war meist von Satisfaktion, Genugtuung und Entschuldigung (*apology*) die Rede gewesen. Diese Begriffe aus dem Lexikon adliger Ehre waren ins Völkerrecht übertragen worden. ›Sühne‹ dagegen gehörte ins theologische Fach und bedeutete nach evangelisch-lutherischer Lesart die »Wiedergutmachung einer durch Gesetzesverletzung entstandenen Schuld«. Das erforderte das »Erleiden der der Schuld entsprechenden Strafe« ebenso wie das Reueempfinden des »Sünders«. Aus dem religiösen Wortschatz wanderte der Begriff ins Recht ein. Vor allem in Zivilprozessen, speziell bei Ehescheidungen und Beleidigungen, kannte man »Sühneverfahren« zwecks gütlicher Beilegung von Rechtsstreitigkeiten.[94]

›Sühne‹ wog moralisch wesentlich schwerer als ›Entschuldigung‹, und die Häufigkeit, mit der das Wort in den diplomatischen Dokumenten der

Jahrhundertwende auftauchte, zeugt von seiner hohen emotionalen und politischen Aufladung. Im Handumdrehen geriet der chinesische Emissär, der 1901 mit einer formellen Entschuldigung des Kaisers nach Berlin geschickt wurde, zum »Sühneprinzen«, und noch sechs Jahre später behielt *Meyers Großes Konversations-Lexikon* ihn als solchen in Erinnerung. Erstmals 1902 führte der *Brockhaus* auch den Eintrag »Kotau« auf, ein Begriff, welcher der deutschen Öffentlichkeit bislang nicht geläufig war.[95]

Wie aber gelangte der Kotau in ein deutsches Lexikon? Schuld war Wilhelm II. Er stieß im Sommer 1901 eine Kette von Ereignissen an, die Diplomaten, Journalisten und Bürger in helle Aufregung versetzten und den Kotau als »Zeremonie tiefster Unterwürfigkeit«, wie der Große Meyer definierte, zu einem populären Gesprächsthema machten. Und das kam so: Nachdem der deutsche Kaiser auf das erste Telegramm aus China zugeknöpft reagiert und das Diplomatische Corps in Peking einstimmig die Entsendung einer außerordentlichen Mission nach Berlin gefordert hatte, bestieg im Juli 1901 der kaiserliche Prinz Chun ein deutsches Schiff, um dieser Forderung nachzukommen und sich bei Wilhelm II. für die Ermordung Kettelers zu entschuldigen. Zugleich setzte Wilhelm alle Hebel in Bewegung, um Chuns Mission so unangenehm wie nur möglich zu gestalten. Er befand sich dabei durchaus im Einklang mit der öffentlichen Meinung, die, so der *Berliner Lokalanzeiger* im Januar 1901, »die materielle Züchtigung der Asiaten durch eine moralische Demüthigung« verstärkt wissen wollte.[96]

Wer dem Kaiser die Idee einflüsterte, diese Demütigung durch die Forderung eines Kniefalls zu vollziehen, bleibt ungewiss.[97] Tatsache ist, dass Oberhofmarschall und Oberzeremonienmeister August zu Eulenburg dem Auswärtigen Amt am 8. Juli mitteilte, man wolle den Prinzen und seine Gesandtschaft am 27. August im Berliner Schloss empfangen. Daraufhin fragte Staatssekretär Oswald von Richthofen mündlich bei dem Berliner Sinologieprofessor Carl Arendt an, welche »Etikettefragen« sich daran knüpften und wie man der chinesischen Regierung zu verstehen geben könne, dass der Prinz »nicht als ein hoch zu ehrender Gast, sondern als ein Bittender angesehen werde«. Arendt hatte mehr als zwanzig Jahre als Dolmetscher bei der preußisch-deutschen Gesandtschaft in China verbracht und kannte sich bestens aus. Da »es ein echt chinesisches Zeremoniell für Fälle dieser Art« nicht gebe, solle man getrost die den Chinesen mittlerweile vertraute europäische Etikette anwenden.

Zugleich sei der »angestrebte Zweck« durch leichte protokollarische Abweichungen deutlich zu machen und alles zu vermeiden, »was einer feierlichen Einholung des Prinzen zu Hofe ähnlich sähe«.[98]

Um sicherzugehen, holte Richthofen überdies die Meinung des Gesandten Mumm von Schwarzenstein in Peking ein. Dieser riet ebenfalls dazu, kein »orientalisches Zeremoniell« durchzuführen, sondern den Empfang »in bei uns herkömmlicher Weise zu gestalten«. Den »Charakter der Mission« könne man durch entsprechende Gesten und Worte unterstreichen.[99] Das gab Richthofen an Eulenburg weiter und empfahl, »die bei dem Empfange zu beobachtenden Ceremonien bis ins Einzelne vorher zu bestimmen, wie z. B. die Anzahl der Schritte, die der Gesandte bei der Annäherung an S. M. zu machen, und die Entfernung von S. M., in der er stehen zu bleiben hätte, die Art und Zahl der Verbeugungen, die Behandlung der Kopfbedeckung u. s. w.«. Am 6. August ließ der Oberhofmarschall das Auswärtige Amt dann wissen, dass »Seine Majestät der Kaiser und König darauf bestehen, dass das ganze Gefolge des Prinzen sich bei der Audienz dem Throne nur auf den Knien nähert, wie solches ihrem eigenen Kaiser gegenüber üblich ist; für den Eintritt des Prinzen selbst genügen die üblichen drei Verbeugungen in Abständen, über die noch nähere Bestimmungen zu treffen sein dürften«.[100]

Als Eulenburg den chinesischen Gesandten Liu Hai-kwan über das Empfangszeremoniell unterrichtete, setzte der sich sofort mit seinen Pekinger Vorgesetzten in Verbindung. Mehrfach wurde er im Auswärtigen Amt vorstellig und bat darum, dem Gefolge den Kniefall zu erlassen. Zumindest der Dolmetscher des Prinzen, Generalleutnant Yin Chang, sei davon auszunehmen, denn erstens habe ihn Wilhelm II. 1898, anlässlich des Besuchs des Prinzen Heinrich in China, mit einem hohen Orden ausgezeichnet, und zweitens sei er der designierte chinesische Botschafter in Berlin. Mit der erzwungenen Geste würde man ihn vor den anderen Mitgliedern des Diplomatischen Corps lächerlich machen. In Peking wandte sich derweil Prinz Qing an Mumm und ersuchte ihn, den Reichskanzler zu bitten, von dem geforderten Kotau »Abstand nehmen zu wollen, da diese Zeremonie bisher niemals bei Empfängen chinesischer Gesandtschaften in Europa üblich gewesen sei, zu europäischer Umgebung und civilisirten Sitten nicht passe und man in China selbst, wo Reformen gegenwärtig an der Tagesordnung seien, mit dem Gedanken umgehe, den Kotow als nicht mehr zeitgemäß abzuschaffen«. Wilhelm II. jedoch sah keinen Anlass, das einmal festgelegte Zeremoniell zu ändern. »Eine Ausnahme für den zukünftigen Gesandten Yinchang zu machen liege gar kein Grund vor. Im Gegentheil sei es sehr nützlich, wenn dem Herrn von vorne herein zu Gemüthe geführt werde, daß man nicht ungestraft den deutschen Kaiser beleidigt. Der Besitz des Kronen-Ordens spiele dabei gar keine Rolle.«[101]

Inzwischen war Liu Hai-kwan nach Genua gereist, um Prinz Chun nach dessen langer Schiffsreise in Empfang zu nehmen und aus erster Hand über die Geschehnisse zu unterrichten.[102] Auch der Prinz sah darin einen Angriff auf »die Ehre des Landes«, denn, wie er in seinem Reisetagebuch notierte, *guikou*, das »Knien und Kotau-Machen«, sei international nicht üblich.[103] Die Minister des Zongli Yamen instruierten ihn telegraphisch, sich unter keinen Umständen darauf einzulassen und nicht nach Deutschland weiterzureisen, bevor die Audienzbedingungen einvernehmlich geklärt seien. Am 25. August ging ein Telegramm aus Basel im Auswärtigen Amt ein: »Prinz Chun erkrankt, Abreise auf unbestimmt.« Am selben Tag suchte der chinesische Geschäftsträger Kinginthai Richthofen in Berlin auf und teilte ihm vertraulich mit, »er sei fest überzeugt, daß die plötzliche Krankheit sofort behoben sein werde, sowie wir dem Gefolge des Prinzen den Kotau erließen und uns mit dem Tschingan, d.h. dem Niederwerfen auf ein Knie und zwar das rechte begnügten«.[104]

Durch den bei Wilhelm II. in Kassel-Wilhelmshöhe weilenden Gesandten Heinrich von Tschirschky ließ Richthofen dem Kaiser davon Mitteilung machen. Gleichwohl entschied Seine Majestät am 26. August, »keinen Finger breit von dem abzugehen, was Er einmal bestimmt habe. Es sei eine Sühnegesandtschaft und dieser Charakter müsse unter allen Umständen gewahrt werden.« Obschon er von allen Seiten bearbeitet wurde – auch der inzwischen zum Reichskanzler ernannte Bülow war über die »unselige Kotaufrage« alles andere als erfreut –, blieb Wilhelm »unerbittlich und sagte (zu Tschirschky): Es ist mir ganz egal was passiert, dann schicke ich das Panzer-Geschwader wieder nach China. Der innere Grund, aus dem Sr. Majestät jetzt nicht aufgeben kann ist, wie Er mir ganz vertraulich sagte, der, daß der König von England und Lascelles (der britische Botschafter in Berlin) wüßten, daß er den Kotau verlange. Er könne sich denen gegenüber nicht desavouieren.«[105]

Das also war des Pudels Kern: Der Kaiser wollte gegenüber Großbritannien um keinen Preis das Gesicht verlieren, indem er in der Audienzfrage einen Rückzieher machte. Gerade die kaiserliche Intransigenz aber, fürchtete man im Auswärtigen Amt, werde Deutschland international der Lächerlichkeit preisgeben und ins politische Abseits stellen. Hellsichtig skizzierte die Graue Eminenz Friedrich von Holstein bereits am 23. August in einem Privatbrief an den Reichskanzler, wie sich die Dinge entwickeln würden: Weder der chinesischen Regierung noch dem Prinzen Chun werde es »an guten Rathschlägen fehlen. Man kann sich ungefähr denken, daß ihnen gesagt werden wird, Deutschland habe sich durch diese übertriebene Forderung ins Unrecht gesetzt u. werde daher, falls China dieselbe ablehne, nichts machen können, da die Gesammtheit der übrigen Mächte, welche China zu der Sühne-Mission veranlaßt hätten, Deutschlands Verhalten hierbei mißbilligten.« »In der That«, so Holstein, gebe es wenig, was die deutsche Seite dann noch tun könne: »Die draußen noch vorhandenen Land- u. See-Streitkräfte sind ungenügend, um die Chinesen einzuschüchtern, u. man darf wohl annehmen, daß unsere guten Freunde es sich haben angelegen sein lassen, die chines. Regierung hierüber sowie über unsere Isolirung hinsichtlich der Kotowfrage aufzuklären.«[106]

Dies alles war dem Kaiser »ganz egal«. Im Pekinger Diplomatischen Corps wunderte man sich derweil, warum die Audienz in Berlin von Tag zu Tag verschoben wurde. Gut informiert war der amerikanische Botschafter William Rockhill, bei dem sich Mumm angelegentlich über den Kotau und die Macartney-Mission erkundigt hatte (Rockhill hatte darüber 1897 publiziert).[107] Bei sämtlichen diplomatischen Abendessen war das Thema Tischgespräch, und jede neue Information steigerte die Spannung. Von den Chinesen wusste man, dass Li Hongzhang, seit den 1870er Jahren der mächtigste Außenpolitiker des Hofes, Prinz Chun telegrafisch angewiesen hatte, sich dem Kotau-Diktat unter keinen Umständen zu beugen. Am 4. September kam schließlich die Nachricht, der deutsche Kaiser habe nachgegeben: »The Chinese are jubilant.«[108]

Tatsächlich war man in Berlin inzwischen von der »Instruction« abgerückt, die dem Prinzen am 26. August übermittelt worden war und vorsah, dass sich sein Gefolge bei jeder seiner drei Verbeugungen auf die Knie niederließ und auch während der Anrede und der kaiserlichen Antwort auf den Knien verharrte.[109] Was Wilhelm II. letztlich überzeugte, war nicht das (zutreffende) Argument Richthofens, »daß die anderen in China interessirten fremden Mächte, z. B. Rußland, vielleicht auch Japan, den Kniefall als eine zu weit gehende Demüthigung Chinas betrachten und deshalb unser Bestehen darauf uns politisch nachtheilig« sei. Weder scherte ihn die Schadenfreude der anderen noch die Öffentlichkeit im eigenen Land, die chinamüde war und einen verweigerten Kotau kaum als Motiv für eine neuerliche militärische Intervention akzeptieren würde. Die Brücke, über die er gehen konnte, war stattdessen, völlig überraschend, die Religion.[110]

In einer Unterredung mit dem deutschen Konsul in Basel hatte Prinz Chuns Begleiter und Dolmetscher Yin Chang die Bemerkung fallen gelassen, das Zeremoniell des Kotaus beruhe »auf religiösem Anschein«. Diesen Hinweis griff Richthofen sofort auf. Er holte Gutachten ein, wälzte gelehrte Bücher und legte dem Kaiser dar, ein Zeremoniell mit dezidiert »religiösem Charakter« lasse sich nicht auf fremde Herrscher übertragen. Wenn Chinesen vor dem deutschen Kaiser knieten, sei das, vom christlichen Standpunkt aus, geradezu eine »Blasphemie«, die »auch die religiösen Gefühle in Deutschland schwer« verletze. Dieses Argument entbehrte jeder sachlichen Grundlage, erfüllte aber seinen Zweck: Wilhelm ließ sich umstimmen. Nach einem Gespräch mit dem Reichskanzler, der seinen Urlaub in Norderney unterbrochen hatte und nach Berlin geeilt war, gab er am 1. September »huldvoll« kund, die Zeremonialfrage sei nunmehr erledigt. Bei der Audienz, die mit den dabei üblichen Verbeugungen vonstattengehen sollte, hätten nur der Prinz und Yin Chang zu erscheinen, während das Gefolge im Vorzimmer bliebe. Am 2. September unterrichtete das Auswärtige Amt den Basler Konsul ebenso wie den chinesischen Geschäftsträger in Berlin, und Prinz Chun bestieg den Zug nach Deutschland. Zwei Tage später fand die Audienz im Potsdamer Neuen Palais statt, mit einer leichten Abwandlung des Protokolls: Der Kaiser gewährte dem Prinzen die »vorgesehenen Ehrungen wie Eskorte und Ehrenkompagnie« erst, nachdem er ihn empfangen hatte und die »Sühne« offiziell vollzogen worden war.[111]

Damit endete ein Konflikt, der die Diplomatie einen Monat lang in Atem gehalten hatte. Was Wilhelm II. als gezielte Demütigung der Chinesen eingefädelt hatte, entwickelte sich zu einem Drama, in dem der Kaiser fürchten musste, das Gesicht zu verlieren. Um das zu vermeiden, war er bereit, hohe militärische Risiken einzugehen und politische Rücksichten beiseitezuschieben. Nur mit großer Mühe vermochten Kanzler und Auswärtiges Amt ihn von diesem (selbst-)zerstörerischen Kurs abzubringen; ob er dem Religionsargument glaubte, bleibt dahingestellt. Jedenfalls bot es ihm die Möglichkeit eines ehrenvollen Rückzugs, der, wie Richthofen beteuerte, »mit einem vollen, nach Außen und Innen eindrucksvollen Erfolg Deutschlands« gekrönt würde.[112]

Hier irrte der Staatssekretär. Weder im Ausland noch in Deutschland selber wurde die Affäre als nationales Ruhmesblatt wahrgenommen. Alle großen Zeitungen hatten fortlaufend darüber berichtet.[113] Dass China eine »Demütigung« verdiente, war zwar, außer in der sozialdemokratischen Presse, weitgehend unbestritten. Die Londoner *Times* fand es völlig richtig, die chinesische Regierung die »humiliation« schmecken zu lassen, die sie sich selber eingebrockt habe. Der konservativ-katholische *Bayerische Curier* sah in der »Demütigung« des »Sühneprinzen« eine »Genugtuung des beleidigten deutschen Nationalgefühls«, während die *Münchener Neuesten Nachrichten* die »äußeren Formen« und Reden der Audienz lediglich für diejenigen als befriedigend erachteten, »die nicht übertriebene Forderungen der Demüthigung an die Sühne-Mission stellen«.[114] Aber gerade jene Übertreibungen waren es, die die Öffentlichkeit zunehmend irritierten. Es mute befremdlich an, schrieb die *Times*, wenn ausgerechnet eine aufgeklärte Nation wie Deutschland ein Schauspiel aufführe, das auf die sklavisch-unterwürfige Etikette des Fernen Ostens zurückgreife. Diese »irrationale« Geste bewirke leicht das Gegenteil dessen, was sie beabsichtige.[115]

Aus Peking wusste der dortige *Times*-Korrespondent denn auch zu berichten, dass die Chinesen sich ins Fäustchen lachten und ihren diplomatischen Sieg über die deutschen Barbaren feierten. In der russischen Gesandtschaft, die den Qing-Kaiserhof intensiv beraten habe, freue man sich ebenfalls über die für Deutschland peinliche Affäre. Die *Washington Post* sekundierte, der Ausgang des Konflikts markiere einen Sieg der chinesischen Diplomatie und die Sühnemission gebe kein Glanzstück deutscher imperialer Überlegenheit ab. Nicht zufällig druckten Witzblätter reihenweise Karikaturen über den Triumph des chinesischen Drachens und den schmachvollen Rückzug der Europäer.[116] So goss die Wiener Wochenschrift *Floh* Hohn und Spott über die Deutschen, die vor der Resilienz der Chinesen kapituliert und sich heillos »blamiert« hätten. Theodor Heine zeichnete im *Simplicissimus* den »Sühneprinz«, wie er,

17 *Die Sühne oder: Ideal und Wirklichkeit* (Karikatur von Ludwig Stütz im *Kladderadatsch, 1901*)

18 *Der Sühneprinz* (Humoristische Komposition von Otto Reutter, um 1901)

klein und schmächtig, hochgewachsenen Kürassieren eine lange Nase drehte und seinen Dolmetscher erklären ließ, diese chinesische Handbewegung bedeute so viel wie: »Ich bitte unterthänigst um Verzeihung.« In der Berliner Friedrichstraße fand eine Kippfigur reißenden Absatz, die »John Chinamann« zunächst mit wehmütig herabhängendem Schnurrbart zeigte, »ein wahres Bild der Melancholie«, wie die *Berliner Damen-*

Zeitung ironisch anmerkte. »Zieht man aber an dem vorragenden Papierbändchen der Figur, dann schnellt der melancholische Schnurrbart in die Höhe und bekommt einen fidelen, ja stolzen Charakter.« Dem Chinamann aufgedruckt seien die Worte: »Prinz Tschun – vor und nach dem Kotau!« Dieser Scherzartikel gebe »die Stimmung der Berliner Bevölkerung treffend wieder«, die genau verfolgt habe, wie aus einem »Unterlegenen« ein »Sieger« geworden sei.[117]

So sah es am 3. September 1901 selbst das *Berliner Tageblatt*, das zuvor am »Kanossagang« des Prinzen »wenig auszusetzen« hatte und ihn für die »lächerlich anmaßlichen« Chinesen völlig angemessen fand. Doch da die Affäre Deutschland zum »Gespött des Auslandes« gemacht habe, sei es klug gewesen, sie zu beenden. Auch Dolmetscher Otto Franke, der Prinz Chun und dessen Entourage auf der Schiffspassage nach Europa getroffen hatte und um die Brisanz der Zeremonienfrage wusste, erinnerte sich in seinen Memoiren daran, wie unhaltbar die Situation und wie unangenehm die »Begleiterscheinung« gewesen sei, »daß die deutsche Politik einige Tage hindurch das Erstaunen und danach das Gelächter der europäischen Welt hervorgerufen« habe.[118]

Mit diesem Gelächter fand die hundertjährige Auseinandersetzung um den Kotau als Element des chinesischen Audienzzeremoniells ihren Abschluss. Was als Demütigung Chinas gedacht war, endete mit einer Demütigung Deutschlands, die im offiziellen Gedächtnis des Landes allerdings sofort getilgt wurde.[119] Aber auch in China konnte der diplomatische Etappensieg nicht darüber hinwegtäuschen, dass das Land am 7. September 1901, drei Tage nach Chuns Audienz bei Wilhelm II., mit dem Pekinger Schlussprotokoll ein weiteres Dokument seiner sich lange hinziehenden Niederlage gegenüber dem Westen, Japan eingeschlossen, unterzeichnete. Die darin vereinbarte Errichtung eines Gedenkbogens für Ketteler, 1903 mit einem prinzlichen Trankopfer eingeweiht, empfand man in China als steingewordenes Zeichen der Schande und Beschämung. 1924 erklärte die nunmehr republikanische chinesische Regierung den 7. September zum »Tag der nationalen Schande«. Anfang der 1940er Jahre zählte der einheimische Kalender mehr als hundert solcher Tage. Die Erinnerung daran war zu einem zentralen Element des chinesischen Nationalismus geworden. Noch heute spricht man in China vom Jahrhundert der Demütigung und meint damit die Zeit vom Ersten Opiumkrieg 1839 bis zur kommunistischen Revolution 1949.[120]

Ehre und Schmach, Krieg und Frieden in Europa

Demütigung nahm aber nicht nur im politischen Wörterbuch Chinas einen prominenten Platz ein. Auch die Deutschen benutzten den Begriff gern und häufig und standen damit in Europa keineswegs allein. Selbst wenn die klassischen Rangstreitigkeiten auf diplomatischem Feld zu Beginn des 19. Jahrhunderts beigelegt und die Parität der europäischen Staaten bekräftigt worden war, neigten alle dazu, sich immerzu und überall gedemütigt oder beleidigt zu fühlen. Auch und gerade in der internationalen Politik spielte Ehre eine zentrale und keineswegs abnehmende Rolle. Je mehr sie vom Fürsten über den Staat in die Nation einwanderte, desto häufiger wurde zwischenstaatliche Machtkonkurrenz als Kampf um die nationale Ehre etikettiert und emotional dramatisiert.

Mit dem »Nationalitäts-Wahnsinn« des ausgehenden 19. Jahrhunderts, wie ihn Nietzsche 1885 kritisierte,[121] erwarb die Sprache der Ehre neben einer ungewohnten Schärfe und Kompromisslosigkeit auch eine Breitenwirkung, die sie in früheren Zeiten, als Politik ein Arkanum der Eliten gewesen war, nie besessen hatte. Jeder Bürger und jede Bürgerin konnten sich jetzt, befeuert durch Presse und nationalistische Vereine, mit der Ehre ihres Landes persönlich identifizieren und das, was als Ehrverletzung interpretiert wurde, auf sich selber beziehen. Für das völkerrechtlich statuierte Recht eines Staates, seine Ehre geltend zu machen, zeitigte das gravierende Konsequenzen. Wenn Staaten, wie der liberale Politiker Carl Welcker 1847 notierte, »rechtswidrige Verletzungen ihrer Ehre sogar oftmals als gerechten Grund zum Kriege« betrachteten, durften sie dies fortan mit voller Rückendeckung der eigenen Bevölkerung tun.[122] Propagandistisch vorbereitet, ließ sich die öffentliche Meinung bequem für die Legitimation politischer Machtinteressen einspannen. So legte die deutsche Regierung während der Kotau-Krise 1901 großen Wert darauf, dass die chinesische Bevölkerung einen »richtigen Eindruck der Sühnemission« erhielt – wobei sie allerdings die Machtverhältnisse vor Ort, die eine politische Teilhabe des Volkes gar nicht zuließen, grotesk verkannte.[123] Zugleich schielten die verantwortlichen Politiker in Berlin ängstlich auf die eigene Öffentlichkeit in Gestalt von »Presse und Publikum«, denen die Entscheidungen »mundgerecht« dargereicht werden müssten.[124]

19 *Vergeltung. Tilsit 1807. Sedan 1870* (Aquarell von Wilhelm Camphausen)

Mundgerecht war der preußisch-deutschen Bevölkerung schon 1870 die Entscheidung zum Krieg mit Frankreich serviert worden. Das fiel leicht, weil Napoleon III. den Krieg als Erster erklärt hatte. Seiner Nation versprach der französische Kaiser eine »satisfaction éclatante« für die fortlaufenden Beleidigungen, die Preußen Frankreich seit 1866 zugemutet habe. In der öffentlichen und nichtöffentlichen politischen Kommunikation beider Seiten war seitdem fortwährend von »Demütigung«, »Erniedrigung« und gekränkter nationaler Ehre die Rede gewesen. Jeder fürchtete sich vor »allgemeinem europäischen Spott« und der Schwächung des eigenen Ansehens. Auch die Angst vor einem innenpolitischen Prestigeverlust wog schwer, vor allem bei Napoleon, dessen autoritäre Herrschaft plebiszitär gestützt wurde. Nicht zuletzt deshalb wollte die französische Regierung den Krieg mit Preußen und ließ nichts unversucht, ihn herbeizuführen. Im preußischen Ministerpräsidenten Otto von Bismarck fand sie einen kongenialen Mitspieler. Dessen Emser Depesche, die das nach den Regeln des diplomatischen Verkehrs unbotmäßige Verhalten des französischen Botschafters Vincent Benedetti gegenüber König Wilhelm bloßgestellt hatte, betrachtete Paris als einen Affront gegen die nationale Ehre und reagierte umgehend. Wilhelm wiederum war erbost darüber, dass Benedetti ihm einen »Entschuldigungsbrief« abverlangt hatte, der »meine persönliche und die Ehre der Nation« tangiere.[125]

All diese Ehrenkränkungen und Erklärungen fanden vor großem Publikum statt, die Öffentlichkeit war bestens informiert und Teil des Schauspiels. Regierungen gaben die jeweils genehmen Nachrichten direkt an die nationale Presse weiter, und Journalisten recherchierten und zündelten in eigener Regie. Selbst sozialistische Blätter druckten aufgeregte Artikel, beschworen die angeblich angegriffene Ehre und verletzte Würde des Landes und forderten die verantwortlichen Politiker zum Handeln auf. »Nationalgefühl und nationale Ehre« waren, in Bismarcks Worten, zu »Potenzen« von »gewaltige(r) moralische(r) Trieb(kraft)« geworden, und die öffentliche Meinung, vor der sich kein Politiker »kompromittieren« wollte, hatte sich zu einem wichtigen Machtfaktor entwickelt.[126]

Dabei präsentierten sich alle Seiten als Opfer, jeder fühlte sich gedemütigt und beleidigt, ohne gedemütigt und beleidigt zu haben. Streit wollte immer nur der andere, man selber setzte sich lediglich zur Wehr. Allenfalls gefiel man sich in der Rolle des Rächers für zuvor erfahrene Demütigungen. So ließ sich das Doppelaquarell des Malers Wilhelm Camphausen mit dem Titel »Vergeltung« deuten. Camphausen, der die preußische Armee nach Frankreich begleitet hatte, kontrastierte die mythische Szene, in der Königin Luise 1807 Kaiser Napoleon I. gegenüberstand und vergeblich um einen milden Frieden bat, mit der von 1870. Nach seiner Niederlage in Sedan erschien Napoleon III., Neffe des großen Bonaparte, vor Luises Sohn Wilhelm, um sein Schwert zu übergeben. Beides waren Momente tiefer Demütigung, wobei die spätere die frühere vergalt und die preußisch-deutsche Ehre wiederherstellte.[127]

Ein ähnliches Bildprogramm fand sich in Anton von Werners berühmtem Gemälde zur Proklamation des Deutschen Kaiserreichs im Spiegelsaal von Versailles 1871. Die Deckengemälde des Saales feierten die Siege und Triumphe Ludwigs XIV., darunter auch die Einverleibung des Elsass als französischer Provinz. Der Potsdamer Militärgeistliche stellte in seiner Predigt die Verbindung her: Die Proklamation habe »die Schmach gesühnt, die von dieser Stätte und von diesem Königssitze aus dereinst auf unser Deutsches Volk gehäuft worden ist«.[128]

Fast genau ein halbes Jahrhundert später wurde am gleichen Ort die Schmach gesühnt, die Frankreich 1870/71 erlitten hatte. Im Juni 1919

Lesen und weitergeben!

Eine Lebensfrage für die weiße Menschheit!

Was ist

Schwarze Schmach?

„Schwarze Schmach" ist die Besetzung europäischer Gebiete mit farbigen Soldaten, d. h. die unerhörte Demütigung und Vergewaltigung einer hoch kultivierten weißen Rasse durch eine noch halb barbarische farbige. Was die Erweckung des Machtgelüstes farbiger Völker über weiße bedeutet, wird vielleicht eine nicht allzu ferne Zukunft nicht nur Frankreich, sondern allen kolonisierenden Völkern zeigen.

„Schwarze Schmach" ist die Bedrohung europäischer Menschen mit den furchtbarsten Tropenkrankheiten aller Art; – die Vergewaltigung und Entsittlichung weißer Frauen und Mädchen und ihre Verseuchung durch tropische Syphilis und andere schwere Geschlechtskrankheiten; – die Gefahr der Schändung weißer Kinder beiderlei Geschlechts durch Einquartierung farbiger Soldaten in Bürgerhäusern; die erzwungene Einrichtung öffentlicher Häuser und Belieferung derselben mit weißen Mädchen für farbige Soldaten; – und nicht zuletzt die Gefahr der Mulattisierung europäischer, bislang reinweißer Gebiete.

„Schwarze Schmach" bedeutet aber auch das tatenlose Verharren der Regierungen aller Kulturstaaten gegenüber diesen empörenden Zuständen; die beschämende Gleichgültigkeit der großen Öffentlichkeit der gesamten weißen Menschheit all diesen Fragen gegenüber.

Deutsche, wenn ihr schweigt, dann werden die Steine schreien!

Die Steine der Schulhäuser im Rheingebiet, die geräumt werden mußten, damit farbige Truppen dort untergebracht werden konnten,

die Steine der Freudenhäuser, in denen deutsche Mädchen der Wollust der Farbigen sich preisgeben müssen,

die Steine der Wohnhäuser, in denen Farbige einquartiert sind und das sittliche Leben der Familien vergiften.

20 Flugblatt des Deutschen Notbundes gegen die ›Schwarze Schmach‹, 1920er Jahre

fanden sich die Vertreter der Siegermächte des Ersten Weltkriegs in Versailles ein, um ihre Unterschrift unter den Friedensvertrag mit Deutschland zu setzen. Dass der französische Ministerpräsident Georges Clemenceau, der schon 1871 gegen die Deutschen gekämpft hatte, den Spiegelsaal für die Zeremonie ausgewählt und hergerichtet hatte, war kein Zufall, sondern Teil einer ausgefeilten Politik demütigender Revanche. Die beiden deutschen Abgesandten, der sozialdemokratische Außenminister Hermann Müller und Verkehrsminister Johannes Bell vom katholischen Zentrum, durften nicht am großen Tisch Platz nehmen.

Man führte sie kurz herein, ließ sie unterzeichnen und eskortierte sie anschließend wieder hinaus. Im Hotel brach Müller, bis dahin stoisch um Contenance bemüht, zusammen; noch am gleichen Abend, nach der »schlimmsten Stunde meines Lebens«, reiste er nach Berlin zurück.[129]

Auch andere Anwesende waren nicht stolz auf die Zeremonie. Edward House, Berater des amerikanischen Präsidenten Woodrow Wilson, fühlte sich an einen römischen Triumphzug erinnert, bei dem die Besiegten zu Fuß und mit gesenktem Haupt den Wagen der Eroberer folgten. Er vermisste bei der Unterzeichnung ein Element der »Ritterlichkeit« und fand stattdessen die unverhohlene Absicht, den Feind zu »demütigen«. Mitleid empfand der britische Diplomat Harold Nicolson für die deutschen Minister, die als Mitglieder der neuen nachrevolutionären Regierung für die Kriegspolitik des Deutschen Reiches keinerlei persönliche Verantwortung trugen.[130]

In Deutschland galt der Versailler Vertrag als Schandfrieden, und Politiker aller Parteien gingen auf Distanz. Durch den Alleinschuldparagraphen und die daraus abgeleiteten harten Bedingungen fühlte sich das ganze Land gedemütigt und in seiner Ehre verletzt. Die Rechte mobilisierte unablässig gegen den Vertrag und diffamierte Müller und Bell, die ihn widerwillig und unter Vorbehalt unterzeichnet hatten, als ehrlose Landesverräter. Andere ›Erfüllungspolitiker‹ wurden auf offener Straße ermordet.

Als eine weitere Demütigung galt die im Vertrag geregelte militärische Besetzung der Rheinlande, vor allem die Stationierung französischer Truppenkontingente, in denen Soldaten aus Afrika Dienst taten. 1920 unterstützten alle Parteien der Weimarer Nationalversammlung mit Ausnahme der Unabhängigen Sozialdemokraten eine Resolution, die dies als »unauslöschliche Schmach« für Deutschland und »schauerliche Gefahr« für deutsche Frauen und Kinder bezeichnete. Selbst der sozialdemokratische Reichspräsident Friedrich Ebert rief 1923 »anklagend in die Welt« hinaus, es sei eine »herausfordernde Verletzung der Gesetze europäischer Zivilisation«, dass »farbige Truppen niederster Kultur als Aufseher über eine Bevölkerung von der hohen geistigen und wirtschaftlichen Bedeutung der Rheinländer« eingesetzt würden.[131] Mit gleichem Zungenschlag sprach ein zeitgenössisches Flugblatt von »unerhörter Demütigung und Vergewaltigung einer hoch kultivierten weißen Rasse durch eine noch halb barbarische farbige«.[132]

›Vergewaltigung‹ war hier nicht nur im übertragenen Sinn gemeint. Vielmehr spielte sie auf die teils erzwungenen, teils freiwillig eingegangenen Beziehungen zwischen Kolonialsoldaten und deutschen Frauen an. Die Kinder, die daraus hervorgingen, wurden in breiten Bevölkerungskreisen als »Rheinlandbastarde« verachtet und verunglimpft. Ein konservativer Abgeordneter des britischen Unterhauses, der als Offizier am Weltkrieg teilgenommen hatte und 1921 die besetzten Gebiete bereiste, nannte sie »groteske Geschöpfe«, »erschütternde kleine Zeugen dieser Schmach am Rhein«. Er habe nichts dagegen, schrieb er in der *Sunday Times*, Deutschland zu demütigen. Aber Afrikaner über Weiße herrschen zu lassen gehe zu weit. Es werde »die Seele Deutschlands brandmarken und in seinem Herzen die Begierde einpflanzen, eines Tages die Schmach mit größerer Schmach zurückzuzahlen«. Ein neuer Krieg sei damit vorprogrammiert.[133]

Völkische und nationalsozialistische Kreise beeilten sich, diese Prophezeiung zu erfüllen. Hitler schrieb sich nach 1933 die Revision des Versailler Vertrags auf die Fahnen und ließ die ›Bastarde‹ sterilisieren, auf dass sich die ›schwarze Schmach‹ nicht fortpflanze, die »weiße Rasse« von innen zerstöre und »von ihrer kulturellen und politischen Höhe« stürze.[134] Dauernd führte er die Begriffe Ehre und Schande im Munde und wusste sie rhetorisch hocheffektiv einzusetzen. Er nutzte zudem jede Gelegenheit, seine innen- und außenpolitischen Gegner zu demütigen und öffentlich vorzuführen. Als deutsche Truppen am 14. Juni 1940 Paris einnahmen, verfügte der ›Führer‹, den Eisenbahnwaggon, in dem Franzosen, Briten und Deutsche am 11. November 1918 in Compiègne das Waffenstillstandsabkommen unterzeichnet hatten aus dem Museum zurück an seinen damaligen Ort zu bringen. Am 22. Juni wurde dort der zweite Waffenstillstand in Kraft gesetzt. Die Zeremonie war, wie Propagandaminister Joseph Goebbels in seinem Tagebuch festhielt, »keine demonstrative Demütigung«, und auf deutscher Seite spielten vorgeblich weder »Hass« noch »Rache« mit. »Aber die Schmach von 1918 ist nun ausgelöscht. Man fühlt sich wie neugeboren.« Der Salonwagen, in dem man Deutschland damals »gedemütigt« hatte, kam nach Berlin und wurde eine Woche lang im Lustgarten ausgestellt.[135]

Nachkriegs-Schritte

Ob sich der Zirkel gezielter Demütigungen und Vergeltungen nach 1945 durchbrechen lassen würde, war keine banale, zweitrangige Frage. Symbolische Zeichen besaßen große Bedeutung und wurden aufmerksam registriert. Nachdem Bundeskanzler Konrad Adenauer im September 1949 das Besatzungsstatut aus den Händen der Hohen Kommissare entgegengenommen hatte, berichtete er dem Auswärtigen Ausschuss des Bundestages, man habe durch langwierige Verhandlungen erreicht, »daß dieser Staatsakt keinen demütigenden Charakter für die Deutsche Bundesregierung erhalte«. Vor allem die Franzosen und Amerikaner kamen ihm dabei entgegen. André François-Poncet etwa sei »anders als vorgesehen gleich beim Empfang auf den Bundeskanzler zugetreten und habe ihm die Hand geschüttelt, so daß sich gleich von vornherein eine freundlichere Atmosphäre ergeben hätte«.

Adenauer wiederum nutzte die Geste des Franzosen zu einem kleinen, aber für ihn wichtigen Schritt. Eigentlich, so bestimmte es das alliierte Protokoll, sollten nur die Kommissare auf dem Teppich stehen; erst nach der Ansprache des Vorsitzenden durfte auch der Bundeskanzler den Teppich betreten. Doch Adenauer hielt sich nicht daran. Als François- Poncet nach vorn trat, um ihn zu begrüßen, ging er ihm entgegen »und stand somit gleichfalls auf dem Teppich«, auf Augenhöhe mit den Vertretern der westlichen Besatzungsmächte. Keiner von ihnen, notierte der Kanzler befriedigt, »wendete sich dagegen«.[136]

John McCloy erinnerte sich später, er habe Adenauer mit den Worten empfangen: »Sie denken jetzt sicher an Canossa.«[137]»Canossa« stand für den Bußgang Heinrichs IV. zu Papst Gregor VII. 1077, um die Lösung des Kirchenbanns zu erwirken. Seit dem späten 19. Jahrhundert war es zum geflügelten Wort für einen demütigenden Akt politischer Unterwerfung geworden. Bismarcks Ausspruch im Reichstag von 1872 »Nach Kanossa gehen wir nicht, weder körperlich noch geistig« zog weite Kreise.[138] Die Sprache der Demütigung war allen auf dem Bonner Petersberg Anwesenden vertraut. Nach den bitteren Erfahrungen der ersten Jahrhunderthälfte aber wollte sie niemand mehr in den Mund nehmen. Ebenso wie internationale Vereinbarungen ein Bekenntnis zum Schutz menschlicher Würde und zu wechselseitiger Achtung ablegten, sollten fortan auch internationale Beziehungen, wie sie sich bilateral sowie in den zahlreichen neu geschaffenen internationalen Organisationen entwickelten, auf dem »Grundsatz der souveränen Gleichheit« beruhen. So verkündete es jedenfalls die UN-Charta von 1945.

Das beinhaltete die Ächtung von physischer und militärischer Gewalt, aber auch den Verzicht auf ostentative Demütigung. Den neuen Stil praktizierten die Vereinten Nationen 1948, als sie Israel wegen der Ermordung des UN-Vermittlers Folke Graf Bernadotte zur Rechenschaft zogen. Zwar sparte man nicht mit Kritik an der israelischen Regierung, die wenig tat, um die Mörder zu fassen und hinter Gitter zu bringen. Der UN-Generalsekretär verlangte darüber hinaus eine offizielle Entschuldigung, die erst nach langem Zögern und mit gewundenen Worten eintraf: Die Regierung bedaure zutiefst und missbillige ernsthaft. Doch der Generalsekretär gab sich damit zufrieden und verzichtete auf weitere Schritte.[139]

Diese Konzilianz und Schonung standen in krassem Gegensatz zu der Behandlung, die sich Griechenland 1923 von Italien hatte gefallen lassen müssen. Der italienische General Enrico Tellini, der als Vermittler des Völkerbundes Grenzkonflikte zwischen Griechenland und Albanien schlichten sollte, war, zusammen mit drei Begleitern, ermordet worden. Mussolini machte die griechische Regierung dafür verantwortlich und ließ, im Stil Wilhelms II., die Insel Korfu besetzen. Für die »schwere Beleidigung«, welche die »öffentliche Meinung unseres Landes tief verletzt und getroffen« habe, verlangte er finanzielle Reparationen, die Hinrichtung der Täter sowie Entschuldigungen von höchster militärischer Stelle. Neben der empörten griechischen Presse erkannte auch die Londoner *Times* darin ein Design »to inflict the bitterest humiliation upon Greece«; jugoslawische Politiker verglichen es mit dem österreichischen Ultimatum an Serbien 1914.[140]

Solche asymmetrischen Demütigungsgesten verloren nach 1945 zusehends an Legitimität und Zugkraft. Bereits der Völkerbund hatte seine Mitglieder verpflichtet, »auf Gerechtigkeit und Ehre gegründete Beziehungen« zu unterhalten, ohne damit jene gewaltaffine Version der Ehre zu meinen, die der deutsche Nationalsozialismus und der italienische Faschismus für sich reklamierten. Dass jene Regime im Zweiten Weltkrieg militärischen, politischen und moralischen Schiffbruch erlitten, ebnete den Weg zu einer internationalen Ordnung, die anstelle von

Ehre Prinzipien souveräner Gleichheit, territorialer Integrität und politischer Unabhängigkeit betonte.[141] Die neue weltpolitische Konfliktlinie des Kalten Krieges verlief zudem zwischen Mächten, die von dem Motiv nationaler Ehre und Schande wenig Gebrauch machten.[142] Im kommunistischen Lexikon trat Ehre als Begriff der Außenpolitik kaum noch hervor, und auch der Westen vermied es, an die emotional aufgeladene Geschichte nationaler Demütigungen anzuknüpfen und die Gewaltspirale zu drehen.[143] Die Konsequenz daraus zog die UN-Resolution 56/83, der die Generalversammlung 2001 zustimmte. In Artikel 37 hieß es klipp und klar, die Satisfaktion, die ein Staat einem anderen für den Bruch des Völkerrechts schulde, dürfe keine »erniedrigende Form« annehmen.[144]

Die Politik der Entschuldigung und Willy Brandts Kniefall

Auf dem Weg zu dieser Resolution lagen allerdings immer wieder neue Stolpersteine. Was man unter Erniedrigung verstand, variierte erheblich. Dass Entschuldigungen kein Zeichen der Selbsterniedrigung und Schwäche, sondern Ausdruck moralisch-politischer Stärke und Haltung sein konnten, setzte sich nur langsam und keineswegs flächendeckend durch. Als der sozialdemokratische Politiker Carlo Schmid 1958 in das am ehemaligen Gestapo-Gefängnis in Warschau ausliegende Besucherbuch die Worte »mit tiefer Beschämung an diesem Ort deutscher Schande« schrieb, warf man ihm daheim vor, er habe gegen die »nationale Würde« der Deutschen verstoßen.[145] Ähnliche Kritik ernteten 1965 die polnischen Bischöfe für ihren Brief an das deutsche Episkopat, in dem sie Vergebung gewährten und um Vergebung baten: Vergebung für die von Deutschen an Polen begangenen Verbrechen während des Zweiten Weltkriegs, und Vergebung für die von Polen an Deutschen verübten Verbrechen während der Vertreibung.

Mit ihrer Initiative wollten die Bischöfe die »Kultur des Hasses« überwinden und Brücken zwischen den Ländern bauen. Allerdings knüpften sie ihre Vergebungsofferte in christlicher Tradition an die Bußfertigkeit der Gegenseite: »Wo kein Schuldbekenntnis ist, ist auch keine Vergebung.« Zu einem solchen Bekenntnis mochten sich die deutschen Bischöfe aber nicht durchringen, während sie die polnische Bitte um Verzeihung als Schuldeingeständnis werteten und befriedigt zur Kenntnis nahmen. Nur die evangelische Kirche sprach damals, in ihrer Ostdenkschrift aus dem gleichen Jahr, von der »klare(n) Erkenntnis der gegenseitigen Schuld« und forderte entsprechende Schritte zur Versöhnung, allen voran die Anerkennung der Oder-Neiße-Grenze.[146]

In Polen wandte sich die kommunistische Regierung scharf gegen den Vorstoß der Bischöfe, und auch die meisten Priester und Gläubigen distanzierten sich. Die polnische Gesellschaft, resümierte der Parlamentsabgeordnete und spätere Ministerpräsident Tadeusz Mazowiecki im Rückblick, sei »auf einen solchen Schritt nicht vorbereitet« gewesen.[147] Umgekehrt war auch die EKD-Denkschrift in der Bundesrepublik höchst umstritten. Ihre Verfasser erhielten Drohbriefe und wurden als Vaterlandsverräter beschimpft. Vertriebenenverbände liefen Sturm. Doch immerhin zwei Drittel der Debattenteilnehmer äußerten sich positiv.[148]

Vor diesem Hintergrund fand im Dezember 1970 der erste Staatsbesuch eines westdeutschen Kanzlers in Warschau statt. Dass er als moralpolitischer Meilenstein in die Geschichte eingehen würde, war nicht abzusehen. Die Unterzeichnung der Verträge zur »Normalisierung« des deutsch-polnischen Verhältnisses einschließlich der Anerkennung aller Grenzen wirkte auf die Anwesenden »nüchtern« und »wenig bewegend«.[149] Zuvor jedoch hatte Willy Brandt am Grab des Unbekannten Soldaten einen Kranz niedergelegt und war anschließend zum Ghetto-Denkmal Nathan Rapoports gefahren. Die Skulptur, 1948 im Gedenken an die Helden des jüdischen Aufstands von 1943 aufgestellt, gehörte eigentlich nicht zum üblichen Besuchsparcours ausländischer Staatsgäste. Aber Brandt hatte schon im Vorfeld sein Interesse signalisiert, dort haltzumachen. Als er den Kranz abgelegt und die Schleifen zurechtgezupft hatte, trat er ein paar Schritte zurück – und ließ sich dann, zur allgemeinen Entgeisterung, auf die Knie nieder. Dort verharrte er eine knappe Minute, lang genug für die Fotografen, diesen unerwarteten Moment auf Zelluloid zu bannen.

Als die Deutschen kurze Zeit später im Amtssitz des Präsidenten eintrafen, waren die polnischen Politiker bereits im Bilde, ohne dass jedoch, wie sich der Übersetzer Mieczysław Tomala erinnerte, »über das Geschehen und seine Bedeutung gesprochen wurde«.[150] Zu überraschend und irritierend war die Geste gewesen. Dass Staatsmänner in die Knie gingen, war alles andere als alltäglich; es war ungesehen und unerhört.

In einem katholischen Land wie Polen lag es nahe, Brandts Verhalten als Demutsgeste zu deuten. Aber Brandt war weder Katholik noch religiös. Außerdem trug er keine persönliche Verantwortung für das, was Polen während der deutschen Besetzung widerfahren war. Als junger Sozialist hatte er Deutschland 1933 verlassen und war erst nach Ende des Krieges zurückgekehrt. Warum dann der Kniefall?

Diese Frage stellten sich bereits Brandts Begleiter. Als man am Abend jenes ereignisreichen Tages beim Whisky zusammensaß, bemerkte Egon Bahr, enger Freund und Staatssekretär, »mit großer Befangenheit, mit scheuer Begeisterung«: »Das war aber doll.« Der Kanzler entgegnete, »er habe das Gefühl gehabt, Kranzniederlegen genügt nicht«. Genauso erklärte er es dem anwesenden *Spiegel*-Journalisten: »Heute morgen habe ich das gewußt: daß das nicht einfach so geht wie bei anderen Kranzniederlegungen, nur so den Kopf neigen. Dies ist doch eine andere Qualität.« In seinen Erinnerungen schrieb er zwei Jahrzehnte später: »Ich hatte nichts geplant, aber Schloß Wilanow, wo ich untergebracht war, in dem Gefühl verlassen, die Besonderheit des Gedenkens am Ghetto-Monument zum Ausdruck bringen zu müssen. Am Abgrund der deutschen Geschichte und unter der Last der Millionen Ermordeten tat ich, was Menschen tun, wenn die Sprache versagt.«[151]

In der Rückschau tat er das Richtige. Der Warschauer Kniefall rief im Westen ein gewaltiges Medienecho hervor und wurde rasch zu einem ikonischen Symbol der neuen Ostpolitik, für die Brandt 1971 den Friedensnobelpreis erhielt. Genaugenommen aber war der Kniefall weit mehr als ein Zeichen politischen Wandels in der Bundesrepublik. In der Geschichte der modernen Diplomatie markierte er eine emotionale Handlung, die sich von den üblichen Praktiken und Zeremonien internationaler Politik deutlich abhob. Brandt konnte seine Gefühle, die er gewöhnlich sorgsam im Zaum hielt, nicht anders ausdrücken als in einer Gebärde der Demut. Ohne sich darüber im Klaren zu sein, griff er in diesem Augenblick auf ein vertrautes kulturelles Muster zurück. Als eine Zeitung kalauerte, der aus einer protestantischen Welt stammende Kanzler sei vor einem jüdischen Mahnmal niedergekniet wie ein guter polnischer Katholik, reagierte er ungehalten. Das treffe »nicht den Kern«.[152]

Der Kern war zweifellos nicht die katholische Praxis demütiger Devotion. Doch mögen christliche, auch im Protestantismus verbreitete Bußrituale durchaus Pate gestanden haben bei einer Geste, die sofort als Schuldbekenntnis und Bitte um Vergebung interpretiert wurde. Damit schrieb Brandt Geschichte. Selbst angesichts der späteren Welle politischer Entschuldigungen blieb sein Kniefall die bemerkenswerteste und denkwürdigste ihrer Art, singulär und unwiederholbar.[153] Ihre emotionale Kraft bezog sie aus der eindrucksvollen und beziehungsreichen Sprache des Körpers. Ging der geschriebene Text des Warschauer Vertrags nur kurz und in dürren Worten auf den Krieg und die Opferrolle Polens ein, vermittelte Brandts Kniebeugung nicht nur Trauer, sondern auch Reue und Demut. Zugleich signalisierte sein gerader Rücken die aufrechte Haltung eines Mannes, der sich selber nichts hatte zuschulden kommen lassen und doch Verantwortung für die Verbrechen seiner Landsleute übernahm.

Auf Brandts Umgebung wirkte das erschütternd. Günter Grass, der den Kanzler nach Warschau begleitet hatte, notierte im Tagebuch, die »zurückgewonnene Fähigkeit, betroffen zu sein«, sei der »unmittelbare Gewinn dieser Reise« gewesen. Vom Morgen des 7. Dezember erinnerte er »erstaunte, erschreckte, beschämte« Zeichen jenes »Betroffenseins« auch außerhalb der deutschen Delegation, bei den polnischen Gastgebern: »Meinten sie doch, deutsches Verhalten zu kennen; dieses war ihnen neu.« Nicht zuletzt Ministerpräsident Józef Cyrankiewicz, Häftling der Konzentrationslager Auschwitz und Mauthausen, zeigte sich berührt: »Nur er hat das machen können«, und die Polen hätten Brandt verstanden. Auf dem Weg zum Flughafen nahm er den Gast am Arm: »Das sei doch vielen sehr nahe gegangen; seine Frau habe abends mit einer Freundin in Wien telefoniert, und beide hätten bitterlich geweint.«[154]

Die Reaktionen in der Bundesrepublik fielen anders aus. In einer Blitzumfrage des *SPIEGEL* hielten 48 Prozent der Befragten Brandts Verhalten für »übertrieben«; 41 Prozent fanden es »angemessen«. In der Gruppe der 30- bis 60-Jährigen war die Ablehnung besonders hoch; hier äußerten sich 54 Prozent negativ.[155] Auch die Presse berichtete unterschiedlich. Konservative Blätter hatten das Abkommen und die Anerkennung der polnischen Westgrenze schon lange vor der Reise nach Warschau als »Schandvertrag« gebrandmarkt, den kein anständiger Deutscher je unterzeichnen würde. Am Ghetto-Denkmal sah man Brandt entsprechend »würdelos« in die Knie gehen, witterte Verrat, Kapitulation, Unterwer-

21 *Spiegel*-Cover 51/1970

fung. Der Autor eines Leserbriefs entdeckte zu Brandts Kniefall »in der Weltgeschichte nur eine Parallele: den Canossagang Heinrichs IV.«.[156] Grass hatte dieses Echo befürchtet: »Wie wird man davon zu Hause berichten? Wird unterschwellig der Hang zur Verleumdung Nahrung finden und den Kniefall zum Kotau verbiegen?«[157]

Da war er wieder, der Kotau, der erstmalig 1901 als Demütigungsschauspiel auf Deutschlands politischer Bühne gegeben werden sollte und in letzter Minute abgesetzt worden war. Im kulturellen Gedächtnis hatte er überlebt und war zur Stelle, um Brandts Demutsgebärde zur Demütigungsgeste zu stempeln und anzuprangern. Neu war die explizite Betonung des Emotionalen. Von Scham und Reue hatte man zwar auch angesichts der chinesischen ›Sühnemission‹ zu Beginn des Jahrhunderts geredet. 1970 aber schafften es Gefühle ins Zentrum allgemeiner Aufmerksamkeit und wurden zum innenpolitischen Zankapfel. Lobten die einen in Brandts Gebärde den authentischen Ausdruck der

Scham und Trauer sowie des tief empfundenen Schmerzes, kritisierten andere »die große Keule der Emotion«. »Emotionen« und die ihnen nahen »Begriffe wie Versöhnung, Freundschaft, Vertrauen und Friedfertigkeit«, tadelte CDU-Generalsekretär Bruno Heck, sprächen nicht zum »politischen Verstand, sondern fürs Herz und fürs Gemüt«. Der Warschauer Kniefall geriet in dieser Lesart zu einem ebenso fragwürdigen wie unpassenden Akt »demonstrierter Moral«.[158]

Ähnlich sah es offenbar der französische Staatspräsident Georges Pompidou. Auch die ostdeutschen Medien zogen es vor, den Kniefall aus der Berichterstattung auszublenden. In der polnischen Presse wurde das Foto redaktionell so bearbeitet, dass man den Eindruck hatte, Brandt habe vor dem Denkmal gestanden und nicht gekniet. Westliche Zeitungen hingegen druckten das Bild des knienden Kanzlers vielfach auf der ersten Seite und lobten die Geste als mutig, verdienstvoll und von großer emotionaler Ausdruckskraft.[159]

Moralpolitik im *Age of Apology*

Zwei bis drei Jahrzehnte später hatte sich das Meinungsbild angeglichen. Brandts Gefühlsbekundung wurde im In- und Ausland nunmehr durchweg positiv erinnert und als »Zeichen deutscher Umkehr« gelesen. In manchen Ländern empfahl man sie geradezu als Musterbeispiel politischer Entschuldigung und Versöhnung. Ein kroatischer Wissenschaftler verlangte 1997 von der serbischen Regierung eine ähnliche symbolische Handlung, und China rühmte sie gegenüber Japan als vorbildlich und nachahmenswert.[160] Noch 2014 wies die amtliche chinesische Nachrichtenagentur Xinhua auf den Kontrast zwischen Brandts Kniefall und dem jüngsten Besuch des japanischen Premierministers am Yasukuni-Schrein hin. Dort werden auch Militärs geehrt, die wegen schwerer Kriegsverbrechen verurteilt worden sind. Während Brandts »silent apology« seinem Land international Vertrauen und Ansehen eingebracht habe (»The moment Brandt knelt down, his nation stood up«), verweigere Japans Premier, so Chinas Vorwurf, jede ehrliche und ernsthafte Auseinandersetzung mit der Gewaltgeschichte seines Landes in Asien und speziell in China.[161]

Dass eine solche Auseinandersetzung seit den 1990ern immer lautstärker – und keineswegs nur mit Blick auf Japan – eingefordert wurde, markierte eine politische Wende. Moral, die Übereinkunft darüber, was gut und was böse war, rückte auf der politischen Agenda vielerorts in den Vordergrund und forderte das klassische, Machtinteressen betonende Verständnis von Politik heraus. Mit dem Ende der Ost-West-Konfrontation schien die Chance gekommen, ideologische Freund-Feind-Zuschreibungen und festgefahrenes Lagerdenken zu überwinden. Der Blick richtete sich nun nicht mehr ausschließlich auf die eigenen Befindlichkeiten und Selbstbehauptungsstrategien, sondern öffnete sich für eine empathischere Wahrnehmung der anderen. Vorbereitet und flankiert wurde dieser Perspektivenwechsel im Westen einerseits durch den seit den 1970ern intensivierten Menschenrechtsdiskurs, andererseits durch das, was sich als relationale Subjektivierung beschreiben lässt: eine sich zeitgleich ausbreitende Bewegung, die die Leidenserfahrung des Subjekts zum Thema machte und Heilung in Form zugewandter Empathie, ›Betroffenheit‹ und Anerkennung versprach. Verletzlichkeit, Achtsamkeit, Rücksichtnahme: Diese Begriffe bahnten den Weg zu einer Kultur der Opfer, die inzwischen längst in der breiten medialen Öffentlichkeit und Politik angekommen ist.[162]

In der Folge brach eine wahre Lawine internationaler Entschuldigungen los und leitete ein veritables »age of apology« ein.[163] 1990 hatte der sowjetische Präsident Michail Gorbatschow nach Jahrzehnten der Leugnung das tiefe Bedauern seiner Regierung über das Massaker an polnischen Kriegsgefangenen bei Katyn 1940 zum Ausdruck gebracht und es als eines der schwersten Verbrechen des Stalinismus gebrandmarkt. Im März 1995 bat der litauische Präsident Algirdas Brazauskas in der Knesset um Vergebung für die Taten seiner Landsleute, die während des Zweiten Weltkriegs Juden getötet und ausgeplündert hatten.[164] Im gleichen Jahr verabschiedete der französische Staatspräsident Valéry Giscard d'Estaing die seit Charles de Gaulle sakrosankte Formel, Vichy sei nicht Frankreich, und entschuldigte sich dafür, dass Franzosen und der französische Staat seit 1942 aktiv an der Deportation von Juden mitgewirkt hatten.[165] Und als sich die Queen 1997 zu ihrem dritten Staatsbesuch nach Indien aufmachte, hatte sie im Gepäck ein Redemanuskript, in dem das Massaker von Amritsar aus dem Jahre 1919 als »erschütterndes« (*distressing*) Beispiel für die traurigen Momente und schwierigen

Episoden der britisch-indischen Geschichte erwähnt wurde. Bei ihren früheren Besuchen 1961 und 1983 war davon noch keine Rede gewesen.

Doch auch 1997 wurde sorgfältig am Text gefeilt. Die soeben ins Amt gewählte Labour-Regierung wünschte sich eine kraftvolle Entschuldigung für das Massaker britischer Soldaten an Hunderten unbewaffneter indischer Zivilisten. Dies aber, gaben Ministerialbeamte zu bedenken, würde weitere Forderungen ehemaliger Kolonien nach sich ziehen. Die Queen beließ es deshalb bei allgemeinen Worten des Bedauerns, legte am Mahnmal einen Kranz nieder und beugte kurz das königliche Haupt. Viele Inder reagierten enttäuscht und verwiesen auf Deutschland und Japan, die sich entschiedener zu ihrer Schuld und Verantwortung bekannt hätten.[166] Tatsächlich hatte Japan vor allem gegenüber Korea inzwischen zu einer klaren Sprache gefunden. Erinnerte 1985 der japanische Kaiser Hirohito vorsichtig daran, es habe in den Beziehungen beider Länder eine »unglückliche Periode« gegeben, verlieh Premierminister Morihiro Hosokawa acht Jahre später seiner »tiefen Reue« darüber Ausdruck, dass sein Land »unerträgliches Leid und Schmerz über so viele Menschen« gebracht habe.[167]

Hier ging es nicht mehr, wie bei den Satisfaktionsakten des 19. und frühen 20. Jahrhunderts, um Übergriffe einzelner Bürger oder Gruppen, für die deren Regierung gesamtschuldnerisch zur Rechenschaft gezogen wurde. Vielmehr distanzierten sich Regierungen jetzt in aller Form von Handlungen, die ihre Vorgänger im Amt in Auftrag gegeben oder geduldet hatten. Schuldbekenntnis und Entschuldigung fielen offenbar dann besonders schwer, wenn sie sich nach außen, an die Bürger und Repräsentanten eines anderen Staates richteten. Einfacher waren sie in internen Angelegenheiten. 1993 entschuldigten sich kurz nacheinander der südafrikanische Präsident Frederik Willem de Klerk für die Apartheid und ANC-Präsident Nelson Mandela für die Gewalttaten des African National Congress. 1997 entschuldigte sich US-Präsident Bill Clinton für die »beschämenden« und »rassistischen« Syphilis-Experimente an afroamerikanischen Männern in Tuskagee, Alabama, zwischen 1932 und 1972. 2008 folgte Kevin Rudd, australischer Premierminister, und entschuldigte sich bei den Aborigines; im gleichen Jahr wandte sich der kanadische Premier Stephen Harper an die uransässige Bevölkerung des Landes und entschuldigte sich dafür, wie man ihre Kinder in den staatlichen Internaten behandelt hatte.[168]

Die Schuldenrechnung mit früheren Kolonien gestaltete sich komplizierter. Ehemalige Kolonialmächte wie Großbritannien oder Frankreich legten großen Wert darauf, nicht nur in ihren Verbrechen angeklagt, sondern auch in ihren zivilisatorischen Leistungen gewürdigt zu werden. In diesem Sinn hatte die Queen 1997 neben den »moments of sadness« auch die der »gladness« erwähnt, an die es anzuknüpfen gelte. Direkter und offensiver rief der französische Staatspräsident Nicolas Sarkozy 2007 im Senegal und in Algerien neben den unleugbaren Schandtaten des kolonialen Systems auch dessen Wohltaten in Gestalt von Häfen, Straßen, Krankenhäusern und Schulen ins Gedächtnis. In einer von Pathos triefenden Rede vor Studenten in Dakar weigerte er sich, von Reue (»repentance«) zu sprechen, denn Söhne könnten nicht für die Untaten der Väter einstehen. Außerdem sei Reue, wie er bereits am Wahlabend verkündet hatte, eine Form des Selbsthasses, die es zu überwinden gelte, um den Franzosen ihre nationale Ehre und ihren Stolz zurückzugeben. In Algier wollte er die Deutung der französisch-algerischen Geschichte künftigen Historikern überlassen und beschränkte sich darauf, »alle Opfer« zu ehren. Dem algerischen Innenminister reichte das nicht, er hätte eine Entschuldigung »nützlich« gefunden.[169] Doch auch der britische Premierminister David Cameron lehnte es 2013 bei einer erneuten Kranzniederlegung in Amritsar ab, sich für das Massaker zu entschuldigen. Er rang sich lediglich dazu durch, es einen »deeply shameful event in British history« zu nennen. Ob er sich selber dafür schämte, blieb ungewiss.[170]

Selbst wenn Cameron Scham empfunden hätte, wäre sie nach innen, auf ihn selber gerichtet gewesen – sofern er das Gefühl nicht, wie Theodor Heuss 1955, als Aufforderung zu einer aktiven »Gegenleistung« begriff.[171] Mit einem Schuldbekenntnis hätte sich diese Gegenleistung automatisch ergeben, denn es wirkte, anders als Scham, nach außen und ließ den Opfern und deren Nachfahren Gerechtigkeit und Anerkennung widerfahren. Gerade deshalb war es, als performative Äußerung und symbolische Reparation, »nützlich«.[172] Was aber auf der einen Seite gewünscht und erwartet wurde, konnte auf der anderen, der Schuldnerseite im Widerstreit mit den eigenen Geschichtserzählungen und Aufrechnungen stehen. Aus dieser Sicht haftete politischen Entschuldigungen sogar ohne Kniefall ein Hauch von Selbstdemütigung an, der nicht allen gefiel.

Deshalb organisierte die rechtskonservative Tea-Party-Bewegung 2010 in Washington eine gutbesuchte Kundgebung unter dem Leitspruch »Restore Honor«. Präsident Barack Obama verletzte nach Meinung vieler Teilnehmer die Ehre des Landes, indem er sich andauernd für alles, »was wir je getan haben«, entschuldige. Dies sei demütigend und raube ihnen, den amerikanischen Bürgern, die persönliche und politische Selbstachtung. Im Präsidentschaftswahlkampf 2016 warf die republikanische Frontfrau Sarah Palin Obama vor, vor den Feinden Amerikas zu »kotauen«.[173] Ähnliche Töne sind aus Frankreich, Ungarn und Polen zu vernehmen, wo heftige Deutungskämpfe um Geschichtsunterricht und auswärtige Kulturpolitik ausgetragen werden. Je konservativer der Sprecher, desto schärfer fällt die Kritik an der Bußfertigkeit aus. Wer einer »Kultur der Reue« das Wort rede, verkündete der französische Senatspräsident Gérard Larcher 2015 ebenso wie Polens Kulturminister Piotr Gliński ein Jahr später, unterminiere den Stolz auf die Nation und ihre Geschichte. Auch Parteichef Jarosław Kaczyński hob mehrfach hervor, die Erziehung polnischer Kinder und Jugendlicher solle »nicht mehr auf Scham« aufbauen, sondern auf Würde und Stolz.[174]

Würde und Stolz verboten es nicht nur, die dunklen Seiten der eigenen Geschichte zu beleuchten und sich bei denjenigen, die unter ihnen zu leiden hatten, dafür zu entschuldigen. Würde und Stolz mussten sich auch in den Umgangsformen auf internationalem Parkett spiegeln. Als US-Präsident Bill Clinton den japanischen Kaiser 1994 im Weißen Haus begrüßte und sich vor ihm verbeugte, nahm selbst die liberale *New York Times* genau Maß und tadelte die »untertänige« Geste, die den republikanischen Traditionen des Landes widerspräche. Fünfzehn Jahre später geriet Präsident Obama ins Visier der Kritik, als er sich vor dem saudischen König Abdullah verbeugte. Die *Washington Times* nannte das eine demütigende »genuflection«, mit der der Präsident die Macht und Unabhängigkeit der Vereinigten Staaten herabgesetzt habe.[175]

Hier zeigt sich erstens die enorme Macht einer Öffentlichkeit, die sich im 21. Jahrhundert nicht mehr auf traditionelle Wort- und Bildjournalisten beschränkt, sondern dank der Kommentarfunktion im Internet immer weitere Kreise zieht. Diese Öffentlichkeit spricht laut und vielstimmig. Politische Gegner melden sich besonders schrill zu Wort, wenn sie Anzeichen für eine Schmälerung des nationalen Ansehens und Selbstgefühls zu entdecken meinen. Der Begriff des Kotaus, als Sinnbild politischer Unterwerfung und (Selbst-)Demütigung, ist schnell bei der Hand.[176]

Zweitens entpuppt sich die Moralisierung des Politischen als ein zweischneidiges Schwert. Das, was mit Willy Brandts Kniefall 1970 begann und sich zwanzig Jahre später zu einem ausgewachsenen Trend internationaler Politik verdichtete, ist nicht nur innenpolitisch ein Zankapfel, an dem sich die Geister scheiden. Was die einen als zukunftsverheißende Geste der Versöhnung loben, tadeln andere als demütigendes, vergangenheitsorientiertes Bußritual.

Außenpolitisch ist daraus eine scharfe Waffe im Wettbewerb um Macht und Einfluss geworden. Wenn China keine Gelegenheit verstreichen lässt, Japan an Brandts Vorbild zu erinnern und eine ähnlich ausdrucksstarke Geste der Entschuldigung zu fordern, geht es weniger um Moral als um Politik. Der Konflikt um einen angemessenen Umgang mit der Vergangenheit ist Teil eines Machtpokers, bei dem beide Länder mit harten Bandagen kämpfen. Indem China sich als Opfer früherer Aggressionen und Herabsetzungen in Positur bringt, will es seine gegenwärtigen Machtinteressen stärken und legitimieren, nach innen wie nach außen. Ein ähnliches Kalkül steht hinter der »Kultur der Demütigung«, die in arabischen Staaten zelebriert wird, oder hinter dem »Demütigungs-Syndrom«, das die russische Politik unter Präsident Wladimir Putin befallen hat.[177]

In den internationalen Beziehungen ist die Politik der Demütigung demnach immer noch präsent: als forcierte Erinnerung an fremdes Unrecht und als offensive Rechtfertigung eigenen staatlichen Handelns. Selbst die neue Weltordnung, wie sie nach dem Zweiten Weltkrieg geschaffen werden sollte und nach 1989 noch einmal kurzzeitigen Auftrieb erhielt, hat ihr die machtpolitischen Grundlagen nicht gänzlich entzogen. Wann und wo immer es ernsthafte Konflikte gibt, berufen sich die Beteiligten gern auf verletzte nationale Ehre, Würde oder Stolz, drohen Vergeltung an und verlangen Satisfaktion.

Wenn solche Fühl- und Verhaltensmuster in weiten Teilen Europas heute weniger stark zum Vorschein kommen, liegt das einerseits daran, dass hier supranationale Institutionen geschaffen worden sind, um Konflikte einzuhegen und abzudämpfen. Andererseits haben Europäer erfahren, dass Stolz und Demut, Ehre und Scham durchaus zusammengehen und dass daraus nicht Schwäche, sondern moralpolitische Stärke entsteht. Franzosen können stolz auf die 1789er Revolution sein und sich zugleich für die Foltermethoden der Armee während des algerischen Unabhängigkeitskrieges schämen. Deutsche dürfen Stolz auf die demokratische Erneuerung nach 1945 und die ökonomische Leistungsbilanz empfinden, ohne Schuld, Scham und Verantwortung für die Verbrechen der Nazizeit dahinter zu verstecken. Solche emotionalen Ko-Valenzen sind nicht von allein und über Nacht entstanden. Sie sind das Ergebnis langer, oft schmerzhafter gesellschaftlicher Auseinandersetzungen in Schulen und Universitäten, Medien und Politik. Sie sind nie abgeschlossen oder in Stein gemeißelt. Jeder Konsens kann aufgekündigt werden. Dann ändern sich die Zeiten, und Reue wird wieder in Schwäche umgemünzt, das Pochen auf Ehre in Stärke.

Verbindungen

Gibt es, die Frage drängt sich auf, einen Zusammenhang zwischen der Politik der Demütigung, wie sie auf internationalem Parkett operierte, und dem, was sich in den Binnenverhältnissen europäischer Gesellschaften ereignete? Was verband die Beschämungspraktiken des frühmodernen Prangers oder der hochmodernen Medienöffentlichkeit mit den »Excusen« von Queen Anne oder der Besessenheit des letzten deutschen Kaisers, eine chinesische Delegation vor seinem Thron auf den Knien rutschen zu lassen?

Auffällig ist, dass bei Innen- und Außeninszenierungen die gleichen Begriffe zum Zuge kamen. Immerzu und überall ging es um Ehre und Würde, Schmach und Schande, Beschämung und Demütigung. Auch die diesen Begriffen zugeordneten Körperhaltungen waren einander ähnlich: Würde bemaß sich am aufrechten Gang, Ehrerbietung äußerte sich in der Form einer kniegebogenen Reverenz. Knien musste aber auch derjenige, der eine Abbitte tat, einen Verweis entgegennahm oder Strafprügel empfing.

Die Semantik der Begriffe und Gesten war jedoch nicht identisch: Wer sich vor einem Würdenträger verbeugte oder niederkniete, gab einer anderen Würde die Ehre als jemand, dem die menschliche Würde am Herzen lag. Im ersten Fall war Würde mit einem Amt, einer Staatsfunktion oder einem sozialen Status verbunden, im zweiten Fall galt sie als jedem Menschen angeboren und nicht veräußerlich.[178] Im 19. und frühen 20. Jahrhundert benutzte man für beides auch den Begriff der Ehre, sprach von der »allgemeinen Menschenehre« ebenso wie von der Ehre des Staates oder der Nation.[179]

Nationale Ehre ist vielen Menschen auch heute noch vertraut und wird, da offenbar leicht kränkbar, sorgfältig gehütet. Sie tritt mit dem gleichen Absolutheitsanspruch auf wie das, was man ehemals unter Menschenehre und gegenwärtig unter Menschenwürde versteht. Dass Staaten oder Nationen Ehre besitzen und darauf pochen, darin anerkannt und geachtet zu werden, scheint ebenso selbstverständlich wie die Aussage, jeder Mensch habe eine Ehre oder Würde, die nicht mit Füßen getreten werden dürfe und durch Praktiken der Anerkennung und des Respekts zu validieren sei. Eine historische Brücke zwischen beiden Vorstellungen ergibt sich daraus, dass es ursprünglich der Fürst war, dem als Herrscher Ehre gebührte. Diese personale und dynastische Ehre ging dann seit der frühen Neuzeit sukzessive auf den Staat und später auf die Nation über.

Was das eine mit dem anderen systematisch verbindet, ist die Bedeutung von Macht. In der Regel kann nur derjenige beschämen und demütigen, der Macht hat und sie unter Beweis stellen will. Das trifft auf Staaten ebenso zu wie auf Staatsdiener, Lehrer, Bullies, vergewaltigende Soldaten oder Verbindungsstudenten. Macht ist dabei nichts Statisches, sondern muss ständig neu erprobt und bestätigt werden, indem man anderen ihre Ohnmacht vor Augen führt. Diese Politik funktioniert in der Peergruppe nicht viel anders als in den internationalen Beziehungen, wo sie sich besonders im Zeitalter von Imperialismus und Kolonialismus großer Beliebtheit erfreute. Stets fand sie unter Beobachtung und mit aktiver Teilnahme der Öffentlichkeit statt. Ohne Publikum hätten weder die Schandprozessionen der Nazis noch die Sühnemissionen der Chinesen ihren Zweck erfüllt. Verweigerte das Publikum die Kooperation, musste das Spektakel abgesagt werden.

Dass gezielte Demütigungen ins Leere laufen, lässt sich in der internationalen Politik seltener beobachten als bei gesellschaftlichen Akteuren, die sich einer im historischen Verlauf immer stärker werdenden Kritik ausgesetzt sehen. Nur ausnahmsweise und mit massiver Rückendeckung durch Dritte gelingt es dem gedemütigten Staat, die Absicht zu unterlaufen und den Spieß umzudrehen, wie im Fall Chinas 1901.

Kein Ende

Dieses Buch begann mit Geschichten und endet mit Geschichte: der Geschichte der europäischen Moderne als einer Epoche, die den Wert menschlicher Würde und individueller Freiheit schätzen gelernt und gegen Widerstände durchgesetzt hat. Doch ist diese Moderne bis heute kein Arkadien des respektvollen, verständigungsorientierten, verletzungsfreien Umgangs der Menschen untereinander. Im Schlagschatten der Aufklärung entstanden neue machtgestützte Formen der Entwürdigung und Unfreiheit, in den außereuropäischen Kolonien ebenso wie in den totalen Institutionen des Militärs oder der Internats- und Fürsorgeerziehung. Gezielte Beschämung oder gar Demütigung spielte hier eine zentrale, nur spät und mühsam eingedämmte Rolle.

Gleichzeitig wechselten die Schauplätze der Macht und deren Akteure, auf der Täterseite ebenso wie bei den Opfern: Der Staat rückte von Beschämung als Mittel der Normkontrolle zusehends ab und überließ das Feld der Gesellschaft, die ihrerseits immer neue Beschämungsanlässe und Zielgruppen identifizierte. Dabei übernahmen Medien als Vermittler, Verstärker oder Initiatoren eine wichtige moralpolitische Funktion. Sie wirkten und wirken als symbolischer Pranger, auf dem missliebige Mitbürger ausgestellt und außenpolitische Handlungen auf ihren Demütigungswert geprüft werden. Vor diesem Pranger ist heute niemand mehr sicher.

Geschichte im Zeitraffer: Emmendingen, Dresden, Hamburg

1773 übersiedelte Johann Georg Schlosser, Advokat aus Frankfurt, mit seiner Frau Cornelia, geborene Goethe, nach Emmendingen, einem badischen Städtchen mit 2000 Einwohnern. Der Karlsruher Markgraf hatte ihn dort zum Oberamtmann bestellt, und Schlosser nahm seine Arbeit mit reformerischer Energie auf. Unter anderem ordnete er an, dass der Nachtwächter jeden Morgen um vier Uhr an die Fensterläden verschuldeter Bürger klopfen und laut rufen sollte: »Leute, steht auf und arbeitet, damit ihr eure Schulden bezahlen könnt.«[1] Der Lärm würde die schlummernden Schuldner aufwecken, aber auch in den Nachbarhäusern gehört, zur Abschreckung und öffentlichen Beschämung derer, die ihren Pflichten nicht nachkamen und Gläubiger warten ließen.

Über die Wirkung dieser Maßnahme ist nichts bekannt. Haben sich die unsanft Geweckten tatsächlich geschämt und unverzüglich an die Arbeit begeben? Fanden die Nachbarn das, was der neue Stadtobere eingeführt hatte, richtig und angemessen? Ärgerte sie die laute Stimme des Nachtwächters, oder legten sie sich mit einem Gefühl selbstgerechter Schadenfreude wieder zur Ruhe? Kritik und Widerrede sind nicht überliefert, vermutlich wurde die behördliche Intervention als eher gemäßigt akzeptiert. Im Vergleich zu früheren Schand- und Ehrenstrafen war sie das auch. Immerhin landeten die säumigen Bürger nicht am Schandpfahl. Schlosser war hier sehr viel liberaler als sein Bielefelder Kollege, der noch 1817 vorschlug, einen Bettelpranger am Rathaus aufzustellen und jeden faulen Bettler einige Stunden lang der Öffentlichkeit vorzuführen.[2] Doch enthielt auch die wiederholte öffentliche Ermahnung am frühen Morgen ein Moment der Beschämung und Bloßstellung, und das mit voller Absicht.

Ein Jahrhundert später, als sich in Sachsen Ähnliches ereignete, sind Haltung und Einstellung der Bürger besser dokumentiert. 1883 spießte der sozialdemokratische Abgeordnete August Bebel im Dresdner Landtag die Praxis kommunaler Behörden auf, sogenannte Steuerrestanten – Bürger, die ihre Gemeindeabgaben nicht bezahlten – öffentlich zu »brandmarken«. Deren Namen und Adressen wurden im Amtsblatt oder in der Lokalzeitung veröffentlicht, Wirte erhielten die Anweisung, die Listen im Gastraum anzuschlagen und den darauf Verzeichneten den Zutritt zum Lokal zu verweigern. Bebel hatte nichts dagegen, »böswillige« Steuersünder so lange vom Besuch der Schank- und Tanzwirtschaften auszuschließen, bis sie ihre Schuld beglichen hatten. Aber er wandte sich entschieden gegen das, was auch liberale Parlamentarier als »sehr empfindliche Ehrenstrafe und Ehrenkränkung« ansahen und kritisierten. Die Namen der Betroffenen in öffentlichen Versammlungen zu verlesen, in der Zeitung und auf Plakate zu drucken und in Lokalen auszuhängen, komme einem »Andenprangerstellen«, einer »öffentlichen Inachterklärung« gleich, habe etwas »Gehässiges und Deprimirendes« und stehe »mit der ganzen neueren Gesetzgebung im Widerspruch«. Dem pflichtete die sächsische Regierung ausdrücklich bei.[3]

Mit der neueren Gesetzgebung meinte man strafrechtliche Bestimmungen, die auf Pranger- und öffentliche Prügelstrafen verzichteten und den Ehrenschutz des Einzelnen stärkten. Jemanden *coram publico* bloßzustellen und ihn dadurch für Verfehlungen zu bestrafen erregte seit dem späten 18. Jahrhundert zunehmend Anstoß. Mit Rücksicht auf das Ehrgefühl der Bürger und deren Menschenwürde gingen Gesetzgeber auf Distanz zu beschämenden Sanktionen, die um die Mitte des 19. Jahrhunderts aus der Rechtspraxis verschwanden. Selbst die öffentliche Bekanntmachung eines Schuldverhältnisses, wie sie Schlosser seinerzeit in Emmendingen praktiziert hatte, konnte nun als Beleidigung gewertet und straf- oder zivilrechtlich verfolgt werden.

Darin spiegelte sich ein verändertes Verständnis bürgerlicher Rechte und staatlicher Befugnisse. Der in der Französischen Revolution erfundene *citoyen* und Bürger durfte beanspruchen, in seiner Ehre vor privaten wie staatlichen Ein- und Übergriffen geschützt zu werden. Weitgehend Konsens bestand darin, dass öffentliche Körperstrafen, wie sie bis in die 1840er Jahre hinein üblich waren, diese Ehre verletzten und die Selbst- und Fremdachtung des Betroffenen dauerhaft beschädigten. Sie als Mittel der Beschämung zu nutzen widersprach sowohl dem modernen Strafzweck der Besserung und Resozialisierung als auch dem ebenso modernen Prinzip, die Menschenwürde selbst in jenen zu respektieren, die sich gegen Recht und Ordnung vergangen hatten.

Zwar war der Schutz der Menschenwürde noch nicht rechtlich kodifiziert. Doch hatte, wie es der liberale Politiker Carl Theodor Welcker 1847 formulierte, jeder Bürger das Recht, vom Staat, aber auch von der Gesellschaft, »von welcher seine Lebensverhältnisse abhängen«, die Achtung seiner »Freiheit und Würde« zu fordern und zu erhalten.[4] Niemand sei befugt, andere Menschen zu erniedrigen und öffentlich zu beschämen. In diesem Sinn kassierten die obersten Richter des Deutschen Reichs 1882 eine vorgängige Entscheidung, das in einem Beleidigungsprozess gefällte Urteil zu veröffentlichen. Obwohl vom Gesetzgeber vorgesehen, verwarfen die Leipziger Richter die Bekanntmachung, weil sie »eine Beschämung des Schuldigen innerhalb des Kreises seiner Bekannten herbeiführt«.[5]

Damit war das Reichsgericht der Hamburger Universität weit voraus. Denn deren Disziplinarordnung bestimmte noch 1951, dass schwere Strafen am Schwarzen Brett auszuhängen hatten. Als das Landgericht Hamburg einen Studenten wegen homosexueller Handlungen und schwerer Beleidigung 1956 zu zwei Jahren Gefängnis verurteilte und den Rektor turnusgemäß darüber informierte, strengte die Universität ihrerseits ein Disziplinarverfahren gegen den Verurteilten an, das zwei Jahre später mit dessen Relegation endete. Das Urteil des Disziplinargerichts wurde samt Hinweis auf die Entscheidung des Strafgerichts einen Monat lang im Hauptgebäude angeschlagen.

Dagegen wehrte sich der Betroffene mit dem Argument, »daß die Strafe der öffentlichen Anprangerung in mehrfacher Hinsicht gegen das Grundgesetz verstößt«. Nicht die Verurteilung oder die Relegation waren für ihn der Stein des Anstoßes (obwohl die prinzipielle Strafbarkeit von Homosexualität zunehmend angezweifelt und Anfang der 1950er Jahre mehrfach Verfassungsbeschwerde gegen § 175 StGB erhoben wurde). Für unakzeptabel hielt der Student vielmehr die Beschämung, die von der Veröffentlichung der Urteile ausging. Sie war weder mit dem Ehrenschutz vereinbar, den das Grundgesetz jedem Bürger und jeder Bürgerin zusprach, noch mit der Wahrung der Menschenwürde in Artikel 1 GG. Aber erst 1965 verzichtete die neue Disziplinarordnung der Hamburger Universität auf Anprangerung in der erwähnten Form.[6]

Begebenheiten wie die in Hamburg und Dresden illustrieren zweierlei: Einerseits fanden die nach langem Hin und Her schließlich abgeschafften Schand- und Ehrenstrafen in der öffentlichen Verwaltung und im Rechtswesen einen erstaunlich langlebigen, wenn auch schwächeren Nachhall. Andererseits regte sich selbst dagegen Widerstand. Die Empfindlichkeit gegenüber Beschämung und Demütigung durch staatliche oder kommunale Autoritäten wuchs und artikulierte sich in den Protesten der sächsischen Sozialdemokraten und Fortschrittsliberalen ebenso wie im Urteil des Reichsgerichts und in der Beschwerde des Hamburger Studenten. Dabei verdankte sich die Aversion gegen öffentliche Anprangerung einem genuin freiheitlichen Impuls: Jeder Mensch habe grundsätzlich Anspruch darauf, in seinem Persönlichkeitswert und Achtungsbedürfnis anerkannt zu werden, unabhängig davon, was er sich im

Einzelfall habe zuschulden kommen lassen. Eine Zusatz- oder Nebenstrafe in Form öffentlicher Bloßstellung sei deshalb nicht länger tragbar. Denn sie setze den Verurteilten herab und gebe ihn mit voller Absicht der Verachtung oder Schadenfreude Dritter preis. Ebendies widersprach der moralischen Ökonomie einer bürgerlich-zivilisierten Gesellschaft mit ihrem Akzent auf Respekt, Takt und Höflichkeit.

Volksjustiz und die Macht der Gemeinschaft

Dass solche Haltungen jemals Gemeingut werden und das Vokabular des sozialen Umgangs prägen könnten, war um 1800 noch nicht absehbar. Allerdings übten liberale Zeitgenossen schon damals Kritik an dem, was sie als Politik der Demütigung ansahen. Letztere fand ihren Ort in der staatlichen Strafpraxis, aber auch in traditionellen Rügebräuchen und Sanktionen, die, meist begrenzt auf lokale Gemeinschaften und Berufsverbände, Menschen kollektiv lächerlich machten, beschämten und in Verruf brachten. In der frühen Neuzeit in ganz Europa verbreitet, trafen sie im 19. Jahrhundert auf verstärkte Bemühungen des Staates, sie im Interesse des eigenen Gewalt- und Strafmonopols einzudämmen und zu untersagen.[7]

Doch das war leichter gesagt als getan. Noch 1826 banden Werftarbeiter in Bristol einen Schiffszimmerer, der ihren Streik gebrochen hatte, an einen Mast und führten ihn in der Stadt herum. In russischen Dörfern blieb es bis ins 20. Jahrhundert hinein üblich, gegen Diebe oder Betrüger kollektiv Front zu machen; ob die öffentliche Beschämung mit physischer Gewaltanwendung einherging, hing von der Schwere des jeweiligen Vergehens ab.[8] Solche Sanktionen blieben stets außergerichtlich: Entweder war, wie in Bristol, der Regelverstoß nicht strafbewehrt. Oder die Gerichte waren, wie im russischen Fall, weit weg und wenig vertrauenswürdig. Jenseits solcher pragmatischen Abwägungen besaßen volksjustitielle Praktiken eine nicht zu unterschätzende sozialintegrative Kraft. Mit der öffentlichen Beschämung eines Missetäters aus den eigenen Reihen bewies eine Gruppe ihre Macht zu Tadel und Ausschluss, ohne Abweichler dauerhaft zu stigmatisieren oder gänzlich auszustoßen. Zugleich bekräftigte sie die Geltung normativer Regeln und Konventionen, an die sich zumindest diejenigen, die die Beschämung durchführten und ihr beiwohnten, umso fester gebunden fühlten.

Einen ähnlichen Zusammenhang zwischen Ex- und Inklusion konnte man bei den Spektakeln der Demütigung beobachten, die während der NS-Zeit aufgeführt wurden. Dazu gehörten lokale Schandprozessionen ebenso wie die Zurschaustellung von ›Volksfeinden‹ oder ›Verrätern‹ auf öffentlichen Plätzen. Nicht viel anders ging es in den 1960er Jahren in China zu. Mit Rückendeckung des Großen Vorsitzenden Mao zogen junge Leute beiderlei Geschlechts während der Kulturrevolution aus, um vormals sakrosankte Autoritäten in Staat, Gesellschaft und Familien vom Sockel zu stoßen.[9] Je tiefer ihre Opfer sanken, desto höher stieg das kollektive Machtbewusstsein der Täter, die überzeugt waren, das Richtige zu tun, wenn sie die Revolution gegen angebliche Konterrevolutionäre verteidigten. Auch SA-Männer beanspruchten, im Auftrag und zum Schutz der Volksgemeinschaft zu handeln, als sie Frauen und Männer, die gegen die neue Moral verstießen, an den öffentlichen Pranger stellten.

Die Macht der Gruppe oder Gemeinde war hier, im 20. Jahrhundert, auf Großeinheiten wie das Volk übertragen worden, in dessen Namen semi-staatliche Akteure unter Beteiligung interessierter Kreise hemmungslos sanktionierten, straften, beschämten und demütigten. Generell lässt sich beobachten, dass kommunitär verfasste Gesellschaften, die die soziale Einbettung des Individuums und dessen Verantwortung gegenüber dem Gemeinwohl betonen, dazu neigen, den Persönlichkeitsschutz und Achtungsanspruch ihrer Mitglieder hintanzustellen. Wenn der Nationalsozialismus die pädagogische Devise ausgab »Du bist nichts, Dein Volk ist alles«, hatten die Rechte der Einzelnen hinter den Interessen der Volksgemeinschaft zurückzustehen.[10] Auch in den Staaten des ›realen Sozialismus‹ genoss das Kollektiv Vorrang vor individuellen Bedürfnissen der Bürger, und öffentliche Beschämungen waren an der Tagesordnung. In DDR-Schulen und -Betrieben machte man diejenigen, die hinter den Erwartungen und Normen zurückblieben, auf Wandzeitungen und Spruchbändern namhaft. Wer im kommunistischen China der späten 1950er und 1960er Jahre eine weiße Fahne verliehen bekam, war als leistungsschwacher Nachzügler gebrandmarkt und öffentlicher »Schande« ausgesetzt.[11]

Die offizielle Rechtfertigung lautete stets, man wolle die Betroffenen erziehen und in die Gemeinschaft zurückführen. Ähnlich argumentieren die Verfechter von *shame sanctions* in den USA. Der australische Kriminologe John Braithwaite propagiert seit den 1980er Jahren die Vorzüge und vorteilhaften Wirkungen des *reintegrative shaming,* das er streng von stigmatisierender Beschämung unterschieden wissen will. In seinem Gefolge segeln jene, die Beschämung als Waffe der Machtlosen gegen die Mächtigen entdeckt haben und Banker, Steuerflüchtlinge und großkalibrige Umweltverschmutzer an den Internet-Pranger stellen wollen. Die gerade Linie jedoch, die sie zwischen gutem *shaming* und schlechter, entwürdigender Demütigung ziehen, ist bei näherem Hinsehen krumm und gebrochen.[12] Faktisch kommt keine Beschämung ohne Stigmatisierung und Ausgrenzung aus, selbst wenn sie primär auf soziale Reintegration und Besserung von ›Übeltätern‹ abstellen mag.

Problematisch ist auch die Usurpation von Moral durch soziale oder politische Bewegungen, die den vollmundigen Anspruch erheben, im Interesse der Allgemeinheit oder des Gemeinwohls zu handeln, und Beschämung als legitimes Mittel ansehen. Vorschläge wie jener der Linkspartei 2012, die Namen reicher Steuerhinterzieher im Internet zu veröffentlichen, stoßen zu Recht auf große Vorbehalte. Eine Rückkehr zu traditionellen Ehren- und Schandstrafen widerspreche, so die Kritiker, rechtsstaatlichen Prinzipien und öffne der Willkür Tür und Tor. Was heute die Steuerbetrügerin treffe, könne morgen auf Autobahnraser oder Menschen mit ungewöhnlichen sexuellen Vorlieben ausgeweitet werden.[13]

In solchen Argumenten spiegelt sich eine liberale Haltung, die individuelle Freiheitsrechte hoch veranschlagt und kollektiven Beschämungsversuchen samt dem dahinter lauernden ›gesunden‹ Volks- oder Klassenempfinden zutiefst misstraut. Die Praxis öffentlicher Beschämung in totalitären Regimen hat in der Tat gezeigt, wie leicht sich jenes Empfinden propagandistisch steuern und gegen immer neue Feinde und Außenseiter mobilisieren lässt. Auch als Mittel im Kampf gegen Mächtige verlieren Beschämungen ihre gemeinen, gehässigen Formen nicht. »Wer den anderen öffentlich beschämt, handelt, als ob er Blut vergösse«, hieß es schon im Talmud.[14]

Beschämungsopfer: Schamlose Frauen, mutlose Männer

An Gründen, andere Menschen öffentlich zu beschämen, hat es nie gemangelt. Frühneuzeitliche Gesellschaften bestraften Diebe, Betrüger, Münzfälscher, Beleidiger oder Verleumder mit Pranger, Prügeln und Brandmarkungen. Geringere Normverstöße wurden innerhalb der Korporationen und lokalen Gemeinschaften geahndet. Nicht zuletzt sexuelle Fehltritte verfielen öffentlichem Hohn und Spott, die leicht in Gewalt umschlagen konnten.

Moderne Gesellschaften trennten sich zwar von den obrigkeitlich verhängten Schand- und Ehrenstrafen. Soziale Beschämungsmotive und -praktiken jedoch behielten sie lange Zeit bei. Das betraf vor allem Frauen und deren Sexualität. Bürgerliche und kleinbürgerliche Familien erzogen ihre Töchter im 19. Jahrhundert zu schamhaften Wesen, die sich für jeden Fleck oder Riss im Kleid schämten und in Anwesenheit junger Männer errötend die Augen niederschlugen. Wurde ein Mädchen unehelich schwanger, konnte es sich in der guten Gesellschaft nicht mehr sehen lassen – es sei denn, der Familie gelang es, die Gestrauchelte rasch zu verheiraten, wenn nötig sogar unter ihrem Stand.

Weibliche Sexualität war weit mehr als eine Angelegenheit der Familie. Sie interessierte auch Staat und Gesellschaft. Das zeigte sich, als ›arische‹ Frauen im Nationalsozialismus öffentlich bloßgestellt wurden, weil sie eine Beziehung mit einem jüdischen Mann oder einem ausländischen Zwangsarbeiter unterhielten. Es zeigte sich auch in den von der Wehrmacht überrollten Ländern Europas, als nach der Befreiung 1944/45 Zehntausende einheimischer Frauen, denen man ein Verhältnis mit den Besatzern nachsagte, öffentlich ›geschoren‹ und durch die Straßen getrieben wurden. Sie hätten, hieß es, die eigene Ehre verwirkt und, noch schlimmer, die nationale Ehre beschmutzt. Der gleiche Vorwurf traf in den 1970er Jahren Katholikinnen, die sich in Nordirland mit britischen Soldaten einließen. Man band sie mit abgeschnittenen Haaren, geteert und gefedert an eine Straßenlaterne. Auch hier ging die Beschämungsgewalt nicht vom Staat aus, sondern von gesellschaftlichen Gruppen.[15]

Auf diesem Feld offenbaren sich enorme Disparitäten zwischen den Geschlechtern. Mussten Frauen augenscheinlich fortlaufend und überall beschämt werden, um auf dem sozial und politisch genehmen Pfad sexueller Enthaltsamkeit zu wandeln, fehlten entsprechende Anlässe und Strategien gegenüber Männern. Dass Franzosen, die während des Zweiten Weltkriegs in Deutschland Zwangsarbeit leisten mussten, für ihre Amouren mit Deutschen im Heimatland öffentlich gedemütigt wurden, ist nicht überliefert. Die männliche Ehre konzentrierte sich, anders als bei Frauen, nicht in den Geschlechtsorganen. Sie haftete am Mut: Ein Junge, der ängstlich war und seine Angst zeigte, hatte ein Problem. Seine Freunde und Schulkameraden, aber auch Eltern und Geschwister schalten ihn einen Feigling oder eine *sissy*. Wer solcher Beschämung entgehen wollte, musste sich, ohne mit der Wimper zu zucken, absurdesten Mutproben unterziehen, für die vor allem englische Internate im 19. und frühen 20. Jahrhundert berüchtigt waren. Ähnliche Tests männlicher Furchtlosigkeit führten studentische Verbindungen durch, und selbstverständlich hatten sie ihren Platz auch beim Rekrutenschliff im Militär.

Besonders dramatisch war es für einen Mann, von einer Frau und vor weiblichem Publikum als Feigling tituliert zu werden. Das passierte 1914, nach Ausbruch des Ersten Weltkriegs, in Großbritannien. Damals machten sich mehrheitlich junge Frauen einen patriotischen Spaß daraus, Männern, die keine Uniform trugen, auf offener Straße eine weiße Feder zu überreichen. Sie war das Symbol für Feigheit und wurde auch sofort als solches gelesen.[16] Viele Betroffene reagierten tief verstört, nicht wenige meldeten sich anschließend freiwillig zu den Fahnen. Die Idee dazu hatte der pensionierte Vizeadmiral Charles Cooper Penrose-Fitzgerald, die Ausführung jedoch lag in weiblichen Händen, um die beschämende Wirkung zu vergrößern. Schließlich empfinde es ein Mann, resümierte Virginia Woolf 1938 rückblickend, »immer noch als besondere Beleidigung (…), von einer Frau als feige beschimpft zu werden, ähnlich wie eine Frau es als besondere Beleidigung empfindet, von einem Mann als unkeusch beschimpft zu werden«.[17]

22 Die *White-Feather*-Kampagne, Großbritannien im Ersten Weltkrieg

Kampagnen, Sensibilitäten, Resistenzen

Selbst wenn sich die Zahl der vergebenen Federn in Grenzen hielt, hinterließ die Beschämungskampagne doch, wie Woolf notierte, einen »immensen psychologischen Eindruck«, der lange nachwirkte. Anders als die überall aushängenden Rekrutierungsplakate, die ebenfalls mit Schammotiven arbeiteten, sprach sie die Betroffenen persönlich an.[18] Der Unterschied zwischen allgemeinen und individuellen Schamappellen ist keineswegs trivial. Kann man die einen schlicht übersehen oder unterlaufen, fühlt man sich den anderen unmittelbar und hautnah ausgeliefert. Es gibt kein Entkommen, kein Ausweichen, kein Wegducken.

Dieser Unterschied erklärt, warum politische oder kommerzielle

Schamkampagnen gemeinhin ins Leere laufen. 1951 zogen Westberliner Bäcker mit einem Käfig durch die Stadt, in dem »Herr Schimpf und Frau Schande« eingesperrt waren: Sie kauften, so die Botschaft, ihr Brot in den billigen Ostberliner HO-Läden und schaufelten damit den teureren Bäckern im Westen der Stadt das ökonomische Grab. Entsprechende Plakate, Kurzfilme und Diavorführungen brachte der Westberliner Senat seit 1950 in einer aufwendigen PR-Aktion unter die Leute, ohne damit einen durchgreifenden Erfolg zu erzielen.[19] Die Beschämungsabsicht verpuffte, weil sie die Menschen nicht persönlich tangierte. Allgemeine moralische Anrufungen oder Warnungen, das zeigen auch Aktionen gegen Schwarzfahrer, bewirken wenig. Werden Personen ohne gültiges Ticket dagegen vor den Augen anderer Reisender aus dem Zug eskortiert, hinterlässt das bei vielen ein Gefühl der Scham, und sie sind nicht unbedingt auf Wiederholung erpicht.[20]

Beschämungen, die Normverletzer direkt konfrontieren und kenntlich machen, sind deutlich effektiver. In Moskau erregte 1959 ein Plakat großes Aufsehen, das im Schaufenster eines Schuhgeschäfts hing. Es karikierte Frauen und Männer aus der Nachbarschaft, die kleinere Diebstähle oder Gaunereien begangen hatten. Jede und jeder erschien mit vollem Namen, Geburtsjahr und Adresse. Derartige Interventionen richteten vermutlich sehr viel mehr aus als die überall propagierte Losung, im Interesse des Gemeinwohls und der sozialistischen Volkswirtschaft auf Betrügereien zu verzichten.[21]

In liberalen Gesellschaften sind individuelle Bloßstellungen jedoch verpönt. Sie beschädigen, heißt es, die menschliche Würde, indem sie Personen öffentlich vorführen und der Verachtung Dritter ausliefern. Dementsprechend legen es die Kontrolleure in öffentlichen Verkehrsmitteln nicht *per se* darauf an, Schwarzfahrer persönlich zu beschämen. Auch in Institutionen wird zunehmend darauf geachtet, jeden Anflug degradierenden oder demütigenden Verhaltens zu unterbinden. Die Mitarbeiter von Sozialämtern und Jobcentern sind angewiesen, ihren ›Kunden‹ höflich und respektvoll zu begegnen. Dazu trägt die neue Architektur der Arbeitsämter bei, die sich von »unwürdigen« Orten in den »Hinterhäusern der Gesellschaft« zu modernen, transparenten Serviceeinrichtungen in Einkaufspassagen oder an der örtlichen Hauptstraße wandelten.[22]

Wenn Empfänger von Sozialleistungen dennoch das Gefühl haben, beschämt zu werden, spricht das für eine hohe Schamsensibilität, die wiederum eng an die Erfahrung eines sozialen Statusverlusts und an die Internalisierung gesellschaftlicher Leistungsnormen gebunden ist. Kein eigenes Geld zu verdienen und von anderen abhängig zu sein gilt in der modernen Arbeitsgesellschaft weithin als soziales Stigma. Wird es demonstrativ sichtbar, indem man beim Einkauf nicht mit Geld, sondern mit Lebensmittelgutscheinen des Jobcenters bezahlt, empfinden manche das als »erniedrigend hoch Zehn«. Sie scheuen auch davor zurück, die unentgeltlichen Angebote der Tafel zu nutzen und ihre prekäre Lage damit zu offenbaren.[23]

Ähnlich verhielten sich im 19. Jahrhundert die »verschämten Armen«, die alles daransetzten, ihre Hilfsbedürftigkeit nicht publik zu machen. Um sie kümmerten sich milde Stiftungen und Frauenvereine, die darauf achteten, dass die Namen der von ihnen Unterstützten geheim blieben.[24] Nach der Umstellung vom privaten Almosenbetrieb zum öffentlichen, auf sozialen Rechten beruhenden Wohlfahrtssystem veränderten sich die Erwartungen und Umgangsformen. Viele, die ihre Bedürftigkeit auf dem Amt anmeldeten, taten das nicht etwa schamvoll, sondern selbstbewusst und fordernd.[25] Das fiel ihnen leichter, wenn sie den Eindruck hatten, an ihrer Lage nicht selber schuld zu sein. In Phasen hoher Arbeitslosigkeit oder Inflation um Unterstützung nachzusuchen war ein Massenschicksal und kein Grund für Scham.

Schamresistenz kann sich auch dann ausbilden, wenn man sich dem Geltungsanspruch gesellschaftlicher Normen entzieht. Wer das Prinzip der Erwerbsarbeit und Leistungsmaximierung ablehnt, wird sich vermutlich auch in Zeiten der Vollbeschäftigung nicht über Lebensmittelgutscheine schämen. Ebenso wenig beschämbar ist die Person, die in zerrissenen Jeans und Pullover in die Oper geht und die missbilligenden Blicke oder Kommentare der feinen Gesellschaft an sich abprallen lässt. Um beschämt werden zu können, muss man die Normen, gegen die man verstoßen hat, anerkennen.

Das aber ist seit der zweiten Hälfte des 20. Jahrhunderts nicht mehr selbstverständlich. Zum einen haben sich Lebensstile pluralisiert; einzelne soziale Gruppen entwickeln und pflegen Werte und Umgangsformen, die außerhalb ihrer Grenzen nicht geteilt, aber toleriert und respektiert werden. Zum anderen und damit verbunden hat ein Prozess der Informalisierung eingesetzt, der ehemals starre und verbindliche Benimm- und Verhaltensregeln aufgeweicht und untergraben hat. Vieles, was noch vor fünfzig Jahren ein Anlass für Scham und Beschämung war, ist es heute nicht mehr. Drittens schließlich haben soziale Emanzipationsbewegungen traditionelle Schamvorstellungen und Beschämungspraktiken aufs Korn genommen und politisch konterkariert. Amerikanische und europäische Feministinnen erklärten Scham für ein überholtes Repressionsinstrument patriarchalischer Gesellschaften. Aktivisten der Schwulen- und Lesbenbewegung prägten 1969 den Slogan *Gay Pride* und brachten diesen Stolz seither in einer Vielzahl öffentlichkeitswirksamer Veranstaltungen zum Ausdruck. Auch für sie galt: »Die Scham ist vorbei.«[26]

Das heißt allerdings nicht, dass Menschen in modernen oder hochmodernen Gesellschaften keine Ehre mehr im Leib hätten und somit beschämungsresistenter seien als ihre Vorfahren.[27] Was sich zweifellos geändert hat, ist die Vorstellung von dem, was Ehre ist und wer sie zuteilt oder entzieht. Das tat traditionell die Gruppe oder der Stand, der oder dem man angehörte. Ohne sie gab es keine Ehre, im guten wie im schlechten Sinn. Ehre bemaß sich daran, welchen Platz man im sozialen Gefüge zugewiesen bekam und ob man sich an die dort geltenden Normen und Verhaltensregeln hielt. Das ist heute anders. Das Individuum selber beansprucht Ehre oder, wie es jetzt heißt, Respekt, Achtung und Anerkennung.[28] Soziale Gruppen besitzen in der Moderne deutlich weniger Macht, das Leben ihrer Mitglieder zu prägen und zu kontrollieren. Einer kollektiven Politik der Beschämung, wie sie in frühneuzeitlichen Kommunen oder Zünften üblich gewesen ist, fehlt in der hochdifferenzierten Gesellschaft der späten Neuzeit die materielle Grundlage. Personen können den Ort, den Arbeitsplatz, die Kirchengemeinde oder den Verein wechseln, und sie beziehen Ehre und Selbstwert nicht mehr primär aus dem sozialen Verband, dem sie angehören.

Dennoch gibt es Beschämung und Scham auch weiterhin. Jede Gruppe arbeitet damit, besonders in der Adoleszenz. In dem Maße, wie Menschen nicht monadisch leben, sondern Familien, Kollegen, Nachbarn, Mitschüler, Freunde und Bekannte haben, legen sie Wert auf deren Anerkennung.[29] Wird sie verweigert und durch ostentative, öffentlich bekundete Missachtung ersetzt, leidet das Selbstwertgefühl.

Liberalisierung

Zugleich fördern Gesellschaften, die sich dem Schutz menschlicher Würde verpflichtet sehen, die Empfindlichkeit ihrer Mitglieder für soziale Herabsetzung und Erniedrigung. In dieser Hinsicht lässt sich eine deutliche Steigerung der Beschämungssensibilität beobachten. Eine Petition gegen die Bundesjugendspiele und deren angeblich demütigenden Effekte wäre in den 1950er Jahren nicht denkbar gewesen. Wer in der Familie oder in der Schule in eine Kultur der Achtung und Anerkennung hineinsozialisiert worden ist, hegt andere Ansprüche an ›würdevolle‹ Behandlung als jemand, der sich von klein auf an Unterwerfung und Nichtachtung gewöhnt hat. Die Liberalisierung gesellschaftlicher Institutionen seit den 1960er Jahren trug deshalb entscheidend dazu bei, die individuellen Respekterwartungen zu steigern und Respektverweigerungen als entwürdigend wahrzunehmen.

Allerdings war der Einstellungswandel kein Selbstläufer. Selbst wenn manche Pädagogen bereits im 19. Jahrhundert davor gewarnt hatten, Kinder bewusst zu demütigen und vor anderen zu beschämen, setzten sich solche Positionen erst sehr viel später flächendeckend durch. Eine breite gesellschaftliche Diskussion über entwürdigende Erziehungsmaßnahmen in der Familie fand in der Bundesrepublik nicht vor den 1970er Jahren statt. Noch 1952 kassierte der Bundesgerichtshof die Entscheidung des Kasseler Landgerichts, das ein Elternpaar wegen Körperverletzung verurteilt hatte. Die Eltern hatten ihre sechzehnjährige »verdorbene« Tochter im Haus angebunden und ihr die Haare so unregelmäßig kurz geschnitten, dass sie »sich auf der Straße nicht sehen lassen konnte«. Anders als die Kasseler Richter erblickten deren Karlsruher Kollegen darin keine »quälerische Behandlung«, sondern ein geeignetes Mittel, »das Mädchen aus der Scham über die erlittene Züchtigung zum Bewußtsein der Verwerflichkeit ihres Verhaltens und zur Scham darüber zu bringen«.[30] Wie ein Fanal wirkte vor diesem Hintergrund das Urteil des Bundesverfassungsgerichts 1968, wonach auch Kindern als Grundrechtsträgern Menschenwürde zukomme, die von Staat und Gesellschaft geachtet und geschützt werden müsse.[31] Ebendas war zuvor stets in Zweifel gezogen worden. Generationen von Pädagogen und Ratgeberautoren hatten argumentiert, Kinder besäßen entweder noch kein

Ehrgefühl oder es sei nicht so entwickelt, dass es durch Schläge verletzt werden könnte.

Nach dem Urteil des Bundesverfassungsgerichts dauerte es ein weiteres Jahrzehnt, bis der Gesetzgeber »entwürdigende Erziehungsmaßnahmen« im Rahmen elterlicher Sorge für unzulässig erklärte. Aber was genau war unter dem Begriff der Würde zu verstehen, und was galt als entwürdigend? Immer wieder wurden Gerichte angerufen, diese Streitfrage zu klären. Sie klärten sie weder einheitlich noch abschließend. Denn Menschenwürde, das stellte der BGH 1957 zu Recht fest, ist nichts Absolutes und Unveränderliches. Was sie ein- und ausschließt, ist historischem Wandel unterworfen. In dem Maße, wie sich »sittliche Werte« und »Anschauungen« neu formen und soziale Verbindlichkeit erwerben, verschiebt sich die Wahrnehmung dessen, was diesen Werten und Anschauungen widerstrebt.[32]

1986 befand das Landgericht Siegen, die Züchtigung eines achtjährigen Kindes mit einem Schlaggegenstand sei entwürdigend. Sie werde »auch von Kindern entsprechend empfunden, da eine Gleichbehandlung mit Tieren auf der Hand liegt, die eben nicht mit der Hand, sondern mit Gegenständen üblicherweise geschlagen werden«. Die Siegener Richter stellten hier wohlgemerkt nicht das Recht der Eltern in Frage, ihr Kind körperlich zu bestrafen; sie stießen sich lediglich an der Tatsache, dass dazu ein Wasserschlauch benutzt worden war, der das Kind auf eine Stufe mit einem Tier stellte und es dadurch herabwürdigte. Dem BGH jedoch erschien diese Argumentation als »zu eng«, und er hob das Siegener Urteil auf. Damit war die gesellschaftliche und politische Diskussion neu eröffnet. An ihrem vorläufigen Ende stand das Gesetz von 2000, das Kindern ein Recht auf gewaltfreie Erziehung einräumte: »Körperliche Bestrafungen, seelische Verletzungen und andere entwürdigende Maßnahmen sind unzulässig.«[33]

In der Schule als öffentlicher Einrichtung hatte sich diese Maxime schon früher durchgesetzt, aber auch hier waren Widerstände und Beharrungskräfte groß, nicht nur in der Bundesrepublik. 1978 verhandelte der Europäische Gerichtshof für Menschenrechte den Fall des fünfzehnjährigen Anthony Tyrer, den ein Jugendgericht auf der Isle of Man wegen Angriffs auf einen Mitschüler zu drei Rutenschlägen aufs Gesäß verurteilt hatte. Eigentlich durften britische Gerichte seit 1948 keine Prügelstrafen mehr verhängen, doch war das Jugendstrafrecht der Insel davon ausgenommen. Tyrer bekam die Schläge im Beisein seines Vaters, eines Arztes und dreier Polizisten verabreicht. Anschließend wandte er sich an das *National Council for Civil Liberties*, das seinerseits die Straßburger Kommission anrief. Die kam zu dem Schluss, Tyrers Bestrafung habe dessen von der Menschenrechtskonvention geschützte Würde und physische Integrität verletzt. Das sah die Inselbevölkerung damals noch ganz anders. Dennoch zeigte das Urteil Wirkung und gab denjenigen Eltern Rückenwind, die von Prügeln als Disziplinarstrafe, egal ob von der Polizei, Lehrern oder Headmastern verabreicht, nichts mehr wissen wollten. 1986 verabschiedete das Londoner Parlament ein Gesetz, das Prügel in öffentlichen Schulen verbot. Zwölf Jahre später durften auch die Zöglinge privater Erziehungseinrichtungen im Königreich nicht mehr geschlagen werden.[34]

Wie stark sich der pädagogische und moralische Wind inzwischen gedreht hatte, illustrierte der Brief, den nordirische Grundschüler 2016 von ihren Lehrern bekamen. Die öffentliche Schule am Harmony Hill – *nomen est omen* – in Lisburn legt, ihrem Leitbild gemäß, großen Wert darauf, den Schülern Selbstachtung und Respekt für andere beizubringen. Entsprechend respektvoll war das Schreiben an die Elfjährigen formuliert. Sie sollten nicht enttäuscht sein, wenn ihre Noten weniger gut ausgefallen seien als erhofft. Alle hätten hart gearbeitet und sich angestrengt, und eben darauf komme es im Leben an. Testergebnisse sagten nichts darüber aus, welche Person man sei und mit welcher Haltung man die Dinge angehe, und beides sei bei allen Kindern schlicht »amazing«.[35]

Der Brief machte im Netz rasch die Runde und brachte der Schule viel Lob und Bestnoten ein. Er wirft ein helles Licht auf den kulturellen Wandel, der das Lehrer-Schüler-Verhältnis vielerorts von Grund auf verändert hat. Wurden leistungsschwache Schüler früher vor der ganzen Klasse vorgeführt und verhöhnt, ist Beschämung heute *old school.*

Bullies

Wenn die Harmony Hill School eine explizite *Anti-Bullying Policy* verfolgt, bedeutet das also nicht, dass sie Schüler vor übergriffigen Lehrern schützen müsste. Vielmehr will sie den alltäglichen Schikanen, die stärkere Kinder schwächeren zufügen, das Wasser abgraben. Auch damit liegt sie im Trend. Denn aggressive Beschämung, das zeigen neuere Untersuchungen, findet vor allem untereinander statt, zwischen Schulkameraden oder in Peergruppen. Während Eltern und Lehrer aus prinzipiellen und pädagogischen Gründen davon Abstand nehmen, legen es viele Kinder und Jugendliche im Klassenkampf um Anerkennung und Bewunderung darauf an, den eigenen Status durch die Demütigung anderer zu erhöhen. In Kinderbüchern wird dieses Verhalten seit der zweiten Hälfte des 20. Jahrhunderts problematisiert, und viele Staaten der USA haben in den letzten zwei Jahrzehnten Gesetze erlassen, die *bullying* in Schulen verbieten.[36] Auch darin zeigt sich die gewachsene Sensibilität gegenüber Praktiken, die die Selbstachtung einer Person zerstören und deren Würde beschädigen.

Die Funktion solcher Praktiken hat sich allerdings verschoben. Machtspiele unter Kindern und Jugendlichen gab es auch in früheren Zeiten, der klassische Internatsroman des 19. Jahrhunderts war voll davon. Hierarchien wollten ausgekämpft werden, und dabei ging es physisch und emotional alles andere als sanft zu. Von wiederholten und dauerhaften Schikanen gegen Schwächere aber war seltener die Rede, und Machtallianzen blieben in der Regel nicht stabil. Wer einmal beschämt worden war, konnte sich erneut Respekt verschaffen und in die Gruppe zurückkehren. Das aber wird von Bullies und Mobbern nicht intendiert, im Gegenteil. Fortwährende Schikanen und Erniedrigungen wollen nicht reintegrativ beschämen, sondern stigmatisieren. Solche Szenen auch noch zu filmen und den Clip ins Netz zu stellen heißt, auf radikale Exklusion aus zu sein oder sie zumindest billigend in Kauf zu nehmen. Was zählt, ist die eigene Stärke, die man in der Unterwerfung des anderen öffentlich dokumentieren kann – je krasser, desto eindrucksvoller.

Und, wäre hinzuzufügen, desto nachhaltiger. Machtdemonstrationen im Internet zu verbreiten garantiert, dass viele Menschen darauf aufmerksam werden. Was vor Facebook und Instagram nur einem kleinen Kreis von Eingeweihten bekannt wurde und meist nicht lange vorhielt, klebt den Opfern (aber auch den Tätern) heutzutage wie Pech auf der Haut. Es wirkt als Brandmarkung, die den Betroffenen dauerhaft zeichnet. Solche Prozeduren sind mit Rücksicht auf die Menschenwürde und die erwünschte Resozialisierung von Straftätern abgeschafft worden. Gleiches gilt für den klassischen Pranger. Im Unterschied zum aktuellen

Internetpranger musste man dort überdies nur wenige Stunden oder Tage ausharren, während beschämende Bilder heute sehr viel länger zirkulieren und ein ungleich größeres Publikum erreichen.

Zugleich aber ist das Internet demokratisch und partizipativ. Nutzern steht es frei, welche Informationen sie zur Kenntnis nehmen und weiterleiten, und welche nicht. Sie können denjenigen, die beschämen und mobben, die Gefolgschaft verweigern. Sie können den Finger auf die Täter richten, anstatt sich, offen oder heimlich, am Leid der Opfer zu laben. Widerspruch und Verweigerung im Netz sind möglich, zumal die Täter keine Autoritätspersonen sind oder gar in staatlichem Auftrag handeln. Ob Mitglieder einer Gesellschaft es zulassen, dass Menschen öffentlich bloßgestellt und erniedrigt werden, ist ihre eigene Entscheidung. Will man Bullies und Mobbern das Handwerk legen, bedarf es keiner neuen Gesetze oder polizeilicher Maßnahmen. Man braucht, neben aufmerksamen Erziehern, Kollegen und Mitbürgern, lediglich einen funktionierenden moralischen Kompass, soziales Urteilsvermögen und Mobilisierungstalent. Wenn jene, die andere demütigen, keine oder negative Aufmerksamkeit erhalten, wird ihnen die Lust daran rasch vergehen.

Denn Demütigen und Beschämen hat immer mit Macht zu tun: mit dem Anspruch, Macht auszuüben, und mit dem Wunsch, dafür von anderen Zustimmung zu erfahren. Ohne öffentliches Einverständnis und Applaus ist Macht nichts wert. Zwar gab und gibt es Unterwerfungshandlungen, die sich ausschließlich zwischen zwei Personen ohne Beisein Dritter abspielen. Doch sie gehören eher zum Metier von Psychotherapeuten und Romanautoren. Die Historikerin hingegen interessiert die Politik der Demütigung, die stets eines öffentlichen Schauplatzes bedarf. Zuschauer müssen Beifall zollen. Bleibt er aus, stehen diejenigen, die beschämen, im Abseits.

Das gilt für die aktuellen Beschämungsplattformen im Internet, die prinzipiell jeden und jede zum Täter, aber auch zum Opfer machen können, ebenso wie für entsprechende Formate im Fernsehen. Sie stellen Menschen vor Millionen von Zuschauern bloß und geben sie der Lächerlichkeit preis. Wenn die Betroffenen dies zulassen, heißt dies, dass ihnen negative Resonanz lieber ist als gar keine. Ihr Wunsch nach Wahrnehmung und Anerkennung ist so groß, dass sie bereit sind, jede Demütigung hinzunehmen. Anders als Kant behauptet hat, besitzt die Würde des Menschen hier doch einen Preis: die berühmten *fifteen minutes of fame*, selbst wenn sie sich in *fifteen minutes of shame* verwandeln.

Eine liberale Gesellschaft kann niemanden daran hindern, sich selber zum Objekt der Beschämung zu machen oder anderen dabei zuzuschauen. Sie kann und soll aber in ihren Institutionen darauf achten, daran nicht mitzuwirken. Und sie muss einschreiten, wenn Beschämung brutale Formen annimmt und Scham mit Gewalt erpresst wird.

Gesten der Unterwerfung oder Zeichen des Respekts?

Ein solcher Fall ereignete sich 1935 in der Nähe von Stargard in Pommern. Ein Arbeiter hatte sich bei der Deutschen Arbeitsfront über einen Vorgesetzten beschwert, der ihn als den Faulsten im ganzen Betrieb bezeichnet hatte. Daraufhin wurde der Vorgesetzte von einer Menschenmenge aus seiner Wohnung geholt und zum Haus des Arbeiters geführt, wo er diesem in einem Akt unfreiwilliger Selbstdemütigung kniend Abbitte leisten musste.[37] Chinesische Arbeitgeber lassen Mitarbeiter, die die vorgegebenen Verkaufsziele nicht erreichen, noch heute öffentlich auf Knien um Verzeihung bitten.[38]

Jemanden in die Knie zu zwingen bedeutet seit altersher und nach landläufiger Meinung, ihn zu unterwerfen. Das kann, wie im Fall des pommerschen Vorgesetzten und der chinesischen Angestellten, die Gestalt eines willkürlichen Buß- und Entschuldigungsrituals annehmen und mit unmissverständlichen Zeichen machtgestützter Erniedrigung einhergehen. Aber Menschen knien auch aus eigenem Antrieb. Vor Gott ist die Geste Ausdruck individueller Demut, die sich in vielen religiösen Kulturen hoher Wertschätzung erfreut. Im 18. und teilweise noch im 19. Jahrhundert galt das Knien in weiten Teilen der Welt als ein Signal der Ehrerbietung gegenüber höhergestellten Personen: In China knieten Kinder vor ihren Eltern und Höflinge vor dem Kaiser, in Europa beugten Diener die Knie vor der Herrschaft, und Untertanen ließen sich auf die Knie nieder, wenn sie ihrem Fürsten eine Bittschrift überreichten.

Vor allem für europäische Männer geriet das Knien jedoch zunehmend in Misskredit, und sie identifizierten es im Zuge ihrer bürgerlichen Emanzipation als Gebärde der Versklavten und Unfreien. Um Respekt zu bekunden, reichte ihnen fortan die mehr oder weniger tiefe Neigung des Kopfes. Während sie den aufrechten Gang probten, Demutsgesten auf den kirchlichen Raum beschränkten und weltliche Reverenzen fein dosierten, galten für Frauen andere Regeln. Von ihnen erwartete man »mehr als eine bloße Verbeugung«, nämlich eine »tiefe Neigung des ganzen Körpers, die aus einer eigenthümlichen Beugung der Knien hervorgeht und gelernt und mit Fleiß einstudirt sein will«, am besten vor dem Spiegel.[39]

Gebärden waren (und sind) also nicht naturgegeben; bestenfalls konnten sie zur zweiten Natur werden, wenn man sie so lange übte, dass sie wie ein Automatismus funktionierten. Aber Gebärden waren auch nicht vollkommen artifiziell. »In gar vielen Fällen«, schrieb 1773 Johann Georg Sulzer, seien sie eine »genaue und lebhafte Abbildung des innern Zustandes der Menschen«. Um 1800 adressierte man Gesten und Körperbewegungen als »Dolmetscher deiner Empfindung«, Darwin nannte sie 1872 eine »Sprache der Seelenerregungen«. Sie trugen dazu bei, Gefühle zu intensivieren, wie nicht nur der britische Naturforscher, sondern auch Psychologen wie Wilhelm Wundt und andere beobachtet hatten. Zudem stellten Gesten Beziehungen zu Dritten her und wirkten unmittelbar, wie Sulzer hervorhob, auf deren »Gemüther«.[40] Wenn Mädchen bis in die 1960er Jahre gewohnheitsmäßig knicksten, sollte das Empfindungen der Ehrerbietung, des Respekts, möglicherweise auch der Unterordnung und Nichtigkeit in ihnen hervorrufen. Umgekehrt sah sich derjenige, dem die Geste galt, symbolisch erhöht und geachtet.

Am britischen Hof, der die männliche Kniebeuge auch dann noch erwartete, als sie in Kontinentaleuropa längst *ad acta* gelegt worden war, ist der Knicks für Damen bis heute üblich. Sogar Kanzlerin Angela Merkel deutete ihn 2014 gegenüber der Queen an. Kanzlergattin Loki Schmidt hingegen hatte ihn standhaft verweigert, da er ihrer »persönlichen Grundhaltung« als Hamburger Republikanerin widersprach.[41] Wie die britische Königin darauf reagierte, ist nicht verbürgt. Aber in der in- und ausländischen Öffentlichkeit werden solche Gesten aufmerksam beobachtet und kritisch interpretiert. Wer den Kopf zu sehr neigt, kann rasch dafür gerügt werden, wie US-Präsident Obama 2009, dessen tiefe Verbeugung vor dem japanischen Kaiser als degradierender »kowtow« gegeißelt wurde.[42]

Der Begriff des Kotaus besitzt in der westlichen Diplomatie seit dem späten 18. Jahrhundert einen schrillen Klang. Er verband sich vornehmlich mit China und dessen Herrschaftszeremoniell, das Einheimische nicht anders als fremde Emissäre verpflichtete, sich vor dem Kaiser auf die Knie niederzuwerfen und mit dem Kopf mehrfach den Boden zu berühren. In den Augen europäischer Gesandter wurde daraus eine Erniedrigung. Sie war unvereinbar mit den Vorstellungen staatlicher Souveränität und Gleichheit, die sich im Europa der frühen Neuzeit entwickelt hatten und seit spätestens 1815/18 den diplomatischen Umgang untereinander prägten. Sie kollidierte darüber hinaus mit dem Gefühl nationaler Ehre, das im Zeitalter des Nationalismus und der Demokratisierung eine immense Schubkraft gewann. Sah sie diese Ehre im internationalen Verkehr durch Zeichen der Missachtung verletzt, drängte die öffentliche Meinung darauf, die im Völkerrecht kodifizierten Satisfaktionen einzuholen.

Für den Staat, der Genugtuung geben musste, war dies nicht leicht. Ähnlich wie privaten Abbitten haftete im 19. Jahrhundert auch diplomatischen Entschuldigungen etwas Demütigendes an. In ebendieser Absicht setzten sie die imperialistischen Mächte ein, vor allem gegenüber China. Das Land, das es sich noch um 1800 leisten konnte, britischen Emissären den Kotau abzuverlangen und sie unverrichteter Dinge nach Hause zu schicken, sah sich nach zwei verlorenen Kriegen gegen Großbritannien und Frankreich gezwungen, nicht nur sein Hofzeremoniell zu ändern. Es musste auch regelmäßig Sühnemissionen nach Europa schicken, um bei den Regierungen in Paris, London und Berlin für Übergriffe gegen Diplomaten oder Missionare um Verzeihung zu bitten. Das war als Politik der Demütigung gemeint und wurde von allen Beteiligten auch genau so verstanden.

Bis heute ist die Entschuldigung in der internationalen Politik ein heißes Eisen. Gehört sie im zwischenmenschlichen Umgang mittlerweile zum guten Ton und beschädigt weder das Selbstbewusstsein noch das Selbstwertgefühl desjenigen, der sich entschuldigt, ist das in zwischenstaatlichen Beziehungen anders.[43] Unter den Argusaugen nationaler Öffentlichkeiten werden zeremonielle diplomatische Akte zu Seismographen, die jede noch so winzige Erschütterung wechselseitiger Anerkennung und Ehrerbietung registrieren. Wer sich bei wem wie tief verbeugt, wird auf einer Machtachse eingetragen, millimetergenau vermessen und innen- wie außenpolitisch kommentiert. So war eine Mehrheit der Bundesdeutschen nicht damit einverstanden, dass Kanzler Willy Brandt 1970 vor dem Warschauer Ghetto-Denkmal niederkniete und damit, wie viele meinten, die Verhandlungsposition der Bundesregierung gegenüber Polen schwächte.

Auch für manche Amerikaner waren regierungsamtliche Entschuldigungen mit nationalem Stolz und nationaler Ehre unvereinbar. Als Präsident George W. Bush der Pekinger Regierung 2001 sein Bedauern darüber ausdrückte, dass ein chinesischer Kampfpilot bei der Kollision mit einem amerikanischen Aufklärungsflugzeug zu Tode gekommen war, kritisierten konservative Intellektuelle dies als »tiefe nationale Demütigung«. China habe Amerika »in die Knie gezwungen«. Andere Kommentatoren betonten demgegenüber, Bush habe sich keineswegs entschuldigt, sondern lediglich aufrichtiges Bedauern, »sincere regret« geäußert. Das aber wies der Sprecher des Pekinger Außenministeriums zurück: Der Brief aus Washington habe *shenbiao qianyi* ausgedrückt, was als »deep apology« übersetzt wird.[44]

Dieses Ringen um Worte erinnert an die semantischen Querelen, die exakt hundert Jahre früher zwischen China und Deutschland ausgetragen wurden. Damals ging der Versuch des deutschen Kaisers, China zeremoniell-symbolisch zu demütigen, nach hinten los und bescherte dem gebeutelten Reich der Mitte einen seltenen diplomatischen Sieg. Für das heutige China ist das »Jahrhundert der Demütigung« einerseits Geschichte, andererseits politischer Auftrag: Nie wieder dürfe das Land in ähnliche Abhängigkeiten geraten und zum Spielball auswärtiger Interessen werden. Das motiviert die gegenwärtige Außenpolitik und bestimmt ihr Insistieren auf Gleichwertigkeit und Augenhöhe.

Wenig aber hat es mit dem zu tun, was ausländische Beobachter der chinesischen Kultur immer wieder gern attestieren: einer Obsession bezüglich des »Gesichts«. Wer das Gesicht verliere, gelte in China als schwach, minderwertig und unterlegen.[45] Aber trifft das nicht auch auf Europäer oder US-Amerikaner zu? Als sich Wilhelm II. 1901 mit Händen und Füßen dagegen wehrte, von seiner Kotau-Forderung abzulassen, begründete er das damit, er wolle sich nicht vor dem britischen König »desavouieren«. Auch ihm ging es folglich um Gesichtswahrung; Zeitgenossen nannten es Behauptung der Ehre. Linguisten verweisen darauf, dass viele, wenn nicht alle Kulturen sogenannte »face-wants« entwickeln und zum Ausdruck bringen: den Wunsch, nicht beschämt und gedemütigt zu werden, und das Streben nach Zustimmung und Anerkennung.[46]

Macht und Würde

Auf internationalem Parkett, aber auch in sozialen Beziehungen ist das, was der Philosoph Hans-Georg Gadamer »Dialektik des Anerkennens« nannte, ohne die Kategorie von Macht nicht zu verstehen. Es ist eben nicht so, wie Gadamer annimmt, dass jede Geste der Nichtanerkennung ein »Gefühl der Demütigung« hinterlässt.[47] Wenn ich jemanden grüße, der mich nicht zurückgrüßt, hängt meine emotionale Reaktion davon ab, wie wichtig (mir) diese Person ist. Leiste ich den Gruß als Untergebene, verweist mich die Nichterwiderung auf meinen niedrigen Status und beschämt mich. Bin ich in der Position der Vorgesetzten oder Höhergestellten, kann mich der unterlassene Gruß bestenfalls ärgern, aber nicht demütigen. Mein Selbstwertgefühl ist davon nicht betroffen, ganz egal, ob sich das Ganze vor Publikum abspielt oder nicht.

Öffentliche Demütigung, heißt das, funktioniert nur vor dem Hintergrund und im Rahmen asymmetrischer Machtverhältnisse. Macht spielt zwar in fast allen sozialen Beziehungen eine Rolle, aber sie übersetzt sich nur unter bestimmten Bedingungen in eine offensive Politik der Demütigung. Dafür bedarf es stark ausgeprägter Machtdifferenzen sowie der Absicht, diese vor Dritten zu behaupten und sinnfällig zur Schau zu stellen. Außerdem muss sich die Demütigungspolitik in einem öffentlichen Resonanzraum abspielen, der ihr Akklamation und Zustimmung verschafft. Im Zeitalter des Imperialismus gehörte das zum Tagesgeschäft, in der Periode der europäischen Bürgerkriege wurde es in Europa salonfähig und tauchte auch in den spannungsreichen Phasen des Kalten Krieges ab und zu auf.

In solchen Konstellationen verwandelte sich das völkerrechtliche Instrument der Entschuldigung in eine innen- wie außenpolitisch einsatzfähige Waffe öffentlicher Demütigung. Akzeptabel waren Entschuldigungen höchstens dann, wenn sich, wie bei den nationalen Aussöhnungsprozessen in Südafrika 1993, beide Seiten entschuldigten oder wenn ein Politiker für Repressionen um Verzeihung bat, die frühere Regierungen gegenüber einer nationalen Minderheit verübt hatten. In internationalen Beziehungen hingegen, in denen Machtfragen kompetitiv verhandelt werden, gelten Entschuldigungen bis heute häufig als ein Eingeständnis von Schwäche, dem ein mehr oder weniger starker Hauch von Beschämung und Erniedrigung beigegeben ist.

Aus der Sicht (neo-)konservativer und (neo-)imperialer Machtstaatstheoretiker kommt dem Staat die gleiche Wertigkeit zu, wie sie das Individuum in liberalen Konzepten eines Rechts- und Verfassungsstaates genießt. Für die einen ist die Würde (oder Ehre) des Staates unhintergehbar, für die anderen die des Menschen. Die Würde des Staates aber braucht Stärke, die des Menschen Schutz. Ihre Verletzlichkeit zeigte sich besonders während der Gewaltexzesse der 1930er und 1940er Jahre. In Deutschland, aber auch in Italien, Spanien, Ungarn oder Rumänien trat der starke Staat, mitsamt vielen willigen Helfern, die Würde missliebiger Personen in den Staub – und trug gleichzeitig seine »Ehre« wie einen Popanz vor sich her.[48]

Der Begriff der Menschenwürde zirkuliert in europäischen Gesellschaften seit dem späten 18. Jahrhundert. Er entwickelte sich in Auseinandersetzung mit obrigkeitlichen Körper- und Schandstrafen, die Menschen nach Meinung aufgeklärter Zeitgenossen zu Tieren herabwürdigten und als ehrlos brandmarkten. Dabei ging es nicht in erster Linie darum, den Betroffenen Leiden und Schmerz zu ersparen und die Grausamkeit der Mächtigen anzuprangern.[49] Im Zentrum stand vielmehr die Absicht, Menschen wie fühlende und vernunftbegabte Wesen zu behandeln, anstatt mit ihnen umzuspringen wie mit angeblich bewusstseins- und empfindungslosen Tieren. Nach 1945 wurde offensichtlich, dass diese Absicht in weiten Teilen der Welt dramatisch gescheitert war.

Seitdem hat sich viel getan. In der Bundesrepublik erhielt Menschenwürde den Status eines Rechtsguts. Als der Verfassungskonvent 1948 einen ersten Entwurf des Grundgesetzes vorlegte, definierte er in Artikel 1 klar und unmissverständlich: »Der Staat ist um des Menschen willen da, nicht der Mensch um des Staates willen. Die Würde der menschlichen Persönlichkeit ist unantastbar. Die öffentliche Gewalt ist in allen ihren Erscheinungsformen verpflichtet, die Menschenwürde zu achten und zu schützen.«[50] Über das, was die Würde verletzte, herrschte allerdings keine Einigkeit, und selbst Gerichte sprachen nicht mit einer

Stimme. Was die einen als erniedrigend und demütigend betrachteten, konnte für andere ein legitimes Mittel der Erziehung sein.

In den letzten Jahrzehnten haben sich die Positionen angenähert, mit deutlicher Tendenz zur Ausweitung dessen, was man als Angriff auf die Menschenwürde versteht. Parallel dazu ist die zivilgesellschaftliche Debatte um Würde und Entwürdigung breiter, intensiver und nachhaltiger geworden. Das liegt nicht etwa daran, dass Demütigungen und Beschämungen in dieser Zeit signifikant zugenommen hätten, im Gegenteil. Was sich vielmehr geändert hat, ist die öffentliche und private Empfindlichkeit. Dort, wo sie noch vorkommt, wird Beschämung als Akt psychischer oder physischer Gewalt mit einem moralisch-justitiellen Bann belegt. Ob sich jemand konkret beschämt oder gedemütigt fühlt, spielt dafür keine Rolle. Was eine Demütigung ist, erschließt sich stattdessen aus den symbolischen Codes und kulturellen Deutungssystemen einer Gesellschaft oder einer sozialen Gruppe.

Nicht jeder verweigerte Gruß ist also ein Angriff auf die Menschenwürde. Es kommt auf die Bedeutung an, die man ihm beilegt, und diese Bedeutung wird nicht individuell zugeschrieben, sondern interpersonal vereinbart. In Zeiten sozialer Pluralisierung und Informalisierung besitzt die Grußgeste weniger Gewicht als in Gesellschaften oder Milieus, die peinlich genau auf solche Respekterweisungen achten. Damit bleibt es letztlich jeder selber überlassen, ob sie sich gekränkt fühlen will oder nicht. Personen von stoischer Gelassenheit, wie sie die Philosophin Nussbaum propagiert, werden darüber hinwegsehen, andere mit Scham oder Zorn (den Psychologen als Schamabwehr oder Affektumkehrung deuten) reagieren.[51] Letzteres häuft sich in dem Maße, wie sich, typisch für das späte 20. Jahrhundert, ich-bezogene, tendenziell narzisstische Fühl- und Denkmuster ausbreiten. Wer sein Selbst in den Mittelpunkt der Aufmerksamkeit rückt und dafür soziale Anerkennung beansprucht, wird extrem empfänglich für deren Verweigerung. Die darauf folgende Minderung des Selbstwertgefühls kann als persönliche Katastrophe erlebt und, wie in Kalifornien, zur nationalen Obsession werden. Dort richtete die Regierung 1987 eine »Task Force to Promote Self-Esteem« ein und besetzte sie mit zivilgesellschaftlichen Experten aus Kirchen, Schulen und der Geschäftswelt.[52]

Die rasante Karriere des Demütigungsbegriffs und der mit ihm verbundenen sozialen Praktiken in den letzten Jahren und Jahrzehnten entpuppt sich vor diesem Hintergrund als Element einer neuen moralischen Ökonomie. Sie hat sich vor allem in den westlichen Industrienationen Geltung verschafft, deren Bürger und Bürgerinnen vom Staat, aber auch voneinander Respekt und Anerkennung erwarten und einfordern. Gerade weil die Erwartungen so hoch sind, wächst die Sensibilität für das, was als persönliche Demütigung wahrgenommen wird. Dementsprechend rufen Phänomene wie Mobbing oder *bullying* größte Irritationen hervor. Gesellschaften hingegen, deren Verhaltensnormen primär auf Gruppen bezogen sind, schenken individuellen Betroffenheiten weniger Aufmerksamkeit. Sie greifen auch seltener, wenn überhaupt, auf das Konzept der Menschenwürde zurück oder verbinden, wenn sie es tun, damit andere Inhalte.

Ob Mohamed Bouazizi, als er 2010 Hand an sich legte, seine Menschenwürde durch die existenzbedrohende Repression der tunesischen Polizei verletzt sah, ob er sich in seiner Selbstachtung durch die Ohrfeige einer weiblichen Amtsperson gekränkt fühlte, ist ungewiss. Als jemand, der nicht in den polyglotten Zirkeln europäisch orientierter Intellektueller und Professionals beheimatet war, mögen ihm solche Begriffe und die daran geknüpften Empfindungen fremd gewesen sein. Sein »Selbst« war zweifellos ein anderes als das, was sechsundzwanzigjährige kalifornische Google-Mitarbeiter oder Berliner Master-Studierende darunter verstehen. Und auch seine Vorstellungen von Ehre und Würde deckten sich vermutlich nicht mit denen gleichaltriger Männer vergleichbarer sozialer Stellung in Europa oder Nordamerika.

Von daher war es eine gewagte Interpretation, wenn tunesische Journalisten Bouazizis Selbstverbrennung als Protest gegen »Entwürdigung und Demütigung« ausgaben. Andererseits entfachte gerade diese Rahmung einen politischen Flächenbrand. So wenig die verzweifelte Aktion des jungen Gemüsehändlers mit den oft ellenbogenbewehrten Gesten individueller Respektforderung oder identitätspolitischer Opferinszenierung verband, so anschlussfähig war die ihr beigegebene Botschaft, sich die Zumutungen des Staatsapparates nicht länger gefallen zu lassen. »Würde« bekam einen politischen Klang, der an die frühe Zeit des europäischen Anti-Demütigungs-Projektes erinnerte: an das Recht des Bürgers und der Bürgerin, von der Obrigkeit nicht entehrt, entwürdigt und erniedrigt zu werden.

Dieses Projekt entfaltete sich in der Auseinandersetzung zwischen

Staat und Bürgern, die den Demütigungs- und Beschämungspraktiken in öffentlichen Institutionen unter Hinweis auf Menschenwürde und Freiheitsrechte sukzessive die Legitimation entzogen. Doch war dies keine lineare Fortschritts- und Erfolgsgeschichte, in der das liberale Bürgertum die Rolle des strahlenden Helden spielte. Stattdessen etablierten sich immer neue gesellschaftliche Schauplätze solcher Spektakel, an denen sich keineswegs nur der Mob erfreute. Auch bürgerliche Zuschauer goutierten und ermöglichten sie, nicht zuletzt als treue Nutzer von Medien, die kräftig selber an der Beschämungsspirale drehten und dabei von der Schadenfreude des Publikums lebten.

Der Respekt für die Anerkennungswünsche anderer steht damit quer zu dem verbreiteten Bedürfnis, Demütigung im allgegenwärtigen Kampf um Macht und Aufmerksamkeit einzusetzen und als Mittel politischer, sozialer oder kultureller Positionierung zu verwenden. Ob solche Strategien Erfolg haben, hängt davon ab, wie sich das Publikum verhält. Macht es mit, klatscht es Beifall – oder wehrt und verwahrt es sich? Die Geschichte ist nicht zu Ende.

Anmerkungen

Ich danke Kerstin Singer für ihre ebenso kompetente wie kreative Recherche und sorgfältige Korrektur sowie Uli Schreiterer für seine gewohnt kräftige, deshalb hilfreiche Kritik und vielfältige Anregungen. Er hat das gesamte Manuskript gelesen, manches sogar mehrfach. Juliane Brauer, Timon de Groot, Uffa Jensen, Anja Laukötter, Margrit Pernau, Anne Schmidt und Max Stille haben einzelne Kapitel kommentiert, auch dafür danke ich herzlich.

Worum es geht

1 Gero von Randow, »Jetzt kommt das Volk«, in: *DIE ZEIT* v. 20. 1. 2011 (mit Zitaten der tunesischen Journalistin Sihem Bensedrine und anderen Zeitzeugen).

2 *https://web.archive.org/web/20121116003123/http://www.tagesschau.de/ausland/marokko122.html* (Zugriff am 24. 4. 2017); Thomas Friedman, »The Politics of Dignity«, in: *The New York Times* v. 31. 1. 2012. Siehe auch Klein, »Humiliation Dynamic«; Lindner, *Making Enemies*, mit vielen Fallbeispielen; Zink, *Humiliation*, S. 7–20.

3 *http://www.cleveland19.com/story/20091870/supporter-bearing-idiot-sign-stands-with-defiant-driver* (Zugriff am 5. 7. 2016). Alle Übersetzungen aus dem Englischen und Französischen stammen, falls nicht anders vermerkt, von der Autorin.

4 Amanda Hess, »The Shaming of Izzy Laxamana« (*http://www.slate.com/articles/technology/users/2015/06/izabel_laxamana_a_tragic_case_in_the_growing_genre_of_parents_publicly_shaming.html?wpsrc=kwfacebookdt&kwp_0=35576* [Zugriff am 5. 7. 2016]).

5 Weber, *Wirtschaft und Gesellschaft*, S. 28.

6 Demmerling/Landweer, *Philosophie*, S. 223 ff.

7 Tangney, »Self-conscious emotions«, S. 543, 545; Taylor, *Pride*, S. 53, 59, 67; Scheff/Retzinger, *Emotions*; Deonna/Rodogno/Teroni, *In Defense*. Zur psychoanalytischen Sicht siehe auch Seidler, *Blick*.

8 Kästner, »Klassenzimmer«, S. 31, 45, 68, 72, 76–79.

9 *http://www.ohchr.org/EN/UDHR/Pages/Language.aspx?LangID=ger* (Zugriff am 9. 7. 2016).

10 Czeguhn, »Verhältnis«. Menschenwürde oder Personenwürde wird in drei

Vierteln aller Staatsverfassungen explizit aufgeführt (Baets, »Utopia«). Siehe auch Pfordten, *Menschenwürde*; Weber-Guskar, *Würde*.

11 Whitman, *Harsh Justice*, S. 100f. Die boomende Literatur zur Entwicklung der Menschenrechte konzentriert sich hingegen überwiegend auf das 20. Jahrhundert und schenkt dem Konstrukt ›Menschenwürde‹ kaum Aufmerksamkeit (Eckel, *Ambivalenz*; ders./Moyn [Hrsg.], *Moral*; Hoffmann [Hrsg.], *Moralpolitik*). Vgl. aber McCrudden, »Human Dignity«.

12 Foucault, *Überwachen*, S. 115f., 99.

13 Margalit, *Politik der Würde*, S. 15, 61; ähnlich Bieri, *Art*, S. 35 (»Würde ist das Recht, nicht gedemütigt zu werden«), 172.

14 Braithwaite, *Crime*; Rossner, »Reintegrative Ritual«; Münster, »Wiederentdeckung«.

15 Urteil des OLG München v. 17.3.2016 – 29 U 368/16 (Internetpranger).

16 *Chinese School*.

17 Aaron J. Klein, »Israel and Turkey: Anatomy of a Dissing War«, in: *Time* v. 14.1.2010 (*http://content.time.com/time/world/article/0,8599,1953746,00.html* [Zugriff am 12.7.2016]).

18 *http://www.spiegel.de/politik/deutschland/erdogan-stellt-strafantrag-gegen-jan-boehmermann-a-1086637.html* (Zugriff am 13.7.2016).

19 BGH-Urteil v. 15.3.1989 – 2 StR 662/88, Rn. 15. Siehe auch Schönke u.a., *Strafgesetzbuch* (2010), S. 1742ff.

20 Bourdieu, »Dialektik«. Bei Remarque stoßen zwei Unbekannte zusammen; ein Schimpfwort folgt dem anderen. Jeder bemüht sich um Originalität, und am Ende erweisen sie einander dafür Achtung und Respekt (*Drei Kameraden*, S. 38f.). Zur Schamabwehr aus psychoanalytischer Sicht Wurmser, *Maske*, S. 305–314. Siehe auch Meier, *Beleidigungen*.

21 Eine Studie zu den 1950er und frühen 1960er Jahren ergab, dass die bundesdeutsche Staatsanwaltschaft nur 5 Prozent der angezeigten Beleidigungen als von öffentlichem Interesse einstufte (Christiansen, *Beleidigung*, S. 87f.). Siehe auch Bemmann, »Ehrverletzungen und Strafbedürftigkeit«.

22 Vgl. Klein, »Humiliation Dynamic«, S. 117f., über die Schwierigkeiten, *humiliation* und *shame* auseinanderzuhalten. Der New Yorker Psychiater unterscheidet sie dadurch, dass Menschen Beschämung als verdient und Demütigung als unverdient ansehen. Siehe auch Miller, *Humiliation*, S. 117–124, 164.

23 Hier folge ich Hörnle, »Würdekonzept«, S. 102: »Was eine Demütigung ist, ist aus der Perspektive eines mit den jeweiligen symbolischen Bedeutungen vertrauten Beobachters zu erschließen, nicht aus den Emotionen von Betroffenen.« Diese Emotionen (Scham, Verzweiflung, Empörung) können unter Umständen bei Beschämung die gleichen sein wie bei Demütigung. Vgl. dazu auch Landweer, »Sich-gedemütigt-fühlen«.

24 In den im *FAZ*-Archiv gespeicherten Artikeln taucht ›Demütigung‹ zwi-

schen 1949 und 2016 zehnmal häufiger auf als ›Beschämung‹, wobei die Schere vor allem seit den 1970er Jahren immer weiter auseinandergeht. Die Suche erfolgte über die Teildatenbanken »F. A. Z. 49–92« und »F. A. Z. Biblio-Net (1993 ff.)« des lizenzierten »F. A. Z.-Bibliotheksportal« (ohne FR) unter *http://faz-archiv-approved.faz.net/intranet/biblionet/r_suche/FAZ.ein* (Zugriff am 7. 9. 2016). Das (Londoner) *Times Digital Archive* zeigt zwischen 1785 und 1985 für *humiliation* 10 155 Treffer an, für *shaming* lediglich 313.

25 BGH-Urteil v. 18. 11. 1957 – GSSt 2/57, Rn. 17; Geppert, »Straftaten«; Hilgendorf, »Beleidigung«.

26 *http://www.eluniversal.com.mx/articulo/estados/2016/06/1/no-fueron-maestros-los-que-nos-raparon-dice-profesor* (Zugriff am 14. 7. 2016).

27 *http://www.telegraphindia.com/1160131/jsp/nation/story_66748.jsp#.V4d3UXptBXt* (Zugriff am 14. 7. 2016).

28 Preuß u. a., »Demut«; Zink, *Humiliation*, S. 23 ff.; Nietzsche, *Jenseits*, S. 200 ff.; Paulsen, *Regierung der Morgenländer*, S. 129, 134.

29 Elias, *Prozeß*, Bd. 2, S. 397–400.

30 Simmel, »Psychologie der Scham«; Wurmser, *Maske*, S. 24 f., 453; Lewis, »Shame«; Williams, *Shame and Necessity*, S. 222. Auch das spricht, ebenso wie das im Folgenden diskutierte Material, gegen die These von Greiner, *Schamverlust*, dass an die Stelle der Schamkultur eine Kultur trivialer Peinlichkeiten getreten sei (S. 24, passim).

31 Marx, »Der achtzehnte Brumaire«, S. 96 f.

I Pranger, Prügel, Publizität: Logik und Kritik staatlicher Strafen

1 Bader-Weiß/Bader, *Pranger*; Hentig, *Strafe*, Bd. 1, S. 405–423.

2 Behrens, *Scham*, S. 205; Rexroth, *Milieu*, S. 126–137.

3 Patent v. 13. 1. 1787, § 33, Justizgesetzsammlung 611/1787, in: *Joseph des Zweyten*, S. 15; Bitter, *Strafrecht*, S. 118.

4 Lidman, *Spektakel*, S. 187, 189; dies., »Um Schande«, S. 208 f.

5 Dülmen, *Der ehrlose Mensch*, S. 81; Smith, »Civilized People«, v. a. S. 33.

6 Burke, *Speeches*, S. 156–159. Siehe auch Bartlett, »Sodomites«.

7 Martschukat, *Inszeniertes Töten*; Spierenburg, *Spectacle;* Friedland, *Seeing Justice Done*.

8 Schreiner, »Verletzte Ehre«, S. 279. In Zedlers Lexikon hieß es 1741, am Pranger würden »Missethäter (…) zum Spott des Volcks und ihrer Schande ausgestellet« (Zedler (Hrsg.), *Universal-Lexikon*, Bd. 29, 1741, Sp. 186).

9 Lidman, *Spektakel*, S. 165, 370; Wettlaufer, »Schand- und Ehrenstrafen«. Der Würzburger Rechtsprofessor Kleinschrod unterschied 1805 zwischen der Ausstellung am Schandpfahl und der am Pranger; erstere finde »bey geringen Verbrechen Statt, z. B. kleinen Diebereyen, Kuppeley u. a. m., (…) wird

von der bürgerlichen Obrigkeit erkannt, und entzieht die Ehre nicht, sondern ist nur eine Kränkung derselben. Aber der Pranger wird als Zeichen der peinlichen Gerichtsbarkeit angesehn, gegen Verbrechen schwererer Art angewandt, und als infamirende Strafe betrachtet« (*Entwickelung*, S. 162).

10 Koziol, *Begging Pardon*, S. 181 f.; Schreiner, »Verletzte Ehre«, S. 281–285; Neumann, »Beschämung«; Ingram, »Shame Punishments«, v. a. S. 300.

11 Ebd., S. 306; Nash/Kilday, *Cultures of Shame*, S. 37; Thompson, »Rough Music«.

12 Davis, *Humanismus*, S. 109 f., 115 f., 127 f.

13 Nash/Kilday, *Cultures of Shame*, S. 33 f.

14 Neumann, »Beschämung«, S. 281.

15 Schwerhoff, »Verordnete Schande«, S. 165; Garrioch, »Verbal Insult«, S. 108.

16 So suggeriert es zumindest die moralische Erzählung in Johann Evangelist Fürsts *Bauernzeitung aus Frauendorf* (Jg. 8, Nr. 5 v. 28. 1. 1826, S. 33–35). Der Herausgeber war ein bayerischer Hofoberbeamter, der gegen den Pranger zu Felde zog.

17 Ammerer, »›Durch Strafen‹«, S. 317. Ein ›Precher‹ war eine Bretterwand mit Hals- und Armlöchern.

18 Schwerhoff, »Verordnete Schande«, S. 171; Sharpe, »Decline«, S. 80; Shoemaker, »Streets of Shame«, S. 240; Frank, *Gesellschaft*, S. 194.

19 Ebd., S. 198.

20 Ingram, »Shame Punishments«, S. 298, 300; Ammerer, »›Durch Strafen‹«, S. 320; Schwerhoff, »Verordnete Schande«, S. 174, Zitat S. 181.

21 Bergk (Hrsg.), *Beccaria's Abhandlung*, S. 197, XXII.

22 Morley (Hrsg.), *Defoe*, S. 219–256; Moore, *Defoe*, Kap. 1; Nash/Kilday, *Cultures of Shame*, S. 81–85.

23 Leibetseder, *Hostie*, S. 143 f.

24 Foucault, *Überwachen*, S. 148 ff., 295 ff.

25 Shoemaker, »Streets of Shame«, S. 245; Smith, »Civilized People«, S. 37.

26 *Edinburgh Annual Register for 1815*, Bd. 8, S. 29–31; Sharpe, »Decline«, S. 81; Shoemaker, »Streets of Shame«, S. 240.

27 Rush, *Untersuchung*, S. 13, 31, 44.

28 Dufriche de Valazé, *Loix Pénales*, S. 343 f.; Muyart de Vouglans, *Loix Criminelles*, S. 63 f.; Hentig, *Strafe*, Bd. 1, S. 423–426.

29 Globig/Huster, *Abhandlung*, S. 83.

30 Whitman, *Harsh Justice*, S. 113–116; Smirra, *Entwicklung*, S. 83–89; Foucault, *Überwachen*, S. 144.

31 *Novum Corpus Constitutionum Prussico-Brandenburgensium* (NCC), Bd. 2, 1756, Nr. 64, Sp. 115 (Reskript v. 10. 7. 1756). Genauso formulierte es Svarez 1792 gegenüber dem Kronprinzen (*Vorträge*, S. 28). Pragmatisch argumentierte 1834 auch der Waagemeister Wilhelm Adolf Domsch aus Bautzen, der den Rat der Stadt um die Entfernung des Prangereisens vom Gewandhaus ersuchte. Bei Vollstreckung der Prangerstrafe würden nämlich Durchgangs-

wege gesperrt, die »Abladung steuerbarer Güter« gehemmt und der Handel gestört. Domsch schlug vor, es »wie in anderen Städten« zu halten und bei Bedarf »mitten auf dem Markte einen transportablen Pranger« aufzurichten (Schwerhoff/Völker (Hrsg.), *Eide*, S. 218).

32 Sonnenfels, *Grundsätze*, S. 442.

33 *Gesetzrevision*, Bd. 1, S. 69.

34 Gräff u. a. (Hrsg.), *Ergänzungen*, S. 336 f. (Reskript v. 10. 10. 1794). Der spanische oder Schandmantel war ein hölzerner, tonnenförmiger Mantel, der dem Verurteilten umgelegt wurde; die ebenfalls aus Holz gefertigte Fiedel oder Halsgeige kam vorzugsweise bei Frauen zur Anwendung.

35 Evans, *Szenen*, S. 151 f., führt Beispiele bis in die 1830er Jahre an.

36 *Gesetzrevision*, Bd. 1, S. 72. Bode sprach sich im Namen der Strafrechtsrevisionskommission dagegen aus, Straftäter, die zu einer zeitlich befristeten Freiheitsstrafe verurteilt worden waren, zusätzlich noch mit einer Prangerstrafe zu belegen. Da sie »dereinst in die bürgerliche Gesellschaft wieder eintreten« sollten, sei eine Strafe, die ihr »Ehrgefühl« vernichte, ihnen »öffentliche Schmach« zufüge und sie dauerhaft in der »öffentlichen Achtung« herabsetze, dem Ziel der »Besserung« und Reintegration nicht förderlich.

37 § 22 des *Code Pénal* von 1810 verfügte, dass jeder zu Zwangsarbeit und Arbeitshaus Verurteilte, »ehe er seine Strafe aussteht, auf dem öffentlichen Platze an den Pranger gebunden werden (soll), hier eine Stunde lang dem Volke zur Schau ausgestellt bleiben, und ober seinem Kopfe eine Tafel gesetzt werden, worauf seine Nahmen, sein Gewerbe, sein Wohnort, seine Strafe und die Ursache seiner Verurtheilung in großer und leserlicher Schrift verzeichnet sind« (*Code Pénal*, S. 11).

38 *Collection complète des lois*, S. 121–154, hier 131. Laut Mittermaier, *Strafgesetzgebung*, Bd. 1, S. 277, kehrte sich das Verhältnis zwischen entehrenden und korrektiven Strafen daraufhin um: Zwischen 1825 und 1831 seien auf 100 Verurteilungen 60 entehrende entfallen, nach 1832 nur noch 40. In Deutschland hatten Bayern, Sachsen, Holstein-Oldenburg und viele andere Staaten Strafgesetze, die Pranger- und andere Ehrenstrafen enthielten.

39 Smirra, *Entwicklung*, S. 143.

40 Landsberg, *Gutachten*, S. 47.

41 Grolman, *Grundsätze*, S. 77.

42 Helfer, »Denkmäler«, S. 65; Lottner (Hrsg.), *Sammlung*, S. 110, 231.

43 Geheimes Staatsarchiv Preußischer Kulturbesitz (GStA) Berlin, I. HA Rep. 84 a, Nr. 49 545: Schreiben des preußischen Justizministers v. Kamptz an König Friedrich Wilhelm III. v. 5. 3. 1837, 9. 6. 1837 u. Schreiben an Kamptz v. 2. 8. 1837.

44 Leitner (Hrsg.), *Sammlung*, S. 118 (Kgl. Ordre v. 18. 4. 1835). Das ALR hatte den Staupenschlag als Begleitstrafe bei Hinrichtungen oder lebenslangem Freiheitsentzug vorgesehen.

45 In einem königlichen Befehl an den Justizminister meinte Friedrich Wilhelm III. 1811, die »gesetzliche Ausstellung am Schandpfahl« könne »als Beispiel würksam seyn«, was ihre Öffentlichkeit rechtfertige (*Gesetz-Sammlung,* 1811, S. 196). Für den »Schandpfahl oder Pranger« als abschreckende Strafe vor allem bei »boshaften Injurianten« und »Calumnianten« sprach sich noch 1848 ein Mitglied der Frankfurter Nationalversammlung aus (Behr, *Polizei-Wissenschaftslehre,* Bd. 1, S. 164).

46 *Gesetzrevision,* Bd. 1, S. 3, 278; Bd. 2, S. 478; Bd. 3, S. 5, 135 f., 271. Vgl. Blasius, »Grenzen«.

47 Im Beratungsprotokoll der zur Revision des Strafrechts ernannten Kommission des preußischen Staatsrats vom 21. 4. 1838 war die »selbst für schwerere Strafen, beschlossene Abschaffung der öffentlichen Ausstellung« vermerkt (*Gesetzrevision,* Bd. 4.1, S. 40). Bodes Ausführungen finden sich ebd., Bd. 1, S. 72.

48 Svarez, *Vorträge,* S. 27. Auf den Herrschaftscharakter der Prügelstrafe verweist Koselleck, *Preußen,* S. 641–659.

49 *Gesetzrevision,* Bd. 1, S. 110 f. (Motive zum ersten Entwurf des Revisors v. 1827). Zu Klein vgl. Kleensang, *Konzept,* S. 195–213.

50 Ein Gutachten des preußischen Medizinalkollegiums in Bayreuth kam 1798 zu dem Schluss, dass eine gelinde und mittlere Züchtigung »bei Manns- und Weibspersonen durch Einspannen in das Krautbänkchen, wie bisher mit großen frischen Ruthen von Birkenreisern« geschehen solle, während eine »tüchtige (scharfe) Strafe hingegen für beiderlei Geschlecht auf eben diese Art, mittelst eines im Durchschnitt einen halben Zoll dicken und 1 ½ Ellen langen halbfrischen Steckens von Haselstrauch zu 40, 50, bis 80 Streichen, nach Beschaffenheit des Subjects, in einem oder zweien Tagen« und »allemal ad posteriora, als den mindest gefährlichen Ort vollzogen werden können« (Wahrhold/Antistiani, »Soll der sogenannte gemeine Diebstahl«, Zitat S. 150).

51 »Zwey merkwürdige Verordnungen«, S. 37 f. Das ALR hatte lediglich Rücksicht »auf die körperliche Beschaffenheit des zu Bestrafenden« angemahnt (2. Teil, 20. Titel, 10. Abschnitt, § 50).

52 Kant, »Metaphysik«, S. 600 f.

53 Ingram, »Shame Punishments«, S. 295 f.; Dabhoiwala, »Sex and Societies«, S. 297 (»I took up a common prostitute, whose conduct was very offensive, (…) brought her to the whipping-post – being about mid-market, where was present some hundreds of people – I caused her to have twelve lashes; and at every third lash I parleyed with her and bid her tell all the women of the like calling wheresoever she came that the Mayor of Deal would serve them as he had served her, if they came to Deal and committed such wicked deeds as she had done«).

54 Smith, »Civilized People«, S. 38 (»Publickly Wipt itt Being Shuch a Grate

Scandell to Me in My Business & Wood Go Nere to Be My Ruing«); *Gesetzrevision*, Bd. 4.1, S. 43.

55 Shoemaker, »Streets of Shame«, S. 237 f.; Smith, »Civilized People«, S. 39; Sharpe, »Decline«, S. 83.

56 Grolman, *Grundsätze*, S. 85; Hudtwalcker, »Züchtigungen«, S. 175. Auch in den heftigen Debatten, die in den 1830er und 1840er Jahren im Rahmen der preußischen Gesetzrevision um die Prügelstrafe geführt wurden, bestand bei allen Teilnehmern Einigkeit, dass »öffentliche Züchtigung nicht zuzulassen (sei), da sie den Verbrecher zu tief erniedrige, und namentlich beim Tumulte zu noch größerer Aufreizung führen könne, überhaupt aber mit der, selbst für schwerere Strafen, beschlossenen Abschaffung der öffentlichen Ausstellung im Widerspruche stehen würde« (*Gesetzrevision*, Bd. 4.1, S. 40, aus dem Beratungsprotokoll der Staatsratskommission v. 21. 4. 1838).

57 Mittermaier, »Züchtigung«, v. a. S. 657. Ähnlich argumentierte 1843 der Gießener Hofgerichtsrat Noellner: Die »Verwerflichkeit« der Prügelstrafe liege nicht primär darin, dass sie öffentlich vollzogen werde, sondern weil ihr Charakter an sich »entwürdigend« sei (»Bemerkungen«, S. 202).

58 *Gesetzrevision*, Bd. 5, S. 306 f.

59 Landsberg, *Gutachten*, S. 29, 47.

60 *Gesetzrevision*, Bd. 1, S. 112; Bd. 5, S. 293, 297; Bd. 6, S. 599.

61 Ebd., Bd. 5, S. 299 f.

62 Wick, *Ehrenstrafen*, S. 7; Welcker, »Infamie«, S. 393, führte die »Beleidigung der Menschenwürde« als starken »Grund gegen Prügelstrafen« an. Ähnlich Noellner, »Bemerkungen«, S. 192; Arnold, »Erfahrungen«, v. a. S. 274–278.

63 Jagemann, »Strafe«, S. 241.

64 Mittermaier, »Züchtigung«, S. 655.

65 Jagemann, »Strafe«, S. 230; Hudtwalcker, »Züchtigungen«, v. a. S. 164, 179.

66 *Gesetzrevision*, Bd. 3, S. 273.

67 Ebd., Bd. 5, S. 304; Erlass v. 6. 5. 1848, in: *Gesetz-Sammlung*, 1848, S. 123.

68 Mittermaier, »Züchtigung«, S. 661 f.

69 Mommsen, *Grundrechte*, S. 27 f. Der Autor kommentierte hier den Paragraphen der Frankfurter Reichsverfassung von 1849, wonach »die Strafen des Prangers, der Brandmarkung und der körperlichen Züchtigung« abgeschafft seien (Sellert/Rüping, *Studien- und Quellenbuch*, Bd. 2, S. 52). Siehe auch Kesper-Biermann, »›Gleichheit‹«.

70 Zedler (Hrsg.), *Universal-Lexikon*, Bd. 1, 1732, Sp. 467.

71 *Allgemeines Landrecht für die Preußischen Staaten*, S. 697 (2. Teil, 20. Titel, 10. Abschnitt, §§ 607–609).

72 Globig/Huster, *Abhandlung*, S. 81. Zugleich fanden die Autoren es nicht richtig, einen Adligen, der »die Ehre des Geringen antastet«, ebenso hart zu bestrafen wie umgekehrt, verlöre er doch mit seinem guten Namen »weit mehr (…), als er geschadet hätte«.

73 Klein, »Kurze Darstellung«, S. 118.

74 Eileen H. Crosby (»Fighting for Honor«) sieht im Zeitraum zwischen 1650 und 1730 kaum Unterschiede zwischen Stadt und Land.

75 Garrioch, »Verbal Insult«, S. 106, 115; Dinges, *Maurermeister.*

76 Frank, »Ehre und Gewalt«, S. 322.

77 Andrews, »Press«. Die meisten Inserate stammten von männlichen Angehörigen der Unter- und unteren Mittelschicht (Handwerker, Kleinhändler, Transportarbeiter), die sich in der Regel für »scandalous words« entschuldigten.

78 Jensen, »Chicaneur«, S. 167. Vgl. Gleixner, *»Das Mensch«*. Zur preußischen Gesindeordnung Pape, *Wiedereinführung*, S. 4.

79 NCC, Bd. 9, 1792, Nr. 3, Sp. 657–666.

80 Klein, »Kurze Darstellung«, S. 118.

81 *Jahrbücher für die preußische Gesetzgebung, Rechtswissenschaft und Rechtsverwaltung* 1 (1813), S. 6 f. (Ordre v. 23. 5. 1812), Zitat 7.

82 *Gesetzrevision*, Bd. 4.1, S. 37; vgl. auch ebd., Bd. 6, S. 850.

83 Frevert, *Vergängliche Gefühle*, S. 20.

84 Behrens, *Scham*, S. 185.

85 Weber, *Injurien*, bes. S. 92–95, Zitate 94, 120 (mit Hinweis auf eine Entscheidung der Leipziger Juristenfakultät, die einen Studenten 1634 zur Ehrenerklärung für eine von ihm ungefragt geküsste Frau verurteilte); Fuchs, *Um die Ehre*, S. 48, 252.

86 Garrioch, »Verbal Insult«, S. 107; Walz, »Schimpfende Weiber«, v. a. S. 186; Gowing, *Domestic Dangers*; Crosby, »Fighting for Honor«, S. 296.

87 James, »Frauenstrafen«, S. 314. Zum Haarescheren vgl. auch die zeitgenössischen Ausführungen in Krünitz, *Oekonomische Encyklopädie*, Bd. 20, 1780, S. 496–498; Schwerhoff, »Verordnete Schande«, S. 167; Hentig, *Strafe*, Bd. 1, S. 411 f. Zu den Laster- oder Lästersteinen vgl. Künßberg, *Strafe*, S. 18 f.

88 Helfer, »Denkmäler«, S. 73. Zur zunehmenden Engführung von Ehre und Jungfräulichkeit seit dem 16. Jahrhundert siehe Burghartz, »Geschlecht«.

89 Krünitz, *Oekonomische Encyklopädie*, Bd. 14, 1788, S. 807.

90 *Gesetzrevision*, Bd. 3, S. 5, 136, 271.

91 Ebd., Bd. 4.1, S. 43 (aus dem Beratungsprotokoll v. 21. 4. 1838).

92 Gräff u. a. (Hrsg.), *Ergänzungen*, S. 329; Evans, *Szenen*, S. 173.

93 Meister, »Schamhaftigkeit«, S. 131.

94 Verordnung v. 18. 12. 1848, in: *Gesetz-Sammlung*, 1848, S. 423 f. Allerdings privilegierte das Strafrecht auch weiterhin eine bürgerlichen und adligen Männern vorbehaltene Ehre, wie sie sich im Duell äußerte (Frevert, *Ehrenmänner*).

95 Buddeus, »Ehrenstrafen«, S. 455; Köstlin, *Abhandlungen*, S. 3, 5; Fahne, *Ehrenkränkungen*, S. 11.

96 Unterscheidung nach Grolman, *Grundsätze*, S. 88.

97 Pape, *Wiedereinführung*, S. 20, 57. Vgl. dazu Evans, *Szenen*, S. 157–169. Zu ähnlichen Entwicklungen in Österreich siehe Malfèr, »Abschaffung«. Hans v. Hentig zählte die Prügelstrafe (wie die Todesstrafe) zu den »flottierenden« Strafarten, »die kommen und gehen und unsere ganze Unsicherheit verraten« (*Strafe*, Bd. 2, S. 366).

98 Mittelstädt, *Gegen die Freiheitsstrafen*, S. III, 11, 18, 24 f., 57, 81 f. Vgl. dazu Rosenblum, *Beyond*, S. 36.

99 Rittner, *Mittelstädt's Broschüre*, S. 34; Schwarze, *Freiheitsstrafe*, S. VIII, 42 f., 45; Streng, *Studien*, S. 192; Mittelstädt, *Gegen die Freiheitsstrafen*, S. 85 f. 1899 rekapitulierte Gerichtsassessor Heinrich Krauße, *Prügelstrafe*, die Debatte des 19. Jahrhunderts, nicht ohne sich selber auf die Seite der Befürworter zu stellen.

100 Frank, *Strafgesetzbuch*, S. 41.

101 Goltdammer, *Materialien*, Bd. 1, S. 107 f., 224; Bd. 2, S. 345 (§§ 30, 163 StGB).

102 Landsberg, *Gutachten*, S. 47, 290; Feuerbach, *Betrachtungen*, Bd. 1, S. 188; Weber, »Hauptforderungen«, S. 617; *Oeffentlichkeit, Mündlichkeit*, S. 418, 466.

103 Welcker, »Infamie«, S. 395, 400. Ähnlich Wahlberg, *Ehrenfolgen*, S. 59.

104 Ortmann, *Verhandlungen*.

105 Müller, *Suche*; Siemens, *Metropole*. Viele Zeitungen berichteten regelmäßig, z. B. die *Berliner Abendpost* in der Beilage »Der Gerichtssaal«.

106 Schwarze, *Freiheitsstrafe*, S. 14.

107 *Schleswiger Nachrichten* v. 26. 8. 1902.

108 Wahlberg, *Ehrenfolgen*. S. 36.

109 Whitman, »Enforcing Civility« (mit einem Vergleich zw. Deutschland, Frankreich und den USA). Siehe auch Goldberg, *Honor*. Zur französischen Rechtslage (mit sehr viel weniger Beleidigungsklagen) vgl. Pin, »Honneur«; zu den USA Nelson, »Honor«.

110 Köstlin, *Abhandlungen*, S. 7, 12.

111 Ebd., S. 48, 79. Ähnlich Binding, *Lehrbuch*, S. 134, 144. Zur Kriminalstatistik von 1903 siehe *Brockhaus' Kleines Konversations-Lexikon*, Bd. 1, S. 1024.

112 Zu Zivilprozess und Sühneverfahren siehe Liepmann, *Beleidigung*, S. 126; Hahn (Hrsg.), *Materialien*, S. 277.

113 Weshalb die allgemeine Urteilspublikation (die übrigens in vielen Ländern üblich war) nicht ins RStGB übernommen wurde, erschließt sich aus den zugänglichen Materialien nicht. In der ersten Lesung des Entwurfs eines StGB für den Norddeutschen Bund hatte der sächsische Generalstaatsanwalt Friedrich Oskar von Schwarze beantragt, den aus dem preußischen StGB überführten § 30 (dann 36) zu streichen, was in der Bundesratskommission Annahme fand (Schubert/Vormbaum (Hrsg.), *Entstehung*, Bd. 1, S. 73).

114 Frank, *Strafgesetzbuch*, S. 259; Binding, *Lehrbuch*, S. 163; Köstlin, *Abhandlungen*, S. 80.

115 *Gesetz-Sammlung*, 1811, S. 149 (der königliche Befehl sah vor, dass der Belei-

digte »bei Beleidigungen, die durch Pasquille«, d.h. öffentliche Schmähschriften oder -bilder, »zugefügt worden, die anerkannte Strafe öffentlich bekannt« machen dürfe); *Gesetzrevision*, Bd. 1, S. 667 f. (Zitate aus dem Immediatbericht v. Kircheisens und v. Hardenbergs v. 30. 1. 1811). Siehe auch Bors, »Abbitte«; Moosheimer, *Actio*, S. 23–30; Schulte, *Strafe*, S. 52–74.

116 Liszt, *Lehrbuch*, S. 247. Ähnlich Schwarze, *Commentar*, S. 524. Vgl. Fuchs, »Erörterung«.

117 *Entscheidungen des Reichsgerichts in Strafsachen*, Bd. 6, S. 180–184, Rep. 3153/81 (Urteil v. 17. 4. 1882). Die gleiche Begründung hatte Friedrich Wilhelm III. 1811 gegeben, als er die Privatgenugtuung unterband.

118 Wahlberg, *Ehrenfolgen*, S. 50.

119 *Entscheidungen des Reichsgerichts in Strafsachen*, Bd. 16, S. 73–77, Rep. 1077/87 (Urteil v. 17. 5. 1887), Zitat 75.

120 Dazu auch Fuchs, »Erörterung«, S. 425 f.; Quanter, *Schand- und Ehrenstrafen*, S. 200: »Gerade durch diese Veröffentlichung wird erst der Verurtheilte an den Pranger gestellt, und er fürchtet die Veröffentlichung in der Regel auch weit mehr als die Strafe selbst.«

121 *Motive zu dem Entwurfe*, S. 18.

122 *Gustav Radbruchs Entwurf* (1922), S. 5 f., 8, 35, 53 f. Vgl. zur Weimarer Republik Rutz, *Genugtuung*; zur deutschen und internationalen Rechtslage Hüttel, *Bekanntmachung*; speziell zur Schweiz Kuhn, *Bekanntmachung*.

123 Schomburg, »Bekanntmachung«.

124 *Gesetzblatt der Deutschen Demokratischen Republik*, T. 1, 1957, S. 643–647.

125 Rechtsprechung: Strafrecht, in: *Neue Justiz 14* (1960), S. 731–734.

126 Rechtsprechung: Strafrecht, in: *Neue Justiz 16* (1962), S. 548 f.; *Gesetzblatt der Deutschen Demokratischen Republik*, T. 1, 1957, S. 643–647 (Richtlinie Nr. 12 v. 22. 4. 1961).

127 Ebd. Das 1968 in Kraft tretende Strafgesetzbuch der DDR bestätigte die 1957 ff. eingeführten Neuerungen und ließ die öffentliche Bekanntmachung von Strafurteilen auch zu, um eine »Mobilisierung« der Bevölkerung zur »Bekämpfung bestimmter Erscheinungen der Kriminalität« zu ermöglichen (ebd., T. 1, 1968, S. 1–48, hier 18, zu § 50); Neuhof/Schmidt, »Anwendung«.

128 Richtlinie Nr. 12 v. 22. 4. 1961 (wie Anm. 126).

129 Erlaß des Staatsrates der Deutschen Demokratischen Republik über die grundsätzliche Aufgabe und die Arbeitsweise der Organe der Rechtspflege vom 4. 4. 1963, in: *Gesetzblatt der Deutschen Demokratischen Republik*, T. I, 1963, S. 33–35 (Zweiter Abschnitt zu den Konflikt- und Schiedskommissionen); Betts, »Property«, v.a. S. 219, 239 f.; Görner, »Erfahrungen«; Lohmann, »Gerichte«.

130 Görner, »Erfahrungen«, S. 715 f.

131 Das Oberste Gericht pries 1961 die »bewußte Disziplin« der werktätigen Be-

völkerung und hielt die »Erziehung rückständiger und undisziplinierter Bürger« für notwendig (Richtlinie Nr. 12 v. 22.4.1961, wie Anm. 126).

132 Schulz, »Elemente«, S. 44f., 48. Der einflussreiche Jurist und spätere Generalstaatsanwalt der DDR, Josef Streit, sprach sich1959 lobend über die Betriebsgerichte der Tschechoslowakei aus: »Die Täter sehen es als eine größere Schande an, wenn sie sich vor dem Kollektiv der Disziplinarkommission verantworten müssen als vor dem Gericht. (...) Im Gericht ist eine solche Atmosphäre der Unduldsamkeit nicht vorhanden.« (»Einige Gedanken«, S. 39). Ähnlich betonte Benjamin, *Konfliktkommissionen*, S. 118, »die starke rationale und emotionale Wirkung der Konfliktkommissionsberatung auf den Rechtsbrecher. Charakteristisch sind die nicht seltenen Äußerungen von Tätern, daß sie ein gerichtliches Verfahren dem vor einem gesellschaftlichen Rechtspflegeorgan vorzögen.« Zu ähnlichen Ergebnissen in der Sowjetunion siehe Schejnin, »Kriminalität«, v.a. S. 226. Vgl. Haerendel, *Gerichtsbarkeit*, v.a. S. 231.

133 Reiland, *Gerichte*, S. 20–55; Hamann, *Ehrengerichtsbarkeit*; Schönfeldt, *Schiedsmann*, v.a. S. 3–5 u. Kap. 3. Zu sowjetischen Kameradschaftsgerichten Gorlizki, »Delegalization«, v.a. S. 422; zu ähnlichen Praktiken sozialer Beschämung in den Jugendorganisationen (Komsomol) der 1950er und 1960er Jahre Tsipursky, »Coercion«, v.a. S. 61–63; zu den seit 1953 in chinesischen Fabriken und Bergwerken eingeführten Kameradschaftsgerichten Cohen, *Criminal Process*, S. 52, 103f., 170–179.

134 *http://www.documentarchiv.de/ns/nat-arbeit.html* (§§ 35–55) (Zugriff am 26.7.2016); Gusko, »Sinn und Ziel«, v.a. S. 263, 266; Frese, *Betriebspolitik*, S. 244–250; Bootz, *Hamburger Rechtsprechung*, S. 136–152, zur Praxis des dortigen Ehrengerichts.

135 Freisler, »Ehrenwahrung«, S. 10; Schaffstein, »Bedeutung«, S. 271.

136 Dahm, »Erneuerung«, Sp. 824 (Dahm, seit 1933 NSDAP- und SA-Mitglied, war zusammen mit dem 1935 berufenen Schaffstein Hauptvertreter der systemkonformen Kieler Schule); ders., »Ehrenschutz«, S. 2497f.; Schaffstein, »Bedeutung«, S. 271; Rietzsch, »Strafen«, S. 137. Vgl. Brezina, *Ehre*; Waldow, *Ehrenschutz*.

137 *Denkschrift des Zentralausschusses*, S. 114 (Freisler leitete den Ausschuss und verfasste das Kapitel »Strafensystem«); Schaffstein, »Bedeutung«, S. 271; Dahm, »Erneuerung«, S. 832; Rietzsch, »Strafen«, S. 141f. Freislers drastische ›Denkanstöße‹ erregten großes öffentliches Aufsehen, vgl. etwa Hentig, »Pranger«; Bader-Weiß/Bader, *Pranger*, S. 151. Freisler schrieb auch das Vorwort zu der Broschüre von Kluetz, *Volksschädlinge am Pranger* (der Autor war Leiter der Pressestelle des OLG Berlin).

138 Doerner, »Gerichtsberichterstattung«, S. 146; *Deutsche Justiz* 99 (1937), S. 709 (Zitat des Oberlandesgerichtsrats K. Schäfer, der ebenfalls in der amtlichen Strafrechtskommission mitarbeitete).

139 Przyrembel, *»Rassenschande«*, S. 73; dies., »Ambivalente Gefühle«. In Essen beschwerten sich 1933 mehrere Bürger in anonymen Zuschriften an die *National-Zeitung* darüber, dass der Zentrumspolitiker Hirtsiefer in einem Prangerumzug durch die Stadt geführt worden war; sie empfanden das als »Kulturschande« und Rückfall ins Mittelalter (*National-Zeitung* v. 20. 9. 1933: »Schwielenheinrich und die Spießbürger«).

140 Zur mittelalterlichen und frühneuzeitlichen Tradition siehe Wettlaufer/Nishimura, »History of Shaming«, S. 200, 215; Ingram, »Shame Punishments«, S. 292 f. Laut Buddeus, »Ehrenstrafen«, S. 457, ging die Schandstrafe des Staupenschlags im Mittelalter einher mit dem »Abscheeren des Haupthaares des an einem Pfahl angeschlossenen Verbrechers«. Zu Schandprozessionen nach byzantinischem Vorbild Schwerhoff, »Verordnete Schande«, S. 161.

141 Pollack, *Topographie*; Botz, *Nationalsozialismus*, S. 94 f.; Gedye, *Bastionen*, S. 294–298.

142 Krüger, »Selbstjustiz«; Wigger, *»Schwarze Schmach«*, S. 131; Martin/Alonzo (Hrsg.), *Charleston*, S. 159; Lebzelter, »›Schwarze Schmach‹«. Die öffentlichen Anprangerungen nahmen nach dem Abzug der Besatzungstruppen zu; manche Zeitungen veröffentlichten einen »Dirnenpranger« mit schwarzem Trauerrand, in Essen-Bredeney wurde 1925 »an verschiedenen Stellen ein Pranger angebracht« mit den Namen sog. Franzosenliebchen (Krüger, »Selbstjustiz«, S. 122, 125). Zuweilen gab es solche Pranger auch für Männer; so errichteten saarländische Bergleute 1923 »Schandpfähle« mit den Namen von Streikbrechern, die sich dem Ausstand gegen die Ruhrbesetzung verweigerten (Mallmann/Steffens, *Lohn*, S. 158, 168).

143 Wildt, *Volksgemeinschaft*, S. 240, 243.

144 *National-Zeitung* v. 12. u. 20. 9. 1933; Bücker/Nadorf/Potthoff (Hrsg.), *Nikolaus Groß*, S. 140–142; zu Prangerumzügen mit nichtjüdischen Personen Wildt, *Volksgemeinschaft*, S. 248 f. NSBO = Nationalsozialistische Betriebsorganisation.

145 Kerbs/Uka/Walz-Richter (Hrsg.), *Gleichschaltung*, S. 122–126; *Washington Times* v. 23. 3. 1933, S. 1; *Daily Herald* (London), 24. 4. 1933, S. 8; Bömer, *Das Dritte Reich*, S. 78 f. Siegel wollte am 10. 3. 1933 auf der Münchner Hauptpolizeiwache im Auftrag seines Mandanten Max Uhlfelder Anzeige gegen SA-Männer erheben, die am Abend zuvor die Fenster von Uhlfelders Kaufhaus eingeworfen hatten. Auf der Wache wurde er von SS-Männern verprügelt und anschließend mit dem Schild »Ich werde mich nie wieder bei der Polizei beschweren« durch die Innenstadt getrieben. Die Londoner *Times* druckte am 23. 8. 1933 einen Bericht über »girls' humiliation« in Nürnberg und Neuruppin. In Nürnberg war einer jungen Frau das Haupthaar abgeschnitten worden, weil sie sich angeblich »einem Juden angeboten« habe; anschließend hatten SA-Männer sie durch die Stadt geführt, und ca. 2000

johlende Menschen hätten dieses Spektakel beobachtet und die Frau verhöhnt. In Neuruppin war ein Mädchen ebenfalls von SA-Männern mit einem Schild umherparadiert worden, das ihr ›Vergehen‹ kundtat: Sie war nicht aufgestanden, als das Horst-Wessel-Lied gesungen wurde. Die Uhrzeit des »Spektakels« wurde in der örtlichen Zeitung angekündigt, damit sich möglichst viele Zuschauer einfänden (*Times*, 23.8.1933, S. 10).

146 *Denkschrift des Zentralausschusses*, S. 113f.

147 Wildt, *Volksgemeinschaft*, S. 261f. (Zitate Schacht), 264.

148 Ramm, *20. Juli*, S. 495 (Schlabrendorff war am 17.8.1944 nach dem Hitler-Attentat an der Ostfront festgenommen worden; er wurde am 16.3.1945 vom Volksgerichtshof freigesprochen, aber nicht freigelassen, sondern in verschiedene KZs verbracht und schließlich in Tirol von amerikanischen Truppen befreit).

149 Langhoff, *Moorsoldaten*, S. 213.

150 Łuczak (Hrsg.), *Położenie*, S. 36f., Zitat 37 (Himmler an Hitlers Stellvertreter Rudolf Heß v. 8.3.1940).

151 Tholander, *Fremdarbeiter*, S. 59–63; Storr, *Zwangsarbeit*, S. 51–55; Förtsch, »›Empörung‹«; König, »›Deutsche Frau‹«, v.a. S. 112–117; Heusler, »›Straftatbestand‹«; Herbert, *Fremdarbeiter*, S. 79–82, 125–127.

152 Tholander, *Fremdarbeiter*, S. 64; König, »›Deutsche Frau‹«, S. 115f.; Kundrus, »›Verbotener Umgang‹«. Fast trotzig hieß es im Februar 1941, als in Altenburg/Thüringen die öffentliche Kahlscherung der einundreißigjährigen Martha Vollrath (die sich mit einem »dreckigen Polen eingelassen« hatte) per Lautsprecher übertragen wurde: »Möge manchem dieses Volksurteil hart erscheinen, – es entspricht aber voll und ganz dem deutschen Volksempfinden.« (*Altenburger Landeszeitung* v. 7.2.1941). Für ihre freundliche Unterstützung bei der Recherche dieses Falls danke ich Frau Grit Baum vom Landesarchiv Thüringen/Staatsarchiv Altenburg.

153 Heiber (Hrsg.), *Rückseite*, S. 234f. (Rundschreiben Martin Bormanns v. 13.10.1941), Zitat 234.

154 So lautete die Kritik einer »mir als vertrauenswürdig bekannte(n) Person«, deren Schreiben Reichsminister Hans Heinrich Lammers am 29.7.1944 an Justizminister Otto Thierack weiterleitete. Thierack legte Freisler daraufhin nahe, »in Zukunft mit öffentlichen Verhandlungen vor dem Volksgerichtshof vorsichtiger zu sein« (Gribbohm, »Nahrung«). Selbst Parteigenossen und NS-Sympathisanten empfanden Freislers Prozessführung oftmals als »unsachlich und betont hart, ungerecht, unfreundlich« (Koch, *Volksgerichtshof*, S. 301).

155 Zeitgenossen bekamen nur Pressefotos aus dem Gerichtssaal zu sehen, nicht aber das Filmmaterial. Weder strahlte die *Deutsche Wochenschau* den vorgesehenen Kurzbeitrag aus noch ging der längere Streifen *Verräter vor dem Volksgericht* in den Verleih. Nachdem Goebbels ihn am 29.8.1944 den

Reichspropagandaamtsleitern vorgeführt hatte, sprach sich Martin Bormann, Leiter der Parteikanzlei und Hitlers engster Vertrauter, dagegen aus, ihn an die Gauleiter weiterzureichen, da »leicht eine unerfreuliche Diskussion über diese Prozessführung erfolgen kann«. Erst in den 1970er Jahren wurden Teile des Filmmaterials in der Bundesrepublik gezeigt (Tuchel, »Volksgerichtshof«).

156 Ebd., S. 651; Ramm, *20. Juli*, S. 161–167, 202–206; Mühlen (Hrsg.), *Die Angeklagten*, S. 199f., 297f., 308. Vgl. auch den unmittelbar nach seiner Befreiung 1945 verfassten Bericht von Schultze-Pfaelzer, *Kampf*, v.a. S. 21–39.

157 Bericht Thieracks an Bormann v. 8.9.1944, in: Hofer (Hrsg.), *Nationalsozialismus*, S. 356; Goebbels, *Tagebücher*, T. II, Bd. 13, S. 225 (Eintrag v. 4.8.1944), 211- 215 (v. 3.8.1944); *Goebbels-Reden*, Bd. 2, S. 342–359; Kershaw, *Hitler 1936–1945*, S. 901. Der *Völkische Beobachter* beschrieb die Angeklagten als »eigennützige, kleine, elende Verräternaturen«, die ein »Bild menschlicher Erbärmlichkeit« und »Verkommenheit« abgäben, und zitierte Freisler, der in seiner Urteilsbegründung von der »moralischen Selbstentmannung des Feiglings« schwadronierte (Artikel vom 10.8.1944, S. 1–3).

158 Wyschinski, *Gerichtsreden*, v.a. S. 494–518 (»Lügner und Clowns, elende Pygmäen, Möpse und Kläffer«, 500). Das Buch wurde im Dietzverlag der DDR veröffentlicht; Wyschinski war damals sowjetischer Außenminister. Waksberg, *Gnadenlos*, S. 110–112, 143–145. Waksberg verweist darauf, dass solche Beschimpfungen zuerst, auf Anweisung von ›oben‹, in der Presse veröffentlicht wurden, dass aber auch angesehene Schriftsteller den Wortschatz des Anklägers übernahmen. Zum stalinistischen Demütigungsritual von ›Kritik und Selbstkritik‹ Unfried, *»Ich bekenne«*, Kap. 10–18; Erren, *»Selbstkritik«*. Zu China siehe Cohen, *Criminal Process*, Kap. VIII u. IX.

159 Warring, »Relations«; Frommer, »Denouncers«; Vervenioti, »Women«.

160 *http://www.parismatch.com/Actu/Societe/La-veritable-histoire-de-la-tondue-de-Chartres-583028* (Zugriff am 4.8.2016); Ebba D. Drolshagen, »Die Geschichte der Simone Touseau aus Chartres«, in: *FAZ*, 6.8.2014, S. N3.

161 Röger, *Kriegsbeziehungen*, S. 128–143. Anders als in Frankreich fanden solche Bestrafungsaktionen vor allem während der Besatzungszeit statt. Nach der Befreiung, so Rögers Argument, standen mit den (Volks-)Deutschen andere Sündenböcke zur Verfügung.

162 Laurens, »›Femme‹«, S. 157; Kelly, »Reconstruction«; Virgili, *Shorn Women*, v.a. S. 96f.; Kitchen, *Legacy*, Kap. 2; Gugglberger, »Täterinnen«; Roberts, *Soldiers*.

163 John, »›Haarabschneiderkommando‹«, S. 337, 344, das letzte Zitat stammt aus einem 1996 geführten Interview mit einem damals Beteiligten. Zu den ›Amiliebchen‹ siehe Zur Nieden, »Fraternisierung«; Reif, »›Recht des Siegers‹«, v.a. S. 368; Domentat, *»Hallo Fräulein«*.

164 Weckel, *Bilder*, v.a. S. 15–18, 265–272, 307–313, 372, 462f., 516–518.

165 Kämper, *Schulddiskurs*, S. 296; Peitsch, »›Antifaschismus‹«, S. 3. Marx hatte 1843 in einem Brief an Arnold Ruge von der »Nationalscham« geschrieben, die er als Deutscher angesichts der zurückgebliebenen politischen Entwicklung seines Landes empfände und der er eine revolutionäre Kraft zumaß: »Scham ist eine Art Zorn, der in sich gekehrte. Und wenn eine ganze Nation sich wirklich schämte, so wäre sie der Löwe, der sich zum Sprunge in sich zurückzieht« (Marx/Engels, *Gesamtausgabe*, 3. Abt., Briefwechsel, Bd. 1, S. 47).

166 Eitz/Stötzel, *Wörterbuch*, Bd. 1, S. 383 (»Kollektivschuld«); Hurrelbrink, *8. Mai 1945*, S. 93.

167 Zur These von der Prävalenz der Schamkultur siehe Assmann/Frevert, *Geschichtsvergessenheit – Geschichtsversessenheit*, S. 94; Morat, *Tat*, S. 369 f., 377 (Zitate Jaspers 369); Olick, *House*, S. 208–312; Lethen, *Verhaltenslehren*, S. 215–234 über Carl Schmitts »Schamkultur«.

168 Strittmatter, *Nachrichten*, S. 333.

169 *http://www.nybooks.com/articles/2014/12/18/chinas-brave-underground-journal-ii/* (Zugriff am 17. 8. 2016) mit dem Bild des gedemütigten Sohnes; Zhensheng, *Nachrichtensoldat*; Dikötter, *Mao und seine verlorenen Kinder*, S. 114–129, 163–167, 183–185, 217–224. Schon vor der Kulturrevolution hatte die Regierung »informelle« administrative Sanktionen verfügt, die Missetäter öffentlich demütigten und traditionellen lokalen Rügebräuchen ähnelten (Cohen, *Criminal Process*, S. 17, 20, 26 f., 51,164 f.; Dikötter, *Tragedy*, S. 67, 167–171; ders., *Maos großer Hunger*, S. 75, 394 f.).

170 *http://www.nybooks.com/articles/2014/12/18/chinas-brave-underground-journal-ii/* (Zugriff am 17. 8. 2016).

171 Nussbaum, *Hiding*, v. a. S. 232; ähnlich Whitman, »What is Wrong«, v. a. S. 1088; ders., *Harsh Justice*, S. 24 f.; für die Befürworter Etzioni, »Back to the Pillory?«; Kahan, »Alternative Sanctions«. Zur deutschen Diskussion Jüngel, *Shame Sanctions*; Kubiciel, »Shame Sanctions«.

172 Nomos 4000/1958 (*https://en.wikipedia.org/wiki/Law_4000/1958*, Zugriff am 17. 8. 2016).

173 Zhensheng, *Nachrichtensoldat*, bes. S. 102–113. Vgl. das Bild unter *http://www.indiana.edu/~easc/programs/special/soldier.shtml* (Zugriff am 21. 4. 2017).

174 Dass im griechischen Fall Männern die Haare abgeschnitten wurden, hatte allerdings eine andere symbolische Bedeutung als bei den ›scham- und ehrlosen‹ Frauen. Lange Haare galten damals als Zeichen männlicher Feminisierung; der Kurzschnitt kam demnach eher einer erzwungenen Remaskulinisierung gleich als, in der Tradition des Samson, einer Entmännlichung.

175 Bailey (Hrsg.), *Strengthen the Country*, S. 48; Frodsham (Hrsg.), *Chinese Embassy*, S. LV.

176 Diesen Unterschied übersehen sowohl Foucault, *Überwachen*, als auch Whitman, »What is Wrong«.

177 Das hieß nicht, dass Tiere grausam behandelt werden durften. Nicht zufällig bildeten sich fast überall in Europa im 19. Jahrhundert Tierschutzvereine, die ihre Ziele allerdings bezeichnenderweise nicht mit der Würde der Tiere begründeten, sondern mit der Vermeidung von Schmerz. Siehe dazu Eitler, »Übertragungsgefahr«.

178 Vgl. etwa Welcker, »Infamie«, S. 400, 402; Hübner, *Ehre*, S. 27, 36 f.; Wick, *Ehrenstrafen*, S. 225.

II Soziale Schauplätze öffentlicher Beschämung: Von der Schule bis zum Online-Pranger

1 Kooistra, *Erziehung*, S. 78.

2 Nach Hartmann, *Kippenberger*, S. 17, reagierte Kippenberger mit den Plastiken 1989 auf besonders negative Kritiken jenes Jahres. Auch als Schüler in Landerziehungsheimen und Internaten hatte er Bekanntschaft mit beschämenden Ohrfeigen und Disziplinarmaßregeln (»Knast«) gemacht (Kippenberger, *Kippenberger*, S. 86–116).

3 *Taschenbuch für teutsche Schulmeister 1789*, S. 594; Englmann, *Volksschulwesen*, S. 291. »Knien außer der Bank« war noch 1870 eine normale Schulstrafe: ebd.; *Gesetze und Vorschriften für die Studirenden*, S. 13 f.

4 »Über Dorfschulen«, S. 25; *Taschenbuch für teutsche Schulmeister 1789*, S. 594; *Zeit- und Handbüchlein*, S. 14.

5 Scheidler, »Dürfen in der Schule«, v. a. S. 139; *Pädagogisches Real-Lexicon*, S. 12. 1909 bezeichnete man solche Strafen als eine »in der Zeit pädagogischer Roheit« übliche »Unsitte«, der »wohl heute niemand mehr das Wort rede« (*Encyklopädisches Handbuch der Pädagogik*, Bd. 9, 1909, S. 9).

6 Janissek, *Recht*, S. 20 (Ausführungsverordnung v. 1874, § 47, zum sächsischen Gesetz über das Volksschulwesen); *Pädagogische Real-Encyclopädie*, Bd. 1, 1851, S. 276.

7 Eine Autorin plädierte 1911 für »kleinere Züchtigungen«, die weniger schmerzhaft und beschämend seien, weil die Klasse davon meist keine Notiz nehme; dazu gehörten »ein Schlag mit der Hand auf den Rücken, das Ziehen der Haare, des Ohrläppchens« (Wilhelm, *Züchtigung*, S. 39).

8 Schumann, »Legislation«, S. 216; Monroe (Hrsg.), *Cyclopedia of Education*, Bd. 5, S. 91. Zum demütigenden Lehrerverhalten zählten um 1900 neben Prügeln auch Beschimpfungen und öffentlicher Tadel. »Notes of complaint to parents, a roll of dishonor displayed publicly, low grade in deportment, are methods much employed in American schools. Ridicule is one of the most potent, as well as most dangerous forms of disgrace« (ebd., S. 90).

9 Baier u. a., *Kinder und Jugendliche*, S. 57. Befragt wurden 44 610 Schülerinnen und Schüler aller Schulformen. Vgl. auch Singer, *Würde*.

10 Hafeneger, *Beschimpfen*, S. 90–94; Klinge, »Scham ist nie vorbei«, mit Interviewausschnitten aus dem 1995 auf ARTE gezeigten Film »Immer der Letzte« von Andreas Fischer. Die Interviewten waren zwischen 30 und 70 Jahre alt, ihre sportlichen Beschämungs-Erinnerungen »erstaunlich präsent«. Vgl. auch das Heft »Scham und Beschämung« der Zeitschrift *Sportpädagogik* 6 (2008), das mit konkreten Unterrichtsbeispielen für eine »Pädagogik der Anerkennung« warb und betonte: »Im Unterricht sollten Beschämungen von Schülerinnen und Schüler – durch Lehrkräfte wie auch durch Mitschüler selbstverständlich vermieden werden« (S. 5, 8).

11 *http://www.spiegel.de/schulspiegel/leben/bundesjugendspiele-mutter-startet-petition-bundesjugendspieleweg-a-1040475.html* (Zugriff am 23. 12. 2015).

12 *http://www.zeit.de/sport/2015-06/bundesjugendspiele-petition-anekdoten-erinnerungen* (Zugriff am 23. 8. 2016).

13 *NCC*, Bd. 10, 1798, Nr. 46, Sp. 1663–1668 (Verordnung v. 23. 7. 1798), Zitat 1668.

14 Koselleck, *Preußen*, S. 643–652; Pape, *Wiedereinführung*, S. 4. Als »mäßige körperliche Züchtigung« firmierten »fünf Hiebe mittelst einer ledernen Peitsche über die Kleider«. Die preußische Gesindeordnung galt bis 1918.

15 Krünitz, *Oekonomische Encyklopädie*, Bd. 75, 1798, S. 327 f.

16 *Encyklopädie der Pädagogik*, Bd. 1, 1860, S. 59.

17 Rousseau, *Emil*, S. 217; Matthias, *Benjamin*, S. 200, sprach vom »anerzogenen Schamgefühl«.

18 Schröder, *Prügelstrafe*, S. 30–34, Zitat 31 (v. 1905). Aber selbst gegenüber Afrikanern geriet die Prügelstrafe zunehmend in Misskredit. Nach scharfer Kritik im Reichstag bemühte sich das Reichskolonialamt seit 1907, ihre Anwendung in den deutschen Kolonien einzudämmen (ebd., S. 87–118). Zu den Körperstrafen britischer Kolonialherren in Indien vgl. Sen, *Disciplining Punishment*; Singha, »The ›Rare Infliction‹«.

19 Klencke, *Mutter*, S. 486–488 (Hervorhebungen hier und in den folgenden Zitaten im Original); Boss (Hrsg.), *Erziehungskunst*.

20 Zum zunehmenden Einfluss von Ratgebern auf die Familienerziehung siehe Berg, »›Rat geben‹«; Keller, *Ratgeber*.

21 Klencke, *Mutter*, S. 486 f., 555.

22 Ebd., S. 551 f., 575 f., 509, 495 f.

23 Humphrey, »Duties«, S. 42. Humphrey benutzte die Worte »to bring under« und »to break« für die Erziehung zum Gehorsam als wichtigster Kindespflicht. Ähnlich Klencke, *Mutter*, S. 575.

24 Sulzer, *Versuch*, S. 185, 165–167. Seit 1743 war der 1720 geborene Sulzer Hauslehrer, seit 1747 Professor am Berliner Joachimsthalschen Gymnasium.

25 Ebd., S. 166 f.

26 Matthias, *Benjamin*, S. 97. Ähnlich schon Heusinger (Hrsg.), *Familie Wertheim*, S. 242 f., der die Regel aufstellte: »Ein Kind, welches lügt, muß dieses

Fehlers wegen nie öffentlich getadelt oder bestraft, und, ohne die äußerste Noth, nicht einmal öffentlich deswegen erinnert werden« (243).

27 Lhotzky, *Seele*, S. 73.

28 Matthias, *Benjamin*, S. 93, 96.

29 Kabisch, *Geschlecht*, S. 168, 172, 174.

30 Lindner, *Handbuch*, S. 110.

31 Foerster, *Lebenskunde*, S. 40f. Auch Mark Twains Huckleberry Finn fiel es schwer, sich bei seinem Freund Jim, einem entlaufenen Sklaven, für beschämende Streiche zu entschuldigen: »Fünfzehn Minuten brauchte ich aber doch, ehe ich mich selbst so weit gebracht hatte, daß ich einen Nigger um Verzeihung bitten konnte. Gethan hab' ich's dann und hab's auch nie bereut nachher« (Twain, »Huckleberry Finn«, S. 118).

32 Foerster, *Lebensführung*, S. 307; Stevenson, *Letters*, Bd. 1, S. 160f. (Brief v. Juni 1874).

33 Nöstlinger, *Gurkenkönig*, S. 143. Das Buch erhielt 1973 den Deutschen Jugendbuchpreis in der Kategorie Kinderbuch.

34 Lüngen, »Charaktererziehung«, S. 194f.; ähnlich Foerster, *Jugendlehre*, S. 421.

35 Matthias, *Benjamin*, S. 103. Ähnlich Wilhelm, *Züchtigung*, S. 61–66.

36 Bar, »Lehre«, v.a. S. 183. Dr. Edmund Abb, Autor einer erstmals 1915 erschienenen und bis in die 1950er Jahre wiederaufgelegten Erziehungslehre bzw. -kunde, sah bei kleinen Kindern »das Ehrgefühl nur in geringem Grad entwickelt«, weshalb Prügel keine »schädlichen Folgen« hätten (*Lehrbuch*, S. 168; siehe auch ders., *Erziehungskunde*, S. 122–125).

37 Schnell, *Ich und meine Jungens*, S. 137f. Der Autor war Oberlehrer am Güstrower Gymnasium.

38 Schulz, *Mutter*, S. 63. Das erstmals 1907 erschienene Werk erlebte 1923 die achte Auflage, während sein Autor vom Lehrer zum Staatssekretär im Reichsinnenministerium aufstieg.

39 Wilhelm, *Züchtigung*, S. 65f.

40 Helene Eyck, Tagebuch 1876–1898, S. 5, 12 (Privatbesitz Frank u. Rosemarie Eyck, Calgary, Kanada); Budde, *Weg*, S. 152. Der Berliner Arzt Heim notierte 1797, er habe seiner Tochter »Ida den Popo mit der Hand geklatscht, da sie eigensinnig war u. schrie, worüber alle meine Kinder tüchtig zu weinen anfingen« (*Tagebücher*, S. 104).

41 Budde, *Weg*, S. 363.

42 Hetzer, *Seelische Hygiene*, S. 53.

43 Haarer, *Deutsche Mutter*, S. 261; dies., *Unsere kleinen Kinder*, S. 236–240, Zitate 239f. Ihr Ratgeber *Unsere Schulkinder* (München 1950) erwähnte Demütigungen überhaupt nicht mehr und betonte stattdessen: »Unsere Strafe darf das Kind niemals vor Dritten bloßstellen« (S. 123). Zu Haarer und anderen Elternratgebern Gebhardt, »Eltern«, sowie dies., *Angst*.

44 Spock, *Common Sense Book*, S. 323–325.

45 Gass-Bolm, »Ende«, S. 455; Tändler, »Erziehung«, v. a. S. 100 f.

46 Denise Foley, »Growing up with ADHD«, *http://time.com/growing-up-with-adhd/* (Zugriff am 28. 8. 2016). Nach einer Recherche der *New York Times* von 2006 nahmen ein Viertel bis die Hälfte aller amerikanischen Kinder, die ihre Sommerferien üblicherweise im Camp verbringen, täglich Medikamente. Allergie- und Asthmapillen stünden an der Spitze, aber auch Medikamente gegen Verhaltensauffälligkeiten und psychische Störungen seien so häufig, dass man sie nicht mehr, wie früher, als Vitaminpillen ausgeben müsse, um ein eventuelles Stigma zu vermeiden (*http://www.nytimes.com/2006/07/16/us/16camps.html?_r=1*, Zugriff am 30. 8. 2016).

47 *Real-Encyclopädie des Erziehungs- und Unterrichtswesens*, Bd. 1, 1863, S. 225 f.; *Lexikon der Pädagogik*, Bd. 1, 1913, Sp. 450–452. Selbst in der »Anstalts-Pädagogik«, die es mit »auffälligen« Zöglingen zu tun hatte, sollten Demütigungen »nur mit großer Vorsicht angewandt werden«, hieß es 1912 in einem Kommentar zu einem Artikel. Dessen Autor, der katholische Anstaltslehrer Frater Bernhard Schelle, hatte seinen Kollegen empfohlen, bei Auflehnung und Trotz eines Zöglings hart durchzugreifen: »Ein solcher Schüler muß gedemütigt werden und zwar so lange, bis er kommt und um Verzeihung bittet (…). Sonst ist dein Ansehen untergraben und der junge Trotzkopf triumphiert«. *Blätter für Anstalts-Pädagogik* 2 (1912), S. 36 (Schelle), 80 (Kommentar Schieffer).

48 *Pädagogisches Lexikon*, Bd. 1, 1928, Sp. 504 (Artikel »Beschämung« von Eberhard).

49 Mecklenburg-Schwerin, Sachsen und Thüringen verboten 1918, 1922 u. 1923 die körperliche Züchtigung in Volksschulen (»Kein Züchtigungsrecht für Heimerzieher und Lehrer«, *Zentralblatt für Jugendrecht und Jugendwohlfahrt* 64 (1977), S. 217–222, v. a. 218). Das hessische Volksschulgesetz von 1921 beließ die schon 1904 zulässigen Disziplinarmittel in Kraft; dazu gehörten der Verweis durch Lehrer oder Schulvorstand, das Nachsitzen und die körperliche Züchtigung. »Entehrende und beschimpfende Strafen« sollten gleichwohl unterbleiben (Bach/Backes/Jung [Hrsg.], *Volksschulwesen*, S. 50, 282 f.). Auch Carl Heinrich Becker, preußischer Minister für Wissenschaft, Kunst und Volksbildung, scheute vor einem Verbot der Prügelstrafe zurück. In einem Erlass von 1928 wies er aber darauf hin, dass »ebenso wie in der pädagogischen Theorie in der pädagogischen Praxis die Strafe der körperlichen Züchtigung immer mehr verworfen ist. Ich wünsche, daß diese Strafe entsprechend solcher Einsicht noch mehr zurücktritt und tatsächlich verschwindet« (Kluger, *Volksschule*, S. 171).

50 Uhlig (Hrsg.), *Dokumente*, T. 1, S. 240; *Berliner Zeitung* v. 24. 10. 1947.

51 Baske/Engelbert (Hrsg.), *Jahrzehnte*, T. 2., S. 54 (Verordnung v. 12. 11. 1959, § 34). Zur schulischen Praxis siehe Geißler, *Geschichte des Schulwesens*, S. 294.

52 Berg, *Theorie der Strafe*, S. 31, 63 f., 67.

53 BGH-Urteil v. 23. 10. 1957 – 2 StR 458/56, Rn. 35 f. (mit Verweis auf den hessischen Ministerialerlass vom 13. 5. 1946).

54 Heber, »Sinnhaftigkeit«, S. 116. Von Mädchen war kaum je die Rede; sie galten als weniger renitent und durften auch aus Rücksicht auf Scham und Anstand nicht geschlagen werden. Vgl. dazu den Erlass des preußischen Unterrichtsministeriums v. 29. 3. 1928 (Kluger, *Volksschule*, S. 171). Auf ihn bezog sich der niedersächsische Erlass v. 27. 10. 1946, der die körperliche Bestrafung von Mädchen ebenfalls grundsätzlich untersagte und sie auch bei Jungen nur in Ausnahmefällen zuließ.

55 »Über die Frage, ob dem Lehrer ein Züchtigungsrecht zusteht«, *Juristen-Zeitung* 9 (1954), Sp. 752–756, hier 754 f. (Volltext des BGH-Urteils v. 14. 7. 1954 – 5 StR 688/53 mit Anmerkungen); BGH-Urteil v. 23. 10. 1957, Rn. 45: »Auch die Eltern lehnen es in ihrer Mehrheit nicht ab, daß der Lehrer bei begründetem Anlaß die Schüler zum Zwecke der Erziehung und in den durch diesen Zweck gezogenen Grenzen körperlich züchtigt. Das angefochtene Urteil weist darauf hin, daß bei einer vom Angeklagten einberufenen Elternversammlung im Schuljahr 1953/54 nach einer Diskussion 80 % der anwesenden Eltern sich mit der körperlichen Züchtigung ihrer Kinder einverstanden erklärten.«

56 Gass-Bolm, »Ende«, S. 444, 457; ders., *Gymnasium*, S. 112 ff., 215 ff.; Schumann, »Schläge«, S. 39 f.

57 »Über die Frage, ob dem Lehrer ein Züchtigungsrecht zusteht«, S. 753 (wie Anm. 55). Über den in Hannover verhandelten Fall des Lehrers Kurt Weckwerth berichtete der *Spiegel*, Nr. 40/1953, S. 12–14.

58 BGH-Urteil v. 23. 10. 1957, Rn. 1, 10, 28 f., 50.

59 Gass-Bolm, »Ende«, S. 457; zum stärkeren und kritischeren Engagement der Eltern in der Schule Schumann, »Asserting«.

60 So die Argumentation des Berliner Oberverwaltungsgerichtsrats Werner von Kopp 1955, wonach das Züchtigungsrecht gegen Art. 1 GG verstöße: Kopp, »Zu dem Urteil«.

61 »Pejoratives Lehrerhandeln« umfasste nach einer Definition von 1998 »das ›Vorführen‹ einzelner Schüler vor der gesamten Klasse, das Schlechtmachen von Schülern bei Fehlern und die ›Abstrafung‹ bei Disziplinproblemen mittels Noten«. Untersuchungen einer Dresdner Forschungsgruppe wiesen damals aus, dass solches Verhalten »nur von einer Minderheit der Schüler (überwiegend oder ganz) bestätigt« werde (17–32 %), die sich vom Lehrer blamiert fühlten (Forschungsgruppe Schulevaluation, *Gewalt*, S. 201 f.). Siehe auch Haas, *Scham*, S. 131 f.; Krumm/Eckstein, »›Geht es Ihnen gut‹«; Prengel/Heinzel, »Anerkennungs- und Missachtungsrituale«. Zwischen positiv-produktiver und negativ-unproduktiver Beschämung unterscheiden Oser/Spychiger, *Lernen*, S. 72–92. Zu Beschämung als »sub-

tiler Form von Gewalt« Hafeneger, »Strafen«, v. a. S. 220 ff.; ders., »Pädagogik«.

62 Lindgren, *Pippi Langstrumpf*, S. 314, 318 ff. Das Buch erschien 1979 in der 46. Auflage und hatte sich zwischen 1949 und 1970 zwei Millionen Mal verkauft. Bis 2015 sind allein in Deutschland 30 Millionen Exemplare gekauft worden, weltweit sind es 66 Millionen (*Badische Zeitung* v. 10. 9. 2015).

63 Von Mobbing ist immer dann die Rede, wenn die Schikanen auf eine bestimmte Person zielen und sich über längere Zeit hinziehen. Vgl. Nunner-Winkler, »Mobbing«; Markert, »Praxis«; Bödefeld, »*... und du bist weg!*«.

64 Baier u. a., *Kinder und Jugendliche*, S. 57.

65 Zur historischen Bedeutung von Kinderbüchern für die Gefühlserziehung ihrer Leserinnen und Leser vgl. Frevert u. a., *Learning how to Feel*.

66 Wölfel, *Feuerschuh*, S. 14. Das Buch erhielt 1962 den Deutschen Jugendbuchpreis.

67 Allfrey, *Delphinensommer*, S. 15 f., 22 f., 149, 151, wurde 1964 ebenfalls mit dem Deutschen Jugendbuchpreis ausgezeichnet.

68 Blume, *Blubber*, S. 62, 89, 148. Bis heute mehrfach wiederaufgelegt, wurde *Blubber*, im Unterschied zu vielen anderen Büchern der Autorin, nicht ins Deutsche übersetzt.

69 *http://www.judyblume.com/books/middle/blubber.php; https://www.amazon.com/Blubber-Judy-Blume/dp/148141013X#reader_148141013X* (Zugriff am 29. 8. 2016).

70 Pergaud, *Krieg der Knöpfe*, S. 16, 33, 45–48, 73, 79–82. Das Buch erlebte mehr als 30 Auflagen und wurde 1962 sowie 2011 verfilmt.

71 Internatsromane waren deshalb in der deutschsprachigen Kinderliteratur eher gering vertreten; als Ausnahme siehe Rhoden, *Trotzkopf*; Kästner, »Klassenzimmer« (1933), sowie den autobiographischen Roman von Ernst von Salomon *Die Kadetten* (1933), der – ähnlich Robert Musils *Verwirrungen des Zöglings Törleß* (1906) – die Erfahrungen in einer militärischen Kadettenanstalt des frühen 20. Jahrhunderts schilderte.

72 Die berühmtesten *boarding school novels* waren *Tom Brown's Schooldays* von Thomas Hughes, erschienen 1857, sowie Frederic Farrars *Eric: or Little by Little* von 1858. In Rudyard Kiplings *Stalky & Co* von 1899 lasen die Internatsschüler Farrars Buch und machten sich darüber lustig, weil es ihnen zu moralisch war.

73 Edgeworth, *Early Lessons*, S. 77. Edgeworths Texte wurden auch in Schulbüchern und Zeitschriften abgedruckt; Klencke empfahl sie ausdrücklich als Lektüre für Mädchen (*Mutter*, S. 448), ebenso wie Elizabeth Wetherells *The Wide, Wide World* von 1850, das kurz darauf in einer deutschen Fassung erschien und dessen junge Heldin Ellen sich permanent schämt, vor allem dann, wenn sie von anderen Kindern ausgelacht und verspottet wird.

74 »Letters to a younger Brother No. XII: False shame«, S. 88.

75 Die Kurzgeschichten, die 1929 in Buchform erschienen, ernteten bei Rezensenten, die sich an ihrer »Brutalität« und »Vulgarität« stießen, scharfe Kritik (Rosenthal, »Boy-Society«).

76 Rhoden, *Trotzkopf*, S. 78, 83 f., 96–98. Das Buch wurde 1898 ins Englische übersetzt (*Taming a Tomboy*). Eine ähnlich wilde, ungezähmte Figur ist die elfjährige Anne in Lucy Maud Montgomerys *Anne of Green Gables*. Auch Anne vermag sich bei Erwachsenen nicht zu entschuldigen, wenn sie meint, zuerst von ihnen gedemütigt worden zu sein, wofür sie sich mit Wutausbrüchen und neuerlichen Beschämungen revanchiert. Ihre starre, unversöhnliche Haltung wird ihr allmählich selber zum Problem (S. 91–108). Montgomerys Buch hat sich bis heute in zwanzig Sprachen fünfzig Millionen Mal verkauft und wurde in Filmen, Musicals und Theaterstücken adaptiert.

77 Golding, *Herr der Fliegen*, S. 266, 30. Das Buch wurde in 39 Sprachen übersetzt und erlebte allein in Deutschland zwischen 1956 und 2008 fünfzig Auflagen. In den USA ist es bis heute Schullektüre in der neunten Klasse. Der Autor erhielt 1983 den Nobelpreis für Literatur, sein Buch wurde zweimal verfilmt.

78 Wetherell, *The Wide, Wide World*, S. 28; Gumpert (Hrsg.), *Herzblättchens Zeitvertreib*, S. 93; Helm, *Backfischchen's Leiden*, S. 8.

79 Kessler, *Gesichter und Zeiten*, S. 102 f.

80 Van Gennep, *Übergangsriten*; Turner, *Ritual*.

81 Kühne, »Der Soldat«, S. 349 f.; zu ›totalen Institutionen‹ gehörten laut Erving Goffman auch Internate, Fürsorgeeinrichtungen oder psychiatrische Kliniken (Goffman, *Asyle*).

82 *Spiegel*, Nr. 34/1963, S. 20–22; Nr. 46/1963, S. 52–59; Nr. 51/1963, S. 25.

83 Zum vorerst letzten Fall, in dem es um erniedrigende Aufnahmerituale und Ausbildungspraktiken in einer baden-württembergischen Kaserne ging, siehe *http://www.spiegel.de/politik/deutschland/bundeswehr-skandal-in-pfullendorf-sadistische-praktiken-in-der-ausbildung-a-1134529.html* (Zugriff am 5. 4. 2017).

84 Wiedner, »Soldatenmißhandlungen«; Frevert, *Kasernierte Nation*, S. 21 f., 37, 88, 148, 228–271, 338.

85 Gneisenau hatte in einer Veröffentlichung v. 9. 7. 1808 die »Verallgemeinerung der Waffenpflichtigkeit« an die »Freiheit der Rücken« gebunden, weil »ein Stockschlag in allen Ständen für eine empörende Beschimpfung gilt«. Friedrich Wilhelm III. kam dieser Forderung am 3. 8. 1808 nach und verfügte die Abschaffung der Prügel- und Spießrutenstrafe, die nur für die zweite Klasse des Soldatenstandes beibehalten wurde (Pertz, *Gneisenau*, Bd. 1, 1864, S. 385–387). Siehe auch Voigt, *Gesetzgebungsgeschichte*.

86 *Verhandlungen der deutschen verfassunggebenden Reichsversammlung*, Bd. 1, S. 288.

87 Zum *Field Punishment No. 1* der britischen Armee siehe Putkowski/Sykes, *Shot at Dawn*, S. 16, passim. Diemer, *Schulbank*, S. 26.

88 Delbrück, »Rezension«, S. 517.

89 *Quellen zur Geschichte des Parlamentarismus*, S. 1303, 1317, 1320, 1324 f., 1333–1335; *Die Ursachen des Deutschen Zusammenbruches*, S. 394 f.

90 *Ursachen des Deutschen Zusammenbruches*, S. 82 f. (Hervorh. im Original).

91 Ziemann, *Front*, S. 116.

92 *Die Ursachen des Deutschen Zusammenbruches*, S. 87.

93 Wiedner, »Soldatenmißhandlungen«, S. 173, 184–186; Frevert, *Kasernierte Nation*, S. 250; Kühne, *Kameradschaft*, S. 80 f.; Lehmann, *Infanterie*, S. 18–26.

94 Zu den Wilden Cliquen und ihren Initiationsritualen siehe Wagner/Weinhauer, »Tatarenblut«, v. a. S. 282. In Großbritannien trennten sich die meisten *public schools* nach dem Zweiten Weltkrieg davon; noch 1977 aber stellten sich viele Eton-Schüler gegen die Auffassung ihres Headmasters, *fagging* sei anachronistisch und gehöre abgeschafft (*The Telegraph* v. 3. 3. 1977: »Eton Students Want To Carry On Fagging Tradition«).

95 Solberg, »Harmless Pranks«; Horowitz, *Campus Life*.

96 Land, *Goat*. Das Buch wurde sofort in allen wichtigen Zeitungen der USA rezensiert (*The New York Times* v. 29. 2. 2004, *The Boston Globe* v. 29. 2. 2004).

97 Ford, »Fraternal Order«; Dundes/Dundes, »Elephant Walk«; Nuwer (Hrsg.), *Hazing Reader*. Unter Psychologen gilt *hazing* als *prosocial humiliation* mit gravierenden psychischen Folgen (Klein, »Humiliation Dynamic«, S. 103 f.).

98 Mechling, »Paddling«, v. a. S. 63; ders., »Is Hazing Play?«. Siehe auch seine ethnographische Studie über Boy Scouts *On My Honor*.

99 Sanday, *Fraternity Gang Rape*, v. a. Kap. 6, Zitat S. 149 (Hervorh. im Original). Dass *hazing* die soziale Abhängigkeit des Einzelnen von der Gruppe verstärkt, zeigt die empirische Erhebung Keating u. a., »Going to College«.

100 Füssel, »Riten«, S. 645.

101 Mann, *Wir waren fünf*, S. 327; Frevert, *Ehrenmänner*, S. 134–159.

102 Blattmann, »›Laßt uns den Eid‹«; Möller, *Wissenschaft*, S. 123 ff. Als vorwiegend positive Schilderung der Burschenzeit siehe Mann, *Wir waren fünf*, S. 326–331; gemischt, aber am Ende positiv urteilte der berühmte Berliner Ägyptologe Erman, *Werden*, S. 101–110. »Schonungslos« negativ dagegen fiel die Bilanz des Schriftstellers Kurt Martens aus, der bereits seine Zeit im Pensionat als eine endlose Kette von Demütigungen und als »das fürchterlichste Jahr meines Lebens« beschrieb: Als »Sklave« musste er älteren Schülern zu Diensten sein, die ihn »mit Schikanen, läppischen Aufträgen, körperlichen Mißhandlungen« drangsalierten (*Schonungslose Lebenschronik*, S. 47; zur Couleurzeit ebd., S. 98–100).

103 Brownmiller, *Gegen unseren Willen*: *https://www.nypl.org/voices/print-publications/books-of-the-century* (Zugriff am 1. 9. 2016). Zur Rezeption in der Bundesrepublik siehe Lenz (Hrsg.), *Frauenbewegung*, S. 281–324.

104 Sanday, *Fraternity Gang Rape*, S. 150. Siehe auch Neumann, »Gang Rape«.

105 Internationale Daten auf *https://en.wikipedia.org/wiki/Gang_rape* (Zugriff am 1.9.2016).

106 Die als Linke bekannte italienische Schauspielerin Franca Rame wurde 1973 in Mailand von einer Gruppe Neofaschisten entführt, gefoltert und vergewaltigt (offenbar, wie später herauskam, in heimlicher Komplizenschaft mit der Polizeibehörde). Sie war so traumatisiert, dass sie ihrem Mann Dario Fo erst zwei Jahre später davon erzählen konnte. Es dauerte bis 1978, dass sie in der Öffentlichkeit von dieser Erfahrung sprach (*http://www.independent.co.uk/news/dario-fo-looks-back-in-anger-on-era-when-italys-rulers-had-his-wife-beaten-and-raped-1148763.html*, Zugriff am 2.9.2016).

107 *https://www.ris.bka.gv.at/GeltendeFassung.wxe?Abfrage=Bundesnormen&Gesetzesnummer=10000254* (Zugriff am 6.4.2017).

108 Zu sexueller Gewalt während des armenischen Genozids im Ersten Weltkrieg Bjørnlund, »›Fate‹«; zu Massenvergewaltigungen im Zweiten Weltkrieg Mühlhäuser, *Eroberungen*, S. 73–155; Sander/Johr (Hrsg.), *BeFreier*; Gebhardt, *Soldaten*.

109 Iacobelli, »›Sum‹«; *http://www.spiegel.de/politik/ausland/vergewaltigungen-in-bosnien-jetzt-bekommst-du-ein-serbisches-baby-a-69669.html* (Zugriff am 2.9.2016); Askin, »Prosecuting«, v.a. S. 333–341.

110 *Neue Juristische Wochenschrift* 33 (1980), S. 56–58 (Entscheidungen Zivilrecht: »BGB §823; StGB §185: ›Die Frauen‹ keine kollektiv beleidigungsfähige Personengruppe«).

111 Schwarzer, *PorNo*, S. 203–245; Rudolf Augstein, »Die Frauen schlagen zurück«, in: *Spiegel*, Nr. 27/1978, S. 76.

112 *http://www.urbandictionary.com/define.php?term=walk%20of%20shame* (Zugriff am 1.9.2016).

113 Lunceford, »Walk of Shame«. Dass die Ladenkette *Urban Aid* einen *Shame on You Kit* mit Hygieneartikeln unter dem Slogan »If you have to do the ›walk of shame‹ at least you will be clean« kreierte, spricht dafür, dass die Beschämung nur noch als Zitat präsent ist.

114 Millett, »Shame is Over«.

115 Steinbacher, *Sex*, S. 295–324; Herzog, *Politisierung*, Kap. 4–6.

116 »Schämt sich eine Strip-tease-Tänzerin?«, in: *Stern*, Jg. 5, H. 5, 1969, S. 155. Die Zukunftswünsche des Nachtklub-Stars waren denkbar konventionell und unfeministisch: Sie wollte einen Mann heiraten, »der mir alles geben kann, unter anderem auch Geld«, und »ihm treu sein«. Weiterhin als Stripperin oder Anwaltsgehilfin zu arbeiten, kam für sie nicht in Frage.

117 Meulenbelt, *Scham*; Frevert, *Vergängliche Gefühle*, S. 31–34.

118 *Der Deutsche Sender*, Jg. 2, Nr. 40, 1931, S. 47.

119 Przyrembel, *»Rassenschande«*, S. 185–200.

120 Krüger, »Selbstjustiz«, S. 120–123.

121 Bar, »Lehre«, S. 141 f.

122 *Entscheidungen des Reichsgerichts in Zivilsachen*, Bd. 60, S. 12–20, Rep. VI. 104/04 (Urteil v. 9. 1. 1905). Vgl. auch den Berliner Gläubiger-Prozess von 1902 (siehe oben S. 54).

123 Bar, »Lehre«, S. 160; Requate, *Journalismus*.

124 Wiedner, »Soldatenmisshandlungen«, S. 193.

125 Goldberg, *Honor*, S. 136 ff.

126 Rublack, »Anschläge«. Weber, *Injurien*, S. 33, erwähnte 1793 die lange Tradition sogenannter »Schandgemälde«; sie wurden öffentlich ausgehängt und hatten die Funktion, »vertragswidrige Handlungen oder Verletzung der Treue« zu sanktionieren. Verträge enthielten oft einen Passus, in dem sich die Vertragsschließenden dieser Strafe freiwillig unterwarfen, was die Reichspolizeiordnung 1577 als unsittliche Privatrache verbot.

127 *Allgemeines Landrecht für die Preußischen Staaten*, S. 697 (2. Teil, 20. Titel, 10. Abschnitt, § 621); *Gesetzrevision*, Bd. 3, S. 341 f.

128 Ebd., S. 311, 341 f.

129 [Haken], *Ausstellungen*, S. 77.

130 Shoemaker, »Decline«, S. 122–124. Zu Lokalzeitungen und ihrer Arbeit als *shaming machine* im (spät-)viktorianischen England siehe Croll, »Street disorder«, v. a. S. 259 ff.

131 Hall, »Kaiser«; Hartmann, *Majestätsbeleidigung*. 1907 beschloss der Reichstag auf kaiserliche Initiative, Majestätsbeleidigungen milder zu ahnden.

132 Goldberg, *Honor*, S. 74, 84 f.

133 Binding, *Lehrbuch*, S. 154.

134 Frank, *Strafgesetzbuch*, S. 253.

135 Liepmann, *Beleidigung*, S. 38 f.; Bar, »Lehre«, S. 162; laut Quanter, *Schand- und Ehrenstrafen*, S. 204, war die Veröffentlichung von Gerichtsverhandlungen »eine moderne Schandstrafe (…), die nur da erfolgen darf, wo sie wirklich angebracht ist«; angesichts zahlreicher »Mißbräuche« lasse sich »eine gewisse Animosität der Behörden gegenüber der Presse« durchaus nachvollziehen.

136 So das Ergebnis der Analyse von Berchem, *Oberlandesgericht Köln*, S. 290.

137 Bundesarchiv Berlin, R 601/17: anonymes Schreiben, eingegangen am 14. 9. 1921. Die Akte enthält zahllose Droh- und Schmähschriften, meist namentlich gezeichnet.

138 Ebd., R 601/18: aus der Übersicht über Verurteilungen wg. Beleidigung des Reichspräsidenten, die einem Erlass des Außenministers v. 14. 10. 1922 beiliegt. Siehe dazu auch Birkenfeld, »Rufmord«.

139 Bundesarchiv Berlin R 601/18: Schreiben des Büros des Reichspräsidenten an den Reichstagsabgeordneten Richard Meier v. 4. 7. 1921; dgl. Schreiben an preußischen Justizminister v. 6. 7. 1921.

140 Mühlhausen, »Weimarer Republik«; ders., *Ebert*, S. 790, 912 ff.

141 *Berliner Illustrirte Zeitung* v. 17.8.1902, 26.4.1903, 30.6.1906, 1.4. u. 10.4.1910.

142 Schönke, *Strafgesetzbuch* (1942), S. 404. Das sogenannte Heimtückegesetz von 1934 sah für Behauptungen, die das Ansehen der Regierung oder der NSDAP und ihrer Gliederungen schädigten, Gefängnisstrafen vor. Eine Strafrechtsnovelle von 1935 glich den Ehrenschutz der NS-Bewegung an den von Staat und Regierung an (Waldow, *Ehrenschutz*, S. 23 f.).

143 Schönke, *Strafgesetzbuch* (1942), S. 419 f.

144 Dazu oben, S. 60 ff.; Schaffstein, »Bedeutung«, S. 271.

145 Schönke, *Strafgesetzbuch* (1947), S. 426 f.

146 Tettinger, *Ehre*, S. 12. Nolte, *Beleidigungsschutz*, S. 13 weist zu Recht darauf hin, dass Heuss das Republikschutzgesetz mit der Notverordnung des Reichspräsidenten von 1931 verwechselte, die wiederum als Vorbild für den 1951 eingefügten § 187a diente.

147 Krutzki, »›Verunglimpfung‹«.

148 BGH-Urteil v. 26.10.1951 – I ZR 8/51 (in: *Entscheidungen des Bundesgerichtshofs in Zivilsachen*, Bd. 3, S. 270–285); als »Höllenfeuer-Entscheidung« firmiert das BGH-Urteil v. 21.6.1966 – VI ZR 261/64 (in: ebd., Bd. 45, S. 296–311).

149 Auf dieser Linie argumentierte 2015 das Münchner Landgericht, als es die Klage einer Frau ablehnte, die sich in ihren Persönlichkeitsrechten verletzt fühlte, weil sie und ihre menschenverachtende Facebook-Eintragung von der *Bild*-Zeitung an einen »Pranger der Schande« gestellt worden waren. Auch der Presserat erkannte ein »öffentliches Interesse, das die Persönlichkeitsrechte überlagert« (*http://www.presserat.de/presserat/news/pressemitteilungen/datum/2015/*; Mitteilung v. 1.12.2015, Zugriff am 6.9.2016). Das OLG München aber gab der Klägerin 2016 recht. *Bild* hätte ihre Äußerung abdrucken dürfen, nicht aber ihr namentlich gekennzeichnetes Foto (OLG München, Urteil v. 17.3.2016 – 29 U 368/16).

150 Tettinger, *Ehre*, S. 27, 42; ähnlich Mackeprang, *Ehrenschutz*, S. 13, 15 f.; Stürner, »Ehre«.
Laut Nolte, *Beleidigungsschutz*, S. 6, waren die Kritiker 1992 »wenn nicht zur herrschenden Meinung, so doch zu einer stark vordringenden Mindermeinung geworden«.

151 Kübler, »Ehrenschutz«.

152 Böll, *Verlorene Ehre*, mit dem aufschlussreichen Nachwort »Zehn Jahre später«.

153 Bösch, »Skandale«; ders., *Geheimnisse*.

154 Eberhard Bitzer, »Wider die Diktatur der Jupiterlampen«, in: *FAZ* v. 16.5.1959, S. 2; Dahs [sen.], *Handbuch*, S. 110. Dahs war als ›Kronanwalt‹ der Bundesregierung bekannt und einflussreich.

155 Dahs (jun.), »Referat«, S. K 10. Zur langen Tradition journalistischer Prozess-

berichterstattung Müller, *Suche*; Siemens, *Metropole*, sowie als Beispiel aus den 1920er Jahren Goldstein, *»Künden«* (Goldstein war Gerichtsreporter der *Vossischen Zeitung*).

156 Gerhard Mauz, »Ich habe nichts als meine Pflicht getan«, in: *Spiegel*, Nr. 11/1985, S. 103–112, Zitat 106; Helmut Kerscher, »Wenn Opfer am Pranger stehen«, in: *Süddeutsche Zeitung* v. 31. 1. 1985, S. 4.

157 Joachim Jahn, »Milde gegen Reumütigkeit?«, in: *FAZ* v. 16. 1. 2009, S. 3; Fröhling, *Pranger*, S. 279 ff.

158 Kerscher (wie Anm. 156), S. 4. Eine Volltextsuche im digitalen Archiv der *FAZ* (1949–heute) ergab, dass Artikel, in denen die Begriffe ›Pranger‹ oder ›Demütigung‹ vorkamen, zahlenmäßig sehr viel stärker zunahmen als solche, in denen Begriffe wie ›Wetter‹ oder ›Politik‹ auftauchten. Besonders massiv war der Anstieg seit den 1990er Jahren. Die Suche erfolgte über die Teildatenbanken »F. A. Z. 49–92« und »F. A. Z. BiblioNet (1993 ff.)« des lizenzierten »F. A. Z.-Bibliotheksportals« (ohne *FR*) unter *http://faz-archiv-approved.faz.net/intranet/biblionet/r_suche/FAZ.ein* (Zugriff vom 7. 9. 2016).

159 Nach Hagglund, »Protections«, kursierte der Begriff *perp walk* seit den 1940er Jahren unter New Yorker Fotografen und Polizisten; in den 1980er Jahren wurde er auch der breiteren Öffentlichkeit geläufig (S. 1765). Mit »Walk of Shame« (bezogen auf DSK) betitelten die New Yorker *Daily News* ihre Ausgabe v. 16. 5. 2011. Der New Yorker Bürgermeister Michael Bloomberg stimmte französischen Kritikern zu, dass der *perp walk* »humiliating« sei, fand das aber völlig in Ordnung *(http://www.slate.com/articles/news_and_politics/crime/2011/05/walk_the_walk.html* (Zugriff am 6. 2. 2017).

160 »Perp walk«, in: *The Economist* v. 18. 5. 2011 (*http://www.economist.com/blogs/democracyinamerica/2011/05/arrest_dominique_strauss-kahn* (Zugriff am 23. 3. 2017).

161 »DSDS vs. Jugendschutz«, *Digital Fernsehen* 3 (2010), S. 8.

162 Jörg Thomann, »Die Rückkehr des Sexismus. Frauen quälen für die ganze Familie«, in: *Frankfurter Allgemeine Sonntagszeitung* v. 7. 2. 2010, S. 47; Walter, *Living Dolls*, mit zahlreichen Beispielen.

163 Cohen/Wilk/Stoeltje (Hrsg.), *Beauty Queens*.

164 Hilgers, *Gewalt*.

165 *http://www.telegraph.co.uk/news/worldnews/europe/italy/10475408/Teenage-girl-in-Italy-gang-raped-after-friend-posted-she-was-available-on-Facebook.html* (Zugriff am 4. 9. 2016).

166 Ronson, *In Shitgewittern*.

167 *https://beta.welt.de/print/welt_kompakt/print_politik/article13840712/Rassistische-Mails-an-Weisband.html?wtrid=crossdevice.welt.desktop.vwo.google-referrer.home-spliturl&betaredirect=true* (Zugriff am 4. 9. 2016).

168 *http://www.sueddeutsche.de/medien/gala-in-hamburg-beste-rede-1.2852631* (Zugriff am 4. 9. 2016).

169 Köhler, »Online-Pranger«; *https://www.welt.de/kultur/article141592209/Shaming-ist-der-Shitstorm-gegen-Wehrlose.html*; *http://www.liebl-net.de/pranger/pranger.php* (Zugriff am 14.9.2016).

170 Ungeachtet ihrer unterschiedlichen Resonanzstrukturen arbeiten analoge und digitale Medien harmonisch zusammen, was ihre Beschämungswirkung immens steigert. Zeitungen und Fernsehen haben sich seit den 1990er Jahren digitale Formate zugelegt; zugleich greifen sie zunehmend Informationen aus Blogs und sozialen Medien auf. Siehe dazu Pörksen/Detel, *Skandal*; Petley (Hrsg.), *Media*.

III Das Parkett der Ehre und die Sprache der Demütigung in der internationalen Politik

1 Vattel, *Völkerrecht*, S. 207.

2 Rohr, *Einleitung*, S. 413.

3 *http://www.nytimes.com/2016/09/05/world/asia/china-obama-group-of-20-summit-airport-arrival.html?_r=0* (Zugriff am 21.9.2016).

4 *Akten zur Auswärtigen Politik 1980*, Bd. I, S. 499 (Schreiben des dt. Botschafters in Teheran); Brzezinski, *Power*, S. 492f., 500. Ähnlich Klein, »Humiliation Dynamic«, S. 95, 115.

5 Xiaomin/Chunfeng, »Late Qing«, v. a. S. 413; Spence, *Memory Palace*.

6 Hsü, *Rise*, S. 114–117.

7 Massie, *Peter*, S. 700; *Memoirs of Father Ripa*, S. 115–126; Rockhill, *Audiences*, S. 25f.

8 Lord Chesterfield, Brief XIII und CLXXVII (21.8.1747 und 22.9.1752), in: *The Project Gutenberg EBook of The PG Edition of Chesterfield's Letters to His Son, by The Earl of Chesterfield*: *http://www.gutenberg.org/files/3361/3361-h/3361-h.htm*. Diesen Grundsatz bekräftigte Napoleon, nachdem ihn der britische Emissär Lord Amherst 1816 im Exil auf St. Helena aufgesucht und ihm von seiner nicht zuletzt zeremoniell gescheiterten Mission berichtet hatte. Es sei selbstverständlich, den zeremoniellen Gepflogenheiten des Gastlandes zu folgen. Die eigene Etikette an fremden Höfen durchsetzen zu wollen lasse sich auch völkerrechtlich nicht rechtfertigen (O'Meara, *Napoleon*, Bd. 2, S. 167–169).

9 Cranmer-Byng, *An Embassy*, S. 84f., 88, 152–154.

10 Ders., »Lord Macartney's Embassy«, S. 157–159.

11 Ders., *An Embassy*, S. 90, 98f., 117, 119f.

12 Staunton, *Account*, S. 67, 71, 77.

13 Cranmer-Byng, »Lord Macartney's Embassy«, S. 163.

14 Ebd., S. 134–137; Xiaomin/Chunfeng, »Late Qing«, S. 414f.

15 Hüttner, *Nachricht*, S. 121.

16 Williams, *Middle Kingdom*, S. 800f.; Jochim, »Audience Ceremonies«; Raw-

ski, *Last Emperors*, S. 205; Hevia, *Cherishing Men*, S. 224; ders., »Sovereignty«, v. a. S. 184, 187.

17 Rockhill, *Audiences*, S. 29; Van Braam, *Account*, S. 285; Duyvendak, »Dutch Embassy«, v. a. S. 65, 88; Prichard, »Kotow«, v. a. S. 197–199.

18 Pölitz, *Staatswissenschaften*, T. 5, S. 74; Grimm, *Souveränität*.

19 Duchhardt, »Das ›Westfälische System‹«, v. a. S. 399; ders., »Wiener Kongress«.

20 Vgl. Paulmann, *Pomp und Politik*, v. a. Kap. I u. II zu den Verhältnissen des 18. und frühen 19. Jahrhunderts. In der zweiten Hälfte des 19. Jahrhunderts wurden internationale Monarchenbegegnungen dann zu einem wichtigen Element europäischer Politik.

21 Jones, *Encounters*, S. 52 ff.; Vec, *Zeremonialwissenschaft*.

22 Stollberg-Rilinger, »Honores regii«, v. a. S. 9–12.

23 Vattel, *Völkerrecht*, S. 560–562.

24 Ebd., S. 561 f.; Stollberg-Rilinger, »Offensive Formlosigkeit?«, hier S. 363.

25 Kemmerich, *Grund-Sätze*, S. 7, 40, 42, 49; Satow, *Guide*, Bd. 1, S. 43; Lamberty, *Mémoires*, S. 168–176, 230–240; Rothstein, *Peter*, S. 90–93.

26 Wentker, »Besuch«, bes. S. 136.

27 *Act for Preserving the Privileges of Ambassadors* v. 1709 in: Lamberty, *Mémoires*, S. 240 f.

28 Kemmerich, *Grund-Sätze*, S. 49.

29 Staunton, *Account*, S. 80.

30 Schroeder, *Transformation*, S. 508 f., 517–538.

31 Als Beispiel für nationale Demütigungsgefühle Heim, *Tagebücher*, S. 140 ff.

32 Windler, »Diplomatic History«, S. 96 f.

33 Frey/Frey, »›Reign of the Charlatans‹«, S. 723.

34 Windler, »Diplomatic History«, S. 97 f.; ders., *Diplomatie*, v. a. Kap. 3.2 u. 4. Die USA entsandten bis in die 1890er Jahre keine Botschafter, sondern lediglich Konsuln, weil das Botschafterwesen ihren Vorstellungen von Republikanismus widersprach. Stattdessen bemühte man sich, so Samuel Adams 1778, um zeremonielle Formen »that are adapted to the true republican principles« und die auf äußere Ehrerweisungen möglichst verzichteten (Köhler, »No Punctilios«, S. 438).

35 Uhland, *Karlsschule*, S. 98, 176.

36 *Wiener Zeitung* v. 10. 1. 1787 (Dekret v. 4. 1. 1787); Krünitz, *Oekonomische Encyklopädie*, Bd. 41, 1787, S. 419; Frötschel, »Mit Handkuss«; Schürmann, *Tisch- und Grußsitten*, S. 169–180.

37 Krünitz, *Oekonomische Encyklopädie*, Bd. 41, 1787, S. 418 f.; Hausen, *Portefeuille*, S. 480.

38 Krünitz, *Oekonomische Encyklopädie*, Bd. 41, 1787, S. 417, 419; Paulsen, *Regierung der Morgenländer* S. 107–149.

39 Koziol, *Begging Pardon*, S. 9 f., 181; Schmitt, *Logik*, S. 274 f.

40 Ebd., S. 276, 285.

41 Pascal, »Pensées«, S. 1219 (»il faut que l'extérieur soit joint à l'intérieur pour obtenir de Dieu«). Ähnlich Ratzinger, *Geist*, S. 164: »Wo das Knien bloße Äußerlichkeit, bloß körperlicher Akt wird, wird es unsinnig; aber auch wo jemand versucht, Anbetung ins bloß Geistige zurückzunehmen, ohne sie zu verleiblichen, erlischt der Akt der Anbetung, weil nun einmal das bloß Geistige dem Wesen des Menschen nicht entspricht. Anbetung ist einer jener Grundakte, die den ganzen Menschen betreffen. Daher ist das Beugen der Knie vor der Gegenwart des lebendigen Gottes unverzichtbar.«

42 Stollberg-Rilinger, »Knien«, bes. S. 269, 280–287, 291; dies., *Des Kaisers alte Kleider*, S. 287–297 zur knienden Haltung bei Thronbelehnungen; Althoff, *Macht*, S. 200 ff.; ders., »Grundvokabular«, S. 149–164; ders., »Compositio«, S. 72.

43 *Pierer's Universal-Lexikon*, Bd. 8, 1860, S. 602 f. Zum heutigen Katholizismus Ratzinger, *Geist*, S. 159–167.

44 Dorn, »Kniebeugungsfrage«; »Uebersicht der Literatur«.

45 Wildeblood/Brinson, *Polite World*, S. 132–135, 164–198, 225–227, 248–251.

46 Claudius, *Anweisung*, S. 117; Alberti (Hrsg.), *Complimentirbuch*, S. 86 f.; Ebhardt (Hrsg.), *Ton*, 3. Aufl., S. 324; ebd., 13. Aufl., S. 285; Franz, *Ton*, S. 73. Der britische Soziologe Herbert Spencer identifizierte die Verbeugung 1898 als letzte Spur der Prostration, die er als Haltung des besiegten, unterworfenen Mannes bezeichnete. Er ordnete sie kriegerisch-militanten Gesellschaften zu und fand sie auf dem europäischen Kontinent stärker verbreitet als in Großbritannien, wo sie vorrangig im Adel und in der Marine üblich war (Spencer, *Principles*, Bd. 2, S. 118 f., 122, 141 f.).

47 Möser, *Phantasien*, S. 130.

48 Viele typisch weibliche Arbeiten wurden zudem im Knien verrichtet, beispielsweise das Wischen der Böden. Vgl. Davidoff, »Class and Gender«.

49 Bluntschli, *Völkerrecht*, S. 135. Nach Adelung, *Freiherr von Meyerberg*, S. 37, 73, entsprach die Beugung eines Knies im 17. Jahrhundert auch »deutscher Sitte« und wurde 1661 von den Gesandten des römischen Kaisers Leopold am moskowitischen Hof praktiziert. »Altrussische Sitte« war es hingegen, mit der Stirn auf den Boden zu schlagen. 1679 fielen moskowitische Gesandte während der Audienz am kurbrandenburgischen Hof in Berlin »zu unterschiedlichen mahlen mit dem Gesichte gantz auf die Erden« (*Ceremonial-Buch*, S. 65). Die Sitte der drei Verbeugungen stammte vom Versailler Hof Ludwigs XIV. (Sabatier, »Itinéraires«).

50 Foster (Hrsg.), *Embassy*, Bd. 1, S. 108. Siehe auch Flüchter, »Herrscher«.

51 Arnold, »Salutation«.

52 Fisher, »Resident«, v. a. S. 431–435, 451 f. Siehe auch Dalrymple, *Mughals*.

53 Arnold, »Salutation«, S. 196. Zu den unterschiedlichen »cultural codes« der

Briten und Inder und den daraus resultierenden Missverständnissen s. Cohn, *Anthropologist*, S. 635 ff.

54 Ebd., v. a. S. 463–499, 632–682.

55 Malcolm, *Political History*, Bd. 2, S. cclxiii-cccii. Zur Fetischisierung solcher *honors* in der kolonialen Situation Dirks, *Hollow Crown*, S. 355 ff., 385 ff.

56 *Manual of Indian Etiquette*, S. 6 (der Ratgeber druckte auch Malcolms Instruktionen von 1821 ab, S. 7–17); El Edroos, *Etiquette*, S. 14.

57 Cohn, *Anthropologist*, S. 654 ff.; Nuckolls, »Durbar Incident«, S. 530; *The Historical Record*, S. 205.

58 Nuckolls, »Durbar Incident«, S. 537 f.; Cohn, *Colonialism*, S. 128 f. Offizielle Darstellungen erwähnten den Vorfall interessanterweise nicht (etwa Fortescue, *Narrative*, S. 153; *The Historical Record*, S. 227 f.), aber die Szene wurde von einer Kamera eingefangen – *https://www.youtube.com/watch?v=4RH9Zj4TKok* (Zugriff am 27. 3. 2017) – und anschließend in britischen *music halls* gezeigt (Nuckolls, »Durbar Incident«, S. 544).

59 Lord Hardinge praktizierte dies nicht nur 1911 beim Durbar. Er hatte 1910 auch an der Zusammenkunft im St. James-Palast nach der Beerdigung Edwards VII. teilgenommen, bei der die Thronnachfolge von George V. verkündet wurde. Dabei schworen alle Mitglieder des Kronrats (*privy councillors*) dem neuen Souverän auf Knien die Treue (Hardinge, *Diplomacy*, S. 189).

60 Zur Amherst-Mission von 1816, an der auch der erfahrene Stanton teilnahm, siehe Hsü, *Rise*, S. 164 f. Amherst verweigerte ebenso wie Macartney den Kotau.

61 Wang, »Audience Question«, hier S. 618. Zum Textvergleich der Verträge siehe *http://www.chinaforeignrelations.net/node/144* (GB), 162 (F), 206 (USA), 233 (Russland) (Zugriff am 7. 4. 2017). Eben von Racknitz, *Plünderung*, untersucht den Höhepunkt des 2. Opiumkrieges, als die gezielte Verbrennung des Yuanming yuan (Alter Sommerpalast) als Bestrafung und zugleich erzieherische Lektion eingesetzt wurde (S. 231–238). Im nationalen Gedächtnis entwickelte sie sich zum »Symbol der nationalen Demütigung« (S. 306 f.)

62 Wheaton, *International Law* (über Botschafter S. 217, 273–284). Martin übersetzte auch andere völkerrechtliche Texte ins Chinesische, darunter Bluntschlis Völkerrechtsbuch. Vgl. dazu Teng/Fairbank, *China's Response*, S. 98; Svarverud, *International Law*, S. 88–98; Xiaomin/Chunfeng, »Late Qing«, S. 431.

63 Wang, »Audience Question«, S. 619–621; Hsü, *Rise*, S. 302 f.

64 *Sources of Chinese Tradition*, S. 235–237. Ähnlich argumentierte 1878 der junge Ma Jianzhong, der an den Pariser *Sciences Po* studierte und als Dolmetscher für den neu ernannten Botschafter Kuo Sung T'ao tätig war (Bailey [Hrsg.], *Strengthen the Country*, v. a. S. 49–52). Siehe auch Desnoyers, »Self-Strengthening«.

65 *House of Commons Parliamentary Papers*. China, Nr. 1, 1874, S. 3f. (Bericht v. 7.7.1873).
66 Brandt, *Dreiunddreißig Jahre*, Bd. 3, S. 277f.
67 [Franke], »Audienz«, hier S. 134.
68 Wagner, *Außenpolitik*, S. 31ff.
69 Eintragung v. 29.3.1691, in: Kaempfer, »Japan«, S. 426 (angepasste Orthographie).
70 McWilliams, »East Meets East«, v.a. S. 257; Tsiang, »Sino-Japanese Relations«, v.a. S. 15f.
71 Paine, *War*, S. 253ff.
72 Hu, »Preußenbild«; Steen, »Zwang«.
73 Heyking, *Tagebücher*, S. 205.
74 Ebd., S. 232–234; Herold, *Reichsgewalt*, S. 270f.; Gottschall, *By Order*, S. 155ff.
75 Herold, *Reichsgewalt*, S. 272f.; Heyking, *Tagebücher*, S. 234, 238.
76 Biggerstaff, »Ch'ung Hou Mission«.
77 Wang, *Margary Affair*, S. 70, 79, 97, 99, 111.
78 *House of Commons Parliamentary Papers*, China, Nr. 3, 1877, S. 91; Frodsham (Hrsg.), *Embassy*, S. xxvf., 118f., 121, 187.
79 Teng/Fairbank, *China's Response*, S. 105. Selbstverständlich vollzog Tseng Chi-Tse zu Beginn des Gesprächs den Kotau und verblieb die ganze Zeit in kniender Stellung.
80 Bissonnette, *Satisfaction*, S. 85–110; Przetacznik, *Protection*, S. 217–220.
81 Hashimoto, »Collision«; Denney, *Respect*, Kap. 9–22; Satow, *Diplomat*, S. 77–94. Nach japanischen Benimmegeln hatte der Kaufmann alle Gebote der Höflichkeit und Ehrerbietung verletzt (*Japanische Etikette* [1887], S. 156f.).
82 Wagner, *Außenpolitik*, S. 164; Deuchler, *Gentlemen*, S. 135; Hartmann, *Japan*, S. 76.
83 Kamachi, »Chinese«. Die Nagasaki-Affäre endete gütlich durch die Vermittlung des deutschen Botschafters in Tokio, Theodor von Holleben.
84 *House of Commons Parliamentary Papers*, China, Nr. 3, 1877, S. 80.
85 *Gesetzrevision*, Bd. 1, S. 667.
86 *Times* (London) v. 9.2.1877. S. 10.
87 Heyking, *Tagebücher*, S. 207.
88 [Franke], »Audienz«, S. 134.
89 Heyking, *Tagebücher*, S. 209, 257; Wolf, *Wanderungen*, S. 48–68.
90 Petersson, *Imperialismus*, S. 163ff.; ders., »Boxerprotokoll«.
91 MacMurray (Hrsg.), *Treaties*, Bd. 1, S. 278–294; Mühlhahn, »Sühne«.
92 *Die Grosse Politik*, Bd. 16, S. 55 (Zitat Bülow), 155.
93 *House of Commons Parliamentary Papers*: China, Nr. 5, 1901, S. 16, 117f.; Kürschner (Hrsg.), *China*, 2. Teil, Sp. 381–383.
94 *Kirchliches Handlexikon*, Bd. 6, 1900, S. 480; *Meyers Großes Konversations-Lexikon*, Bd. 19, 1909, S. 192.

95 Ebd., Bd. 11, 1907, S. 539; *Kirchliches Handlexikon*, Bd. 6, 1900, S. 480; *Brockhaus' Konversations-Lexikon*, 14., neue revidierte Jubiläums-Ausgabe, Bd. 10, 1902, S. 655. Die revidierte Jubiläums-Ausgabe von 1898 hatte das Lemma noch nicht enthalten.

96 Mühlhahn, »Sühne«, S. 251.

97 Der britische Gesandte in Peking tippte auf Legationsrat von der Goltz aus der deutschen Botschaft (Ruxton [Hrsg.], *Diaries Satow*, Bd. 1, S. 135, Eintrag v. 1. 9. 1901).

98 Politisches Archiv des Auswärtigen Amtes (PA AA), R 131 819: Memorandum C. Arendt v. 15. 7. 1901, Begleitschreiben v. 15. 7. 1901.

99 Ebd.: Telegramm Nr. 443 (Ankunft Berlin 17. 7. 1901).

100 Ebd.: Schreiben Richthofens v. 31. 7. 1901, Schreiben Eulenburgs v. 6. 8. 1901.

101 Ebd., R 18 506: Schreiben des stellvertretenden Staatssekretärs Richard von Mühlberg an Heinrich von Tschirschky v. 20. 8. 1901; Antwortschreiben Tschirschkys v. 23. 8. 1901; Telegramm Nr. 506 Mumm (Ankunft 23. 8. 1901). Für die chinesische Perspektive siehe Chang, *Relations*, S. 161 (der sich auf die Memoiren des chinesischen Botschafters beruft).

102 Laut Franke, *Erinnerungen*, S. 111, wurde die chinesische Delegation bereits in Port Said über das Empfangszeremoniell informiert: »Die Chinesen gerieten durch die Nachricht in starke Erregung, ließen sich aber wenig davon merken. Südchinesische Mitglieder der Mission erklärten, lieber ihren Kopf dem Henker darzubieten als diese Schmach auf sich zu nehmen. Während der Überfahrt nach Genua wurde beschlossen, die deutsche Grenze nicht zu überschreiten, bevor die Frage des Empfangszeremoniells im Einvernehmen mit Peking entschieden wäre.« Franke, der sich zufällig auf dem gleichen Schiff befand, war »zwar von allem unterrichtet, aber zum Glück nicht um meine Meinung gefragt worden; ich hätte den Chinesen ehrlicherweise nichts anderes raten können«.

103 »Chun qinvang shi De riji«, hier S. 151. Ich danke Prof. Dr. Angelika Messner, Dr. Zihui Wu und Prof. Dr. Dagmar Schäfer für ihre Übersetzungen und Expertise. Eine deutsche Fassung des Tagebuchs, das aber erst mit dem 2. 9. 1901 beginnt, findet sich in Leutner (Hrsg.), *»Musterkolonie«*, S. 503–507. Zu den verschiedenen Formen nonverbaler Begrüßung in China siehe Wilkinson, *Chinese History*, S.105–108.

104 PA AA, R 18 506: Telegramme des Generalkonsuls Irmer aus Genua v. 23.u. 24. 8. 1901; Schreiben des AA an Reichskanzler v. 24. 8. 1901; Telegramme Eiswaldts aus Basel u. Richthofens an Tschirschky v. 25. 8. 1901.

105 Ebd.: Telegramme Tschirschkys v. 26. 8. 1901; das zweite Telegramm war geheim und richtete sich an Richthofen »privat«.

106 Ebd.: Brief Holsteins an Bülow v. 23. 8. 1901. Mit den »guten Freunden« meinte er vermutlich die Russen.

107 Ruxton (Hrsg.), *Diaries Satow,* Bd. 1, S. 134 (Eintrag v. 31.8.1901); Rockhill, »Diplomatic Missions«. 1905 nannte Rockhill die Kotau-Affäre von 1901 das nicht unbedingt interessanteste, aber zweifellos amüsanteste Ereignis in der langen Geschichte der Kotaufrage (*Diplomatic Audiences*, S. 52).

108 Ruxton (Hrsg.), *Diaries Satow*, Bd. 1, S. 135 (Einträge v. 2. u. 4.9.1901).

109 GStA Berlin, BPH, Rep. 113, Nr. 1915, Fol. 179–182.

110 PA AA, R 18506: Pro Memoria Richthofens v. 28.8.1901; Richthofen an Mumm v. 29.8.1901.

111 Ebd.; R 18507: Telegramme Richthofens an Konsul Eiswaldt u. den Kaiser v. 2.9.1901; Telegramm von Hülsens v. 3.9.1901. Richthofen selber hielt das Religionsargument für »mehr oder weniger zutreffend«; die meisten deutschen Experten hatten es zu Recht als un- oder halbrichtig verworfen (R 18506: Richthofen an Mumm v. 29.8.1901; Gutachten v. Carl Arendt v. 30.8.1901; Schreiben des Kaiserlichen Konsuls Freiherr Oskar von Seckendorff v. 31.8.1901). Vgl. dazu auch Reinders, *Responses*, v. a. S. 106f.

112 PA AA, R 18506: Pro Memoria v. 28.8.1901.

113 Nicht immer entsprachen diese Berichte den Tatsachen. So meldeten japanische Zeitungen sowie die britische Nachrichtenagentur Reuters, Wilhelm habe den Kotau vom Prinzen selber und nicht nur von dessen Gefolge verlangt (ebd. R 18507: Telegramme Mumms v. 31.8. u. 2.9.1901). Auch die Begrifflichkeit lud zu Missverständnissen ein, denn Kniefall war nicht gleich Kotau. In den Einlassungen des Kaisers und seines Oberhofmarschalls hieß es stets, die Chinesen sollten sich »auf die Knie niederlassen« bzw. »werfen«. Auch gegenüber dem chinesischen Botschafter war am 20.8. von »Kniefall« die Rede. Prinz Chun dagegen notierte in seinem Reisetagebuch, das deutsche diplomatische Protokoll erlege seinen Begleitern *guikou* auf, was »knien und Kotao machen« bedeutet. Ebenfalls von »Kotow« sprach Prinz Qing gegenüber dem deutschen Botschafter in Peking. Seitdem wanderte der »Kotow« oder »Kotau« auch in die deutsche Kommunikation ein. Am 1.9. stellte das AA richtig, das Empfangszeremoniell sehe nicht den »Kotow, sondern einfaches Niederlassen des Gefolges auf die Knie« vor (ebd.: Telegramm an Mumm). Vgl. Klein, »Sühnegeschenke«.

114 PA AA, R 18507: Preußische Gesandtschaft in Bayern v. 6.9.1901 (Presseschau); Hetze, »Feindbild«.

115 *The Times* v. 2.9.1901. Ähnlich äußerte sich der ausgewiesene China-Kenner und deutsche Konsul Oskar von Seckendorff gegenüber dem Reichskanzler (PA AA, R 18506: Seckendorff an Bülow v. 31.8.1901).

116 *The Times* v. 3. u. 5.9.1901; *The Washington Post* v. 4. u. 8.9.1901.

117 *Der Floh*, Nr. 35, 1.9.1901; *Simplicissimus*, Nr. 27, 1901; *Berliner Damen-Zeitung* v. 29.9.1901. Es fehlte aber auch nicht an Äußerungen, die den chinesischen Prinzen als »mädchenhafte Erscheinung« herabsetzten (ebd. v. 8.9.1901), der sich vor Angst in die Hosen mache (*Kladderadatsch* v. 1.9.1901). Das *Ber-*

liner Tageblatt zitierte in der Abendausgabe des 27. 8. 1901 aus der *Allgemeinen Schweizerischen Zeitung*, der Prinz sei eine »überaus schwächliche Gestalt« und sein Dolmetscher ein »kleines, langbezopftes Männchen in seinem Frauenröckchen und Mäntelchen und feinen chinesischen Stiefelchen«. Der Berliner Humorist Otto Reutter verfasste ein Couplet über die Kotau-Affäre, der Text ist nachzulesen auf *www.otto-reutter.de*. Das Bild vom Notendruck (Abb. 18) wurde freundlicherweise von Robert Ostermeyer zur Verfügung gestellt.

118 *Berliner Tageblatt* v. 28. 8. (Morgenausgabe), 30. 8. (Morgenausgabe) u. 3. 9. 1901 (Abendausgabe); Franke, *Erinnerungen*, S. 111.

119 Müller, *Wirren*, Bd. 2, erwähnte die Kotaufrage mit keinem Wort. Kürschner, *China*, 2. Teil, S. 411, wies lediglich auf »einige Formalien« hin. Mit ähnlicher Tendenz Schönburg-Waldenburg, *Erinnerungen*, S. 182 f. (der Autor war 1901 Flügeladjutant Wilhelms II.). Kritisch äußerte sich 1920 der ehemalige Dolmetscher und Direktor der chinesischen Salzverwaltung in Shantung, Friedrich Wilhelm Mohr (*Gedanken*, S. 212), der die »äußerst peinliche Sühnemission« erwähnte.

120 Petersson, »Boxerprotokoll«; Mühlhahn, »Sühne«, S. 263 ff.; Luo, »Humiliation«; Callahan, »Insecurities«, mit Verweis auf die Allgegenwart dieser Geschichtserzählung in Schulbüchern, Museen, nationalen Feiertagen, Filmen, Romanen, Liedern.

121 Nietzsche, *Jenseits*, S. 192.

122 Welcker, »Injurie«, S. 409.

123 PA AA, R 18506: Telegramm 279, Richthofen an Mumm v. 25. 8. 1901. Ähnlich der Kommentar des *Berliner Tageblatts* in der Morgenausgabe v. 6. 9. 1901.

124 PA AA, R 18507: Telegramm Mumm v. 31. 8. 1901; R 18506: Pro Memoria Richthofen v. 28. 8. 1901.

125 Aschmann, »Ehre«, S. 157, 159, 166, 169 f., 172; dies., *Preußens Ruhm*, S. 367–465, Zitat 454.

126 Aschmann, *Preußens Ruhm*, Zitate Bismarck S. 357, 359, 397.

127 Das Aquarell wurde 1910 im Hohenzollern-Jahrbuch abgedruckt und befand sich im Privatbesitz Wilhelms I. Wann genau es entstand, ist unklar; Camphausen starb 1885. Zur Schwertübergabe 1870 Steller, *Diplomatie*, S. 34–37. Zur französischen Revanche-Stimmung nach 1871 Schivelbusch, *Kultur*, Kap. 3.

128 Toeche-Mittler, *Kaiserproklamation*, S. 21.

129 MacMillan, *Paris 1919*, S. 27, 474 ff.

130 Ebd., S. 476 f.

131 Ebert, *Schriften*, Bd. 2, S. 290; Wildt, *Volksgemeinschaft*, S. 221.

132 Lebzelter, »›Schwarze Schmach‹«; Wigger, *»Schwarze Schmach«*, S. 96.

133 Edward A. Bagley, »The Black Watch on the Rhine«, in: *The Sunday Times* v. 23. 10. 1921. Der Artikel wurde in deutscher Übersetzung (»Die schwarze

Wacht am Rhein«) in den *Süddeutschen Monatsheften* abgedruckt (April 1922, S. 33).

134 Hitler, *Mein Kampf*, Bd. 1, S. 851; Pommerin, »*Sterilisierung*«.

135 Goebbels, *Tagebücher*, T. I, Bd. 8, S. 185 f. (Eintragung v. 22. 6. 1940)

136 *Der Auswärtige Ausschuß*, S. 16 (Sitzung am 4. 11. 1949); Adenauer, *Erinnerungen*, S. 233 f.

137 McCloy, »Adenauer«, S. 422. McCloy wiederholte die Canossa-Metapher in seiner Rede zur Eröffnung des Stuttgarter Amerika-Hauses 1950. In den USA verlange niemand von den Deutschen »einen Canossagang«, wohl aber die kritische Auseinandersetzung mit eigenen Fehlern: »Demut führt zu Stärke und nicht zu Schwäche« (*http://usa.usembassy.de/etexts/ga4d-500206.htm*, Zugriff am 16. 12. 2016).

138 *Verhandlungen des Deutschen Reichstags*, Sitzung v. 14. 5. 1872, S. 356.

139 Ilan, *Bernadotte*, S. 224–241; Marton, *Death*, S. 241–270; Sohn (Hrsg.), *Cases*, S. 267 f.

140 Barros, *Corfu Incident*, S. 56, 58, 60, 66 f.

141 Bartsch, *Würde*, S. 13.

142 Ob und wie der andere wichtige Konflikt der Nachkriegszeit, die Dekolonisierung, auf ein Narrativ der Demütigung‹ zugriff, ist interessant, aber bislang unbearbeitet.

143 Saurette, »You Dissin Me?«. Als der sowjetische Ministerpräsident Nikita Chruschtschow dem US-Präsidenten John F. Kennedy bei den Wiener Gesprächen 1961, in denen es u. a. um den Zugang nach West-Berlin ging, mehrfach vorwarf, »unseren Staat erniedrigen« zu wollen, was die Sowjetunion »nicht erlauben« werde, nahm Kennedy den Ball nicht auf (Wettig (Hrsg.), *Chruschtschows Westpolitik*, S. 242, 249, 258). Ehre galt in der UdSSR, ähnlich wie in der DDR, als ein nach innen gerichtetes Mittel politischer Integration und sozialer Verpflichtung; nationale Ehre spielte offiziell kaum noch eine Rolle (*http://dic.academic.ru/dic.nsf/ogegova/266338*, Zugriff am 28. 12. 2016, mit Dank an Pavel Vasilyev). Zur DDR siehe *Meyers neues Lexikon*, Bd. 2, 1962, S. 806; Speitkamp, *Ohrfeige*, S. 220 f., 240–243.

144 *http://www.refworld.org/docid/3ddb8f804.html* (Zugriff am 20. 12. 2016). Die Vertragsartikel »On Responsibility of States for Internationally Wrongful Acts« waren von der Internationalen Rechtskommission der Generalversammlung ausgearbeitet worden.

145 Weber, *Schmid*, S. 599. In seiner Vorlesung an der Warschauer Universität, deren Rektor ihn eingeladen hatte, fügte Schmid hinzu: »Wenn es eine Kollektivschuld im strafrechtlichen Sinne des Wortes (...) nicht geben kann, so weiß jeder redliche Deutsche, daß die an Polen begangenen Untaten auch auf seinem Gewissen lasten.«

146 Żurek, »Kominek«, u. ders., »Briefwechsel«, S. 72; Greschat, »Memorandum«, S. 37; Feindt, »Semantiken«. Zur Entstehung der Ostdenkschrift der

EKD Rudolph, *Evangelische Kirche*, S. 86–149. Zur »Kultur des Hasses« in Polen Krzemiński, »Kniefall«, hier S. 1081 f.

147 Kerski/Kycia/Żurek, *»Wir vergeben«*, S. 98.

148 Greschat, »Memorandum«, S. 37 f.

149 Behrens (Hrsg.), *»Durfte Brandt knien?«*, S. 85.

150 *http://www.tagesspiegel.de/politik/willy-brandts-kniefall-1970-eine-geste-ohne-worte/3591058.html* (Zugriff am 20. 12. 2016).

151 *http://www.sueddeutsche.de/politik/der-kniefall-willy-brandts-ploetzlich-wurde-es-ganz-still-1.1031988*, Zugriff am 16. 12. 2016; Bahr, *Zu meiner Zeit*, S. 341; Hermann Schreiber, »Ein Stück Heimkehr«, in: *Spiegel*, Nr. 51/1970, S. 29 f.; Brandt, *Erinnerungen*, S. 214.

152 Schreiber, »Heimkehr« (wie Anm. 151), S. 29 f.

153 Gibney/Roxstrom, »Status«, bes. S. 928; Teitel, »Apology«.

154 Grass, »Tagebuch« (der Eintrag stammt von Dezember 1970); Schreiber, »Heimkehr« (wie Anm. 151), S. 30; Brandt, *Erinnerungen*, S. 215.

155 *Spiegel*, Nr. 51/1970, S. 27.

156 Pressestimmen bei Behrens (Hrsg.), *»Durfte Brandt knien?«*, S. 51–124; *Spiegel*, Nr. 51/1970, S. 7; Kießling, »Täter repräsentieren«, v. a. S. 217 f.; Schneider, »Kniefall«; Wilkens, »Kniefall«.

157 Grass, »Tagebuch«, S. 81.

158 Kießling, »Täter repräsentieren«, S. 217. Vgl. auch Schneider, »Kniefall«.

159 Krzemiński, »Kniefall«, S. 1086; Wolffsohn/Brechenmacher, *Denkmalsturz?*, v. a. S. 47, 53–58.

160 Rauer, »Geste«, v. a. S. 145, 148.

161 *http://www.chinadaily.com.cn/kindle/2014-01/02/content_17210924.htm* (Zugriff am 17. 12. 2016).

162 Hoffmann, *Moralpolitik*; Barkan, *Guilt*; Ahmed, *Cultural Politics*, Kap. 5; Conradi/Vosman (Hrsg.), *Praxis*. Kritisch: Giglioli, *Opferfalle*.

163 Marrus, »Apologies«; Lübbe, *»Ich entschuldige mich«*; Bruckner, *Schuldkomplex*.

164 Nobles, *Politics*, S. 156 ff., mit zahlreichen weiteren, leider oft inkorrekten Angaben.

165 *http://www.nytimes.com/1995/07/17/world/chirac-affirms-france-s-guilt-in-fate-of-jews.html* (Zugriff am 10. 4. 2017).

166 *http://www.nytimes.com/1997/10/15/world/in-india-queen-bows-her-head-over-a-massacre-in-1919.html* (Zugriff am 10. 4. 2017).

167 Nobles, *Politics*, S. 156 f.

168 Edwards, »Apologizing«; Nobles, *Politics*, S. 71–138.

169 *http://discours.vie-publique.fr/notices/077002208.html; http://www.lemonde.fr/afrique/article/2007/11/09/le-discours-de-dakar_976786_3212.html; http://www.liberation.fr/france/2007/05/06/le-discours-de-nicolas-sarkozy_9889; http://www.afrik.com/article13062.html; http://www.lemonde.fr/afrique/article/2007/12/03/*

le-discours-de-m-sarkozy-sur-la-colonisation-juge-insuffisant-par-le-ministre-de-l-interieur-algerien_985462_3212.html (Zugriff am 11. 4. 2017).

170 Cameron verwies auch darauf, eine Entschuldigung sei nicht mehr nötig, da die britische Regierung das Blutvergießen bereits 1920 scharf verurteilt habe (*http://www.bbc.com/news/uk-politics-21515360*, Zugriff am 10. 4. 2017). Das war bestenfalls die halbe Wahrheit, vgl. Sayer, »British reaction«.

171 Siehe S. 75.

172 Carranza/Correo/Naughton, More than Words.

173 *https://www.nytimes.com/2016/01/21/us/politics/sarah-palin-endorsement-speech-donald-trump.html; http://www.washingtonpost.com/wp-dyn/content/article/2010/08/28/AR2010082801106_2.html?sid=ST2010091201877* (Zugriff am 12. 2. 2017).

174 *FAZ* v. 9. 5. 2015; *Tagesspiegel* v. 2. 12. 2016. Im April 2017 blies Marine Le Pen, Präsidentschaftskandidatin des rechtspopulistischen Front National, ins gleiche Horn: Schulkinder in Frankreich lernten nur noch die dunkelsten Seiten ihrer Geschichte kennen, die im Übrigen so dunkel gar nicht seien. »Ich will, dass sie wieder stolz sind, Franzosen zu sein« (*http://www.spiegel.de/politik/ausland/judenverfolgung-marine-le-pen-sorgt-mit-umstrittener-aussage-fuer-aerger-a-1142682.html* [Zugriff am 11. 4. 2017]).

175 *http://www.nytimes.com/1994/06/19/weekinreview/the-world-the-president-s-inclination-no-it-wasn-t-a-bow-bow.html; http://www.washingtontimes.com/news/2009/apr/07/barack-takes-a-bow/* (Zugriff am 17. 12. 2016).

176 Hevia, »Sovereignty«, führt in Fn. 3 zahlreiche Beispiele aus politischen Reden zwischen 1989 und 1992 auf.

177 Adcock Kaufman, »›Century‹«; Gries, *Nationalism*; Moïsi, *Kampf*, S. 88–133; Lilia Shevtsova, »Humiliation as a Tool of Blackmail« (*http://www.the-american-interest.com/2015/06/02/humiliation-as-a-tool-of-blackmail/* [Zugriff am 7. 7. 2016]); verständnisvoller gegenüber Russland: Eppler, »Demütigung«.

178 Pöschl/Kondylis, »Würde«, S. 654 ff.; Wahlberg, *Ehrenfolgen*, S. 36.

179 Wick, *Ehrenstrafen*, S. 7: »Die Menschenwürde ist nichts Anderes, als die allgemeine Menschenehre, auf die jeder Mensch als solcher Anspruch hat.« Ähnlich Noellner, *Verhältniss*, S. 4; Köstlin, *Abhandlungen*, S. 3, 5; Binding, *Lehrbuch*, S. 137 ff.

Kein Ende

1 Hetzel, »Schlosser«, S. 107 f.

2 Vorschlag des Bielefelder Stadtdirektors, nach dem landrätlichen Bericht v. 27. 6. 1817 (Staatsarchiv Detmold, M1 IE Nr. 2487).

3 *Mittheilungen über die Verhandlungen des Landtags in Sachsen* (1883–1884), 2. Kammer, Bd. 1, Dresden 1884, S. 256, 261 f., 819–821, 826 f.; ebd.

(1887–1888), 2. Kammer, Bd. 2, S. 966; ebd. (1897–1898), 2. Kammer, Bd. 2, S. 784; ebd. (1899–1900), 2. Kammer, Bd. 2, 1900, S. 1424.

4 Welcker, »Infamie«, S. 378.

5 *Entscheidungen des Reichsgerichts in Strafsachen*, Bd. 6, S. 180–184, Rep. 3153/81 (Urteil v. 17. 4. 1882), Zitat 181.

6 Zum Fall siehe Lorenz/Bollmann, *Hamburg*, S. 88. Ich danke Benno Gammerl für den Hinweis. Zu den rechtlichen Grundlagen vgl. Grapengeter (Hrsg.), *Kultusrecht*, C III 2; *Mitteilungsblatt der Schulbehörde der Freien und Hansestadt Hamburg* 10 (1965), S. 44–49; »Anordnung über Mitteilungen in Strafsachen« (1961), v. a. S. 162; »Anordnung über Mitteilungen in Strafsachen« (1956).

7 Rummel, »Motive«; Banks, *Informal Justice*; zum bayerischen Haberfeldtreiben und seiner polizeilichen Eindämmung siehe Kaltenstadler, *Haberfeldtreiben*. Zum Verbot der Verrufserklärung siehe § 153 der Gewerbeordnung des Deutschen Reiches, in: *Deutsches Reichsgesetzblatt*, 1883, S. 239.

8 Gorsky, »Tuckfield's ›Ride‹«; Frank, »Popular Justice«.

9 Zahlreiche Beispiele bei Zhensheng, *Nachrichtensoldat*, bes. S. 102–113.

10 Berg/Ellger-Rüttgardt (Hrsg.), *»Du bist nichts«*.

11 Wierling, *Geboren*, S. 149–153; Dikötter, *Maos großer Hunger*, S. 75 f., 394 f. Greiners These, dass totalitäre Ideologien »Schamvernichtung zu ihrem Programm« erhöben, übersieht die gezielten Beschämungspraktiken jener Regime (*Schamverlust*, S. 38).

12 Braithwaite, *Crime*; Jacquet, *Scham*. Seine persönliche Konversion vom lustvollen *shaming* zu dessen Kritik beschreibt Ronson, *In Shitgewittern*.

13 *http://www.fr.de/politik/meinung/linkspartei-alle-suender-an-den-pranger-a-774404* (Zugriff am 3. 3. 2017).

14 Wurmser, *Maske*, S. 93.

15 *The New York Times* v. 11. 11. 1971, S. 1, 17; *Chicago Tribune* v. 11. 11. 1991, Sect. 2, S. 17.

16 Vgl. den Schülerroman von P. G. Wodehouse, *The White Feather* (1907).

17 Woolf, *Zimmer – Guineen*, dieses und das folgende Zitat S. 346. Woolf sprach »von fünfzig oder sechzig Federn«, Nicoletta F. Gullace geht von einer größeren Anzahl aus: »White Feathers«; Ellsworth-Jones, *We will not fight*, S. 46–49; *https://www.theguardian.com/world/2008/nov/11/first-world-war-white-feather-cowardice* (Zugriff am 5. 2. 2017).

18 Rickards, *Posters*, S. 21, 39; Timmers (Hrsg.), *Power*, S. 111.

19 Pence, »Herr Schimpf«; Lemke, *Vor der Mauer*, S. 357–361.

20 Neckel, *Status*, S. 200 f. Zu beschämender Werbung (und ihren Effektivitätsgrenzen) vgl. Ullrich, »Nichts spüren«; Kama/Barak-Brandes, »Taming«; Rutherford, *Propaganda*, S. 139–143.

21 »Außergerichtliche Justiz«, in: *FAZ* v. 18. 3. 1959, S. 2; Dobson, *Khrushchev's Cold Summer*, S. 138, 161.

22 Wiede, »Von Zetteln«, Zitate von George Orwell u. Siegfried Kracauer.

23 Bednarek-Gilland, *Fragiler Alltag*, S. 37, 55 über Langzeitarbeitslose. Lebensmittelgutscheine vergibt das Jobcenter bei akuten Notlagen oder zu Sanktionszwecken. Die Tafel existiert in Deutschland seit 1993, in den USA (*food banks*) seit den 1960er Jahren. Zum Statusverlust als Anlass für Scham siehe Neckel, *Status*, S. 193 ff.

24 Sachße/Tennstedt, *Armenfürsorge*, S. 307 f., passim.

25 Crew, »Gewalt«.

26 Munt, *Queer Attachments;* Halperin/Traub, *Gay Shame*; zum hohen Status von Ehre in patriarchalischen Gesellschaften vgl. Petersen, *Ehre*, S. 21; Lebra, »Social Mechanism«; Bourdieu, »Dialektik«.

27 Massaro, »Shame«, hier v. a. S. 1922–1925; Eric Hoffer, »Long Live Shame«, in: *The New York Times* v. 18. 10. 1974; Lowenfeld, »Notes«.

28 Zur Semantik des Respekts siehe Assmann, »Höflichkeit und Respekt«, S. 179 ff.

29 Vgl. dazu auch Braithwaite, »Shame and Modernity«.

30 BGH-Urteil v. 25. 9. 1952 – 3 StR 742/51, Rn. 10.

31 Peschel-Gutzeit, »Recht«.

32 BGH-Urteil v. 23. 10. 1957. Siehe S. 100.

33 BGH-Urteil v. 25. 11. 1986 – 4 StR 605/86, Rn. 2; Salgo, »Vom langsamen Sterben«; Göbel, *Züchtigungsrecht*; Priester, *Ende*, S. 57–99.

34 Bates, *Evolution*, S. 326–330, 332 f.; Mowbray, *Cases*, S. 223–231. Artikel 3 der Europäischen Menschenrechtskonvention von 1950 verbot erniedrigende Behandlung und Strafen (Webster, »Degradation«).

35 *http://www.bbc.com/news/uk-northern-ireland-35449405* (Zugriff am 8. 2. 2017).

36 *www.bullypolice.org* (Zugriff am 8. 2. 2017). Zu Unterschieden zwischen US-amerikanischen und kontinentaleuropäischen Anti-Mobbing-Gesetzen (die sich nicht nur auf Schulen, sondern auch auf den Arbeitsplatz beziehen) siehe Friedman/Whitman, »European Transformation«.

37 Wildt, *Volksgemeinschaft*, S. 249.

38 *https://de.finance.yahoo.com/nachrichten/angestellte-in-china-werden-öffentlich-gedemütigt-124840595.html* (Zugriff am 9. 2. 2017).

39 Ebhardt (Hrsg.), *Ton*, 3. Aufl., S. 326. Schrott, *Korsett*, S. 225 ff.

40 Sulzer, »Gebehrden«, S. 428; Claudius, *Anweisung*, S. 117; Darwin, *Ausdruck*, S. 405; Wundt, »Ausdruck«.

41 *https://www.welt.de/politik/video125284363/Kanzlerin-Angela-Merkel-bei-der-Queen.html* (Zugriff am 9. 2. 2017); Schmidt, *Teppich*, S. 158.

42 *http://dailysignal.com/2009/11/16/obama-in-japan-not-a-bow-but-a-kowtow/*; *http://www.cbsnews.com/news/conservatives-slam-obama-for-bow-in-japan/* (Zugriff am 30. 7. 2015).

43 Bürgerliche Anstandsbücher sprechen das Thema Entschuldigung seit den 1870er Jahren an: Man solle, wenn man jemanden verletzt habe, mündlich oder schriftlich um Verzeihung bitten (Ebhardt (Hrsg.), *Ton*, 3. Aufl.,

S. 707). Menschen »von Takt und Bildung« würden dies durch »liebenswürdiges Entgegenkommen« erleichtern, da sie erahnten, wie viel »eine solche Bitte um Verzeihung vielleicht gekostet« habe (Schramm, *Ton*, S. 360; Kistner, *Schicklichkeitsregeln*, S. 93, 98 f.).

44 Robert Kagan/William Kristol, »A National Humiliation«, in: *www.weeklystandard.com/article/12603* (Zugriff am 12.2.2017); Gries/Peng, »Culture Clash?«; Avruch/Wang, »Culture«.

45 Kagan/Kristol, »A National Humiliation« (wie Anm. 44); Weidemann, *Lernen*, S. 83–105; Jentsch, *»Gesichts«-Konzept*.

46 Brown/Levinson, *Politeness*, S. 13, 62; dies., »Akte«, v. a. S. 60.

47 Gadamer, *Philosophie*, S. 56.

48 1936 hielt die NSDAP in Nürnberg einen Reichsparteitag der »Ehre« ab, um die mit der Rheinlandbesetzung vorgeblich wiederhergestellte Ehre Deutschlands zu feiern. Ehre war hier an die Restitution staatlicher Souveränität gebunden. Auf dem Parteitag 1935 stimmte der Reichstag dem »Gesetz zum Schutz des deutschen Blutes und der deutschen Ehre« zu. Diesmal ging es um die Ehre der arischen Volksgemeinschaft, die sich von ›fremden Rassen‹ trennte.

49 So argumentiert Rorty, *Kontingenz*, S. 151–158, der Demütigung als anhaltende Schmerzzufügung definiert. Ähnlich Shklar, *Laster*, S. 48, die in der »willentliche(n) und anhaltende(n) Demütigung« eine besondere Form moralischer Grausamkeit sieht. Zur Folter als physischer Gewalt und psychischer Demütigung s. Améry, *Jenseits*, S. 73; Hunt, *Inventing*, S. 70–112.

50 Czeguhn, »Verhältnis«, S. 18 f.

51 Nussbaum, *Zorn*, S. 196 ff.; Lewis, »Shame«, S. 113; Scheff/Retzinger, *Emotions and Violence*, S. 66; Wurmser, *Maske*, S. 307 f.

52 Lunbeck, *Americanization*, S. 110. Kritisch dazu Christopher Lasch, »For Shame«, in: *The New Republic* v. 10. 8. 1992, S. 29–34; ders., *Narzißmus*. Siehe auch Nathanson, »Timetable«, v. a. S. 5–7; Lewis, »Shame«.

Literatur

Artikel aus zeitgenössischen Tages- und Wochenzeitungen, Gerichtsurteile sowie Internetquellen sind in den Anmerkungen komplett verzeichnet und hier nicht nochmals genannt.

Abb, Edmund, *Lehrbuch der allgemeinen Erziehungs- und Bildungslehre* (1932), neu hrsg. v. Theodor Schwerdt, 2. Aufl., Paderborn 1957.

Abb, Edmund, *Erziehungskunde* (1915), 3. Aufl., Nürnberg 1928.

Adcock Kaufman, Alison, »The ›Century of Humiliation‹, Then and Now: Chinese Perceptions of the International Order«, *Pacific Focus* 25 (2010), S. 1–33.

Adelung, Friedrich, *Augustin Freiherr von Meyerberg und seine Reise nach Russland*, St. Petersburg 1827.

Adenauer, Konrad, *Erinnerungen 1945–1953*, Stuttgart 1965.

Ahmed, Sara, *The Cultural Politics of Emotion*, 2. Aufl., Edinburgh 2014.

Akten zur Auswärtigen Politik der Bundesrepublik Deutschland 1980, Bd. 1, München 2011.

Alberti, J. J. (Hrsg.), *Neuestes Complimentirbuch*, 16. Aufl., Quedlinburg 1848.

Allfrey, Katherine, *Delphinensommer*, Berlin 1963.

Allgemeines Landrecht für die Preußischen Staaten von 1794 (ALR), hrsg. v. Hans Hattenhauer, 2. Aufl., Neuwied 1994.

Althoff, Gerd, *Die Macht der Rituale. Symbolik und Herrschaft im Mittelalter*, 2. Aufl., Darmstadt 2013.

Althoff, Gerd, »Das Grundvokabular der Rituale: Knien, Küssen, Thronen, Schwören«, in: Barbara Stollberg-Rilinger / Matthias Puhle / Jutta Götzmann / ders. (Hrsg.), *Spektakel der Macht. Rituale im alten Europa 800–1800*, Darmstadt 2008, S. 149–180.

Althoff, Gerd, »Compositio. Wiederherstellung verletzter Ehre im Rahmen gütlicher Konfliktbeendigung«, in: Klaus Schreiner / Gerd Schwerhoff (Hrsg.), *Verletzte Ehre. Ehrkonflikte in Gesellschaften des Mittelalters und der Frühen Neuzeit*, Köln 1995, S. 63–76.

Améry, Jean, *Jenseits von Schuld und Sühne*, Stuttgart 1980.

Ammerer, Gerhard, »›durch Strafen (…) zu neuen Lastern gereizt‹. Schandstrafe, Brandmarkung und Landesverweisung – Überlegungen zur Korrelation und Kritik von kriminalisierenden Sanktionen und Armutskarrieren im späten 18. Jahrhundert«, in: Sebastian Schmidt (Hrsg.), *Arme und ihre Lebensperspektiven in der Frühen Neuzeit*, Frankfurt am Main 2008, S. 311–339.

Andrews, Donna T., »The press and public apologies in eighteenth-century London«, in: Norma Landau (Hrsg.), *Law, Crime and English Society, 1660–1830*, Cambridge 2002, S. 208–229.

»Anordnung über Mitteilungen in Strafsachen«, in: *Strafvollstreckung – Strafregister – Gnadenwesen*, 3. Aufl., München 1956, S. 235–266.

»Anordnung über Mitteilungen in Strafsachen«, in: *Strafvollstreckung – Strafregister – Gnadenwesen*, 4. Aufl., München 1961, S. 146–177.

Arnold, [Friedrich Christian], »Erfahrungen aus dem bayerischen Strafgesetzbuche vom Jahr 1813, und Betrachtungen hierüber«, in: *Archiv des Criminalrechts*, N. F. (1843), S. 96–112, 240–280, 377–411, 512–539, und ebd. N. F. (1844), S. 190–212.

Arnold, David, »Salutation and Subversion: Gestural Politics in Nineteenth-Century India«, *Past and Present* 203, Supplement 4 (2009), S. 191–211.

Aschmann, Birgit, *Preußens Ruhm und Deutschlands Ehre: Zum nationalen Ehrdiskurs im Vorfeld der preußisch-französischen Kriege des 19. Jahrhunderts*, München 2013.

Aschmann, Birgit, »Ehre – das verletzte Gefühl als Grund für den Krieg. Der Kriegsausbruch 1870«, in: dies. (Hrsg.), *Gefühl und Kalkül. Der Einfluss von Emotionen auf die Politik des 19. und 20. Jahrhunderts*, Stuttgart 2005, S. 151–174.

Askin, Kelly D., »Prosecuting Wartime Rape and Other Gender-Related Crimes under International Law: Extraordinary Advances, Enduring Obstacles«, *Berkeley Journal of International Law* 21 (2003), S. 288–349.

Assmann, Aleida, »Höflichkeit und Respekt«, in: Gisela Engel / Brita Rang / Susanne Scholz / Johannes Süßmann (Hrsg.) *Konjunkturen der Höflichkeit in der Frühen Neuzeit,* Frankfurt am Main 2009, S. 173–189.

Assmann, Aleida / Ute Frevert, *Geschichtsvergessenheit – Geschichtsversessenheit. Vom Umgang mit deutschen Vergangenheiten nach 1945*, Stuttgart 1999.

Avruch, Kevin / Zheng Wang, »Culture, Apology, and International Negotiation«, *International Negotiation* 10 (2005), S. 337–353.

Bach, Jakob / Karl Backes / Jakob Jung (Hrsg.), *Das Volksschulwesen im Volksstaat Hessen*, Gießen 1931.

Bader-Weiß, Grete / Karl Siegfried Bader, *Der Pranger. Ein Strafwerkzeug und Rechtswahrzeichen des Mittelalters*, Freiburg im Breisgau 1935.

Baets, Antoon De, »A Successful Utopia: The Doctrine of Human Dignity«, *Historein* 7 (2007), S. 71–85.

Bahr, Egon, *Zu meiner Zeit*, München 1996.

Baier, Dirk / Christian Pfeiffer / Susann Rabold / Julia Simonson / Cathleen Kappes, *Kinder und Jugendliche in Deutschland – Gewalterfahrungen, Integration, Medienkonsum*, Hannover 2010.

Bailey, Paul J. (Hrsg.), *Strengthen the Country and Enrich the People: The Reform Writings of Ma Jianzhong (1845–1900)*, Richmond 1998.

Banks, Stephen, *Informal Justice in England and Wales 1760–1914. The Courts of Popular Opinion*, Woodbridge 2014.

Bar, Ludwig von, »Zur Lehre von der Beleidigung mit besonderer Rücksicht auf die Presse«, *Der Gerichtssaal* 52 (1896), S. 81–208.

Barkan, Elazar, *The Guilt of Nations: Restitution and Negotiating Historical Injustices*, New York 2000.

Barros, James, *The Corfu Incident of 1923: Mussolini and the League of Nations*, Princeton 1965.

Bartlett, Peter, »Sodomites in the Pillory in Eighteenth-Century London«, *Social & Legal Studies* 6 (1997), S. 553–572.

Bartsch, Karl Josef, *Von der Würde des Staates*, Tübingen 1967.

Baske, Siegfried / Martha Engelbert (Hrsg.), *Zwei Jahrzehnte Bildungspolitik in der Sowjetzone Deutschlands. Dokumente*, Teil 2: 1959 bis 1965, Berlin / Ost 1966.

Bates, Ed, *The Evolution of the European Convention on Human Rights. From its Inception to the Creation of a Permanent Court of Human Rights*, Oxford 2010.

Bednarek-Gilland, Antje, *Fragiler Alltag. Lebensbewältigung in der Langzeitarbeitslosigkeit*, Hannover 2015.

Behr, Wilhelm Jos., *Allgemeine Polizei-Wissenschaftslehre*, 2 Bde., Bamberg 1848.

Behrens, Alexander (Hrsg.), *»Durfte Brandt knien?« Der Kniefall in Warschau und der deutsch-polnische Vertrag. Eine Dokumentation der Meinungen*, Bonn 2010.

Behrens, Katharina, *Scham – zur sozialen Bedeutung eines Gefühls im spätmittelalterlichen England*, Göttingen 2014.

Bemmann, Günter, »Ehrverletzungen und Strafbedürftigkeit«, in: Rainer Zaczyk / Michael Köhler / Michael Kahlo (Hrsg.), *Festschrift für E. A. Wolff zum 70. Geburtstag*, Berlin 1998, S. 33–40.

Benjamin, Michael, *Konfliktkommissionen – Strafrecht – Demokratie*, Berlin / Ost 1968.

Berchem, Verena, *Das Oberlandesgericht Köln in der Weimarer Republik*, Köln 2004.

Berg, Christa, »›Rat geben‹. Ein Dilemma pädagogischer Praxis und Wirkungsgeschichte«, *Zeitschrift für Pädagogik* 37 (1991), S. 709–734.

Berg, Christa / Sieglind Ellger-Rüttgardt (Hrsg.), *»Du bist nichts, Dein Volk ist alles«. Forschungen zum Verhältnis von Pädagogik und Nationalsozialismus*, Weinheim 1991.

Berg, Ilse, *Theorie der Strafe in der sozialistischen Schule*, Berlin / Ost 1961.

Bergk, J[ohann] A[dam] (Hrsg.), *Des Marchese Beccaria's Abhandlung über Verbrechen und Strafen*, T. 1, Leipzig 1798.

Betts, Paul, »Property, Peace and Honour: Neighbourhood Justice in Communist Berlin«, *Past and Present* 201 (2008), S. 215–254.

Bieri, Peter, *Eine Art zu leben. Über die Vielfalt menschlicher Würde*, München 2013.

Biggerstaff, Knight, »The Ch'ung Hou Mission to France, 1870–1871«, *Nankai Social & Economic Quarterly* 8 (1935), S. 633–647.

Binding, Karl, *Lehrbuch des Gemeinen Deutschen Strafrechts*, Besonderer Teil, Bd. 1, 2. Aufl., Leipzig 1902.

Birkenfeld, Wolfgang, »Der Rufmord am Reichspräsidenten. Zu Grenzformen des politischen Kampfes gegen die frühe Weimarer Republik 1919–1925«, *Archiv für Sozialgeschichte* 5 (1965), S. 453–500.

Bissonnette, Pierre André, *La satisfaction comme mode de réparation en droit international*, Annemasse 1952.

Bitter, Albrecht von, *Das Strafrecht des Preußischen Allgemeinen Landrechts von 1794 vor dem ideengeschichtlichen Hintergrund seiner Zeit*, Baden-Baden 2013.

Bjørnlund, Matthias, »›A Fate Worse Than Dying‹: Sexual Violence during the Armenian Genocide«, in: Dagmar Herzog (Hrsg.), *Brutality and Desire: War and Sexuality in Europe's Twentieth Century*, New York 2009, S. 16–58.

Blasius, Dirk, »Grenzen sozialer Disziplinierung: das Strafrecht des ALR«, in: Günter Birtsch / Dietmar Willoweit (Hrsg.), *Reformabsolutismus und ständische Gesellschaft: Zweihundert Jahre Preußisches Allgemeines Landrecht*, Berlin 1998, S. 341–357.

Blattmann, Lynn, »›Laßt uns den Eid des neuen Bundes schwören …‹ Schweizerische Studentenverbindungen als Männerbünde 1870–1914«, in: Thomas Kühne (Hrsg.), *Männergeschichte – Geschlechtergeschichte. Männlichkeit im Wandel der Moderne*, Frankfurt am Main 1996, S. 119–135.

Blume, Judy, *Blubber*, New York 1974.

Bluntschli, Johann Caspar, *Das moderne Völkerrecht der civilisirten Staaten*, Nördlingen 1868.

Bödefeld, Axel, *»… und du bist weg!« Bullying in Schulklassen als Sündenbock-Mechanismus*, Münster 2006.

Böll, Heinrich, *Die verlorene Ehre der Katharina Blum*, Köln 1984.

Bömer, Karl, *Das Dritte Reich im Spiegel der Weltpresse*, Leipzig 1934.

Bootz, Margret R. I., *Die Hamburger Rechtsprechung zum Arbeitsrecht im Nationalsozialismus bis zum Beginn des 2. Weltkriegs*, Frankfurt am Main 2012.

Bors, Marc, »Abbitte, Widerruf und Ehrenerklärung: Zur Geschichte der Privatgenugtuung im Ehrverletzungsrecht des 19. Jahrhunderts«, in: Sylvia Kesper-Biermann / Ulrike Ludwig / Alexandra Ortmann (Hrsg.), *Ehre und Recht. Ehrkonzepte, Ehrverletzungen und Ehrverteidigungen vom späten Mittelalter bis zur Moderne*, Magdeburg 2011, S. 133–141.

Bösch, Frank, *Öffentliche Geheimnisse. Skandale, Politik und Medien in Deutschland und Großbritannien 1880–1914*, München 2009.

Bösch, Frank, »Politische Skandale in Deutschland und Großbritannien«, *Aus Politik und Zeitgeschichte* 7 (2006), S. 25–32.

Boss, Julius (Hrsg.), *Die Erziehungskunst in der Familie für Eltern, Erzieherinnen und Erzieher*, hrsg. v. einem praktischen Schulmanne, 2. Aufl., Wien 1882.

Botz, Gerhard, *Nationalsozialismus in Wien. Machtübernahme und Herrschaftssicherung 1938/39*, 3. Aufl., Wien 1988.

Bourdieu, Pierre, »Die Dialektik von Herausforderung und Erwiderung der Herausforderung«, in: Steffen K. Herrmann / Sybille Krämer / Hannes Kuch (Hrsg.), *Verletzende Worte: Die Grammatik sprachlicher Missachtung*, Bielefeld 2007, S. 89–105.

Braithwaite, John, »Shame and Modernity«, *The British Journal of Criminology* 33 (1993), S. 1–18.

Braithwaite, John, *Crime, Shame, and Reintegration*, Cambridge 1989.

Brandt, Max von, *Dreiunddreißig Jahre in Ost-Asien. Erinnerungen eines deutschen Diplomaten*, 3 Bde., Leipzig 1901.

Brandt, Willy, *Erinnerungen*, Frankfurt am Main 1989.

Brezina, Markus, *Ehre und Ehrenschutz im nationalsozialistischen Recht*, Augsburg 1987.

Brockhaus' Kleines Konversations-Lexikon, 5. Aufl., 2 Bde., Leipzig 1911.

Brockhaus' Konversations-Lexikon, 14., neubearbeitete, neue revidierte Jubiläums-Ausgabe, Leipzig 1901–1904.

Brockhaus' Konversations-Lexikon, 14., neubearbeitete, revidierte Jubiläums-Ausgabe, Leipzig 1898.

Brown, Penelope / Stephen C. Levinson, »Gesichtsbedrohende Akte«, in: Steffen K. Herrmann / Sybille Krämer / Hannes Kuch (Hrsg.), *Verletzende Worte: Die Grammatik sprachlicher Missachtung*, Bielefeld 2007, S. 59–88.

Brown, Penelope / Stephen C. Levinson, *Politeness: Some Universals in Language Usage*, Cambridge 1987.

Brownmiller, Susan, *Gegen unseren Willen. Vergewaltigung und Männerherrschaft*, Frankfurt am Main 1978.

Bruckner, Pascal, *Der Schuldkomplex. Vom Nutzen und Nachteil der Geschichte für Europa*, München 2008.

Brzezinski, Zbigniew, *Power and Principle. Memoirs of the National Security Adviser 1977–1981*, New York 1983.

Bücker, Vera / Bernhard Nadorf / Markus Potthoff (Hrsg.), *Nikolaus Groß. Arbeiterführer – Widerstandskämpfer – Glaubenszeuge. Wie sollen wir vor Gott und unserem Volk bestehen? Der politische und soziale Katholizismus im Ruhrgebiet 1927 bis 1949*, Münster 2001.

Budde, Gunilla-Friederike, *Auf dem Weg ins Bürgerleben. Kindheit und Erziehung in deutschen und englischen Bürgerfamilien 1840–1914*, Göttingen 1994.

Buddeus, [Johann Karl Immanuel], »Ehrenstrafen«, in: *Allgemeine Encyclopädie der Wissenschaften und Künste*, hrsg. v. Johann Samuel Ersch / Johann Gottfried Gruber, Sec. 1, T. 31, Leipzig 1838, S. 453–457.

Burghartz, Susanna, »Geschlecht – Körper – Ehre. Überlegungen zur weiblichen Ehre in der Frühen Neuzeit am Beispiel der Basler Ehegerichtsprotokolle«, in: Klaus Schreiner / Gerd Schwerhoff (Hrsg.), *Verletzte Ehre. Ehrkonflikte in Gesellschaften des Mittelalters und der Frühen Neuzeit*, Köln 1995, S. 214–234.

Burke, Edmund, *The Speeches of the Right Honourable Edmund Burke in the House of Commons and in Westminster Hall*, Bd. 2, London 1816.

Callahan, William A., »National Insecurities: Humiliation, Salvation, and Chinese Nationalism«, *Alternatives* 29 (2004), S. 199–218.

Carranza, Ruben / Cristián Correo / Elena Naughton, *More than Words. Apologies as a Form of Reparation*, International Center for Transitional Justice (December 2015). Online unter: *https://www.ictj.org/publication/more-than-words-apologies-form-reparation (Zugriff am 18.4.2017).*

Ceremonial-Buch für den Königlich Preussischen Hof, Abschnitt I–XII, Berlin 1877.

Chang, Fêng-chên, *The Diplomatic Relations between China and Germany since 1898*, Shanghai 1936.

Chinese School (Documentary originally broadcast on BBC 4, 2 DVD), Milton Keynes 2008.

Christiansen, Hans, *Die Beleidigung*, Diss. Kiel 1965.

»Chun qinvang shi De riji (Tagebuch von Prinz Chuns Reise nach Deutschland)«, *Jindaishi ziliao* 73 (1989), S. 138–168.

Claudius, G[eorg] C[arl], *Kurze Anweisung zur wahren feinen Lebensart nebst den nöthigsten Regeln der Etikette und des Wohlverhaltens in Gesellschaften für Jünglinge, die mit Glück in die Welt treten wollen*, Leipzig 1800.

Code Pénal. Aus dem Französischen übersetzt nach der officiellen Ausgabe von Wilhelm Blanchard, 2. Aufl., Köln 1812.

Cohen, Colleen Ballerino / Richard Wilk / Beverly Stoeltje (Hrsg.), *Beauty Queens on the Global Stage: Gender, Contests, and Power*, New York 1996.

Cohen, Jerome A., *The Criminal Process in the People's Republic of China, 1949–1963,* Cambridge / Mass. 1968.

Cohn, Bernard S., *Colonialism and its Forms of Knowledge: The British in India,* Princeton 1996.

Cohn, Bernard S., *An Anthropologist among the Historians and other Essays* (1987), 4. Aufl., Delhi 1996.

Collection complète des lois, décrets, ordonnances, réglements, et avis du Conseil-d'État, hrsg. v. J. B. Duvergier, Bd. 32, Paris 1833.

Conradi, Elisabeth / Frans Vosman (Hrsg.), *Praxis der Achtsamkeit. Schlüsselbegriffe der Care-Ethik,* Frankfurt am Main 2016.

Cranmer-Byng, J[ohn] L[ancelot] (Hrsg.), *An Embassy to China: Lord Macartney's Journal, 1793–1794* (1963), ND London 2000.

Cranmer-Byng, J[ohn] L[ancelot], »Lord Macartney's Embassy to Peking in 1793: From Official Chinese Documents«, *Journal of Oriental Studies* 4 (1957/58), S. 117–183.

Crew, David, »Gewalt ›auf dem Amt‹. Wohlfahrtsbehörden und ihre Klienten in der Weimarer Republik«, in: Thomas Lindenberger / Alf Lüdtke (Hrsg.), *Physische Gewalt*, Frankfurt am Main 1995, S. 213–237.

Croll, Andy, »Street disorder, surveillance and shame: regulating behaviour in the public spaces of the late Victorian British town«, *Social History* 24 (1999), S. 250–268.

Crosby, Eileen H., »Fighting for Honor: Legal Adversaries and the Complaint for Ehrverletzung in Early Modern Saxony«, in: Harriet Rudolph / Helga Schnabel-

Schüle (Hrsg.), *Justiz = Justice = Justicia? Rahmenbedingungen von Strafjustiz im frühneuzeitlichen Europa*, Trier 2003.

Czeguhn, Ignacio, »Das Verhältnis von Menschenwürde und Menschenrechten in historischer Perspektive«, in: Eric Hilgendorf (Hrsg.), *Menschenwürde und Demütigung. Die Menschenwürdekonzeption Avishai Margalits*, Baden-Baden 2013.

Dabhoiwala, Faramerz, »Sex and Societies for Moral Reform, 1688–1800«, *Journal of British Studies* 46 (2007), S. 290–319.

Dahm, Georg, »Der strafrechtliche Ehrenschutz der Familie«, *Juristische Wochenschrift* 65 (1936), S. 2497–2503.

Dahm, Georg, »Die Erneuerung der Ehrenstrafe«, *Deutsche Juristen-Zeitung* 39 (1934), Sp. 821–832.

Dahs [jun.], Hans, »Referat«, in: *Verhandlungen des 54. Deutschen Juristentages*, Bd. 2, München 1982, S. K 7–26.

Dahs [sen.], Hans, *Handbuch des Strafverteidigers*, Köln 1969.

Dalrymple, William, *White Mughals: Love and Betrayal in Eighteenth-Century India*, London 2002.

Darwin, Charles, *Der Ausdruck der Gemütsbewegungen bei dem Menschen und den Tieren. Kritische Edition, Einleitung, Nachwort und Kommentar von Paul Ekman*, Frankfurt am Main 2000.

Davidoff, Leonore, »Class and Gender in Victorian England: The Diaries of Arthur J. Munby and Hannah Cullwick«, *Feminist Studies* 5 (1979), S. 86–141.

Davis, Natalie Zemon, *Humanismus, Narrenherrschaft und die Riten der Gewalt. Gesellschaft und Kultur im frühneuzeitlichen Frankreich*, Frankfurt am Main 1987.

Delbrück, Hans, »Rezension zu Ludwig Diemer, Von der Schulbank gegen die Franzosen«, *Preußische Jahrbücher* 148 (1912), S. 515–519.

Demmerling, Christoph / Hilge Landweer, *Philosophie der Gefühle. Von Achtung bis Zorn*, Stuttgart 2007.

Denkschrift des Zentralausschusses der Strafrechtsabteilung der Akademie für Deutsches Recht über die Grundzüge eines Allgemeinen Deutschen Strafrechts, Berlin 1934.

Denney, John, *Respect and Consideration: Britain in Japan 1853–1868 and Beyond*, Leicester 2011.

Deonna, Julien A. / Raffaele Rodogno / Fabrice Teroni, *In Defense of Shame: The Faces of an Emotion*, Oxford 2012.

Der Auswärtige Ausschuß des Deutschen Bundestages: Sitzungsprotokolle 1949–1953, hrsg. v. Wolfgang Hölscher, Düsseldorf 1998.

Desnoyers, Charles A., »Self-Strengthening in the New World: A Chinese Envoy's Travels in America«, *Pacific Historical Review* 60 (1991), S. 195–219.

Deuchler, Martina, *Confucian Gentlemen and Barbarian Envoys: The Opening of Korea, 1875–1885*, Seattle 1977.

Die Grosse Politik der Europäischen Kabinette 1871–1914. Sammlung der Diplomatischen Akten des Auswärtigen Amtes, hrsg. von Johannes Lepsius/Albrecht Mendelssohn Bartholdy/Friedrich Thimme, 40 Bde., Berlin 1922–1927.

Die Ursachen des Deutschen Zusammenbruches im Jahre 1918, Abt. 2, hrsg. v. Albrecht Philipp, Bd. 11.1, Soziale Heeresmißstände als Teilursache des deutschen Zusammenbruchs von 1918, Berlin 1929.

Diemer, Ludwig, *Von der Schulbank gegen die Franzosen. Kriegsfahrten eines Freiwilligen 1870/71. Als Tagebuch und in Briefen*, Dresden 1911.

Dikötter, Frank, *Mao und seine verlorenen Kinder. Chinas Kulturrevolution*, Darmstadt 2017.

Dikötter, Frank, *Maos großer Hunger. Massenmord und Menschenexperiment in China (1958–1962)*, Stuttgart 2014.

Dikötter, Frank, *The Tragedy of Liberation. A History of the Chinese Revolution, 1945–57*, London 2013.

Dinges, Martin, *Der Maurermeister und der Finanzrichter. Ehre, Geld und soziale Kontrolle im Paris des 18. Jahrhunderts*, Göttingen 1994.

Dirks, Nicholas B., *The Hollow Crown. Ethnohistory of an Indian Kingdom*, Cambridge 1987.

Dobson, Miriam, *Khrushchev's Cold Summer: Gulag Returnees, Crime, and the Fate of Reform after Stalin*, Ithaca 2009.

Doerner, [Karl], »Gerichtsberichterstattung und Ehrenschutz«, in: Roland Freisler u. a., *Der Ehrenschutz im neuen deutschen Strafverfahren*, Berlin 1937, S. 138–150.

Domentat, Tamara, *»Hallo Fräulein«: Deutsche Frauen und amerikanische Soldaten*, Berlin 1998.

Dorn, E., »Zur Geschichte der Kniebeugungsfrage und der Prozeß des Pfarrers Volkert in Ingolstadt«, in: *Beiträge zur bayerischen Kirchengeschichte*, hrsg. v. Theodor Kolde, Bd. 5, Erlangen 1899, S. 1–37, 53–75.

Duchhardt, Heinz, »Der Wiener Kongress und seine ›diplomatische Revolution‹«, *Aus Politik und Zeitgeschichte* 22–24 (2015), S. 27–32.

Duchhardt, Heinz, »Das ›Westfälische System‹. Realität und Mythos«, in: Hillard von Thiessen/Christian Windler (Hrsg.), *Akteure der Außenbeziehungen. Netzwerke und Interkulturalität im historischen Wandel*, Köln 2010, S. 393–401.

Dufriche de Valazé, Charles, *Loix Pénales*, Alençon 1784.

Dülmen, Richard van, *Der ehrlose Mensch. Unehrlichkeit und soziale Ausgrenzung in der Frühen Neuzeit*, Köln 1999.

Dundes, Alan/Lauren Dundes, »The Elephant Walk and Other Amazing Hazing: Male Fraternity Initiation through Infantilization and Feminization«, in: Alan Dundes (Hrsg.), *Bloody Mary in the Mirror*, Jackson 2002, S. 95–121.

Duyvendak, J[an] J. L., »The Last Dutch Embassy to the Chinese Court (1794–1795)«, *T'oung Pao* 34 (1938), S. 1–137.

Eben von Racknitz, Ines, *Die Plünderung des Yuanming yuan. Imperiale Beutenahme im britisch-französischen Chinafeldzug von 1860*, Stuttgart 2012.

Ebert, Friedrich, *Schriften, Aufzeichnungen, Reden*, 2 Bde., Dresden 1926.

Ebhardt, Franz (Hrsg.), *Der gute Ton in allen Lebenslagen. Ein Handbuch für den Verkehr in der Familie, in der Gesellschaft und im öffentlichen Leben*, 13. Aufl., Leipzig 1896.

Ebhardt, Franz (Hrsg.), *Der gute Ton in allen Lebenslagen. Ein Handbuch für den Verkehr in der Familie, in der Gesellschaft und im öffentlichen Leben*, 3. Aufl., Berlin 1878.

Eckel, Jan, *Die Ambivalenz des Guten. Menschenrechte in der internationalen Politik seit den 1940ern*, Göttingen 2014.

Eckel, Jan / Samuel Moyn (Hrsg.), *Moral für die Welt? Menschenrechtspolitik in den 1970er Jahren*, Göttingen 2012.

Edgeworth, Maria, *Early Lessons* (1801), Bd. 3, 4. Aufl., London 1821.

Edinburgh Annual Register for 1815, Bd. 8, Edinburgh 1817.

Edwards, Jason A., »Apologizing for the Past for a Better Future: Collective Apologies in the United States, Australia, and Canada«, *Southern Communication Journal* 75 (2010), S. 57–75.

Eitler, Pascal, »Übertragungsgefahr. Zur Emotionalisierung und Verwissenschaftlichung des Mensch-Tier-Verhältnisses im Deutschen Kaiserreich«, in: Uffa Jensen / Daniel Morat (Hrsg.), *Rationalisierungen des Gefühls. Zum Verhältnis von Wissenschaft und Emotionen 1880–1930*, München 2008, S. 171–187.

Eitz, Thomas / Georg Stötzel, *Wörterbuch der »Vergangenheitsbewältigung«. Die NS-Vergangenheit im öffentlichen Sprachgebrauch*, Bd. 1, Hildesheim 2007.

El Edroos, Syed Fakhruddin Aboobaker, *Modern Indian Etiquette*, Surat 1921.

Elias, Norbert, *Über den Prozeß der Zivilisation*, 2 Bde., Frankfurt am Main 1969.

Ellsworth-Jones, Will, *We will not fight: The Untold Story of the First World War's Conscientious Objectors*, London 2007.

Encyklopädie der Pädagogik vom gegenwärtigen Standpunkte der Wissenschaft, 2 Bde., Leipzig 1860.

Encyklopädisches Handbuch der Pädagogik, hrsg. v. W[ilhelm] Rein, 10 Bde., 2. Aufl., Langensalza 1903–1910.

Englmann, Johann Anton, *Das bairische Volksschulwesen*, München 1871.

Entscheidungen des Bundesgerichtshofs in Zivilsachen, hrsg. von den Mitgliedern des Bundesgerichtshofes und der Bundesanwaltschaft, Köln.

Entscheidungen des Reichsgerichts in Strafsachen, 77 Bde., Berlin 1880–1944.

Eppler, Erhard, »Demütigung als Gefahr«, *Blätter für deutsche und internationale Politik* 7 (2015), S. 69–77.

Erman, Adolf, *Mein Werden und mein Wirken*, Leipzig 1929.

Erren, Lorenz, *»Selbstkritik« und Schuldbekenntnis. Kommunikation und Herrschaft unter Stalin (1917–1953)*, München 2008.

Etzioni, Amitai, »Back to the Pillory?«, *The American Scholar* 68 (1999), S. 43–50.

Evans, Richard J., *Szenen aus der deutschen Unterwelt. Verbrechen und Strafen, 1800–1914*, Reinbek 1997.

Fahne, A., *Etwas über Ehrenkränkungen mit besonderer Berücksichtigung der exceptio veri, der Beleidigung durch Denunciation und im Amt nach gemeinem französischem und preußischem Rechte*, Düsseldorf 1838.

Feindt, Gregor, »Semantiken der Versöhnung: Theologische Hintergründe der Versöhnung mit Polen am Beispiel des Briefwechsels der deutschen und polnischen Bischöfe und des Polen-Memorandums des Bensberger Kreises«, *Kirchliche Zeitgeschichte* 24 (2011), S. 396–414.

Feuerbach, Anselm Ritter von, *Betrachtungen über die Oeffentlichkeit und Mündlichkeit der Gerechtigkeitspflege*, Bd. 1, Gießen 1821.

Fisher, Michael H., »The Resident in Court Ritual, 1764–1858«, *Modern Asian Studies* 24 (1990), S. 419–458.

Flüchter, Antje, »Den Herrscher grüßen? Grußpraktiken bei Audienzen am Mogulhof im europäischen Diskurs der Frühen Neuzeit«, in: Peter Burschel / Christine Vogel (Hrsg.), *Die Audienz. Ritualisierter Kulturkontakt in der Frühen Neuzeit*, Köln 2014, S. 17–56.

Foerster, Friedrich Wilhelm, *Jugendlehre* (1904), Erlenbach 1929.

Foerster, Friedrich Wilhelm, *Lebensführung* (1909), Neue Ausg., Berlin 1914.

Foerster, Friedrich Wilhelm, *Lebenskunde. Ein Buch für Knaben und Mädchen*, Berlin 1904.

Ford, Richard, »Fraternal Order: Rules of the House«, in: *Esquire* 105 (June 1986), S. 231–234.

Forschungsgruppe Schulevaluation, *Gewalt als soziales Problem in Schulen*, Opladen 1998.

Fortescue, John, *Narrative of the Visit to India of Their Majesties King George V. and Queen Mary and of the Coronation Durbar held at Delhi 12th December 1911*, London 1912.

Förtsch, Folker, »›... eine erhebliche Empörung über das Verhalten solcher Personen vorhanden ...‹. Verbotener Umgang zwischen Hallerinnen und Kriegsgefangenen / Fremdarbeitern«, in: ders. / Andreas Maisch (Hrsg.), *Frauenleben in Schwäbisch Hall 1933–1945. Realitäten und Ideologien*, Schwäbisch Hall 1997, S. 275–285.

Foster, William (Hrsg.), *The Embassy of Sir Thomas Roe to the Court of the Great Mogul 1615–1619*, 2 Bde., London 1899.

Foucault, Michel, *Überwachen und Strafen. Die Geburt des Gefängnisses*, Frankfurt am Main 1976.

Frank, Michael, »Ehre und Gewalt im Dorf der Frühen Neuzeit: Das Beispiel Heiden (Grafschaft Lippe) im 17. und 18. Jahrhundert«, in: Klaus Schreiner / Gerd Schwerhoff (Hrsg.), *Verletzte Ehre. Ehrkonflikte in Gesellschaften des Mittelalters und der Frühen Neuzeit*, Köln 1995, S. 320–338.

Frank, Michael, *Dörfliche Gesellschaft und Kriminalität. Das Fallbeispiel Lippe 1650–1800*, Paderborn 1995.

Frank, Reinhard, *Das Strafgesetzbuch für das Deutsche Reich nebst dem Einführungsgesetze*, Leipzig 1901.

Frank, Stephen P., »Popular Justice, Community and Culture among the Russian Peasantry 1870–1900«, *Russian Review* 46 (1987), S. 239–265.

[Franke, Otto], »Die Audienz der fremden Gesandten in Peking zur Feier des sechzigsten Geburtstages der Kaiserin Ex-Regentin«, *Der Ostasiatische Lloyd*, 23. 11. 1894, S. 133–134.

Franke, Otto, *Erinnerungen aus zwei Welten*, Berlin 1954.

Franz, A., *Der gute Ton oder wie man sich in guter Gesellschaft bewegt*, Berlin [1897].

Freisler, Roland, »Allgemeines zur Ehrenwahrung im Strafverfahren«, in: ders. u. a., *Der Ehrenschutz im neuen deutschen Strafverfahren*, Berlin 1937, S. 9–25.

Frese, Matthias, *Betriebspolitik im »Dritten Reich«. Deutsche Arbeitsfront, Unternehmer und Staatsbürokratie in der westdeutschen Großindustrie 1933–1939*, Paderborn 1991.

Frevert, Ute, *Vergängliche Gefühle*, Göttingen 2013.

Frevert, Ute, *Die kasernierte Nation. Militärdienst und Zivilgesellschaft in Deutschland*, München 2001.

Frevert, Ute, *Ehrenmänner. Das Duell in der bürgerlichen Gesellschaft*, München 1991.

Frevert, Ute / Pascal Eitler / Stephanie Olsen / Uffa Jensen / Margrit Pernau / Daniel Brückenhaus / Magdalena Beljan / Benno Gammerl / Anja Laukötter / Bettina Hitzer / Jan Plamper / Juliane Brauer / Joachim C. Häberlen, *Learning how to Feel: Children's Literature and Emotional Socialization, 1870–1970*, Oxford 2014.

Frey, Linda / Marsha Frey, »›The Reign of the Charlatans is Over‹: The French Revolutionary Attacks on Diplomatic Practice«, *Journal of Modern History* 65 (1993), S. 706–744.

Friedland, Paul, *Seeing Justice Done: The Age of Spectacular Capital Punishment in France*, Oxford 2012.

Friedman, Gabrielle S. / James Q. Whitman, »The European Transformation of Harassment Law: Discrimination versus Dignity«, *The Columbia Journal of European Law* 9 (2003), S. 241–274.

Frodsham, J. D. (Hrsg.), *The First Chinese Embassy to the West: The Journals of Kuo Sung-T'ao , Liu Hsi-Hung and Chang Te-Yi*, Oxford 1974.

Fröhling, Mareike, *Der moderne Pranger. Von den Ehrenstrafen des Mittelalters bis zur Prangerwirkung der medialen Berichterstattung im heutigen Strafverfahren*, Marburg 2014.

Frommer, Benjamin, »Denouncers and Fraternizers: Gender, Collaboration, and Retribution in Bohemia and Moravia during World War II and After«, in: Nancy M. Wingfield / Maria Bucur (Hrsg.), *Gender and War in Twentieth-Century Eastern Europe*, Bloomington 2006, S. 111–132.

Frötschel, Ruth, »Mit Handkuss. Die Hand als Gegenstand des Zeremoniells am Wiener Hof im 17. und 18. Jahrhundert«, in: Irmgard Pangerl / Martin Scheutz / Thomas Winkelbauer (Hrsg.), *Der Wiener Hof im Spiegel der Zeremonialprotokolle (1652–1800)*, Innsbruck 2007, S. 337–356.

Fuchs, [Carl], »Kritische Erörterung von Entscheidungen des Reichsgerichts in Strafsachen«, *Archiv für Strafrecht* 29 (1881), S. 422–434.

Fuchs, Ralf-Peter, *Um die Ehre. Westfälische Beleidigungsprozesse vor dem Reichskammergericht (1525–1805)*, Paderborn 1999.

Füssel, Marian, »Riten der Gewalt. Zur Geschichte der akademischen Deposition und des Pennalismus in der frühen Neuzeit«, *Zeitschrift für Historische Forschung* 32 (2005), S. 605–648.

Gadamer, Hans-Georg, *Neuere Philosophie I*, Tübingen 1987.

Garrioch, David, »Verbal Insult in Eighteenth-Century Paris«, in: Peter Burke / Roy Porter (Hrsg.), *The Social History of Language*, Cambridge 1987, S. 104–119.

Gass-Bolm, Torsten, *Das Gymnasium 1945–1980: Bildungsreform und gesellschaftlicher Wandel in Westdeutschland*, Göttingen 2005.

Gass-Bolm, Torsten, »Das Ende der Schulzucht«, in: Ulrich Herbert (Hrsg.), *Wandlungsprozesse in Westdeutschland. Belastung, Integration, Liberalisierung 1945–1980*, 2. Aufl., Göttingen 2003, S. 436–466.

Gebhardt, Miriam, *Als die Soldaten kamen. Die Vergewaltigung deutscher Frauen am Ende des Zweiten Weltkriegs*, Stuttgart 2015.

Gebhardt, Miriam, »Eltern zwischen Norm und Gefühl. Wertewandel in der bürgerlichen Familiensozialisation im 20. Jahrhundert«, in: Gunilla Budde / Eckart Conze / Cornelia Rauh (Hrsg.), *Bürgertum nach dem bürgerlichen Zeitalter: Leitbilder und Praxis seit 1945*, Göttingen 2010, S. 187–204.

Gebhardt, Miriam, *Die Angst vor dem kindlichen Tyrannen. Eine Geschichte der Erziehung im 20. Jahrhundert*, München 2009.

Gedye, G[eorge] E[ric] R[owe], *Die Bastionen fielen. Wie der Faschismus Wien und Prag überrannte*, Wien 1947.

Geißler, Gert, *Geschichte des Schulwesens in der Sowjetischen Besatzungszone und in der Deutschen Demokratischen Republik 1945 bis 1962*, Frankfurt am Main 2000.

Geltner, Guy, *Flogging Others. Corporal Punishment and Cultural Identity from Antiquity to the Present*, Amsterdam 2014.

Geppert, Klaus, »Straftaten gegen die Ehre«, *Jura* 5 (1983), S. 530–544, 580–592.

Gesetzblatt der Deutschen Demokratischen Republik, Berlin 1955–1990.

Gesetze und Vorschriften für die Studirenden an den königlichen Studien-Anstalten des Unterdonau-Kreises, Passau 1836.

Gesetzrevision (1825–1848), Quellen zur preußischen Gesetzgebung des 19. Jahrhunderts, Abt. I: Straf- und Strafprozessrecht, hrsg. v. Werner Schubert / Jürgen Regge, Vaduz 1981 ff.

Gesetz-Sammlung für die Königlich Preußischen Staaten, Berlin o. J.

Gibney, Mark / Erik Roxstrom, »The Status of State Apologies«, *Human Rights Quarterly* 23 (2001), S. 911–939.

Giglioli, Daniele, *Die Opferfalle. Wie die Vergangenheit die Zukunft fesselt*, Berlin 2015.

Gleixner, Ulrike, *»Das Mensch« und »der Kerl«: Die Konstruktion von Geschlecht in Unzuchtsverfahren der Frühen Neuzeit (1700–1760)*, Frankfurt am Main 1994.

Globig, Hans Ernst von / Johann Georg Huster, *Abhandlung von der Criminal-Gesetzgebung*, Zürich 1783.

Göbel, Andreas, *Vom elterlichen Züchtigungsrecht zum Gewaltverbot*, Hamburg 2005.

Goebbels, Joseph, *Die Tagebücher*, hrsg. v. Elke Fröhlich, München 1993–2006.

Goebbels, Joseph, *Goebbels-Reden 1932–1945*, hrsg. v. Helmut Heiber, Düsseldorf 1971.

Goffman, Erving, *Asyle: Über die soziale Situation psychiatrischer Patienten und anderer Insassen*, Frankfurt am Main 1973.

Goldberg, Ann, *Honor, Politics, and the Law in Imperial Germany, 1871–1914*, Cambridge 2010.

Golding, William, *Herr der Fliegen*, Frankfurt am Main 1956.

Goldstein, Moritz, *»Künden, was geschieht …« Berlin in der Weimarer Republik. Feuilletons in der Weimarer Republik*, hrsg. v. Irmtraud Ubbens, Berlin 2012.

Goltdammer, Theodor, *Die Materialien zum Straf-Gesetzbuche für die Preußischen Staaten*, 2 Bde., Berlin 1851 f.

Gorlizki, Yoram, »Delegalization in Russia: Soviet Comrades' Courts in Retrospect«, *American Journal of Comparative Law* 46 (1998), S. 403–425.

Görner, Kurt, »Erste Erfahrungen aus der Tätigkeit der Schiedskommissionen«, *Neue Justiz* 17 (1963), S. 712–717.

Gorsky, Martin, »James Tuckfield's ›Ride‹: Combination and social drama in early nineteenth-century Bristol«, *Social History* 19 (1994), S. 319–338.

Gottschall, Terrell D., *By Order of the Kaiser: Otto von Diederichs and the Rise of the Imperial German Navy, 1865–1902*, Annapolis 2003.

Gowing, Laura, *Domestic Dangers: Women, Words, and Sex in Early Modern London*, Oxford 1996.

Gräff, H[einrich] / C[hristian] F[riedrich] Koch / L[udwig] von Rönne / H[einrich] Simon / A[ugust] Wentzel (Hrsg.), *Ergänzungen und Erläuterungen des Preußischen Criminal-Rechts durch Gesetzgebung und Wissenschaft*, 1. Abt., T. 2, Breslau 1838.

Grapengeter, Andrew (Hrsg.), *Kultusrecht, Bd. 2: Hochschulwesen*, Hamburg 1953.

Grass, Günter, »Politisches Tagebuch. Betroffen sein«, in: ders., *Werkausgabe*, hrsg. v. Volker Neuhaus / Daniela Hermes, Bd. 15, Göttingen 1997, S. 80–82.

Greiner, Ulrich, *Schamverlust. Vom Wandel der Gefühlskultur*, Reinbek 2014.

Greschat, Martin, »Vom Tübinger Memorandum (1961) zur Ratifizierung der Ostverträge. Protestantische Beiträge zur Aussöhnung mit Polen«, in: Friedhelm Boll / Wiesław Wysocki / Klaus Ziemer (Hrsg.), *Versöhnung und Politik. Polnisch-deutsche Versöhnungsinitiativen der 1960er Jahre und die Entspannungspolitik*, Bonn 2009, S. 29–51.

Gribbohm, Günter, »Nahrung für Defätisten«, *Publik*, 22. 5. 1970, S. 10.

Gries, Peter Hays, *China's New Nationalism: Pride, Politics and Diplomacy*, Berkeley 2004.

Gries, Peter Hays / Kaiping Peng, »Culture Clash? Apologies East and West«, *Journal of Contemporary China* 11 (2002), S. 173–178.

Grimm, Dieter, *Souveränität. Herkunft und Zukunft eines Schlüsselbegriffs*, Berlin 2009.

Grolman, Karl, *Grundsätze der Criminalrechtswissenschaft*, 2. Aufl., Gießen 1805.

Gugglberger, Martina, »Inszenierte Täterinnen: Geschorene Frauen als Opfer sexualisierter Gewalt«, in: Christine Künzel (Hrsg.), *Täterinnen und/oder Opfer? Frauen in Gewaltstrukturen*, Hamburg 2007, S. 88–102.

Gullace, Nicoletta F., »White Feathers and Wounded Men: Female Patriotism and the Memory of the Great War«, *Journal of British Studies* 36 (1997), S. 178–206.

Gumpert, Thekla von (Hrsg.), *Herzblättchens Zeitvertreib. Unterhaltungen für kleine Knaben und Mädchen zur Herzensbildung und Entwickelung der Begriffe*, Bd. 29, Glogau 1884.

Gusko, Kurt, »Sinn und Ziel der Sozialen Ehrengerichtsbarkeit«, *Monatsheft für NS-Sozialpolitik* 3 (1936), S. 262–273.

Gustav Radbruchs Entwurf eines Allgemeinen Deutschen Strafgesetzbuches (1922), Tübingen 1952.

Haarer, Johanna, *Unsere Schulkinder*, München 1950.

Haarer, Johanna, *Unsere kleinen Kinder*, München 1936.

Haarer, Johanna, *Die deutsche Mutter und ihr erstes Kind*, Berlin 1934.

Haas, Daniela, *Das Phänomen Scham. Impulse für einen lebensförderlichen Umgang mit Scham im Kontext von Schule und Unterricht*, Stuttgart 2013.

Haerendel, Holger, *Gesellschaftliche Gerichtsbarkeit in der Deutschen Demokratischen Republik*, Frankfurt am Main 1997.

Hafeneger, Benno, *Beschimpfen, bloßstellen, erniedrigen. Beschämung in der Pädagogik*, Frankfurt am Main 2013.

Hafeneger, Benno, »Strafen, Prügeln und Missbrauch in der Schule«, in: Reiner Hildebrandt-Stramann / Ralf Laging / Klaus Moegling (Hrsg.), *Körper, Bewegung und Schule*, T. 1, Immenhausen 2013, S. 214–224.

Hafeneger, Benno, »Pädagogik der Beschämung«, *Neue Praxis* 41 (2011), S. 631–634.

Hagglund, Ryan, »Constitutional Protections against the Harms to Suspects in Custody Stemming from Perp Walks«, *Mississippi Law Journal* 81 (2012), S. 1757–1908.

Hahn, C[arl] (Hrsg.), *Die gesammten Materialien zur Strafprozeßordnung*, 1. Abtl., 2. Aufl., Berlin 1885.

[Haken, Johann Christian Ludwig,] *Romantische Ausstellungen*, Bd. 2, Danzig 1798.

Hall, Alex, »The Kaiser, the Wilhelmine State and Lèse-Majesté«, *German Life and Letters* 27 (1974), S. 101–115.

Halperin, David M. / Valerie Traub (Hrsg.), *Gay Shame*, Chicago 2009.

Hamann, Steffen, *Die soziale Ehrengerichtsbarkeit und die Konfliktkommissionen. Ein rechtshistorischer Vergleich*, Göttingen 2007.

Hardinge of Penshurst, Charles Lord, *Old Diplomacy*, London 1947.

Hartmann, Andrea, *Majestätsbeleidigung und Verunglimpfung des Staatsoberhauptes*, Berlin 2006.

Hartmann, Rudolf, *Geschichte des modernen Japan: von Meiji bis Heisei*, Berlin 1996.

Hartmann, Stefan, *Martin Kippenberger und die Kunst der Persiflage*, Berlin 2013.

Hashimoto, Mitsuru, »Collision at Namamugi«, *Representations* 18 (1987), S. 69–90.

Hausen, Carl Renatus, *Historisches Portefeuille zur Kenntnis der gegenwärtigen und vergangenen Zeit*, Bd. 2, Wien 1783.

Heber, Fritz, »Über Sinnhaftigkeit und Sinnlosigkeit der Strafe im Alltag der höheren Schule«, *Die Höhere Schule* 14 (1961), S. 113–116.

Heiber, Beatrice / Helmut Heiber (Hrsg.), *Die Rückseite des Hakenkreuzes. Absonderliches aus den Akten des Dritten Reiches*, München 1993.

Heim, Ernst Ludwig, *Tagebücher und Erinnerungen*, hrsg. v. Wolfram Körner, Leipzig 1989.

Helfer, Christian, »Denkmäler des Vollzugs von Ehrenstrafen am unteren Mittelrhein«, *Rheinisches Jahrbuch für Volkskunde* 15/16 (1965), S. 56–75.

Helm, Clementine, *Backfischchen's Leiden und Freuden. Eine Erzählung für junge Mädchen* (1863), München 1981.

Hentig, Hans von, *Die Strafe*, 2 Bde., Berlin 1954–55.

Hentig, Hans von, »Der Pranger«, *Schweizerische Juristen-Zeitung* 32 (1935/36), S. 342–346.

Herbert, Ulrich, *Fremdarbeiter. Politik und Praxis des »Ausländer-Einsatzes« in der Kriegswirtschaft des Dritten Reiches*, Bonn 1985.

Herold, Heiko, *Reichsgewalt bedeutet Seegewalt: Die Kreuzergeschwader der Kaiserlichen Marine als Instrument der deutschen Kolonial- und Weltpolitik 1885 bis 1901*, München 2013.

Herzog, Dagmar, *Die Politisierung der Lust. Sexualität in der deutschen Gesellschaft des zwanzigsten Jahrhunderts*, München 2005.

Hetze, Stefanie, »Feindbild und Exotik. Prinz Chun zur ›Sühnemission‹ in Berlin«, in: Kuo Heng-Yü (Hrsg.), *Berlin und China*, Berlin 1987, S. 79–88.

Hetzel, Ernst, »Johann Georg Schlosser und die ›Stadt Emmendingen‹«, in: *Johann Georg Schlosser (1739–1799). Eine Ausstellung der Badischen Landesbibliothek und des Generallandesarchivs Karlsruhe*, Karlsruhe 1989, S. 103–113.

Hetzer, Hildegard, *Seelische Hygiene! – Lebenstüchtige Kinder! Richtlinien für die Erziehung im Kleinkindalter* (1930), 5. Aufl., Lindau 1940.

Heusinger, Johann Heinrich Gottlieb (Hrsg.), *Die Familie Werthheim. Eine theoretisch-praktische Anleitung zu einer regelmäßigen Erziehung der Kinder*, T. 2, Gotha 1800.

Heusler, Andreas, »›Straftatbestand‹ Liebe: Verbotene Kontakte zwischen Münchnerinnen und ausländischen Kriegsgefangenen«, in: Sybille Krafft (Hrsg.), *Zwischen den Fronten: Münchner Frauen in Krieg und Frieden 1900–1950*, München 1995, S. 324–341.

Hevia, James L., »›The Ultimate Gesture of Deference and Debasement‹: Kowtowing in China«, *Past and Present* 203, Supplement 4 (2009), S. 212–234.

Hevia, James L., *Cherishing Men from Afar: Qing Guest Ritual and the Macartney Embassy of 1793*, Durham 1995.

Hevia, James L., »Sovereignty and Subject: Constituting Relations of Power in Qing Guest Ritual«, in: Angela Zito / Tani E. Barlow (Hrsg.), *Body, Subject and Power in China*, Chicago 1994, S. 181–200.

Hevia, James L., »Making China ›Perfectly Equal‹« , *Journal of Historical Sociology* 3 (1990), S. 379–400.

Heyking, Elisabeth von, *Tagebücher aus vier Weltteilen 1886–1904*, hrsg. v. Grete Litzmann, Leipzig 1926.

Hilgendorf, Eric, »Beleidigung. Grundlagen, interdisziplinäre Bezüge und neue Herausforderungen«, *Erwägen Wissen Ethik* 19 (2008), S. 403–413.

Hilgers, Judith, *Inszenierte und dokumentierte Gewalt Jugendlicher: Eine qualitative Untersuchung von »Happy slapping«-Phänomenen*, Wiesbaden 2011.

Hitler, Adolf, *Mein Kampf*. Eine kritische Edition, hrsg. v. Christian Hartmann / Thomas Vordermayer / Othmar Plöckinger / Roman Töppel, 2 Bde., München 2016.

Hofer, Walter (Hrsg.), *Der Nationalsozialismus. Dokumente 1933–1945*, Frankfurt am Main 1982.

Hoffmann, Stefan-Ludwig (Hrsg.), *Moralpolitik. Geschichte der Menschenrechte im 20. Jahrhundert*, Göttingen 2010.

Hörnle, Tatjana, »Warum sich das Würdekonzept Margalits zur Präzisierung von ›Menschenwürde als geschütztes Rechtsgut‹ eignet«, in: Eric Hilgendorf (Hrsg.), *Menschenwürde und Demütigung. Die Menschenwürdekonzeption Avishai Margalits*, Baden-Baden 2013, S. 91–108.

Horowitz, Helen L., *Campus Life: Undergraduate Cultures from the End of the Eighteenth Century to the Present*, New York 1987.

House of Parliamentary Papers Online (http://parlipapers.proquest.com).

Hsü, Immanuel C. Y., *The Rise of Modern China*, 6. Aufl., New York 2000.

Hu, Kai, »Das frühe offizielle Preußenbild Chinas. Zur Aufnahme diplomatischer Kontakte zwischen Preußen und China«, *Forschungen zur Brandenburgischen und Preußischen Geschichte* N. F. 17 (2007), S. 233–249.

Hübner, Christian Gotthelf, *Ueber Ehre, Ehrloßigkeit, Ehrenstrafen und Iniurien. Ein Beytrag zur Berichtigung der positiven Rechtswissenschaft*, Leipzig 1800.

Hudtwalcker, [Martin Hieronymus], »Noch ein Wort über die körperlichen Züchtigungen als Strafe«, *Archiv des Criminalrechts*, N. F. (1842), S. 163–187.

Humphrey, Heman, »Duties of the filial relation«, *The Mother's Assistant and Young Lady's Friend*, T. II, Boston 1853, S. 42–50.

Hunt, Lynn, *Inventing Human Rights. A History*, New York 2007.

Hurrelbrink, Peter, *Der 8. Mai 1945 – Befreiung durch Erinnerung. Ein Gedenktag und seine Bedeutung für das politisch-kulturelle Selbstverständnis in Deutschland*, Bonn 2005.

Hüttel, Gustav, *Die öffentliche Bekanntmachung des Strafurteils in ihrer Entwicklung seit 1870 bis zum Strafgesetzbuch von 1925*, Diss. Göttingen 1926.

Hüttner, Johann Christian, *Nachricht von der britischen Gesandtschaftsreise nach China 1792–94*, hrsg. v. Sabine Dabringhaus, Sigmaringen 1996.

Iacobelli, Teresa, »The ›Sum of Such Actions‹: Investigating Mass Rape in Bosnia-Herzegovina through a Case Study of Foca«, in: Dagmar Herzog (Hrsg.), *Brutality and Desire: War and Sexuality in Europe's Twentieth Century*, New York 2009, S. 261–283.

Ilan, Amitzur, *Bernadotte in Palestine, 1948*, Houndmills 1989.

Ingram, Martin, »Shame Punishments, Penance and Charivari in Early Modern England«, in: Bénédicte Sère/Jörg Wettlaufer (Hrsg.), *Shame between Punishment and Penance*, Florenz 2013, S. 285–308.

Jacquet, Jennifer, *Scham. Die politische Kraft eines unterschätzten Gefühls*, Frankfurt am Main 2015.

Jagemann, Ludwig von, »Die Strafe der körperlichen Züchtigung vor dem Forum der Wissenschaft und der Erfahrung«, *Archiv des Criminalrechts*, N. F. (1841), S. 230–268.

James, Barbara, »Frauenstrafen des 18. Jahrhunderts in Lied, Bild und Redensart«, *Jahrbuch für Volksliedforschung* 27/28 (1982/83), S. 307–315.

Janissek, Alfons, *Das Recht des Lehrers zur Vornahme körperlicher Züchtigungen*, Diss. Breslau, Borna 1911.

Japanische Etikette: Ein Handbuch aus dem Jahre 1887, hrsg. v. Hartmut Lamparth, Hamburg 1998.

Jensen, Wiebke, »Chicaneur, Dieb und Hure. Beleidigungsklagen vor dem Göttinger Universitätsgericht (1814–1852)«, in: Sylvia Kesper-Biermann/Ulrike Ludwig/Alexandra Ortmann (Hrsg.), *Ehre und Recht. Ehrkonzepte, Ehrverletzungen und Ehrverteidigungen vom späten Mittelalter bis zur Moderne*, Magdeburg 2011, S. 161–176.

Jentsch, Markus, *Das »Gesichts«-Konzept in China*, Baden-Baden 2015.

Jochim, Christian, »The Imperial Audience Ceremonies of the Ch'ing Dynasty«, *Bulletin of the Society for the Study of Chinese Religion* 7 (1979), S. 88–103.

John, Michael, »Das ›Haarabschneiderkommando‹ von Linz. Männlicher Chauvinismus oder nationalsozialistische Wiederbetätigung? Ein Fallbeispiel aus den Jahren 1945–1948«, in: Fritz Mayrhofer (Hrsg.), *Entnazifizierung und Wiederaufbau in Linz*, Linz 1996, S. 335–359.

Jones, Dorothy V., *Splendid Encounters: The Thought and Conduct of Diplomacy*, Chicago 1984.

Joseph des Zweyten Römischen Kaisers Gesetze und Verfassungen im Justiz-Fache (1786–1787), Wien 1817.

Jüngel, Marc, *Shame Sanctions – Wiedergeburt der Schandstrafe?*, Langenfeld 2011.

Kabisch, Richard, *Das neue Geschlecht. Ein Erziehungsbuch* (1913), 2. Aufl., Göttingen 1916.

Kaempfer, Engelbert, »Heutiges Japan«, in: ders., *Werke*, Bd. 1.1, hrsg. v. Wolfgang Michel / Barend J. Terwiel, München 2001.

Kahan, Dan M., »What Do Alternative Sanctions Mean?«, *University of Chicago Law Review* 63 (1996), S. 591–653.

Kaltenstadler, Wilhelm, *Das Haberfeldtreiben. Theorie, Entwicklung, Sexualität und Moral, sozialer Wandel und soziale Konflikte, staatliche Bürokratie, Niedergang, Organisation*, München 1999.

Kama, Amit / Sigal Barak-Brandes, »Taming the shame: Policing excretions and body fluids in advertisements for hygienic products«, *European Journal for Cultural Studies* 16 (2013), S. 582–597.

Kamachi, Noriko, »The Chinese in Meiji Japan: Their Interactions with the Japanese before the Sino-Japanese War«, in: Akira Iriye (Hrsg.), *The Chinese and the Japanese: Essays in Political and Cultural Interactions*, Princeton 1980, S. 58–73.

Kämper, Heidrun, *Der Schulddiskurs in der frühen Nachkriegszeit. Ein Beitrag zur Geschichte des sprachlichen Umbruchs nach 1945*, Berlin 2005.

Kant, Immanuel, »Die Metaphysik der Sitten« (1797), in: ders., *Werkausgabe*, hrsg. v. Wilhelm Weischedel, Bd. VIII, 5. Aufl., Frankfurt am Main 1982.

Kästner, Erich, »Das fliegende Klassenzimmer« (1933), in: ders., *Romane für Kinder*, Köln 1959, S. 5–119.

Keating, Caroline F. / Jason Pomerantz / Stacy D. Pommer / Samantha J. H. Ritt / Lauren M. Miller / Julie McCormick, »Going to College and Unpacking Hazing: A Functional Approach to Decrypting Initiation Practices Among Undergraduates«, *Group Dynamics* 9 (2005), S. 104–126.

Keller, Nicole, *Pädagogische Ratgeber in Buchform. Leserschaft eines Erziehungsmediums*, Bern 2008.

Kelly, Michael, »The Reconstruction of Masculinity at the Liberation«, in: H. R. Kedward / Nancy Wood (Hrsg.), *The Liberation of France*, Oxford 1995, S. 117–128.

Kemmerich, Dieterich Hermann, *Grund-Sätze des Völcker-Rechts von der Unverletzlichkeit der Gesandten*, Erlangen 1710.

Kerbs, Diethar / Walter Uka / Brigitte Walz-Richter (Hrsg.), *Die Gleichschaltung der Bilder. Zur Geschichte der Pressefotografie 1930–36*, Berlin 1983.

Kershaw, Ian, *Hitler 1936–1945*, München 2002.

Kerski, Basil / Thomas Kycia / Robert Żurek, *»Wir vergeben und bitten um Vergebung«. Der Briefwechsel der polnischen und deutschen Bischöfe von 1965 und seine Wirkung*, Osnabrück 2006.

Kesper-Biermann, Sylvia, »›Nothwendige Gleichheit der Strafen bey aller Verschiedenheit der Stände im Staat?‹ (Un)gleichheit im Kriminalreecht der ersten Hälfte des 19. Jahrhunderts«, *Geschichte und Gesellschaft* 35 (2009), S. 603–628.

Kessler, Harry, *Gesichter und Zeiten. Erinnerungen* (1935), Frankfurt am Main 1988.

Kießling, Friedrich, »Täter repräsentieren: Willy Brandts Kniefall in Warschau«, in: Johannes Paulmann (Hrsg.), *Auswärtige Repräsentationen. Deutsche Kulturdiplomatie nach 1945*, Köln 2005, S. 205–224.

Kippenberger, Susanne, *Kippenberger. Der Künstler und seine Familien*, Berlin 2007.

Kirchliches Handlexikon, hrsg. v. Carl Meusel, 7 Bde., Leipzig 1887–1902.

Kistner, Anna, *Schicklichkeitsregeln für das bürgerliche Leben*, Guben 1886.

Kitchen, Ruth, *A Legacy of Shame: French Narratives of War and Occupation*, Oxford 2013.

Kleensang, Michael, *Das Konzept der bürgerlichen Gesellschaft bei Ernst Ferdinand Klein*, Frankfurt am Main 1998.

Klein, Donald C., »The Humiliation Dynamic: An Overview«, *Journal of Primary Prevention* 12 (1991), S. 93–121.

Klein, Ernst Ferdinand, »Kurze Darstellung meiner Meinung über den Werth und Unwerth der körperlichen Züchtigungen, als Strafmittel«, *Archiv des Criminalrechts* 1 (1799), St. 3, S. 113–118.

Klein, Thoralf, »Sühnegeschenke: Der Boxerkrieg«, in: Ulrich van der Heyden / Joachim Zeller (Hrsg.), *»... Macht und Anteil an der Weltherrschaft«. Berlin und der deutsche Kolonialismus*, Münster 2005, S. 208–214.

Kleinschrod, Gallus Aloys, *Systematische Entwickelung der Grundbegriffe und Grundwahrheiten des peinlichen Rechts nach der Natur der Sache und der positiven Gesetzgebung*, 3. Teil, 3. Ausg., Erlangen 1805.

Klencke, Hermann, *Die Mutter als Erzieherin ihrer Töchter und Söhne zur physischen und sittlichen Gesundheit vom ersten Kindesalter bis zur Reife* (1870), 10. Aufl., Leipzig 1895.

Klinge, Antje, »Die Scham ist nie vorbei! Beschämung im Schulsport«, *sportunterricht* 58 (2009), S. 296–301.

Kluetz, Alfred, *Volksschädlinge am Pranger*, Berlin 1940.

Kluger, A[lfons] (Hrsg.), *Die deutsche Volksschule im Großdeutschen Reich*, Breslau 1940.

Koch, Hannsjoachim W., *Volksgerichtshof. Politische Justiz im 3. Reich*, München 1988.

Köhler, Andrea, *Scham. Vom Paradies zum Dschungelcamp*, Springe 2017.

Köhler, Andrea, »Am Online-Pranger. Scham und Beschämung in Zeiten des Internet«, in: Daniel Tyradellis (Hrsg.), *Scham*, Göttingen 2016, S. 112–119.

Köhler, Matthias, »No Punctilios of Ceremony? Völkerrechtliche Anerkennung, diplomatisches Zeremoniell und symbolische Kommunikation im Amerikanischen Unabhängigkeitskonflikt«, in: Hillard von Thiessen / Christian Windler (Hrsg.), *Akteure der Außenbeziehungen. Netzwerke und Interkulturalität im historischen Wandel*, Köln 2010, S. 427–443.

König, Martin, »Die ›deutsche Frau und Mutter‹: Ideologie und Wirklichkeit«, in: Hans Eugen Specker (Hrsg.), *Ulm im Zweiten Weltkrieg*, Ulm 1995, S. 99–127.

Kooistra, J[etje], *Sittliche Erziehung*, Leipzig 1899.

Kopp, Werner von, »Zu dem Urteil des BGH über das Züchtigungsrecht der Lehrer«, *JuristenZeitung* 10 (1955), S. 319 f.

Koselleck, Reinhart, *Preußen zwischen Reform und Revolution. Allgemeines Landrecht, Verwaltung und soziale Bewegung von 1791 bis 1848*, Stuttgart 1967.

Köstlin, Reinhold, *Abhandlungen aus dem Strafrechte*, Tübingen 1858.

Koziol, Geoffrey, *Begging Pardon and Favor: Ritual and Political Order in Early Medieval France*, Ithaca 1992.

Krauße, Heinrich, *Die Prügelstrafe. Eine kriminalpolitische Studie*, Berlin 1899.

Krüger, Gerd, »Straffreie Selbstjustiz: Öffentliche Denunzierungen im Ruhrgebiet 1923–1926«, *Sowi. Sozialwissenschaftliche Information* 27 (1998), S. 119–125.

Krumm, Volker / Kirstin Eckstein, »›Geht es Ihnen gut oder haben Sie noch Kinder in der Schule?‹ Über Lehrerverhalten, das Schüler und manche Eltern krank macht«, *Die Deutsche Schule* 95 (2003), S. 439–451.

Krünitz, Johann Georg, *Oekonomische Encyklopädie, oder allgemeines System der Staats- Stadt- Haus- und Landwirthschaft*, 242 Bde., Berlin 1773–1858.

Krutzki, Gottfried, »›Verunglimpfung des Staates und seiner Symbole‹. Eine Dokumentation zu § 90a StGB«, *Kritische Justiz* 13 (1980), S. 294–314.

Krzemiński, Adam, »Der Kniefall: Warschau als Erinnerungsort deutsch-polnischer Geschichte«, *Merkur* 54 (2000), S. 1077–1088.

Kubiciel, Michael, »Shame Sanctions – Ehrenstrafen im Lichte der Straftheorie«, *Zeitschrift für die gesamte Strafrechtswissenschaft* 118 (2006), S. 44–75.

Kübler, Friedrich, »Ehrenschutz, Selbstbestimmung und Demokratie«, in: *Neue Juristische Wochenschrift* 52 (1999), S. 1281–1287.

Kübler, Friedrich, »Öffentlichkeit als Tribunal? Zum Konflikt zwischen Medienfreiheit und Ehrenschutz«, *JuristenZeitung* 39 (1984), S. 541–547.

Kuhn, Bruno, *Die öffentliche Bekanntmachung des Urteils nach schweizerischem Strafrecht mit spezieller Berücksichtigung des Vorentwurfes von 1918*, Diss. Zürich 1919.

Kühne, Thomas, *Kameradschaft. Die Soldaten des nationalsozialistischen Krieges und das 20. Jahrhundert*, Göttingen 2006.

Kühne, Thomas, »Der Soldat«, in: Ute Frevert / Heinz-Gerhard Haupt (Hrsg.), *Der Mensch des 20. Jahrhunderts*, Frankfurt am Main 1999, S. 344–372.

Kundrus, Birthe, »›Verbotener Umgang‹: Liebesbeziehungen zwischen Ausländern und Deutschen 1939–1945«, in: Katharina Hoffmann / Andreas Lembeck (Hrsg.), *Nationalsozialismus und Zwangsarbeit in der Region Oldenburg*, Oldenburg 1999, S. 149–170.

Künßberg, Eberhard von, *Über die Strafe des Steintragens*, Breslau 1907.

Kürschner, Joseph (Hrsg.), *China. Schilderungen aus Leben und Geschichte, Krieg und Sieg*, Leipzig 1901.

Lamberty, Guillaume de, *Mémoires pour Servir à l'Histoire du XVIII Siècle*, Bd. 5, 2. Aufl., Amsterdam 1735.

Land, Brad, *Goat. A Memoir*, New York 2004.

Landsberg, Ernst, *Die Gutachten der Rheinischen Immediat-Justiz-Kommission und der Kampf um die rheinische Rechts- und Gerichtsverfassung 1814–1819*, Bonn 1914.

Landweer, Hilge, »Ist Sich-gedemütigt-Fühlen ein Rechtsgefühl?«, in: dies./Dirk Koppelberg (Hrsg.), *Recht und Emotion I*, Freiburg im Breisgau 2016, S. 103–135.

Langhoff, Wolfgang, *Die Moorsoldaten. 13 Monate Konzentrationslager. Unpolitischer Tatsachenbericht*, Zürich 1935, ND Frankfurt am Main 1981.

Lasch, Christopher, *Das Zeitalter des Narzißmus*, München 1980.

Laurens, Corran, »›La Femme au Turban‹: Les Femmes tondues«, in: H. R. Kedward / Nancy Wood (Hrsg.), *The Liberation of France*, Oxford 1995, S. 155–179.

Lebra, Takie Sugiyma, »The Social Mechanism of Guilt and Shame: The Japanese Case«, *Anthropological Quarterly* 44 (1971), S. 241–255.

Lebzelter, Gisela, »Die ›Schwarze Schmach‹. Vorurteile – Propaganda – Mythos«, *Geschichte und Gesellschaft* 11 (1985), S. 37–58.

Lehmann, Friedrich, *Wir von der Infanterie. Tagebuchblätter eines bayerischen Infanteristen aus fünfjähriger Front- und Lazarettzeit*, München 1929.

Leibetseder, Mathis, *Die Hostie im Hals: Eine »schröckliche Bluttat« und der Dresdner Tumult des Jahres 1726*, Konstanz 2009.

Leitner, F. W. (Hrsg.), *Sammlung der für die Königl. Preuß. Rheinprovinz seit dem Jahre 1813 hinsichtlich der Rechts- und Gerichtsverfassung ergangenen Gesetze, Verordnungen, Ministerial-Rescripte etc.*, Bd. 5, Berlin 1838.

Lemke, Michael, *Vor der Mauer. Berlin in der Ost-West-Konkurrenz 1948–1961*, Köln 2011.

Lenz, Ilse (Hrsg.), *Die Neue Frauenbewegung in Deutschland*, 2. Aufl., Wiesbaden 2010.

Lethen, Helmut, *Verhaltenslehren der Kälte. Lebensversuche zwischen den Kriegen*, Frankfurt am Main 1994.

»Letters to a younger Brother No. XII: False shame«, in: *Sunday School Journal and Advocate of Christian Education*, 28. 5. 1834, S. 88.

Leutner, Mechthild (Hrsg.), *»Musterkolonie Kiautschou«: Die Expansion des Deutschen Reiches in China. Deutsch-chinesische Beziehungen 1897 bis 1914. Eine Quellensammlung*, Berlin 1997.

Lewis, Helen Block, »Shame and the Narcissistic Personality«, in: Donald L. Nathanson (Hrsg.), *The Many Faces of Shame*, New York 1987, S. 93–132.

Lexikon der Pädagogik, hrsg. v. Ernst M. Roloff, 5 Bde., Freiburg im Breisgau 1913–1917.

Lhotzky, Heinrich, *Die Seele deines Kindes*, Düsseldorf 1908.

Lidman, Satu, »Um Schande. Profil eines frühneuzeitlichen Strafsystems«, in: Sylvia Kesper-Biermann / Ulrike Ludwig / Alexandra Ortmann (Hrsg.), *Ehre und Recht. Ehrkonzepte, Ehrverletzungen und Ehrverteidigungen vom späten Mittelalter bis zur Moderne*, Magdeburg 2011, S. 197–216.

Lidman, Satu, *Zum Spektakel und Abscheu. Schand- und Ehrenstrafen als Mittel öffentlicher Disziplinierung in München um 1600*, Frankfurt am Main 2008.

Liepmann, Max, *Die Beleidigung*, Berlin 1909.

Lindgren, Astrid, *Pippi Langstrumpf* (1945–1948), Hamburg 1987.

Lindner, Evelin, *Making Enemies: Humiliation and International Conflict*, Westport 2006.

Lindner, Gustav Adolf, *Encyklopädisches Handbuch der Erziehungskunde*, Wien 1884.

Liszt, Franz von, *Lehrbuch des Deutschen Strafrechts*, 16./17. Aufl., Berlin 1908.

Lohmann, Ulrich, »Die Gesellschaftlichen Gerichte in der DDR«, *Informationsbrief der Sektion Rechtssoziologie in der Deutschen Gesellschaft für Soziologie*, Nr. 12 (1976), S. 43–55.

Lorenz, Gottfried / Ulf Bollmann, *Liberales Hamburg? Homosexuellenverfolgung durch Polizei und Justiz nach 1946*, Hamburg 2013.

Lottner, F[riedrich] A[ugust] (Hrsg.), *Sammlung der für die Königl. Preuß. Rheinprovinz seit dem Jahre 1813 hinsichtlich der Rechts- und Gerichtsverfassung ergangenen Gesetze, Verordnungen, Ministerial-Rescripte etc.*, Bd. 1, Berlin 1834.

Lowenfeld, Henry, »Notes on Shamelessness«, *The Psychoanalytic Quarterly* 45 (1976), S. 62–72.

Lübbe, Hermann, *»Ich entschuldige mich«. Das neue politische Bußritual*, Berlin 2001.

Łuczak, Czesław (Hrsg.), *Połozenie polskich robotników przymusowych w Rzeszy 1939–1945*. Documenta Occupationis, Bd. IX, hrsg. v. Instytut Zachodni, Posen 1975.

Lunbeck, Elizabeth, *The Americanization of Narcissism*, Cambridge / Mass. 2014.

Lunceford, Brett, »The Walk of Shame: A Normative Description«, *ETC. A Review of General Semantics* 65 (2008), S. 319–329.

Lüngen, [Wilhelm], »Allgemeine Charaktererziehung«, in: Adele Schreiber (Hrsg.), *Das Buch vom Kinde. Ein Sammelwerk für die wichtigsten Fragen der Kindheit*, Bd. I, Teil II, Leipzig 1907, S. 192–202.

Luo, Zhitian, »National Humiliation and National Assertion: The Chinese Response to the Twenty-one Demands«, *Modern Asian Studies* 27 (1993), S. 297–319.

Mackeprang, Rudolf, *Ehrenschutz im Verfassungsstaat. Zugleich ein Beitrag zu den Grenzen der Freiheiten des Art. 5 Abs. 1 GG*, Berlin 1990.

MacMillan, Margaret, *Paris 1919. Six Months that Changed the World*, New York 2003.

MacMurray, John V. A. (Hrsg.), *Treaties and agreements with and concerning China 1894–1919*, 2 Bde., New York 1921.

Malcolm, John, *The Political History of India from 1784 to 1823*, 2 Bde., London 1826.

Malfèr, Stefan, »Die Abschaffung der Prügelstrafe in Österreich unter besonderer Berücksichtigung der Militärgrenze«, *Zeitschrift der Savigny-Stiftung für Rechtsgeschichte, Germanistische Abteilung* 102 (1985), S. 206–238.

Mallmann, Klaus-Michael / Horst Steffens, *Lohn der Mühen. Geschichte der Bergarbeiter an der Saar*, München 1989.

Mann, Viktor, *Wir waren fünf. Bildnis der Familie Mann*, Konstanz 1949.

Manual of Indian Etiquette. For the use of European Officers coming to India, Allahabad 1910.

Margalit, Avishai, *Politik der Würde. Über Achtung und Verachtung*, Berlin 1997.

Markert, Ulrich, »Zur Praxis verbaler Gewalt unter Schülerinnen und Schülern«, in: Steffen K. Herrmann / Sybille Krämer / Hannes Kuch (Hrsg.), *Verletzende Worte: Die Grammatik sprachlicher Missachtung*, Bielefeld 2007, S. 295–310.

Marrus, Michael R., »Official Apologies and the Quest for Historical Justice«, *Journal of Human Rights* 6 (2007), S. 75–105.

Martens, Kurt, *Schonungslose Lebenschronik 1870–1900*, Wien 1921.

Martin, Peter / Christine Alonzo (Hrsg.), *Zwischen Charleston und Stechschritt. Schwarze im Nationalsozialismus*, Köln 2004.

Marton, Kati, *A Death in Jerusalem*, New York 1994.

Martschukat, Jürgen, *Inszeniertes Töten: Eine Geschichte der Todesstrafe vom 17. bis zum 19. Jahrhundert*, Köln 2000.

Marx, Karl, »Der achtzehnte Brumaire des Louis Bonaparte«, in: ders. / Friedrich Engels, *Gesamtausgabe*, 1. Abt., Werke-Artikel-Entwürfe, Bd. 11: Juli 1851 bis Dezember 1852 (Text), Berlin 1985, S. 96–189.

Marx, Karl / Friedrich Engels, *Gesamtausgabe*, 3. Abt., Briefwechsel, Bd. 1: Briefwechsel bis April 1946 (Text), Berlin 1975.

Massaro, Toni M., »Shame, Culture, and American Criminal Law«, *Michigan Law Review* 89 (1991), S. 1880–1944.

Massie, Robert, *Peter der Große. Sein Leben und seine Zeit*, Königstein im Ts. 1982.

Matthias, Adolph, *Wie erziehen wir unsern Sohn Benjamin? Ein Buch für deutsche Väter und Mütter*, München 1897.

McCloy, John J., »Adenauer und die Hohe Kommission«, in: Dieter Blumenwitz / Klaus Gotto / Hans Maier / Konrad Repgen / Hans-Peter Schwarz (Hrsg.), *Konrad Adenauer und seine Zeit. Politik und Persönlichkeit des ersten Bundeskanzlers*, Stuttgart 1976, S. 421–426.

McCrudden, Christopher, »Human Dignity and Judicial Interpretation of Human Rights«, *The European Journal of International Law* 19 (2008), S. 655–724.

McWilliams, Wayne C., »East Meets East: The Soejima Mission to China, 1873«, *Monumenta Nipponica* 30 (1975), S. 237–275.

Mechling, Jay, »Is Hazing Play?«, in: Cindy Dell Clark (Hrsg.), *Transactions at Play*, Lanham 2009, S. 45–61.

Mechling, Jay, »Paddling and the Repression of the Feminine in Male Hazing«, *Thymos. Journal of Boyhood Studies* 2 (2008), S. 60–75.

Mechling, Jay, *On My Honor: Boy Scouts and the Making of American Youth*, Chicago 2001.

Meier, Simon, *Beleidigungen. Eine Untersuchung über Ehre und Ehrverletzung in der Alltagskommunikation*, Aachen 2007.

Meister, Leonhard, »Ueber die Schamhaftigkeit«, in: ders., *Fliegende Blätter größtentheils historischen und politischen Inhalts*, Basel 1783, S. 112–139.

Memoirs of Father Ripa During Thirteen Years' Residence at the Court of Peking in the Service of the Emperor of China, hrsg. v. Fortunato Prandi, New York 1846.

Meulenbelt, Anja, *Die Scham ist vorbei. Eine persönliche Geschichte* (1978), 16. Aufl., München 1995.

Meyers Großes Konversations-Lexikon, 20 Bde., 6. Aufl., Leipzig 1905–1909.

Meyers neues Lexikon, 8 Bde., Leipzig 1961–1964.

Miller, William Ian, *Humiliation and Other Essays on Honor, Social Discomfort, and Violence*, Ithaca 1993.

Millett, Kate, »The Shame is Over«, *Ms.* (Januar 1975), S. 26–29.

Mittelstädt, Otto, *Gegen die Freiheitsstrafen. Ein Beitrag zur Kritik des heutigen Strafsystems*, 2. Aufl., Leipzig 1879.

Mittermaier, Carl Joseph Anton, »Strafarten«, in: Carl von Rotteck / Carl Welcker (Hrsg.), *Das Staats-Lexikon*, Bd. 12, Altona 1848, S. 452–463.

Mittermaier, Carl Joseph Anton, *Die Strafgesetzgebung in ihrer Fortbildung*, 2 Bde., Heidelberg 1841–1843.

Mittermaier, [Carl Joseph Anton], »Die körperliche Züchtigung als Strafart«, in: *Neues Archiv des Criminalrechts* 12 (1832), S. 650–667.
Neu abgedruckt als »Menschenwürde und Prügel«, *Annalen der deutschen und ausländischen Criminal-Rechtspflege* 14 (1841), S. 125–132.

Mittheilungen über die Verhandlungen des Ordentlichen Landtags im Königreiche Sachsen, Dresden 1837 ff.

Mohr, Friedrich Wilhelm, *Gedanken zur neudeutschen Chinapolitik*, Neuwied 1920.

Moïsi, Dominique, *Kampf der Emotionen. Wie Kulturen der Angst, Demütigung und Hoffnung die Weltpolitik bestimmen*, München 2009.

Möller, Silke, *Zwischen Wissenschaft und »Burschenherrlichkeit«: Studentische Sozialisation im deutschen Kaiserreich 1871–1914*, Stuttgart 2001.

Mommsen, Theodor, *Die Grundrechte des deutschen Volkes mit Belehrungen und Erläuterungen* (1849), Frankfurt am Main 1969.

Monroe, Paul (Hrsg.), *A Cyclopedia of Education*, 5 Bde., New York 1911–1913.

Montgomery, Lucy Maud, *Anne of Green Gables*, Boston 1908.

Moore, John Robert, *Defoe in the Pillory and Other Studies*, New York 1973.

Moosheimer, Thomas, *Die actio injuriarum aestimatoria im 18. und 19. Jahrhundert. Eine Untersuchung zu den Gründen ihrer Abschaffung*, Tübingen 1997.

Morat, Daniel, *Von der Tat zur Gelassenheit: Konservatives Denken bei Martin Heidegger, Ernst Jünger und Friedrich Georg Jünger 1920–1960*, Göttingen 2007.

Morley, Henry (Hrsg.), *The Earlier Life and the Chief Earlier Works of Daniel Defoe*, London 1889.

Möser, Justus, *Patriotische Phantasien*, T. 1, Berlin 1775.

Motive zu dem Entwurfe eines Strafgesetzbuches für den Norddeutschen Bund, Berlin 1869.

Mowbray, Alastair, *Cases, Materials, and Commentary on the European Convention on Human Rights*, 3. Aufl., Oxford 2012.

Mühlen, Bengt von zur (Hrsg.), *Die Angeklagten des 20. Juli vor dem Volksgerichtshof*, Berlin 2001.

Mühlhahn, Klaus, »Zwischen Sühne und nationaler Schande: Die Sühnebestimmungen des Boxerprotokolls 1901 und der Aufstieg des chinesischen Nationalismus«, in: Susanne Kuß/Bernd Martin (Hrsg.), *Das Deutsche Reich und der Boxeraufstand*, München 2002, S. 245–270.

Mühlhausen, Walter, »Die Weimarer Republik entblößt. Das Badehosen-Foto von Friedrich Ebert und Gustav Noske«, in: Gerhard Paul (Hrsg.), *Das Jahrhundert der Bilder 1900 bis 1949*, Göttingen 2009, S. 236–243.

Mühlhausen, Walter, *Friedrich Ebert 1871–1925. Reichspräsident der Weimarer Republik*, Bonn 2006.

Mühlhäuser, Regina, *Eroberungen. Sexuelle Gewalttaten und intime Beziehungen deutscher Soldaten in der Sowjetunion, 1941–1945*, Hamburg 2010.

Müller, Alfred von, *Die Wirren in China und die Kämpfe der verbündeten Truppen*, 2 Bde., Berlin 1902.

Müller, Philipp, *Auf der Suche nach dem Täter. Die öffentliche Dramatisierung von Verbrechen im Berlin des Kaiserreichs*, Frankfurt am Main 2005.

Münster, Peter Maria, »Wiederentdeckung von Scham und Beschämung in der strafrechtlichen Sozialkontrolle: Das Konzept des reintegrative shaming«, in: Bénédicte Sère/Jörg Wettlaufer (Hrsg.), *Shame between Punishment and Penance*, Florenz 2013, S. 349–367.

Munt, Sally, *Queer Attachments: The Cultural Politics of Shame*, Aldershot 2008.

Muyart de Vouglans, Pierre-François, *Les Loix Criminelles de France, dans leur Ordre Naturel*, Paris 1780.

Nash, David/Anne-Marie Kilday, *Cultures of Shame: Exploring Crime and Morality in Britain, 1600–1900*, Basingstoke 2010.

Nathanson, Donald L., »A Timetable for Shame«, in: ders. (Hrsg.), *The Many Faces of Shame*, New York 1987, S. 1–63.

Neckel, Sighard, *Status und Scham. Zur symbolischen Reproduktion sozialer Ungleichheit*, Frankfurt am Main 1991.

Nelson, Camille, »Honor and Criminal Law in the United States of America«, in: Silvia Tellenbach (Hrsg.), *Die Rolle der Ehre im Strafrecht*, Berlin 2007, S. 663–699.

Neuhof, Werner/Helmut Schmidt, »Anwendung von Zusatzstrafen«, *Neue Justiz* 23 (1969), S. 171–175.

Neumann, Friederike, »Beschämung durch öffentliche Kirchenbuße? Beispiele aus dem Bistum Konstanz und der Stadt Freiburg im 15.–18. Jahrhundert«, in: Bénédicte Sère/Jörg Wettlaufer (Hrsg.), *Shame between Punishment and Penance*, Florenz 2013, S. 263–284.

Neumann, Stephanie, »Gang Rape: Examining Peer Support and Alcohol in Fraternities«, in: Eric W. Hickey (Hrsg.), *Sex Crimes and Paraphilia*, London 2005, S. 397–407.

Nietzsche, Friedrich, *Jenseits von Gut und Böse* (1886), Stuttgart 1964.

Nobles, Melissa, *The Politics of Official Apologies*, Cambridge / Mass. 2008.

Noellner, Friedrich, *Das Verhältniss der Strafgesetzgebung zur Ehre der Staatsbürger*, Frankfurt am Main 1846.

Noellner, [Friedrich], »Bemerkungen über die Strafart der körperlichen Züchtigung«, *Archiv des Criminalrechts*, N. F. (1843), S. 184–204.

Nolte, Georg, *Beleidigungsschutz in der freiheitlichen Demokratie*, Berlin 1992.

Nöstlinger, Christine, *Wir pfeifen auf den Gurkenkönig* (1972), 9. Aufl., Weinheim 1984.

Novum Corpus Constitutionum Prussico-Brandenburgensium Praecipue Marchicarum (NCC), Oder Neue Sammlung Königl. Preußl. und Churfürstl. Brandenburgischer, sonderlich in der Chur- und Marck-Brandenburg, Wie auch andern Provintzien, publicirten und ergangenen Ordnungen, Edicten, Mandaten, Rescripten, hrsg. v. Samuel von Coccejus, Berlin 1753–1822.

Nuckolls, Charles W., »The Durbar Incident«, *Modern Asian Studies* 24 (1990), S. 529–559.

Nunner-Winkler, Gertrud, »Mobbing und Gewalt in der Schule«, *Westend* 1 (2004), S. 91–100.

Nussbaum, Martha C., *Zorn und Vergebung. Plädoyer für eine Kultur der Gelassenheit*, Darmstadt 2017.

Nussbaum, Martha C., *Hiding from Humanity: Disgust, Shame, and the Law*, Princeton 2004.

Nuwer, Hank (Hrsg.), *The Hazing Reader*, Bloomington 2004.

O'Meara, Barry E., *Napoleon in der Verbannung oder eine Stimme aus St. Helena*, 2 Bde., Stuttgart 1822.

Oeffentlichkeit, Mündlichkeit, Anklageproceß, Geschwornengerichte. Eine systematische Zusammenstellung der Verhandlungen der Sächsischen Ständeversammlung hierüber, Grimma 1843.

Olick, Jeffrey K., *In the House of the Hangman: The Agonies of German Defeat, 1943–1949*, Chicago 2005.

Ortmann, Alexandra, *Machtvolle Verhandlungen. Zur Kulturgeschichte der deutschen Strafjustiz 1879–1924*, Göttingen 2014.

Oser, Fritz / Maria Spychiger, *Lernen ist schmerzhaft. Zur Theorie des Negativen Wissens und zur Praxis der Fehlerkultur*, Weinheim 2005.

Pädagogische Real-Encyclopädie oder Encyclopädisches Wörterbuch des Erziehungs- und Unterrichtswesens und seiner Geschichte, hrsg. v. Karl Gottlob Hergang, 2 Bde., 2. Aufl., Grimma 1851–1852.

Pädagogisches Lexikon, hrsg. v. Hermann Schwartz, 4 Bde., Bielefeld 1928–1931.

Pädagogisches Real-Lexicon oder Repertorium für Erziehungs- und Unterrichtskunde und ihre Literatur, hrsg. v. D. Reuter, Nürnberg 1811.

Paine, S[arah] C. M., *Perceptions, Power and Primacy*, Cambridge 2003.

Pape, H. M. M., *Ueber die Wiedereinführung der Prügelstrafe und die Züchtigung des Gesindes*, Insterburg 1853.

Pascal, [Blaise], »Pensées«, in: *Œuvres complètes*, hrsg. v. Jacques Chevalier, Paris 1954, S. 1081–1345.

Pauli, Lesław, *Peines corporelles et capitales dans la législation des états européens des années 1751–1903*, Warschau 1986.

Paulmann, Johannes, *Pomp und Politik. Monarchenbegegnungen in Europa zwischen Ancien Régime und Erstem Weltkrieg*, Paderborn 2000.

Paulsen, Hermann Christian, *Die Regierung der Morgenländer*, Altona 1755.

Peitsch, Helmut, »›Verordneter Antifaschismus‹: 1949 ›in die Scham gezwungen‹ (Heuss), 1989 von der Scham befreit?«, in: Clare Flanagan / Stuart Taberner (Hrsg.), *1949/1989: Cultural Perspectives on Division and Unity in East and West*, Amsterdam 2000, S. 1–26.

Pence, Katherine, »Herr Schimpf und Frau Schande. Grenzgänger des Konsums im geteilten Berlin und die Politik des Kalten Krieges«, in: Burghard Ciesla / Michael Lemke / Thomas Lindenberger (Hrsg.), *Sterben für Berlin? Die Berliner Krisen 1948–1958*, Berlin 2000, S. 185–202.

Pergaud, Louis, *Der Krieg der Knöpfe* (1912), Hamburg 1997.

Pertz, G[eorg] H[einrich], *Das Leben des Feldmarschalls Grafen Neithardt von Gneisenau*, Bd. 1, Berlin 1864.

Peschel-Gutzeit, Lore Maria, »Das Recht auf gewaltfreie Erziehung. Was hat sich seit seiner Einführung im Jahr 2000 geändert?«, *Familie Partnerschaft Recht* 18 (2012), S. 195–199.

Petersen, Andrea, *Ehre und Scham. Das Verhältnis der Geschlechter in der Türkei*, Berlin 1985.

Petersson, Niels P., »Das Boxerprotokoll als Abschluß einer imperialistischen Intervention«, in: Susanne Kuß / Bernd Martin (Hrsg.), *Das Deutsche Reich und der Boxeraufstand*, München 2002, S. 229–244.

Petersson, Niels P., *Imperialismus und Modernisierung: Siam, China und die europäischen Mächte 1895–1914*, München 2000.

Petley, Julian (Hrsg.), *Media and Public Shaming. Drawing the Boundaries of Disclosure*, London 2013.

Pfordten, Dietmar von der, *Menschenwürde*, München 2016.

Pierer's Universal-Lexikon der Vergangenheit und Gegenwart, 4. Aufl., Altenburg 1857–1865.

Pin, Xavier, »L'Honneur et le Droit Pénal en France«, in: Silvia Tellenbach (Hrsg.), *Die Rolle der Ehre im Strafrecht*, Berlin 2007, S. 149–219.

Pölitz, Karl Heinrich Ludwig, *Die Staatswissenschaften im Lichte unsrer Zeit*, 5 Bde., Leipzig 1823–1824.

Pollack, Martin, *Topographie der Erinnerung*, Wien 2016.

Pommerin, Reiner, *»Sterilisierung der Rheinlandbastarde«. Das Schicksal einer farbigen deutschen Minderheit 1918–1937*, Düsseldorf 1979.

Pörksen, Bernhard / Hanne Detel, *Der entfesselte Skandal. Das Ende der Kontrolle im Digitalen Zeitalter*, Köln 2012.

Pöschl, Viktor/Panajotis Kondylis, »Würde«, in: Otto Brunner/Werner Conze/Reinhart Koselleck (Hrsg.), *Geschichtliche Grundbegriffe. Historisches Lexikon zur politisch-sozialen Sprache in Deutschland*, Bd. 7, Stuttgart 1992, S. 637–677.

Prengel, Annedore / Friederike Heinzel, »Anerkennungs- und Missachtungsrituale in schulischen Geschlechterverhältnissen«, *Zeitschrift für Erziehungswissenschaft* 7 (2004), Beih. 2, S. 115–128.

Preuß, Horst Dietrich, u. a., »Demut«, in: *Theologische Realenzyklopädie*, Bd. 8, Berlin 1981, S. 459–488.

Prichard, Earl H., »The Kotow in the Macartney Embassy to China in 1793«, *The Far Eastern Quarterly* 2 (1943), S. 163–203.

Priester, Jens-Michael, *Das Ende des Züchtigungsrechts*, Baden-Baden 1999.

Przetacznik, Franciszek, *Protection of Officials of Foreign States according to International Law*, Den Haag 1983.

Przyrembel, Alexandra, »Ambivalente Gefühle: Sexualität und Antisemitismus während des Nationalsozialismus«, *Geschichte und Gesellschaft* 39 (2013), S. 527–554.

Przyrembel, Alexandra, *»Rassenschande«. Reinheitsmythos und Vernichtungslegitimation im Nationalsozialismus*, Göttingen 2003.

Putkowski, Julian / Julian Sykes, *Shot at Dawn. Executions in World War One by authority of the British Army Act*, London 1993.

Quanter, Rudolf, *Die Schand- und Ehrenstrafen in der deutschen Rechtspflege*, Dresden 1901, ND Aalen 1970.

Quellen zur Geschichte des Parlamentarismus und der politischen Parteien, Reihe 1, Bd. 9: Der Hauptausschuß des Deutschen Reichstags 1915–1918, Düsseldorf 1981.

Ramm, Arnim, *Der 20. Juli vor dem Volksgerichtshof*, Berlin 2007.

Ratzinger, Joseph, *Der Geist der Liturgie* (2000), 6. Aufl., Freiburg im Breisgau 2002.

Rauer, Valentin, »Geste der Schuld. Die mediale Rezeption von Willy Brandts Kniefall in den neunziger Jahren«, in: Bernhard Giesen / Christoph Schneider (Hrsg.), *Tätertrauma. Nationale Erinnerungen im öffentlichen Diskurs*, Konstanz 2004, S. 133–156.

Rawski, Evelyn S., *The Last Emperors: A Social History of Qing Imperial Institutions*, Berkeley 1998.

Real-Encyclopädie des Erziehungs- und Unterrichtswesens nach katholischen Principien, hrsg. v. Hermann Rolfus / Adolph Pfister, 5 Bde., Mainz 1863–1866.

Reif, Sieglinde, »Das ›Recht des Siegers‹. Vergewaltigungen in München 1945«, in: Sybille Krafft (Hrsg.), *Zwischen den Fronten: Münchner Frauen in Krieg und Frieden 1900–1950*, München 1995, S. 360–371.

Reiland, Werner, *Die gesellschaftlichen Gerichte der DDR*, Tübingen 1971.

Reinders, Eric, *Buddhist and Christian Responses to the Kowtow Problem in China*, London 2015.

Remarque, Erich Maria, *Drei Kameraden* (1936), Berlin 1969.

Requate, Jörg, *Journalismus als Beruf. Entstehung und Entwicklung des Journalistenberufs im 19. Jahrhundert*, Göttingen 1995.

Rexroth, Frank, *Das Milieu der Nacht. Obrigkeit und Randgruppen im spätmittelalterlichen London*, Göttingen 1999.

Rhoden, Emmy von, *Der Trotzkopf* (1885), Menden o.J.

Rickards, Maurice, *Posters of the First World War*, New York 1968.

Rietzsch, Otto, »Die Strafen und Maßregeln der Sicherung, Besserung und Heilung«, in: Franz Gürtner (Hrsg.), *Das kommende deutsche Strafrecht. Allgem. Teil. Bericht über die Arbeit der amtlichen Strafrechtskommission*, 2. Aufl., Berlin 1935, S. 118–162.

Rittner, C.H., *Dr. Mittelstädt's Broschüre: »Gegen die Freiheitsstrafen«*, Hamburg 1880.

Roberts, Mary Louise, *What Soldiers Do: Sex and the American GI in World War II France*, Chicago 2013.

Rockhill, W. Woodville, *Diplomatic Audiences at the Court of China*, London 1905.

Rockhill, W. Woodville, »Diplomatic Missions to the Court of China: The Kotow Question«, *American Historical Review* 2 (1897), S. 427–442, 627–643.

Röger, Maren, *Kriegsbeziehungen. Intimität, Gewalt und Prostitution im besetzten Polen 1939 bis 1945*, Frankfurt am Main 2015.

Rohr, Julius Bernhard von, *Einleitung zur Ceremoniel-Wissenschafft der Grossen Herren*, Berlin 1733.

Ronson, Jon, *In Shitgewittern: Wie wir uns das Leben zur Hölle machen*, Stuttgart 2016.

Rorty, Richard, *Kontingenz, Ironie und Solidarität* (1989), 3. Aufl., Frankfurt am Main 1995.

Rosenblum, Warren, *Beyond the Prison Gates: Punishment and Welfare in Germany, 1850–1933*, Chapel Hill 2008.

Rosenthal, Lynne M., »Boy-Society in Rudyard Kipling's ›Stalky & Co.‹«, in: *The Lion and the Unicorn* 2 (1978), S. 16–26.

Rossner, Meredith, »Reintegrative Ritual: Restorative Justice and Micro-Sociology«, in: Susanne Karstedt/Ian Loader/Heather Strang (Hrsg.), *Emotions, Crime and Justice*, Oxford 2011, S. 169–191.

Rothstein, Andrew, *Peter the Great and Marlborough: Politics and Diplomacy in Converging Wars*, Houndmills 1986.

Rousseau, Jean-Jacques, *Emil oder über die Erziehung* (1762), Paderborn 1972.

Rublack, Ulinka, »Anschläge auf die Ehre: Schmähschriften und -zeichen in der städtischen Kultur des Ancien Régime«, in: Klaus Schreiner/Gerd Schwerhoff (Hrsg.), *Verletzte Ehre. Ehrkonflikte in Gesellschaften des Mittelalters und der Frühen Neuzeit*, Köln 1995, S. 381–411.

Rudolph, Hartmut, *Evangelische Kirche und Vertriebene 1945–1972*, Bd. 2, Göttingen 1985.

Rummel, Walter, »Motive staatlicher und dörflicher Gewaltanwendung im 19. Jahrhundert. Eine Skizze zum Ende der frühneuzeitlichen Sozialkultur in der preußischen Rheinprovinz«, in: Magnus Eriksson / Barbara Krug-Richter (Hrsg.), *Streitkulturen. Gewalt, Konflikt und Kommunikation in der ländlichen Gesellschaft (16.–19. Jahrhundert)*, Köln 2003, S. 157–178.

Rush, Benjamin, *Untersuchung der Wirkungen öffentlicher Strafen auf die Verbrechen und auf die Gesellschaft*, Leipzig 1792.

Rutherford, Paul, *Endless Propaganda: The Advertising of Public Goods*, Toronto 2000.

Rutz, Willi, *Die Genugtuung für den Verletzten in der strafrechtlichen Reformbewegung und in den Entwürfen*, Diss. Göttingen, Stolp 1928.

Ruxton, Ian C. (Hrsg.), *The Diaries of Sir Ernest Satow, British Envoy in Peking (1900–1906)*, 2 Bde., Morrisville 2011.

Sabatier, Gérard, »Les itinéraires des ambassadeurs pour les audiences à Versailles au temps de Louis XIV«, in: Ralph Kauz / Giorgio Rota / Jan Paul Niederkorn (Hrsg.), *Diplomatisches Zeremoniell in Europa und im Mittleren Osten in der Frühen Neuzeit*, Wien 2009, S. 187–211.

Sachße, Christoph / Florian Tennstedt, *Geschichte der Armenfürsorge in Deutschland. Vom Spätmittelalter bis zum Ersten Weltkrieg*, Stuttgart 1980.

Salgo, Ludwig, »Vom langsamen Sterben des elterlichen Züchtigungsrechts«, *Recht der Jugend und des Bildungswesens* 49 (2001), S. 283–294.

Sanday, Peggy Reeves, *Fraternity Gang Rape: Sex, Brotherhood, and Privilege on Campus*, New York 1990.

Sander, Helke / Barbara Johr (Hrsg.), *BeFreier und Befreite. Krieg, Vergewaltigungen, Kinder*, München 1992.

Satow, Ernest, *A Diplomat in Japan*, Tokio 1968.

Satow, Ernest, *A Guide to Diplomatic Practice*, 2 Bde., 2. Aufl., London 1922.

Saurette, Paul, »You Dissin Me? Humiliation and Post 9/11 Global Politics«, *Review of International Studies* 32 (2006), S. 495–522.

Sayer, Derek, »British reaction to the Amritsar massacre 1919–1920«, *Past and Present* 131 (1991), S. 130–164.

Schaffstein, Friedrich, »Die Bedeutung der Ehrenstrafe im nationalsozialistischen Strafrecht«, *Deutsches Recht* 5 (1935), S. 269–271.

»Scham und Beschämung« [Themenheft], *Sportpädagogik* 6 (2008).

Scheff, Thomas J. / Suzanne M. Retzinger, *Emotions and Violence: Shame and Rage in Destructive Conflicts*, Lexington 1991.

Scheidler, [Konrad], »Dürfen in der Schule entehrende Strafen vorkommen? Und wenn ja: wie müssen sie beschaffen seyn, damit sie nicht erbittern?«, *Der Deutsche Schulbote* 10 (1851), S. 137–140.

Schejnin, Lew, »Kriminalität und Gesellschaft«, *Neue Justiz* 14 (1960), S. 220–227.

Schivelbusch, Wolfgang, *Die Kultur der Niederlage: Der amerikanische Süden 1865, Frankreich 1871, Deutschland 1918*, Frankfurt am Main 2003.

Schmidt, Loki, *Auf dem roten Teppich und fest auf der Erde*, Hamburg 2010.

Schmitt, Jean-Claude, *Die Logik der Gesten im europäischen Mittelalter*, Stuttgart 1992.

Schneider, Christoph, »Der Warschauer Kniefall: Zur Geschichte einer Charismatisierung«, in: Bernhard Giesen / ders. (Hrsg.), *Tätertrauma. Nationale Erinnerungen im öffentlichen Diskurs*, Konstanz 2004, S. 195–235.

Schneider, Wolfgang Ludwig, »Brandts Kniefall in Warschau. Politische und ikonographische Bedeutungsaspekte«, in: Bernhard Giesen / Christoph Schneider (Hrsg.), *Tätertrauma. Nationale Erinnerungen im öffentlichen Diskurs*, Konstanz 2004, S. 157–194.

Schnell, Heinrich, *Ich und meine Jungens. Zufällige Gespräche über allerhand Erziehungsfragen von heute für die Eltern unserer Gymnasiasten*, Leipzig 1914.

Schomburg, Wolfgang, »Die öffentliche Bekanntmachung einer strafrechtlichen Verurteilung: Rechtslage und Rechtstatsachen unter besonderer Berücksichtigung von § 200 StGB«, *Zeitschrift für Rechtspolitik* 19 (1986), S. 65–68.

Schönburg-Waldenburg, Heinrich Prinz von, *Erinnerungen aus kaiserlicher Zeit*, Leipzig 1929.

Schönfeldt, Hans-Andreas, *Vom Schiedsmann zur Schiedskommission. Normdurchsetzung durch territoriale gesellschaftliche Gerichte in der DDR*, Frankfurt am Main 2002.

Schönke, Adolf, u. a., *Strafgesetzbuch. Kommentar*, 28. Aufl., München 2010.

Schönke, Adolf, *Strafgesetzbuch*, München 1947.

Schönke, Adolf, *Strafgesetzbuch für das Deutsche Reich. Kommentar*, München 1942.

Schramm, Hermine, *Der gute Ton oder das richtige Benehmen in der Familie, in der Gesellschaft und im öffentlichen Leben*, Berlin 1892.

Schreiner, Klaus, »Verletzte Ehre«, in: Dietmar Willoweit (Hrsg.), *Die Entstehung des öffentlichen Strafrechts*, Köln 1999, S. 263–320.

Schröder, Martin, *Prügelstrafe und Züchtigungsrecht in den deutschen Schutzgebieten Schwarzafrikas*, Münster 1997.

Schroeder, Paul W., *The Transformation of European Politics 1763–1848*, Oxford 1994.

Schrott, Karin, *Das normative Korsett. Reglementierungen für Frauen in Gesellschaft und Öffentlichkeit in der deutschsprachigen Anstands- und Benimmliteratur zwischen 1871 und 1914*, Würzburg 2005.

Schubert, Werner / Thomas Vormbaum (Hrsg.), *Entstehung des Strafgesetzbuchs. Kommissionsprotokolle und Entwürfe*, 2 Bde., Baden-Baden 2002–2004.

Schulte, Nikos, *Öffentliche Strafe und Privatgenugtuung bei Ehrverletzungen*, Breslau 1913.

Schultze-Pfaelzer, Gerhard, *Kampf um den Kopf. Meine Erlebnisse als Gefangener des Volksgerichtshofes 1943–1945*, Berlin 1948.

Schulz, Heinrich, *Die Mutter als Erzieherin. Kleine Beiträge zur Praxis der proletarischen Hauserziehung* (1907), 4. Aufl., Stuttgart 1919.

Schulz, Peter-Bernd, »Gruppensoziologische und psychologische Elemente der Tätigkeit der Konfliktkommissionen«, *Strafe und Recht* 16 (1967), S. 40–53.

Schumann, Dirk, »Asserting their ›Natural Right‹: Parents and Public Schooling in Post-1945 Germany«, in: ders. (Hrsg.), *Raising Citizens in the »Century of the Child«. The United States and German Central Europe in Comparative Perspective*, New York 2010, S. 206–225.

Schumann, Dirk, »Legislation and Liberalization: The Debate About Corporal Punishment in Schools in Postwar West Germany, 1945–1975«, *German History* 25 (2007), S. 192–218.

Schumann, Dirk, »Schläge als Strafe? Erziehungsmethoden nach 1945 und ihr Einfluss auf die ›Friedenskultur‹ in beiden Deutschlands«, in: Thomas Kühne (Hrsg.), *Von der Kriegskultur zur Friedenskultur? Zum Mentalitätswandel in Deutschland seit 1945*, Hamburg 2000, S. 34–48.

Schürmann, Thomas, *Tisch- und Grußsitten im Zivilisationsprozeß*, Münster 1994.

Schwarze, Friedrich Oskar von, *Die Freiheitsstrafe*, Leipzig 1880.

Schwarze, Friedrich Oskar, *Commentar zum Strafgesetzbuch für das Deutsche Reich*, 3. Aufl., Leipzig 1873.

Schwarzer, Alice, *PorNo*, Köln 1994.

Schwerhoff, Gerd / Marion Völker (Hrsg.), *Eide, Statuten und Prozesse. Ein Quellen- und Lesebuch zur Stadtgeschichte von Bautzen (14.–19. Jahrhundert)*, Bautzen 2002.

Schwerhoff, Gerd, »Verordnete Schande? Spätmittelalterliche und frühneuzeitliche Ehrenstrafen zwischen Rechtsakt und sozialer Sanktion«, in: Andreas Blauert / ders. (Hrsg.), *Mit den Waffen der Justiz. Zur Kriminalitätsgeschichte des Spätmittelalters und der Frühen Neuzeit*, Frankfurt am Main 1993, S. 158–188.

Seidler, Günter H., *Der Blick der Anderen. Eine Analyse der Scham*, Stuttgart 1995.

Sellert, Wolfgang / Hinrich Rüping, *Studien- und Quellenbuch zur Geschichte der deutschen Strafrechtspflege*, 2 Bde., Aalen 1989–1994.

Sen, Satadru, *Disciplining Punishment. Colonialism and Convict Society in the Andaman Islands*, Delhi 2000.

Sharpe, James A., »The Decline of Public Punishment in England, Sixteenth to Nineteenth Centuries«, in: Reiner Schulze / Thomas Vormbaum / Christine D. Schmidt / Nicola Willenberg (Hrsg.), *Strafzweck und Strafform zwischen religiöser und weltlicher Wertevermittlung*, Münster 2008, S. 73–87.

Shklar, Judith N., *Ganz normale Laster*, Berlin 2014.

Shoemaker, Robert, »Streets of Shame? The Crowd and Public Punishments in London, 1700–1820«, in: Simon Devereaux / Paul Griffiths (Hrsg.), *Penal Practice and Culture, 1500–1900: Punishing the English*, Basingstoke 2004, S. 232–257.

Shoemaker, Robert B., »The Decline of Public Insult in London 1660–1800«, *Past and Present* 169 (2000), S. 97–131.

Siemens, Daniel, *Metropole und Verbrechen. Die Gerichtsreportage in Berlin, Paris und Chicago 1919–1933,* Stuttgart 2007.

Simmel, Georg, »Zur Psychologie der Scham (1901)«, in: ders., *Schriften zur Soziologie,* hrsg. v. Heinz-Jürgen Dahme / Otthein Rammstedt, Frankfurt am Main 1983, S. 140–150.

Singer, Kurt, *Die Würde des Schülers ist antastbar. Vom Alltag in unseren Schulen und wie wir ihn verändern können,* Reinbek 1998.

Singha, Radhika, »The ›Rare Infliction‹: The Abolition of Flogging in the Indian Army, circa 1835–1920«, *Law and History Review* 34 (2016), S. 783–818.

Smirra, Nikolas, *Entwicklung der Strafzwecklehre in Frankreich: vom Vorabend der Revolution bis zum Ende des 1. Weltkrieges,* Regensburg 2014.

Smith, Greg T., »Civilized People Don't Want to See That Kind of Thing: The Decline of Public Physical Punishment in London, 1760–1840«, in: Carolyn Strange (Hrsg.), *Qualities of Mercy: Justice, Punishment, and Discretion,* Vancouver 1996, S. 21–51.

Sohn, Louis B. (Hrsg.), *Cases on United Nations Law,* Brooklyn 1956.

Solberg, Winton U., »Harmless Pranks or Brutal Practices? Hazing at the University of Illinois, 1868–1913«, *Journal of the Illinois State Historical Society* 91 (1998), S. 233–259.

Sonnenfels, Joseph von, *Grundsätze der Polizey-, Handlung- und Finanzwissenschaft,* T. 1, 3. Aufl., Wien 1777.

Sources of Chinese Tradition, Bd. 2, hrsg. v. William Theodore de Bary / Richard Lufrano, 2. Aufl., New York 2000.

Speitkamp, Winfried, *Ohrfeige, Duell und Ehrenmord. Eine Geschichte der Ehre,* Stuttgart 2010.

Spence, Jonathan, *The Memory Palace of Matteo Ricci,* London 1985.

Spencer, Herbert, *The Principles of Sociology,* 3 Bde., New York 1898.

Spierenburg, Pieter, *The Spectacle of Suffering. Executions and the Evolution of Repression: From a Preindustrial Metropolis to the European Experience,* Cambridge 1984.

Spock, Benjamin, *The Common Sense Book of Baby and Child Care,* New York 1946.

Staunton, George, *An Authentic Account of an Embassy from the King of Great Britain to the Emperor of China,* Bd. 1, Philadelphia 1799.

Steen, Andreas, »Der Zwang zur Diplomatie: Kommunikation, Übersetzung und die Verhandlungen zum deutsch-chinesischen Vertrag, 1859–1861«, in: Mechthild Leutner / ders. / Xu Kai / Hu Jian / Jürgen Kloosterhuis / Hu Wanglin / Hu Zhongliang (Hrsg.), *Preußen, Deutschland und China. Entwicklungslinien und Akteure (1842–1911),* Münster 2014, S. 63–111.

Steinbacher, Sybille, *Wie der Sex nach Deutschland kam. Der Kampf um Sittlichkeit und Anstand in der frühen Bundesrepublik,* München 2011.

Steller, Verena, *Diplomatie von Angesicht zu Angesicht. Diplomatische Handlungsformen in den deutsch-französischen Beziehungen 1870–1919,* Paderborn 2011.

Stevenson, Robert Louis, *The Letters of Robert Louis Stevenson*, hrsg. v. Sidney Colvin, Bd. 1, New York 1917.

Stollberg-Rilinger, Barbara, »Offensive Formlosigkeit? Der Stilwandel des diplomatischen Zeremoniells«, in: Bernd Sösemann / Gregor Vogt-Spira (Hrsg.), *Friedrich der Große in Europa. Geschichte einer wechselvollen Beziehung*, Bd. 1, Stuttgart 2012, S. 354–371.

Stollberg-Rilinger, Barbara, *Des Kaisers alte Kleider. Verfassungsgeschichte und Symbolsprache des Alten Reiches*, München 2008.

Stollberg-Rilinger, Barbara, »Knien vor Gott – Knien vor dem Kaiser. Zum Ritualwandel im Konfessionskonflikt«, in: Andrea von Hülsen-Esch (Hrsg.), *Inszenierung und Ritual in Mittelalter und Renaissance*, Düsseldorf 2005, S. 263–292.

Stollberg-Rilinger, Barbara, »Honores regii. Die Königswürde im zeremoniellen Zeichensystem der Frühen Neuzeit«, in: Johannes Kunisch (Hrsg.), *Dreihundert Jahre Preußische Königskrönung*, Berlin 2002, S. 1–26.

Storr, Matthias, *Zwangsarbeit: »Ausländereinsatz« in Göppingen 1939 bis 1945*, Göppingen 1993.

Streit, Josef, »Einige Gedanken zur Vorbereitung der Richterwahl«, *Neue Justiz* 13 (1959), S. 37–39.

Streng, Adolf, *Studien über Entwicklung, Ergebnisse und Gestaltung des Vollzugs der Freiheitsstrafe in Deutschland*, Stuttgart 1886.

Strittmatter, Erwin, *Nachrichten aus meinem Leben. Aus den Tagebüchern 1954–1973*, hrsg. v. Almut Giesecke, Berlin 2012.

Stürner, Rolf, »Die verlorene Ehre des Bundesbürgers«, *JuristenZeitung* 49 (1994), S. 865–877.

Sulzer, Johann Georg, »Gebehrden«, in: ders., *Allgemeine Theorie der schönen Künste*, Bd. 1, Leipzig 1771, S. 427–430.

Sulzer, Johann Georg, *Versuch von der Erziehung und Unterweisung der Kinder* (1745), Nachdr. der Ausg. Zürich 1748, hrsg. v. Olaf Breidbach, Hildesheim 2012.

Svarez, Carl Gottlieb, *Vorträge über Recht und Staat*, hrsg. v. Hermann Conrad / Gerd Kleinheyer, Köln 1960.

Svarverud, Rune, *International Law as World Order in Late Imperial China: Translation, Reception and Discourse, 1847–1911*, Leiden 2007.

Tändler, Maik, *Das therapeutische Jahrzehnt. Der Psychoboom in den siebziger Jahren*, Göttingen 2016.

Tändler, Maik, »Erziehung der Erzieher. Lehrer als problematische Subjekte zwischen Bildungsreform und antiautoritärer Pädagogik«, in: Pascal Eitler / Jens Elberfeld (Hrsg.), *Zeitgeschichte des Selbst. Therapeutisierung – Politisierung – Emotionalisierung*, Bielefeld 2015, S. 85–112.

Tangney, June Price, »The self-conscious emotions: shame, guilt, embarrassment and pride«, in: Tim Dalgleish / Mick J. Power (Hrsg.), *Handbook of Cognition and Emotion*, Chichester 1999, S. 541–568.

Taschenbuch für teutsche Schulmeister auf das Jahr 1789, hrsg. v. Christoph Ferdinand Moser, Ulm 1789.

Taylor, Gabriele, *Pride, Shame and Guilt: Emotions of Self-Assessment*, Oxford 1985.

Teitel, Ruti, »The Transitional Apology«, in: Elazar Barkan / Alexander Karn (Hrsg.), *Taking Wrongs Seriously: Apologies and Reconciliation*, Stanford 2006, S. 101–114.

Teng, Ssu-yü / John K. Fairbank, *China's Response to the West: A Documentary Survey 1839–1923*, Cambridge / Mass. 1979.

Tettinger, Peter J., *Die Ehre – ein ungeschütztes Verfassungsgut?*, Köln 1995.

The Historical Record of the Imperial Visit to India 1911, London 1914. (Elektronische Ressource: *http://www.empire.amdigital.co.uk/contents/document-detail.aspx?sectionid=277* (Zugriff am 18. 4. 2017).

Tholander, Christa, *Fremdarbeiter 1939 bis 1945: Ausländische Arbeitskräfte in der Zeppelin-Stadt Friedrichshafen*, Essen 2001.

Thompson, E. P., »Rough Music«, in: ders., *Customs in Common*, London 1991, S. 467–538.

Thurston, Anne F., *Enemies of the People*, New York 1987.

Timmers, Margaret (Hrsg.), *The Power of the Poster*, London 1998.

Toeche-Mittler, Theodor, »Die Kaiserproklamation in Versailles am 18. Januar 1871«, *Beihefte zum Militär-Wochenblatt* (1896), S. 1–50.

Tsiang, T. F., »Sino-Japanese Diplomatic Relations, 1870–1894«, *Chinese Social and Political Science Review* 17 (1933), S. 1–106.

Tsipursky, Gleb, »Coercion and Consumption: The Khrushchev Leadership's Ruling Style in the Campaign against ›Westernized‹ Youth, 1954–1964«, in: William Jay Risch (Hrsg.), *Youth and Rock in the Soviet Bloc. Youth Cultures, Music, and the State in Russia and Eastern Europe*, Lanham 2015, S. 55–79.

Tuchel, Johannes, »Vor dem ›Volksgerichtshof‹: Schauprozesse vor laufender Kamera«, in: Gerhard Paul (Hrsg.), *Das Jahrhundert der Bilder 1900 bis 1949*, Göttingen 2009, S. 648–657.

Turner, Victor, *Vom Ritual zum Theater. Der Ernst des menschlichen Spiels*, Frankfurt am Main 1989.

Twain, Mark, »Abenteuer und Fahrten des Huckleberry Finn«, in: ders., *Ausgewählte humoristische Schriften*, Bd. 2, Stuttgart 1898.

»Über Dorfschulen und ihre Verbesserung«, *Allgemeines Magazin für Prediger, Seelsorger und Katecheten* 9 (1796), S. 18–38.

»Uebersicht der Literatur, die Frage von der Kniebeugung der Protestanten in Bayern betreffend«, *Allgemeine Literatur-Zeitung*, Nr. 95–97 (1845), Sp. 753–772; Nr. 114–116 (1846), Sp. 905 f., 913–920, 925–928.

Uhland, Robert, *Geschichte der Hohen Karlsschule in Stuttgart*, Stuttgart 1953.

Uhlig, Gottfried (Hrsg.), *Dokumente zur Geschichte des Schulwesens in der Deutschen Demokratischen Republik, Teil 1: 1945–1955*, Berlin / Ost 1970.

Ullrich, Charlotte, »Nichts spüren. Nichts sehen. Nichts riechen. Zur Inszenierung von Weiblichkeit in der Menstruationshygienewerbung«, in: Ilse Lenz/Lisa Mense/dies. (Hrsg.), *Reflexive Körper? Zur Modernität von Sexualität und Reproduktion*, Wiesbaden 2004, S. 85–122.

Unfried, Berthold, *»Ich bekenne«. Katholische Beichte und sowjetische Selbstkritik*, Frankfurt am Main 2006.

Van Braam, André Everard, *An Authentic Account of the Embassy of the Dutch East-India Company, to the Court of the Emperor of China, in the Years 1794 and 1795*, Bd. 1, London 1798.

Van Gennep, Arnold, *Übergangsriten* (1909), Frankfurt am Main 2005.

Vattel, Emer de, *Le droit des Gens/Das Völkerrecht oder Grundsätze des Naturrechts* (1758), Tübingen 1959.

Vec, Miloš, *Zeremonialwissenschaft im Fürstenstaat. Studien zur juristischen und politischen Theorie absolutistischer Herrschaftsrepräsentationen*, Frankfurt am Main 1998.

Verhandlungen der deutschen verfassunggebenden Reichsversammlung zu Frankfurt am Main, 6 Bde., Frankfurt 1848/49.

Verhandlungen des Deutschen Reichstags, Berlin 1871 ff.

Vervenioti, Tassoula, »Left-Wing Women between Politics and Family«, in: Mark Mazower (Hrsg.), *After the War was Over: Reconstructing the Family, Nation, and State in Greece, 1943–1960*, Princeton 2000, S. 105–121.

Virgili, Fabrice, *Shorn Women: Gender and Punishment in Liberation France*, Oxford 2002.

Voigt, Erik Nils, *Die Gesetzgebungsgeschichte der militärischen Ehrenstrafen und der Offizierehrengerichtsbarkeit im preußischen und deutschen Heer von 1806 bis 1918*, Frankfurt am Main 2004.

Wagner, Patrick/Klaus Weinhauer, »Tatarenblut und Immertreu. Wilde Cliquen und Ringvereine um 1930 – Ordnungsfaktoren und Krisensymbole in unsicheren Zeiten«, in: Martin Dinges/Fritz Sack (Hrsg.), *Unsichere Großstädte? Vom Mittelalter bis zur Postmoderne*, Konstanz 2000, S. 265–290.

Wagner, Wieland, *Japans Außenpolitik in der frühen Meiji-Zeit (1868–1894). Die ideologische und politische Grundlegung des japanischen Führungsanspruchs in Ostasien*, Stuttgart 1990.

Wahlberg, W[ilhelm] E[mil], *Die Ehrenfolgen der strafgerichtlichen Verurtheilung. Ein Beitrag zur Reform des Strafensystems*, Wien 1864.

Wahrhold/Antistiani, »Soll der sogenannte gemeine Diebstahl jederzeit mit Fustigation und Zuchthaus bestraft werden? Ist eine die Schaamhaftigkeit verletzende körperliche Züchtigung gesetzlich erlaubt? Muß eine Privatperson, welcher gesetzlich zusteht, ein Vergehen oder Verbrechen zu verzeihen, diese Verzeihung gerichtlich erklären?«, *Zeitschrift für die Criminal-Rechts-Pflege in den Preußischen Staaten* 18 (1831), H. 35, S. 145–158.

Waksberg, Arkadi, *Gnadenlos. Andrei Wyschinski – Mörder im Dienste Stalins*, Bergisch Gladbach 1991.

Waldow, Jörg Ernst August, *Der strafrechtliche Ehrenschutz in der NS-Zeit*, Baden-Baden 2000.

Walter, Natasha, *Living Dolls. Warum junge Frauen heute lieber schön als schlau sein wollen*, Frankfurt am Main 2011.

Walz, Rainer, »Schimpfende Weiber. Frauen in lippischen Beleidigungsprozessen des 17. Jahrhunderts«, in: Heide Wunder / Christine Vanja (Hrsg.), *Weiber, Menschen, Frauenzimmer*, Göttingen 1996, S. 175–198.

Wang, S[hen-Tsu], *The Margary Affair and the Chefoo Agreement*, London 1940.

Wang, Tseng-Tsai, »The Audience Question: Foreign Representatives and the Emperor of China, 1858–1873«, *Historical Journal* 14 (1971), S. 617–626.

Warring, Anette, »Intimate and Sexual Relations«, in: Robert Gildea / Oliver Wieviorka / dies. (Hrsg.), *Surviving Hitler and Mussolini: Daily Life in Occupied Europe*, Oxford 2006, S. 88–128.

Weber, Adolph Dieterich, *Ueber Injurien und Schmähschriften*, 1. Abt., Schwerin 1793.

Weber, [Heinrich Benedikt von], »Von den Hauptforderungen an eine zeitgemäße Straf-Prozeßordnung«, *Neues Archiv des Criminalrechts* 4 (1821), S. 596–631.

Weber, Max, *Wirtschaft und Gesellschaft* (1921), 5. Aufl., Tübingen 1972.

Weber, Petra, *Carlo Schmid 1896–1979*, München 1996.

Weber-Guskar, Eva, *Würde als Haltung. Eine philosophische Untersuchung zum Begriff der Menschenwürde*, Münster 2016.

Webster, Elaine, »Degradation: A Human Rights Law Perspective«, in: Paulus Kaufmann / Hannes Kuch / Christian Neuhäuser / dies. (Hrsg.), *Humiliation, Degradation, Dehumanization: Human Dignity Violated*, Dordrecht 2011, S. 67–84.

Weckel, Ulrike, *Beschämende Bilder. Deutsche Reaktionen auf alliierte Dokumentarfilme über befreite Konzentrationslager*, Stuttgart 2012.

Weidemann, Doris, *Interkulturelles Lernen. Erfahrungen mit dem chinesischen »Gesicht«. Deutsche in Taiwan*, Bielefeld 2004.

Weinrich, Christoph, *Statusmindernde Nebenfolgen als Ehrenstrafen im Sanktionensystem des StGB*, Baden-Baden 2009.

Welcker, Carl, »Infamie, Ehre, Ehrenstrafen«, in: Carl von Rotteck / ders. (Hrsg.), *Das Staats-Lexikon*, 2. Aufl., Bd. 7, Altona 1847, S. 377–404.

Welcker, Carl, »Injurie«, in: Carl von Rotteck / ders. (Hrsg.), *Das Staats-Lexikon*, 2. Aufl., Bd. 7, Altona 1847, S. 404–422.

Wentker, Sibylle, »Besuch aus Persien: Die Gesandtschaft von 1819 an den Wiener Hof«, in: Ralph Kauz / Giorgio Rota / Jan Paul Niederkorn (Hrsg.), *Diplomatisches Zeremoniell in Europa und im Mittleren Osten in der Frühen Neuzeit*, Wien 2009, S. 131–153.

Wetherell, Elisabeth [d. i. Susan Warner], *The Wide, Wide World*, Leipzig 1854.

Wettig, Gerhard (Hrsg.), *Chruschtschows Westpolitik 1955–1964*, Bd. 3, München 2011.

Wettlaufer, Jörg, »Schand- und Ehrenstrafen des Spätmittelalters und der Frühneuzeit«, in: Andreas Deutsch (Hrsg.), *Das Deutsche Rechtswörterbuch – Perspektiven*, Heidelberg 2010, S. 265–280.

Wettlaufer, Jörg/Yasuhiro Nishimura, »The history of shaming punishments and public exposure in penal law in comparative perspective: Western Europe and East Asia«, in: Bénédicte Sère/Jörg Wettlaufer (Hrsg.), *Shame between Punishment and Penance*, Florenz 2013, S. 197–228.

Wheaton, Henry, *Elements of International Law* (1836), 6. Aufl., Boston 1855.

Whitman, James Q., *Harsh Justice: Criminal Punishment and the Widening Divide between America and Europe*, Oxford 2003.

Whitman, James Q., »Enforcing Civility and Respect: Three Societies«, *The Yale Law Journal* 109 (2000), S. 1279–1398.

Whitman, James Q., »What is Wrong with Inflicting Shame Sanctions?«, *The Yale Law Journal* 107 (1998), S. 1055–1092.

Wick, Adolf von, *Ueber Ehrenstrafen und Ehrenfolgen der Verbrechen und Strafen*, Rostock 1845.

Wiede, Wiebke, »Von Zetteln und Apparaten. Subjektivierung in bundesdeutschen und britischen Arbeitsämtern der 1970er- und 1980er-Jahre«, *Zeithistorische Forschungen/Studies in Contemporary History*, Online-Ausgabe, 13 (2016), H. 3, URL: *http://www.zeithistorische-forschungen.de/3-2016/id=5398*, Druckausgabe: S. 466–487.

Wiedner, Hartmut, »Soldatenmißhandlungen im Wilhelminischen Kaiserreich (1890–1914)«, *Archiv für Sozialgeschichte* 22 (1982), S. 159–199.

Wierling, Dorothee, *Geboren im Jahr Eins. Der Jahrgang 1949 in der DDR*, Berlin 2002.

Wigger, Iris, *Die »Schwarze Schmach« am Rhein. Rassistische Diskriminierung zwischen Geschlecht, Klasse, Nation und Rasse*, Münster 2007.

Wildeblood, Joan/Peter Brinson, *The Polite World: A Guide to English Manners and Deportment from the Thirteenth Century to the Nineteenth Century*, London 1965.

Wildt, Michael, *Volksgemeinschaft als Selbstermächtigung. Gewalt gegen Juden in der deutschen Provinz 1919 bis 1939*, Hamburg 2007.

Wilhelm, Th. [d. i. Therese Proßl], *Ist die körperliche Züchtigung ein Erziehungsfaktor?*, Warendorf 1911.

Wilkens, Andreas, »Kniefall vor der Geschichte. Willy Brandt in Warschau 1970«, in: Corine Defrance/Ulrich Pfeil (Hrsg.), *Verständigung und Versöhnung nach dem »Zivilisationsbruch«? Deutschland in Europa nach 1945*, Brüssel 2016, S. 83–102.

Wilkinson, Endymion, *Chinese History: A Manual*, Cambridge/Mass. 2000.

Williams, Bernard, *Shame and Necessity*, Berkeley 2008.

Williams, Samuel Wells, *The Middle Kingdom: A Survey of the Geography, Government, Literature, Social Life, Arts, and History of the Chinese Empire and its Inhabitants* (1848), 2 Bde., Rev. Ed., New York 1900.

Windler, Christian, »Diplomatic History as a Field for Cultural Analysis: Muslim-Christian Relations in Tunis, 1700–1840«, *Historical Journal* 44 (2001), S. 79–106.

Windler, Christian, *La diplomatie comme expérience de l'autre: Consuls français au Maghreb (1700–1840)*, Genf 2002.

Wolf, Eugen, *Meine Wanderungen, Bd. 1: Im Innern Chinas*, Stuttgart 1901.

Wölfel, Ursula, *Feuerschuh und Windsandale* (1961), Frankfurt am Main 1969.

Wolffsohn, Michael / Thomas Brechenmacher, *Denkmalsturz? Brandts Kniefall*, München 2005.

Woolf, Virginia, *Ein eigenes Zimmer. Drei Guineen*, Frankfurt am Main 2001.

Wundt, Wilhelm, »Ueber den Ausdruck der Gemüthsbewegungen«, *Deutsche Rundschau* 11 (1877), S. 120–133.

Wurmser, Léon, *Die Maske der Scham. Die Psychoanalyse von Schamaffekten und Schamkonflikten*, Berlin 1990.

Wyschinski, Andrei J., *Gerichtsreden*, Berlin / Ost 1951.

Xiaomin, Zhang / Xu Chunfeng, »The Late Qing Dynasty Diplomatic Transformation«, *Chinese Journal of International Politics* 1 (2007), S. 405–455.

Zedler, Johann Heinrich (Hrsg.), *Grosses vollständiges Universal-Lexikon aller Wissenschafften und Künste*, 64 Bde., Leipzig 1731–54.

Zeit- und Handbüchlein für Freunde der theologischen Lektüre auf das Jahr 1781, Bayreuth 1781.

Zhensheng, Li, *Roter Nachrichtensoldat*, hrsg. v. Robert Pledge, 2. Aufl., Berlin 2004.

Ziemann, Benjamin, *Front und Heimat. Ländliche Kriegserfahrungen im südlichen Bayern 1914–1923*, Essen 1997.

Zink, Michel, *L'Humiliation, le Moyen Âge et nous*, Paris 2017.

Zur Nieden, Susanne, »Erotische Fraternisierung. Der Mythos der schnellen Kapitulation der deutschen Frauen im Mai 1945«, in: Karen Hagemann / Stefanie Schüler-Springorum (Hrsg.), *Heimat-Front. Militär und Geschlechterverhältnisse im Zeitalter der Weltkriege*, Frankfurt am Main 2002, S. 313–325.

Żurek, Robert, »Bolesław Kominek – Autor der Versöhnungsbotschaft der polnischen Bischöfe«, in: Friedhelm Boll / Wiesław Wysocki / Klaus Ziemer (Hrsg.), *Versöhnung und Politik. Polnisch-deutsche Versöhnungsinitiativen der 1960er Jahre und die Entspannungspolitik*, Bonn 2009, S. 52–66

Żurek, Robert, »Der Briefwechsel der katholischen Bischöfe von 1965«, in: Friedhelm Boll / Wiesław Wysocki / Klaus Ziemer (Hrsg.), *Versöhnung und Politik. Pol-*

nisch-deutsche Versöhnungsinitiativen der 1960er Jahre und die Entspannungspolitik, Bonn 2009, S. 67–76.

»Zwey merkwürdige Verordnungen, welche wegen Bestrafung der Diebstähle zu Berlin d. d. 26. Febr. 1799 erlassen worden, nebst Anmerkungen von Klein«, *Archiv des Criminalrechts* 2 (1799), St. 1, S. 32–73.

Abbildungsverzeichnis

1. picture alliance / AP Images / Tony Dejak
2. Getty Images
3. Heritage-Images / Museum of London / akg-images
4. Wellcome Library, London
5. Kreismuseum Bitterfeld
6. Herder-Institut, Marburg, Bildarchiv. Inv.-Nr. 106409
8. Landesarchiv Thüringen, Staatsarchiv Altenburg, Bildersammlung, Nr. 5109
9. © Robert Capa © International Center of Photography / Magnum Photos / Agentur Focus
10. Getty Images / JOHN MACDOUGALL
11. Paris, Musée d'Histoire de l'Éducation / akg-images
12. akg-images
13. © Ingrid Vang Nyman / Saltkråkan AB
15. © ullstein bild – ullstein bild
20. BayHStA, MA 108037
21. © *Der Spiegel* 51/1970

Register

Ortsregister

Aachen 152
Agra (Indien) 163
Albanien 194
Algerien/Algier 203
Altenburg 68, *247*
Amritsar (Indien) 201–203
Annam/Vietnam 167
Auschwitz (KZ) 198

Bayern 85, 100, 161
Bayreuth *240*
Belgien 71
Berlin 41, 43, 70 (Volksgerichtshof), 99, 178–182, 185, 187, 192, 228
- Landgericht 54, 57
- Oberstes Gericht (DDR) 58f.
- Ostberlin 58, 60, 218
- Westberlin 134, 218, *270*

Bitterfeld 48
Bonn, Petersberg 193
Börgermoor (KZ) 67
Bosnien (Krieg) 14, 123f.
Breslau 62ff.
Bristol 212
Burma 163, 167

Capri 131
Chartres 71–72
China
- Kaiserreich 15, 146–151, 155, 166–183, 186, 207, 228f.
- Volksrepublik 60, 71, 77ff., 144, 200, 205, 213, 229

Cleveland (Ohio) 7f.
Compiègne 192

Dakar 203
Dänemark 71
Darmstadt, Landgericht 101
Deal (England) 40
Delhi 165
Den Haag, Internationaler Gerichtshof 124
Deutschland 19, 54, 73, 89, 117, 127, 170, 181ff., 186
- Bundesrepublik 57, 75, 77, 85f., 98, 102, 116, 124f., 133f., 196ff., 202, 221f., 231
- DDR/Ostdeutschland 57f., 60, 75f., 78, 81, 86, 99f., 213, *244f.*, *270*
- Deutsches Reich/Kaiserreich 19, 54f., 62, 129, 131, 170f., 210, 229
- Norddeutscher Bund 57, *243*
- NS-Deutschland/»Drittes Reich« 57, 62ff., 65, 68f., 72, 74, 126f., 133, 194, 197, 206, 213, 216, 231
- Weimarer Republik 57, 99, 130f., 133, 191

Dresden 31, 211
Dumfriesshire (Schottland) 28f.

Edo (Tokio) 170
Emmendingen 208, 210
England → Großbritannien
Essen 65, 67, *246*

Frankreich 16, 26, 28, 34, 37, 41, 43, 69, 71, 73, 85, 113, 137, 155 ff., 166, 168, 172, 188 f., 201, 203 f., 228

Genua 180, *267*
Grätz, Landgericht 56
Graudenz 115
Griechenland 22, 71, 78, 194
Großbritannien/England 26, 28, 41, 54, 105, 117, 127, 129, 138, 150, 154, 156, 166, 168, 175, 181, 203, 216 f., 223, 228, *257, 264*

Hamburg 43, 51 (Oberlandesgericht), 124 f., 211
- Landgericht 124, 211
Hamm 65
Hannover, Landgericht 100 f., *254*
Hessen 100, *253*
Hütten (bei Schleswig) 30

Indien 21, 163–166, 201 f.
Isle of Man 222
Israel 16, 194
Italien 71, 194, 231

Japan 169 f., 174, 177, 182, 186, 200 ff., 205
Jülich 64

Kagoshima (Japan) 174
Karlsruhe
- Bundesgerichtshof 18, 20, 101 f., 222
- Bundesverfassungsgericht 134, 221 f.
Kassel, Landgericht 221
Kassel-Wilhelmshöhe 180
Katyn (Russland) 201
Kiautschou (China) 171 ff.
Kiel 61
Köln 30, 42 (Oberlandesgericht)
Konstantinopel 157
Konstanz 87
Korea 170, 174, 202
Korfu 194

Leipzig, Reichsgericht 56 f., 210 f.
Linz (Rhein) 73
Lippe (Grafschaft) 30
Lisburn (Nordirland) 223
London 25 f., 30 f., 40 f., 45, 153, 157, 172 f., 175, 223, 228

Magdeburg, Kreisgericht 58
Mailand *258*
Mauthausen (KZ) 198
Mecklenburg-Schwerin *253*
Mexiko 21
Moskau 71 (Schauprozesse), 147, 153, 172, 218
München, Pranger 26, 66
Münster 152

Nagasaki 174, *266*
Neuruppin *246 f.*
Niederlande 26, 71, 137 f., 168
Norderney 131, 182
Nordirland 215, 223
Norwegen 71
Nürnberg, Parteitag 66, *246, 275*

Oder-Neiße-Grenze 196
Osnabrück 152
Österreich 16, 63 f., 73, *243*

Paris 45, 47, 172, 192, 228
Peking 77, 146 f., 150 f., 157, 166 f., 170, 172 f., 178 f., 183, 229

Philadelphia 33
Polen 14, 68, 72, 195–198, 204, 229
Port Said *267*
Portsmouth 146
Potsdam 182
Preußen 16, 25 f., 37, 43, 45, 50, 52, 89, 113, 188

Rheinland/Rheinprovinz 36, 41 f., 44, 48, 73, 191 f.
Rom 22
Ruhrgebiet 64 f., *246*
Rumänien 69, 231
Russland
- Zarenreich 146 f., 150, 156, 166, 168
- Sowjetunion 60, 68, 71, *270*

Sachsen 59, 209, *253*
Salzburg 30

Sedan 189
Senegal 203
Shanghai 168
Shantung (China) 171
Sidi Bouzid (Tunesien) 7
Siegen, Landgericht 222
Sowjetunion / UdSSR → Russland
Spanien 69, 231
Stargard (Polen, Westpommern) 226
Straßburg, Europäischer Gerichtshof für Menschenrechte 134, 222
Südafrika 230
Suffolk (England) 28

Teheran 145
Thüringen *253*
Tianjin (China) 166, 168, 172
Tiber 132
Tokio 170, 174, 177
Tschechoslowakei 71, *245*
Tunesien 7, 233
Tunis 156 ff.
Türkei 16 f.
Tuskagee (Alabama) 202

Ungarn 16, 69, 204, 231
USA/Nordamerika 33, 77 ff., 86, 117 f., 122 f., 125, 134, 137, 144 f., 166, 168, 204, 214, 224, 229, 233 *263*

Versailles 189 f.
Vichy 201

Warschau 195–200, 229
Washington (Bundesstaat) 8
Washington, D.C. 204
Wien 73, 154 f., 158
- Kongress 152, 156
- Reibpartien 19, 63 f.
Wilanów (Polen) 197
Württemberg 53, 158

Personenregister

Abb, Edmund *252*
Abdullah ibn Abd al-Aziz 204
Adams, Samuel *263*
Adenauer, Konrad 133, 193
Akihito 204, 227
Allfrey, Katherine 104
Amherst, William 163 f., 166 f. *262, 265*
Anne Stewart von England 153 ff., 172, 206
Arendt, Carl 178
Augstein, Rudolf 124

Augustinus 160
Ayalon, Daniel »Danny« 16 f.

Bahr, Egon 197
Bar, Carl Ludwig von 95, 127
Beaussier, Bonaventure 156
Bebel, August 130, 209
Beccaria, Cesare 31, 34, 36
Becher, Johannes R. 74 f.
Becker, Carl Heinrich *253*
Bell, Johannes 190 f.
Benedetti, Vincent 188 f.
Bentinck, William 163
Bergk, Johann Adam 31, 36
Bernadotte, Folke, Graf von Wisborg 194
Bethmann Hollweg, Theobald von 131 f.
Binding, Karl 130
Bismarck, Otto von 129, 188 f., 193
Bloomberg, Michael *261*
Blume, Judy 104 f.
Bluntschli, Johann Caspar 162
Bode, Friedrich Benjamin Heinrich 35, 38, *239*
Böhmermann, Jan 17
Böll, Heinrich 135
Bormann, Martin *248*
Bouazizi, Mohamed 7, 233
Braithwaite, John 214
Brandt, Max von 169
Brandt, Willy 196–200, 205, 229
Brazauskas, Algirdas 201
Brownmiller, Susan 122
Bruce, James, 8. Earl of Elgin 166 f.
Brüning (Halbmeier) 30
Brzezinski, Zbigniew 145
Bülow, Bernhard von 131 f., 177, 180 f.
Burke, Edmund 26 f.
Burlingame, Anson 167
Bush, George W. 229

Calvin, Johannes 161
Cameron, David 203, *271*
Camphausen, Wilhelm 188 f., *269*
Canning, Charles, 1. Earl Canning 165
Capa, Robert 71 f.
Carl Alexander von Württemberg 159
Carmer, Johann Heinrich von 35, 38, 46
Carter, Jimmy 145
Ch'ung Hou 172
Chesterfield → Stanhope
Christoleit, Ernst 131
Chruschtschow, Nikita *270*
Chun, Prinz 178, 180 ff., 186, *263*
Cixi (Kaiserinwitwe) 173
Clemenceau, Georges 190
Clinton, Bill 202, 204
Cochrane, Thomas, 10. Earl of Dundonald 33
Conrad, Joseph 107
Cyrankiewicz, Józef 198

Dahs, Hans 135
Darwin, Charles 227
De Gaulle, Charles 201
De Klerk, Frederik Willem 202
Defoe, Daniel 31 f.
Delbrück, Hans 114 ff.
Denby, Charles Harvey 168, 175 f.
Diemer, Ludwig 113 ff.
Dollfuß, Engelbert 64
Domsch, Wilhelm Adolf *238*

Eaton, Daniel 33
Ebert, Friedrich 130 ff., 191
Edgeworth, Maria 106, *255*
Edward VII. von England *265*
Elgin → Bruce
Elias, Norbert 23
Elisabeth II. von England 201 ff., 227

Erdoğan, Recep Tayyip 17 f.
Eulenburg, August zu 178 f.
Eyck, Helene 96

Feng Guifen 168
Feuerbach, Anselm von 53
Finke, Christine 87
Fischer, Andreas *251*
Fitzgerald, Charles Cooper Penrose 216
Foerster, Friedrich Wilhelm 93 f.
Forsyth, Jenny 28 f.
Foucault, Michel 12 f., 32
François-Poncet, André 193
Franke, Otto 169, 176, 186, *267*
Freisler, Roland 61, 66, 69 ff., *245, 247 f.*
Friedman, Thomas 7
Friedrich II. von Preußen 34, 159
Friedrich Wilhelm III. von Preußen 25, 37, 39, 46, 49, 55, 88, 175, *240, 244, 256*
Friedrich Wilhelm IV. von Preußen 43 f., 50
Fürst, Johann Evangelist *238*

Gadamer, Hans-Georg 230
George III. von England 149 f.
George V. von England 165, *265*
Gillray, James 148
Giscard d'Estaing, Valéry 201
Gliński, Piotr 204
Globig, Hans Ernst von 34, 45, *241*
Gneisenau, August Neidhardt von 113, *256*
Goebbels, Joseph 70 f., 126, 192, *247*
Goethe, Cornelia (verh. Schlosser) 208
Goffman, Erving 112, *256*
Golding, William 107 f., *256*
Goltz, Georg Konrad von der *267*
Gorbatschow, Michail 201
Gosche (Bauer) 30
Grass, Günter 198 f.
Gregor VII., Papst 193
Grolman, Karl 41
Gül, Abdullah 16
Gumpert, Thekla von 108
Gürtner, Franz 62
Gusko, Kurt 61

Haarer, Johanna 97
Habecker, Walter 67 f.
Harden, Maximilian 128
Hardin, Shena 7 f.
Hardinge, Charles, 1. Baron Hardinge 165, *265*
Harper, Stephen 202
Hart, Robert 167
Hayali, Dunja 142
Heck, Bruno 200
Heine, Theodor 183
Heinrich IV., Kaiser 193, 199
Heinrich von Preußen 179
Helm, Clementine 108
Hermlin, Stephan 74
Heuss, Theodor 75, 133, 203
Heyking, Edmund von 171, 175 f.
Heyking, Elisabeth von 171, 175
Himmler, Heinrich 68
Hindenburg, Paul von 115
Hirohito 202
Hirtsiefer, Heinrich 65–68, *246*
Hitler, Adolf 66, 69, 71, 75, 192
Hobohm, Martin 115 f.
Hoepner, Erich 70
Hoffmann, Heinrich 98
Hogarth, William 28
Holleben, Theodor von *266*
Holstein, Friedrich von 181
Hosokawa, Morihiro 202
House, Edward 191
Hudtwalcker, Martin Hieronymus 43

Humphrey, Heman 92
Huster, Johann Georg 34, 45, *241*
Hüttner, Johann Christian 151

Ismailow, Lew 147, 150

Jagemann, Ludwig von 43
Jahangir, Großmogul 163
James I. von England 163
Jaspers, Karl 75
Joseph II., Kaiser 25, 158f.

Kabisch, Richard 93
Kaczyński, Jarosław 204
Kaempfer, Engelbert 170
Kämpf (Pfarrer) 96
Kangxi, Kaiser Chinas 146, 150
Kant, Immanuel 40, 42, 226
Karl V., Kaiser 160f.
Kästner, Erich 10, 108
Kennedy, John F. *270*
Kessler, Harry Graf 111
Ketteler, Clemens von 177f., 186
Kinginthai (Geng Yintai) 180
Kipling, Rudyard 106
Kippenberger, Martin 82ff., 143, *250*
Klein, Ernst Ferdinand 38f., 45f.
Kleinschrod, Gallus Aloys Kaspar *237*
Klencke, Hermann 90–93
Knecht, Georg 58
Kopp, Werner von *254*
Köstlin, Reinhold 50
Kung, Prinz 167
Kuo Sung-T'ao (Guo Songtao) 173, 175, *265*

Lallement, Jean-Baptiste 156
Lammers, Hans Heinrich *247*
Land, Brad 118f.
Langhoff, Wolfgang 67f.
Larcher, Gérard 204
Lascelles, Frank 180
Laxamana, Izabel 8f., 11
Le Pen, Marine *272*
Leopold I., Kaiser *264*
Lhotzky, Heinrich 93
Li Hongzhang 181
Lindenau, Carl Heinrich August von 46
Lindgren, Astrid 102
Liu Hai-kwan 179f.
Ludwig I. von Bayern 161
Ludwig XIV. von Frankreich 189, *264*
Luise, Königin von Preußen 189
Lüngen, Wilhelm 94
Luther, Martin 120

Ma Jianzhong *265*
Macartney, George, 1. Earl Macartney 146–151, 157, 166f., 181
Madonna 125
Malcolm, Sir John 164
Mandela, Nelson 202
Mann, Viktor 120f.
Mao Zedong 71, 77, 213
Margalit, Avishai 13
Margary, Augustus Raymond 172f.
Martens, Kurt *257*
Martin, William 167
Marx, Karl 23, 74, *249*
Mary I. von England 165
Matthias, Adolf 92, 95
Matwejew, Andrej 153f.
Mazowiecki, Tadeusz 196
McCloy, John Jay 193
Merkel, Angela 227
Mittelstädt, Otto 51
Mittermaier, Carl 43f.
Mittwoch, Anna Sophia 31
Mommsen, Theodor 44, *241*
Montgomery, Lucy Maud *256*
Möser, Justus 162

Müller, Hermann 190f.
Mumm von Schwarzenstein, Alfons 179, 181
Musil, Robert *255*
Mussolini, Benito 194
Mustafa al-Husain, Bey von Tunis 157

Napoleon I. 36, 41, 155f., 189, *262*
Napoleon III. 188f.
Neale, Edward 174
Nicolson, Harold 191
Nietzsche, Friedrich 22, 187
Noellner, Friedrich *241*
Noske, Gustav 131f.
Nöstlinger, Christine 94
Nussbaum, Martha 77, 232

Obama, Barack 204, 227

Paine, Thomas 33
Palin, Sarah 204
Pascal, Blaise 160
Peres, Shimon 16
Peter der Große 147, 153ff.
Pompidou, Georges 200
Putin, Wladimir 205

Qianlong, Kaiser Chinas 146, 150ff., 156f.
Qing, Prinz 171f., 179, *268*

Radbruch, Gustav 57
Rame, Franca *258*
Rapoport, Nathan 196
Rawdon-Hastings, Francis 164
Remarque, Erich Maria 18, *236*
Reutter, Otto 185, *269*
Rhoden, Emmy von 106
Richter, Eugen 130
Richthofen, Oswald von 178ff., 182f., *268*
Ripa, Matteo 147
Rockhill, William Woodville 181
Roe, Sir Thomas 163
Rohr, Julius Bernhard von 144
Rudd, Kevin 202
Ruge, Arnold *249*
Rush, Benjamin 33

Salomon, Ernst von *255*
Sanday, Peggy R. 119, 123
Sarkozy, Nicolas 203
Schacht, Hjalmar 66
Schaffstein, Friedrich 61, *245*
Schaper, Eduard von 42
Schelle, Bernhard *253*
Schlabrendorff, Fabian von 66f., *247*
Schlosser, Johann Georg 208ff.
Schmid, Carlo 195, *270*
Schmidt, Helmut 112
Schmidt, Loki 227
Scholz, Gustav »Bubi« 135
Schulz, Heinrich 95
Schuschnigg, Kurt 64
Schwarze, Friedrich Oskar von *243*
Schwarzer, Alice 124, 126
Seckendorff, Oskar von *268*
Seghers, Anna 74
Siegel, Michael 66, *246*
Simmel, Georg 23
Soejima, Taneomi 170
Sonnenfels, Joseph von 34
Spencer, Herbert *264*
Spock, Benjamin 97
Stalin, Josef 71
Stanhope, Philip, 4. Earl of Chesterfield 148, 153
Staunton, Sir George Thomas 150f., 155
Steed, Elanor, und George 40
Stein, Gertrude 73
Stein, Hermann von 115
Stevenson, Robert Louis 93f., 175

Strauss-Kahn, Dominique 137
Streit, Josef *245*
Strittmatter, Erwin 76
Stütz, Ludwig 184
Sugiyama, Akira 177
Sulzer, Johann Georg 92, 227, *251*
Svarez, Carl Gottlieb 25, 38f., *238*
Symes, Michael 163

Talleyrand, Charles-Maurice de 156
Taylor, Michael 33
Tellini, Enrico 194
Thierack, Otto 70, *247*
Thiers, Adolphe 172
Thomas von Aquin 160
Tirpitz, Alfred von 171
Tomala, Mieczysław 196
Touseau, Simone 71
Tschirschky, Heinrich von 180
Tseng Chi-Tse (Zeng Jize) 173, *266*
Twain, Mark 252
Tyrer, Anthony 222f.

Uhlfelder, Max *246*
Ulbricht, Walter 74f.

Valazé, Charles Dufriche de 33
van Gennep, Arnold 111
Vattel, Emer de 144, 153, 155
Victoria von England 165
Vollrath, Martha 68, *247*

Wade, Thomas 168, 172, 175
Warner, Susan (Elizabeth Wetherell) 108, *255*
Weber, Adolph Dieterich 47
Weber, Heinrich Benedikt von 53
Weber, Max 9
Weckwerth, Kurt *254*
Weisband, Marina 141
Welcker, Carl Theodor 53, 187, 210
Werner, Anton von 189
Wetherell → Warner
Wheaton, Henry 167
Whitworth, Charles, 1. Baron Whitworth 153–155
Wilhelm I., Kaiser (König von Preußen) 188f.
Wilhelm II., Kaiser 128, 171, 177–182, 186, 194, 206, 229, *268*
Wilson, Woodrow 191
Witzleben, Erwin von 70
Wolf, Eugen 176
Wölfel, Ursula 104
Wolff, Christian 92
Woolf, Virginia 216f.
Wundt, Wilhelm 227
Wüstenbecker (Frau) 30
Wyschinski, Andrei J. 71, *248*

Yin Chang 179f., 182

Zumwinkel, Klaus 136f.
Zweig, Arnold 74

Lyndal Roper
Der Mensch Martin Luther
Die Biographie
Aus dem Englischen von Holger Fock und Sabine Müller
864 Seiten. Gebunden

Martin Luther hat Europa und die ganze Welt auf immer verändert. Doch was wissen wir über ihn als Menschen, über seine Gefühle, seine Gedanken, seine Familie und Weggefährten? Die renommierte Oxford-Historikerin Lyndal Roper hat über zehn Jahre in Archiven Luthers Originalaufzeichnungen (u. a. seine Tischreden und Briefe) gesichtet, um seine faszinierende Persönlichkeit zu verstehen. Sie dringt bis in die letzten Winkel seiner Seele, ja, bis in seine nächtlichen Träume vor und wagt sich auch an psychologische Deutungen, die uns den Menschen so nahe bringen wie nie zuvor. So wird auch deutlich, warum genau er es war, der die Macht der Kirche in Frage stellte. Die Biographie, die den Menschen Luther und seine Welt erstmals wirklich lebendig werden lässt.

»Lyndal Roper bürstet Luther
gegen den Strich und legt neue, bislang unerkannte
Facetten des großen Reformators frei.«
Prof. Dr. Thomas Kaufmann

fi 1-066088 / 1

Rebekka Habermas
Skandal in Togo
Ein Kapitel deutscher Kolonialherrschaft
400 Seiten. Gebunden

Es war ein Skandal, der sogar den Reichstag im fernen Berlin auf den Plan rief: 1900 soll der Kolonialbeamte Geo Schmidt in Togo eine junge Afrikanerin vergewaltigt haben. Doch solche Übergriffe waren nahezu alltäglich, warum also die Aufregung? Die renommierte Historikerin Rebekka Habermas erzählt, worum es wirklich ging: Der Beamte, eigentlich der mächtigste Mann vor Ort, rang mit der afrikanischen Bevölkerung, Missionaren, die vor allem Gottes Wort verbreiten wollten, und dem unzugänglichen Hinterland. Lebendig schildert die Autorin die Beziehungen, Interessen und Motive der Beteiligten, den Alltag vor Ort und die kolonialen Echos, die der Skandal in der deutschen Gesellschaft hervorrief. Ein glänzend erzähltes Kapitel des Kolonialismus.

»Eine theoretisch luzide, genaue Fallstudie.«
Micha Brumlik, taz

»Flüssig, teils elegant geschriebene und auf jeden Fall gut lesbare […] Studie.«
Markus Schwering, Frankfurter Rundschau

fi 1-397229 / 1

Jens Ivo Engels
Die Geschichte der Korruption
Von der Frühen Neuzeit bis ins 20. Jahrhundert
432 Seiten. Gebunden

Vetternwirtschaft, Bereicherung, Amtsmissbrauch – Korruption gilt bis heute als unausrottbares Übel. Erstmals erzählt nun der renommierte Historiker Jens Ivo Engels umfassend die lange Geschichte der politischen Korruption in Europa. Mit anschaulichen, erhellenden, mitunter kuriosen Beispielen – von Kardinal Mazarin bis hin zu Helmut Kohl und Christian Wulff – aus den Grauzonen des politischen Lebens bietet er einen neuen Blick auf die Mechanismen der Macht. Und fragt am Ende bewusst zugespitzt: Ist unsere Definition von Korruption zu eng gefasst, zu starr, zu sehr moralisch aufgeladen? Kann Politik ganz ohne die verpönten Praktiken überhaupt funktionieren? Ein Buch, das aufklärt und zum Debattieren einlädt.

»Jens Ivo Engels hat […] einen hervorragenden Text vorgelegt. Kein populäres Sachbuch, sondern eine fundierte wissenschaftliche Analyse, die trotzdem leicht zu lesen ist.«
Gerhard Pretting, ORF (Kontext)

Achim Landwehr

Die anwesende Abwesenheit der Vergangenheit

Essay zur Geschichtstheorie

384 Seiten. Gebunden

Was Historiker als »Quellen« bezeichnen, die Zeugnisse vergangener Welten, sind bloß Ausschnitte, Schnipsel, die interpretiert sein wollen. In einer klugen geschichtstheoretischen Wendung zeigt der bekannte Historiker Achim Landwehr, dass und wie wir unsere Vergangenheit selbst erschaffen. Er erklärt, warum die Wirklichkeit unfassbar ist, was es mit einer »Geschichte des Zwischen« auf sich hat, mit dem Lob der Sinnlosigkeit und dem Versuch, der Historie zu entkommen. Nicht zuletzt entwickelt er ein neues Zeitmodell des Historischen. Ein Grundlagenwerk der Geschichtstheorie, das ungewöhnliche Akzente setzt – und deutlich macht, dass auch in der Geschichte »alles fließt«.

»Ein grandioses Werk.«
Rainer Kühn, Deutschlandfunk

»Wer sich […] auf den Band einlässt, wird viele als selbstverständlich genommene […] Grundpositionen der Geschichtswissenschaft intelligent hinterfragt finden.«
Stefan Jordan, Zeitschrift für Geschichtswissenschaft

fi 1-397205 / 1

Jörg Baberowski
Räume der Gewalt
272 Seiten. Gebunden

Jede Erklärung der Gewalt sehnt deren Ende herbei. Die Gewalt soll aus dem Leben der Menschen verschwinden. Doch die Gewalt war und ist eine für jedermann zugängliche und deshalb attraktive Handlungsoption – und kein »Extremfall«. Wer wirklich wissen will, was geschieht, wenn Menschen einander Gewalt antun, muss eine Antwort auf die Frage finden, warum Menschen Schwellen überschreiten und andere verletzen oder töten. Nach seinem preisgekrönten Buch über das stalinistische Gewaltsystem legt der renommierte Historiker Jörg Baberowski nun eine nicht minder beeindruckende Studie über den sozialen, kulturellen und wissenschaftlichen Umgang mit Gewalt vor.

»Jörg Baberowski hat ein überaus kluges Buch
über die Gewalt geschrieben, weil er auf große Theorien
und einfache Lösungsvorschläge verzichtet hat.«
Herfried Münkler, Die Zeit

»Eingehend und kenntnisreich.«
Gustav Seibt, Süddeutsche Zeitung

»Nach der Lektüre steht man weniger fassungslos
vor dem Phänomen, begreift besser, warum [die Gewalt]
nicht aufhört.«
Thomas Speckmann, Der Tagesspiegel

fi 1-004818 / 1

Götz Aly

Europa gegen die Juden: 1880–1945

432 Seiten. Gebunden

Erstmals ein gesamteuropäischer Blick auf den Antisemitismus und den Weg in den Holocaust.

Der Holocaust ist nicht allein aus der deutschen Geschichte heraus erklärbar. Sowohl in West- als auch in Osteuropa hatte die Judenfeindschaft seit 1880 sprunghaft zugenommen – angetrieben von Nationalismus und sozialen Krisen. Ohne die Schuld der deutschen Täter zu mindern, zeigt der Historiker Götz Aly, wie Rivalität und Neid, Diskriminierung und Pogrome vielerorts dazu beigetragen haben, den Boden für Deportationen und Morde zu bereiten. Erstmals wird so der moderne Antisemitismus als grenzüberschreitendes Phänomen dargestellt und damit eine neue, umfassende Perspektive auf die europäischen Vorgeschichten eröffnet, die zum Holocaust beitrugen.

fi 1-000428 / 1